复合人才培养系列丛书

科技驱动的行业革新：
企业管理与财务的新视角

◎胡 列 著
◎穆 天

华中科技大学出版社
http://press.hust.edu.cn
中国·武汉

图书在版编目(CIP)数据

科技驱动的行业革新：企业管理与财务的新视角 / 胡列，穆天著. -- 武汉：华中科技大学出版社，2024.8. -- ISBN 978-7-5772-0000-2

Ⅰ.F275

中国国家版本馆 CIP 数据核字第 2024KV8903 号

科技驱动的行业革新：企业管理与财务的新视角
Keji Qudong de Hangye Gexin:Qiye Guanli yu Caiwu de Xinshijiao

胡 列 穆 天 著

策划编辑：汪 粲
责任编辑：余 涛 梁睿哲
封面设计：原色设计
责任监印：周治超
责任校对：谢 源

出版发行：华中科技大学出版社（中国·武汉）　　电话：(027)81321913
　　　　　武汉市东湖新技术开发区华工科技园　　邮编：430223

录　排：华中科技大学惠友文印中心
印　刷：武汉科源印刷设计有限公司
开　本：787mm×1092mm　1/16
印　张：21.25
字　数：521 千字
版　次：2024 年 8 月第 1 版第 1 次印刷
定　价：89.00 元

本书若有印装质量问题，请向出版社营销中心调换
全国免费服务热线：400-6679-118　竭诚为您服务
版权所有　侵权必究

作者简介

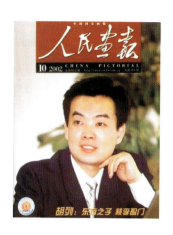

　　胡列,博士,教授,1963年出生,毕业于西北工业大学,1993年初获工学博士学位,师从原中国航空学会理事长、著名教育家季文美大师。现任西安理工大学高科学院董事长,西安高新科技职业学院董事长。

　　先后被中央电视台"东方之子"特别报道,荣登《人民画报》封面,被评为"陕西省十大杰出青年""陕西省红旗人物""中国十大民办教育家""中国民办高校十大杰出人物""中国民办大学十大教育领袖""影响中国民办教育界十大领军人物""改革开放30年中国民办教育30名人""改革开放40年引领陕西教育改革发展功勋人物"等,被众多大型媒体誉为创新教育理念最杰出的教育家之一。

　　胡列博士先后发表上百篇论文和著作,近年分别在西安交通大学出版社、华中科技大学出版社、哈尔滨工业大学出版社、清华大学出版社、人民日报出版社、未来出版社等出版的专著和教材见下表。

复合人才培养系列丛书:	概念力学系列丛书:
高新科技中的高等数学	概念力学导论
高新科技中的计算机技术	概念机械力学
大学生专业知识与就业前景	概念建筑力学
制造新纪元:智能制造与数字化技术的前沿	概念流体力学
仿真技术全景:跨学科视角下的理论与实践创新	概念生物力学
艺术欣赏与现代科技	概念地球力学
科技驱动的行业革新:企业管理与财务的新视角	概念复合材料力学
实践与认证全解析:计算机-工程-财经	概念力学仿真
在线教育技术与创新	**实践数学系列丛书:**
完整大学生活实践与教育管理创新	科技应用实践数学
我的母亲	土木工程实践数学
大学生创新实践系列丛书:	机械制造工程实践数学
大学生计算机与电子创新创业实践	信息科学与工程实践数学
大学生智能机械创新创业实践	经济与管理工程实践数学
大学物理应用与实践	**未来科教探索系列丛书:**
大学生现代土木工程创新创业实践	科技赋能大学的未来
建筑信息化演变:CAD-BIM-PMS融合实践	科技与思想的交融
创新思维与创造实践	未来科技文学:古代觉醒
大学生人文素养与科技创新	未来科技与大学生学科知识演进
我与女儿一同成长	思维永生

Author Biography

Dr. Hu Lie, born in 1963, is a professor who graduated from Northwestern Polytechnical University. He obtained his doctoral degree in Engineering in early 1993 under the guidance of Professor Ji Wenmei, the former Chairman of the Chinese Society of Aeronautics and Astronautics and a renowned educator. Dr. Hu is currently the Chairman of the Board of Directors of The HI-TECH College of XI'AN University of Technology and the Chairman of the Board of Directors of XI'AN High-Tech University. He has been featured in special reports by China Central Television as an "Eastern Son" and appeared on the cover of "People's Pictorial" magazine. He has been recognized as one of the "Top Ten Outstanding Young People in Shaanxi Province" "Red Flag Figures in Shaanxi Province" "Top Ten Private Educationists in China" "Top Ten Outstanding Figures in Private Universities in China" "Top Ten Education Leaders in China's Private Education Sector" "Top Ten Leading Figures in China's Private Education Field" "One of the 30 Prominent Figures in China's Private Education in the 30 Years of Reform and Opening Up" and "Contributor to the Educational Reform and Development in Shaanxi Province in the 40 Years of Reform and Opening Up" among others. He has been acclaimed by numerous major media outlets as one of the most outstanding educators with innovative educational concepts.

Dr. Hu Lie has published over a hundred papers and books. In recent years, his monographs and textbooks have been published by the following presses: Xi'an Jiaotong University Press, Huazhong University of Science and Technology Press, Harbin Institute of Technology Press, Tsinghua University Press, People's Daily Press, and Future Press. The details are listed in the table below.

Composite Talent Development Series:	Conceptual Mechanics Series:
Advanced Mathematics in High-Tech Science and Technology	Introduction to Conceptual Mechanics
Computer Technology in High-Tech Science and Technology	Conceptual Mechanical Mechanics
College Students' Professional Knowledge and Employment Prospects	Conceptual Structural Mechanics
The New Era of Manufacturing: Frontiers of Intelligent Manufacturing and Digital Technology	Conceptual Fluid Mechanics
Panorama of Simulation Technology: Theoretical and Practical Innovations from an Interdisciplinary Perspective	Conceptual Biomechanics
	Conceptual Geomechanics
Appreciation of Art and Modern Technology	Conceptual Composite Mechanics
Technology-Driven Industry Innovation: New Perspectives on Enterprise Management and Finance	Conceptual Mechanics Simulation
Practical and Accredited Analysis: Computing-Engineering-Finance	**Practical Mathematics Series:**
Online Education Technology and Innovation	Applied Mathematics in Science and Technology
Comprehensive University Life: Practice and Innovations in Educational Management	Applied Mathematics in Civil Engineering
My Mother	Applied Mathematics in Mechanical Manufacturing Engineering
College Student Innovation and Practice Series:	Applied Mathematics in Information Science and Engineering
College Students' Innovation and Entrepreneurship Practice in Computer and Electronics	Applied Mathematics in Economics and Management Engineering
College Students' Innovation and Entrepreneurship Practice in Intelligent Mechanical Engineering	
University Physics Application and Practice	**Future Science and Education Exploration Series:**
College Students' Innovation and Entrepreneurship Practice in Modern Civil Engineering	The Future of Universities Empowered by Technology
Evolution of Architectural Informationization: CAD-BIM-PMS Integration Practice	The integration of technology and thought
Innovative Thinking and Creative Practice	Future Science and Technology Literature: Ancient Awakening
Cultural Literacy and Technological Innovation for College Students	Future Technology and the Evolution of University Student Disciplinary Knowledge
Growing Up Together with My Daughter	Mind Eternal

作者简介

穆天,博士,准聘副教授,1989年出生,毕业于西安交通大学工商管理专业,现任职西北工业大学公共政策与管理学院。

丛书序一

在这个科技加速进步的时代,传统的知识体系和教育模式已经难以满足社会对复合型人才的需求。我非常高兴为"复合人才培养系列丛书"撰写序言。作为一位关注跨学科知识融合和人才培养研究的学者,我深切认识到,面对挑战愈演愈烈的社会,我们需要一种新的教育策略,这正是本系列丛书所提供的,它既有广度,更有深度;既有实用性,更有前瞻性。

本系列丛书以交叉学科和复合技能为核心,致力于培养既具有深厚专业知识又拥有广泛跨领域知识和实践能力的新型人才。通过以下精心编撰的书籍,胡列博士向我们展现了一个以创新思维和复合能力为核心的全新人才培养框架:

《高新科技中的计算机技术》:介绍计算机科学的最新进展及其在多个领域中的应用,强调计算机技术在推动跨学科创新中的关键作用。

《制造新纪元:智能制造与数字化技术的前沿》:探讨智能制造和数字化技术如何共同推进制造业的现代化和高效化。

《科技驱动的行业革新:企业管理与财务的新视角》:从科技角度重新定义企业管理和财务,展示科技如何促进更全面、更有效的管理实践。

《仿真技术全景:跨学科视角下的理论与实践创新》:倡导仿真技术在不同学科中的应用,为跨学科研究提供支持。

《在线教育技术与创新》:深入研究在线技术如何在教育改革中发挥作用,提高教学质量和效率。

《艺术欣赏与现代科技》:探讨艺术与科技的结合如何开辟新的创造领域和审美维度,对理解艺术和科技的交叉具有重要价值。

《实践与认证全解析:计算机-工程-财经》《大学生专业知识与就业前景》以及《完整大学生活实践与教育管理创新》:这些书籍从高等教育的科学内涵出发,集中讨论如何培养学生的跨学科能力和应对复杂问题的能力。

这套丛书不仅是跨学科知识的宝库,更是一份面向教育者、学者、管理者和所有渴望提升自我的奋进者的实践指南。通过胡列教授的丰富学术积累和对教育的深刻理解,我们得以一窥复合型人才培养的全新模式。这些书籍深化了我们对专业知识的理解,并拓宽了我们对世界多样性的认识,是对快速变化社会的积极回应。

无论您是哪个领域的专家,或是追求个人发展的践行者,这套丛书都将成为您不可多得的资源和指南,引领我们共同在快速变化的世界中不断前行。

舒德干

中国科学院院士、国家自然科学奖一等奖获得者

2024 年 3 月

丛书序二

我很高兴为这套精心编选的"复合人才培养系列丛书"写序。身为一位长期关注科技、教育和人才发展的院士,我愈加明了在这个快速变化的时代,单一的知识结构和传统的教育模式已难以满足社会的需求。本系列书籍以其前瞻性和实用性,应时而生、应需而变,为我们提供了一个独特的视角来重新审视和构建 21 世纪的人才培养模型。

我也深深地认识到培养复合型人才的重要。在传统的学科研究中,我们往往过于强调深度而忽视广度,过于重视理论而轻视实践。然而,在科技快速发展、行业不断迭代的今天,交叉知识和复合技能成为一种趋势,也是未来人才竞争力的重要来源。本系列丛书以交叉和复合为核心理念,兼顾专业性与通用性,强调创新思维与实践应用,旨在培养具有多元素综合能力的复合型人才。

凌晓峰
加拿大工程院院士
2024 年 3 月

本书序一

作为科技领域的一位研究者和实践者,我对《科技驱动的行业革新:企业管理与财务的新视角》这本书深感赞赏。

本书以全面的视角介绍了数字化转型、科技驱动的行业革新,以及科技转型与企业管理和财务管理的未来前景,它不仅详述了数字化管理和大数据会计的最新科技应用,还通过12个大行业的案例,展示了科技驱动对于企业管理和财务管理的颠覆性和重塑作用。

我们正在跨入的创新型社会对于具备跨学科知识、创新思维和科技驱动能力的复合型人才需求迫切。本书为读者提供了深入了解科技驱动重要性的机会,同时也为大学通识教育和培养复合型人才提供了宝贵的指导和借鉴。

很高兴我们正在开展的一项重要工作——"世界首个实用化和规模化零碳智慧能源中心"被收入本书案例。这项工作展示了科技驱动在能源与环保领域的创新能力和应用潜力,为实现碳达峰、碳中和目标提供了新的技术路径。希望这个案例能够激发读者思考,为他们在相关领域寻求创新和突破提供启示。

最后,我衷心祝愿这本书为读者们提供宝贵的知识和启发,为推动科技驱动的创新与发展、为中国企业发展繁荣注入新的活力。

管晓宏
中国科学院院士
2023 年 6 月 15 日

本书序二

作为长期从事前沿科技研发和转化的教育科研工作者,我深知科技驱动的行业革新对于当今时代的重要性。在不断变化的全球经济格局下,科技转型和复合型人才培养已成为我们面临的重大挑战。正因如此,我对《科技驱动的行业革新:企业管理与财务的新视角》这本书给予高度评价。

本书系统地介绍了数字化转型、科技驱动的行业革新以及科技转型与企业管理和财务管理的未来前景。从企业管理与财务的数字化转型到12个大行业的科技驱动,再到科技转型对企业管理和财务管理的影响,本书将科技驱动、企业管理和财务管理有机地融合在一起,为读者提供了理解科技驱动重要性、应用技能和探索未来前景的绝佳机会。

值得一提的是,本书对于大学通识课改革和复合型人才培养具有重要的参考价值。现代社会对于复合型人才的要求越来越高,复合型人才需要具备跨学科知识、创新思维和科技驱动能力。本书以企业管理与财务的新视角,帮助读者了解不同行业的科技发展和转型需求,为大学通识课改革和复合型人才培养提供了宝贵的参考和指导。

作为引领社会、企业和科技发展的大学,我们应当意识到科技驱动的重要性,并积极响应国家的科技转型政策。通过深入理解和应用科技驱动的理念和工具,我们可以为社会和企业带来创新和变革,推动科技与产业的融合,实现经济的可持续发展。

我衷心希望各位教师、学生和企业界的读者能够阅读这本书,并从中汲取宝贵的知识和启发。让我们共同努力,为中国的科技转型和人才培养作出积极的贡献。

李金山

国防科技进步一等奖获得者

国家级教学成果一等奖获得者

凝固技术国家重点实验室主任

西北工业大学材料学院院长

西北工业大学重庆科创中心执行理事

2023 年 5 月 29 日

前言

《科技驱动的行业革新：企业管理与财务的新视角》一书旨在探索科技转型与企业管理及财务管理的未来前景。作为一位教育工作者，我深知在当今科技快速发展和全球经济变革的背景下，科技驱动和复合型人才培养已成为我们面临的重大挑战。本书以独到的视角，将科技驱动、企业管理和财务管理有机地融合在一起，为读者提供了理解科技驱动重要性、应用技能和探索未来前景的绝佳机会。

第一篇"企业管理与财务的数字化转型"聚焦于企业管理与财务的数字化转型，探讨了数字化管理、大数据会计等最新科技应用。通过深入解析数字化管理对企业管理和财务管理的影响，我们能够更好地应对数字化时代的挑战和机遇。

第二篇"科技驱动的行业革新：企业管理与财务的颠覆与重塑"引领读者深入了解12个大行业的最新科技驱动，并探索科技革新对各行业的颠覆和重塑作用。相关案例和实例让读者能够全面了解科技驱动的新进展，并为企业的科技创新提供宝贵的参考。

第三篇"科技转型与企业管理和财务管理的未来前景"阐述了科技转型对企业管理和财务管理的影响，并探索了人工智能、大数据等前沿技术在管理和财务中的应用。书中预测技术发展的趋势与挑战，旨在帮助读者为未来的科技驱动时代做好准备。

在书中，我还关注了大学通识课改革和复合型人才培养的重要性，通过探讨复合型人才在现代社会中的价值和作用，希望为读者提供有益的参考和指导。

正如我作为一位校长所深信的，大学应当引领社会、企业和科技的发展，积极响应国家的科技转型政策。通过深入理解和应用科技驱动的理念和工具，我们能够推动科技与产业的融合，促进经济的可持续发展。

我相信这本崭新的教材将有助于提升管理和财务专业学生的相关专业知识，拓宽他们的知识面，并使他们了解行业科技驱动发展的最新进展。同时，本书也适合企业管理者和企业家明确科技驱动方向，以及了解管理类财务的新技术和新作用。对于行业科技转型政策制定者来说，本书也提供了参考，希望能帮助他们顺应国家企业转型目标。

让我们一同探索科技驱动的未来，共同努力引领企业管理与财务管理的发展，为我们的社会、企业和国家作出更大的贡献。

胡列
2024 年 7 月

目录

第一篇　企业管理与财务的数字化转型

第1章　引言：科技驱动的企业管理与财务的挑战与机遇 / 3
1.1　当代企业管理与财务面临的挑战与机遇 / 3
1.2　科技在企业管理与财务中的作用 / 8
1.3　科技驱动的企业转型 / 12

第2章　数字化驱动的企业管理策略与实践 / 17
2.1　数字化在企业管理中的重要性 / 17
2.2　企业的数字化管理策略与实践 / 20
2.3　数字化对企业管理的长期影响 / 26

第3章　大数据在财务管理中的应用与影响 / 29
3.1　大数据的概念及其在财务管理中的应用 / 29
3.2　大数据驱动的财务管理策略与实践 / 31
3.3　大数据对财务管理的长期影响 / 37

第4章　科技工具在企业管理与财务中的应用 / 40
4.1　数据科学和云计算的企业应用 / 40
4.2　人工智能和机器学习的企业应用 / 44
4.3　网络安全在企业数字化转型中的重要性 / 49

第二篇　科技驱动的行业革新：企业管理与财务的颠覆和重塑

第5章　制造业的科技驱动：科技引领下的制造业管理与财务创新 / 55
5.1　制造业的现状与科技驱动的必要性 / 55
5.2　智能制造与数字化转型 / 57
5.3　制造业的数字化管理与优化 / 62
5.4　制造业的财务大数据分析与决策支持 / 64
5.5　制造业的科技创新案例 / 66
5.6　制造业的数字化的管理系统与大数据财务系统的应用 / 72

第6章 信息技术与电子商务:科技引领下的商业模式创新与财务管理革新 / 75
    6.1 电子商务与信息技术的现状与科技驱动的必要性 / 75
    6.2 科技引领下的电子商务与信息技术创新 / 77
    6.3 电子商务与信息技术领域的数字化管理与优化 / 79
    6.4 电子商务与信息技术领域的财务大数据分析与决策支持 / 81
    6.5 电子商务与信息技术领域的前沿技术及创新案例 / 83
    6.6 电子商务与信息技术行业的数字化管理系统与大数据财务系统的应用 / 88

第7章 医药与生物技术:科技驱动下的医疗服务颠覆与财务重塑 / 92
    7.1 医药与生物技术的现状与科技驱动的必要性 / 93
    7.2 科技引领下的医药与生物技术创新 / 94
    7.3 医药与生物技术行业数字化管理与优化 / 98
    7.4 医药与生物技术领域的财务大数据分析与决策支持 / 100
    7.5 医药与生物技术领域的科技创新案例 / 102
    7.6 医药与生物技术领域的数字化管理系统与大数据财务系统的应用 / 106

第8章 能源与环保:科技引领下的绿色能源革新与财务管理变革 / 110
    8.1 能源与环保行业的现状与科技驱动的必要性 / 111
    8.2 科技引领下的能源与环保行业创新 / 112
    8.3 能源与环保行业的数字化管理与优化 / 117
    8.4 能源与环保行业的财务大数据分析与决策支持 / 119
    8.5 能源与环保行业的科技创新案例 / 121
    8.6 能源与环保行业的数字化的管理系统与大数据财务系统应用 / 125

第9章 物流与运输:科技驱动下的物流优化与财务管理创新 / 128
    9.1 物流与运输行业的现状及科技驱动的必要性 / 128
    9.2 科技引领下的物流与运输行业创新 / 130
    9.3 物流与运输行业数字化管理与优化 / 132
    9.4 物流与运输行业的财务大数据分析与决策支持 / 135
    9.5 物流与运输行业的科技创新案例 / 137
    9.6 物流与运输行业的数字化的管理系统与大数据财务系统应用 / 141

第10章 金融与保险:科技引领下的金融服务颠覆与财务管理革新 / 145
    10.1 金融与保险行业的现状与科技驱动的必要性 / 145
    10.2 科技引领下的金融与保险行业创新 / 147
    10.3 金融与保险行业的数字化管理与优化 / 151
    10.4 金融与保险行业的财务大数据分析与决策支持 / 153
    10.5 金融与保险行业的科技创新案例 / 155
    10.6 金融与保险行业的数字化管理系统与大数据财务系统的应用 / 161

第11章 餐饮与酒店业:科技驱动下的服务业变革与财务管理革新 / 164
    11.1 餐饮与酒店行业的现状与科技驱动的必要性 / 164
    11.2 科技引领下的餐饮与酒店行业创新 / 166
    11.3 餐饮与酒店行业的数字化管理与优化 / 168

11.4 餐饮与酒店行业的财务大数据分析与决策支持 / 170
11.5 餐饮与酒店行业的科技创新案例 / 172
11.6 餐饮与酒店行业的数字化管理系统与大数据财务系统的应用 / 177

第12章 娱乐与媒体：科技引领下的媒体行业颠覆与财务重塑 / 181
12.1 娱乐与媒体行业的现状与科技驱动的必要性 / 181
12.2 科技引领下的娱乐与媒体行业创新 / 183
12.3 娱乐与媒体行业的数字化管理与优化 / 186
12.4 娱乐与媒体行业的财务大数据分析与决策支持 / 188
12.5 娱乐与媒体行业的科技创新案例 / 190
12.6 娱乐与媒体行业的数字化管理系统与大数据财务系统的应用 / 196

第13章 高等教育：科技引领下的教育管理改革与财务创新 / 200
13.1 高等教育的现状与科技驱动的必要性 / 200
13.2 教育科技革新与应用 / 202
13.3 高等教育数字化管理与优化 / 206
13.4 高等教育的财务大数据分析与决策支持 / 208
13.5 高等教育的教育教学科技创新案例 / 210
13.6 高等教育的数字化的管理系统与大数据财务系统应用 / 215

第14章 现代农业：科技驱动下的农业现代化与财务管理变革 / 219
14.1 现代农业的现状与科技驱动的必要性 / 219
14.2 农业科技革新与应用 / 221
14.3 现代农业的数字化管理与优化 / 223
14.4 现代农业的财务大数据分析与决策支持 / 226
14.5 现代农业的科技创新案例 / 228
14.6 现代农业的数字化的管理系统与大数据财务系统的应用 / 233

第15章 建筑与房地产：科技引领下的建筑设计颠覆与财务重塑 / 236
15.1 建筑与房地产行业的现状与科技引领的必要性 / 236
15.2 建筑设计的科技颠覆 / 238
15.3 建筑与房地产行业的科技驱动管理策略 / 240
15.4 建筑与房地产行业的财务大数据分析和决策支持 / 243
15.5 建筑与房地产行业的科技创新案例 / 245
15.6 建筑与房地产行业的数字化的管理系统和大数据财务系统应用 / 251

第16章 公共文化行业：科技驱动下的文化传播革新与财务管理创新 / 254
16.1 公共文化行业的现状与科技驱动的必要性 / 255
16.2 科技在文化传播中的革新 / 257
16.3 公共文化行业的财务管理创新 / 259
16.4 科技驱动的文化创意产业发展 / 261
16.5 公共文化行业的数字化管理与大数据应用 / 268
16.6 公共文化行业的财务可持续发展与创新模式 / 270

第三篇　科技转型与企业管理和财务管理的未来前景

第 17 章　科技转型对现代中国企业的意义　　／ 275
　17.1　中国企业的科技转型趋势　　／ 276
　17.2　科技转型对企业管理和财务的影响　　／ 279
　17.3　中国企业科技转型的案例分析　　／ 281

第 18 章　企业管理与财务管理的未来趋势与创新　　／ 293
　18.1　人工智能在企业管理与财务管理的应用　　／ 294
　18.2　大数据与机器学习的影响　　／ 296
　18.3　企业管理与财务管理的技术发展趋势　　／ 298
　18.4　全球视野下的企业科技革新研究　　／ 301
　18.5　企业管理与财务管理未来的挑战与对策　　／ 302

第 19 章　结束语：走向科技驱动的未来　　／ 307
　19.1　科技对企业未来的影响　　／ 308
　19.2　为科技驱动的企业未来做准备　　／ 310
　19.3　迎接科技驱动下的企业管理和财务管理革新的未来　　／ 312
　19.4　科技创新与企业文化融合　　／ 314
　19.5　总结：走向科技驱动的未来　　／ 316

第一篇
企业管理与财务
的数字化转型

在本书的第一篇中,我们将详细讨论企业管理和财务的数字化转型。

第1章主要介绍了数字化转型的概念、重要性及其对企业管理和财务的影响。我们进一步解释了数字化转型如何帮助企业改进业务流程、提升决策效率、提高客户满意度、增强业务适应能力以及提高业绩等。

第2章详细讨论了数据分析的角色,以及如何在企业管理和财务中应用数据分析。我们介绍了数据分析的基本概念,数据分析的类型和方法,以及数据分析如何帮助企业做出更好的决策、提升运营效率、实现成本节约、提高风险管理等。

在第3章,我们阐述了大数据的概念、特性及其在财务管理中的应用和影响。我们通过探讨大数据如何提升财务决策的效率和准确性,以及如何驱动财务管理策略和实践,揭示了大数据对财务管理的深远影响。

第4章则专注于科技工具在企业管理和财务中的应用,包括数据科学、云计算、人工智能、机器学习以及网络安全等。我们解析了这些技术如何共同提升企业效能、推动企业创新,以及在保护企业数字资产中的重要性。

总的来说,第一篇为读者提供了关于企业管理和财务数字化转型的全面视角,包括其基本概念,关键技术和工具的应用,以及实际案例的分享,旨在帮助读者理解和掌握数字化转型的关键要素。

第1章 引言：科技驱动的企业管理与财务的挑战与机遇

在这个日新月异、科技进步的时代，企业管理和财务工作正面临着前所未有的挑战和机遇，本章致力于探索这些变化的深远影响。

首先，我们将深入分析企业环境的变化，以及技术进步、全球化、法规变化、经济环境、社会环境等多方面因素对管理与财务的影响。我们将列举和解析企业管理与财务在这个时代所遇到的各种挑战，包括数据管理、技术升级和人才培养、全球化、法规和合规性、竞争压力和盈利模式等问题。我们还将讨论科技创新带来的新机遇，包括数据驱动的决策制定、自动化和人工智能的运营优化、区块链在财务管理中的应用、云计算和大数据在风险管理中的应用，以及数字化在企业管理中的价值创新。

然后，我们将重点探讨科技在企业管理与财务中的作用，讲述科技如何影响企业管理和财务管理，以及在企业管理与财务决策中的关键作用。

最后，我们会介绍科技驱动的企业转型，探索如何创造竞争优势、增强企业的适应能力、提高运营效率和降低成本等问题，并分析一些成功的案例。

1.1 当代企业管理与财务面临的挑战与机遇

在信息爆炸的数字时代，企业管理与财务的运作面临着许多挑战和机遇。科技进步带来的变化正在引领企业面向全新的领域，如智能化决策、大数据分析、云计算、人工智能等。这些新兴技术改变了传统的商业模式，同时也带来了一系列的机遇与挑战。

1.1.1 当代企业环境的变化及其对管理与财务的影响

在当代企业环境中，全球化、数字化等趋势正在重塑商业格局，对企业管理与财务产生深远影响。

1. 技术进步:数字化和自动化

当前,数字化和自动化正在深刻地改变企业运营。在管理方面,数字化使数据驱动的决策成为可能,从而提高决策的效率和准确性。自动化则可提升生产效率、降低人工成本,通过优化工作流程提高工作质量。在财务管理方面,自动化的财务系统减少了人工错误,提高了工作效率。数据分析技术则可以帮助财务人员更好地理解和预测公司的财务状况,做出更明智的决策。

以阿里巴巴为例,其利用数字化技术对大量的消费者数据进行分析,以数据驱动的方式优化销售策略和价格设定。阿里巴巴还利用自动化的仓储系统提高运营效率,降低运营成本。

2. 全球化:市场扩张和跨国运营

全球化使企业可以拓展更大的市场,开展跨国运营。在管理方面,企业需要处理复杂的供应链问题,处理多元化的员工关系,进行全球战略规划。在财务管理方面,跨国运营涉及复杂的税务问题、汇率风险和合规问题。企业需要专业的财务团队处理这些问题。

华为是一个全球化公司的典型例子。作为全球最大的通信设备供应商之一,华为面临着复杂的全球供应链管理问题。同时,华为也需要处理各国的税务和合规性问题。

3. 法规变化:合规性和风险管理

法规的变化对企业的管理和财务有重要影响。企业需要持续关注法规的变化,确保合规性,并评估可能带来的风险。在财务方面,法规的变化可能会影响企业的税务和审计要求,需要专门的团队处理这些问题。

例如,当实施了新的数据保护法规,涉及数据处理的企业就需要迅速调整数据管理策略以确保合规,防止高额的罚款。

4. 经济环境:市场竞争和商业模式创新

市场竞争的加剧和商业模式的创新对企业管理和财务都提出了新的要求。企业需要明确战略规划以应对市场竞争,同时也需要创新能力以适应商业模式的变化。在财务方面,市场竞争和商业模式的变化可能会影响企业的盈利能力、资本结构和投资决策,需要专门的团队进行财务分析和规划。

例如,字节跳动的抖音凭借短视频分享的创新商业模式,成功抓住了新的社交媒体趋势,成为全球用户量最大的社交媒体之一。

5. 社会环境:企业社会责任和可持续性

社会对企业社会责任和可持续发展的关注也对企业的管理和财务产生了影响。企业需要将社会责任和可持续性融入发展战略。在财务方面,企业社会责任和可持续性的理念可能会影响企业的成本结构、投资决策以及企业的价值评估。

以腾讯公益为例,腾讯将公益事业融入公司战略,通过技术和创新驱动社会价值,不仅赢得了公众的好感,也为公司赢得了长期和稳定的发展。

总的来说,科技驱动的企业环境变化正在深刻地影响企业的管理和财务,概念图如图1.1所示。企业必须积极应对挑战,同时充分利用机遇,实现可持续发展。

图 1.1 当代企业环境的变化及其对管理与财务的影响

1.1.2 企业管理与财务面临的挑战

1. 数据管理的挑战

随着大数据和云计算的发展,数据已经成为企业的重要资产。企业每天都在产生和处理大量的数据,这些数据如果被妥善利用,可以帮助企业提高效率、优化决策,甚至创新商业模式。然而,如何有效地管理这些数据,从中提取有价值的信息,却成为企业的一大挑战。

首先,数据的收集和存储就是一个重要的问题。随着企业的扩展,数据量呈现爆炸式增长,如何有效、安全地存储这些数据,是企业首先要面对的问题。此外,企业还需要考虑如何有效地收集和整合各种来源、各种格式的数据,以便后续的分析和使用。

其次,数据的分析和利用也是一个挑战。企业需要使用复杂的数据分析工具和技术,如人工智能和机器学习,来处理海量的数据,从中提取有价值的信息。然而,这需要专门的技能和知识,而且往往需要投入大量的时间和资源。

最后,数据的安全和隐私保护也是企业需要重点关注的问题。在互联网的环境下,企业的数据面临着来自各方面的威胁。企业需要确保数据的安全,防止数据泄露或被恶意利用。同时,企业也需要尊重和保护个人隐私,遵守相关的法规和标准。

2. 技术升级和人才培养的挑战

科技进步正在改变着企业的运营模式。新兴的技术,如人工智能、区块链等,为企业带来了前所未有的机会。然而,技术的升级和人才的培养却成了企业的一大挑战。

首先,技术升级需要大量的投资。企业需要购买新的设备,更新系统,甚至需要进行大规模的基础设施改造。这对于企业的财务管理提出了新的要求。

其次,新技术的应用需要专门的技能和知识。企业需要培养一支技术型的团队,以支持新技术的应用和发展。这不仅需要时间和资源,还需要企业有明确的人才发展策略。

最后,技术升级也可能带来一系列的风险。比如,新技术的应用可能会带来安全问题、数据问题或是合规问题。企业需要对这些风险有充分的了解和准备。

3. 全球化的挑战

全球化为企业提供了更广阔的市场,但同时也带来了许多挑战。企业需要处理复杂的跨境交易,适应不同地区的文化和法规,同时还需要面对来自全球的竞争。

首先,跨境交易涉及的问题非常复杂,如货币兑换、税收规定、国际贸易协议等。企业需要有专门的团队来处理这些问题,以确保交易的顺利进行。

其次,全球化需要企业适应不同地区的文化和法规。这需要企业有全球视野,理解不同文化的差异,同时也需要遵守不同地区的法规和标准。

最后,全球化也意味着更激烈的竞争。企业不仅需要面对本地的竞争者,还需要面对来自全球的竞争者。这对于企业的战略规划、市场定位,以及产品开发等都提出了新的要求。

4. 法规和合规性的挑战

遵守各种法规和标准是企业运营的基础。然而,在科技快速发展的背景下,合规性的问题变得越来越复杂。

首先,企业需要遵守的法规和标准越来越多。这些法规不仅包括企业所在地的法规,还包括其他地区,甚至全球的法规和标准。这对于企业的管理和运营提出了新的挑战。

其次,新的技术和业务模式也带来了新的合规问题。比如,数据隐私、网络安全、知识产权等都是企业需要重点关注的问题。

最后,合规问题的处理需要专门的知识和技能。企业需要有专门的团队来处理这些问题,以确保企业的正常运营。

5. 竞争压力和盈利模式的挑战

在这个充满竞争的商业环境中,如何保持竞争力,如何寻找新的盈利模式,是企业需要面对的重要挑战。

首先,竞争压力来自各个方面,包括同行竞争、新入者的挑战,甚至来自全球的竞争。企业需要有明确的竞争策略,以保持自身的优势。

其次,随着科技的发展和市场的变化,企业需要寻找新的盈利模式。这需要企业有创新的能力,同时也需要有对市场的深刻理解。

最后,企业需要在提高效率和控制成本的同时,保持良好的客户关系和社会影响力。这对于企业的管理和财务提出了新的要求。

以上挑战需要企业管理和财务部门的共同努力才能有效应对,而如何利用科技手段将这些挑战转化为机遇,将是企业未来发展的关键,概念图如图1.2所示。

1.1.3 科技创新带来的新机遇

1. 数据驱动的决策制定

科技创新提供了大量的工具和平台,可以帮助企业更好地收集、处理、分析和利用数据。这使得企业有能力从大量的数据中提取出有价值的信息,从而为决策制定提供支持。例如,通过数据分析,企业可以更好地理解市场趋势、客户需求、运营效率以及风险状况等,从而做出更准确、更有效的决策。

另外,数据驱动的决策制定也可以帮助企业提高管理效率、减少错误以及优化业务流程。例如,通过预测分析,企业可以预测未来的销售趋势,提前做好库存管理和生产计划;通过实时监控,企业可以及时发现运营中的问题,迅速做出调整。

图 1.2　企业管理与财务面临的挑战

2．自动化和人工智能的运营优化

自动化和人工智能的应用可以帮助企业提高运营效率、降低人工成本以及提高服务质量。例如，通过自动化的工作流程，企业可以减少重复性的工作，提高工作效率；通过人工智能，企业可以实现智能客服，提供 24 小时的客户服务，提高客户满意度。

在财务管理方面，自动化和人工智能也带来了巨大的机遇。例如，通过自动化的财务系统，企业可以减少人工错误，提高财务工作的效率；通过人工智能，企业可以实现智能审计，提高审计的准确性和效率。

3．区块链在财务管理中的应用

区块链的特性，如去中心化、不可篡改以及透明性，使得它在财务管理中有很大的应用潜力。例如，区块链可以用于改进供应链管理，提高供应链的透明性，降低欺诈风险。区块链也可以用于提高财务审计的效率和准确性。通过区块链，企业可以实现实时审计，提高审计的效率，同时也可以通过区块链的不可篡改性，确保审计的准确性。

4．云计算和大数据在风险管理中的应用

云计算和大数据的发展，为企业的风险管理带来了新的机遇。通过云计算，企业可以实现数据的实时监控，及时发现风险，迅速做出响应。通过大数据，企业可以对大量的数据进行分析，更准确地预测风险，从而做出更有效的风险管理决策。

5．数字化在企业管理中的价值创新

数字化的发展，为企业的价值创新带来了新的机遇。例如，通过数字化，企业可以提供更便捷、更个性化的服务，从而提高客户的满意度。通过数字化，企业可以实现新的商业模式，如共享经济、订阅经济等。通过数字化，企业可以开发新的市场，如在线市场、移动市场等。

总的来说，科技创新为企业的管理和财务带来了巨大的机遇，概念图如图 1.3 所示。企业需要把握这些机遇，持续创新，以适应时代的变化，实现持续地发展。

图 1.3 科技创新带来的新机遇

1.2 科技在企业管理与财务中的作用

1.2.1 科技如何影响企业管理

1. 决策制定

数据驱动的决策已成为现代企业管理的核心。大数据分析、人工智能等科技工具使企业能够处理和理解大量数据,从中挖掘出对业务发展具有价值的信息。这些信息,例如市场趋势、消费者行为等,能够帮助企业制定更为准确和有针对性的策略。

例如,阿里巴巴利用大数据了解用户行为,优化商品推荐,同时为商家提供营销策略指导,以实现最大的经济效益。

2. 运营优化

技术的应用也正在帮助企业优化运营过程。从供应链管理到客户服务,物联网、自动化等技术手段都在提升企业的工作效率。通过实时监控生产流程,企业能够有效降低生产成本,减少浪费。同时,通过聊天机器人和自助服务平台等工具,企业能够提高客户服务的质量和效率。

例如,京东利用无人仓库和无人机送货技术,大大提高了仓储物流的效率,降低了运营成本。同时,在线客户服务平台也提供了 24 小时无间断的客户服务,提升了客户满意度。

3. 远程工作和协作

云计算和各类协作工具的应用使得远程工作和协作成为可能。员工无须局限于办公室,可以在任何地方进行工作,团队成员也可以在线上进行实时的协作。这种工作方式的灵活性不仅提升了工作效率,同时也帮助企业吸引和保留了更多的优秀人才。

网易有道云协作平台就是一个很好的例子,它为员工提供了在线文档编辑、在线会议、任务管理等一系列的协作工具,让远程工作和团队协作变得轻松简单。

4. 创新和变革

技术的发展也是推动企业创新和变革的重要力量。新的技术,如人工智能、区块链等,正在引发新的商业模式和服务模式的出现。企业需要把握这些技术的发展趋势,积极进行创新和变革,以保持其在竞争中的优势。

例如,蚂蚁集团利用区块链技术推出了蚂蚁链,不仅为企业提供了安全、高效的跨境支付服务,同时也为供应链金融、版权保护等多个领域提供了新的解决方案。

通过以上的论述和例子,我们可以看到科技如何深入到企业管理的各个方面,改变了企业的决策制定、运营优化、远程工作和协作,以及创新和变革,概念图如图 1.4 所示。科技的力量正在推动企业管理的现代化,使其更加高效、灵活,以应对不断变化的商业环境。

图 1.4　科技如何影响企业管理

1.2.2　科技如何影响财务管理

1. 提高财务处理速度和准确性

科技的发展使得财务管理流程更加自动化,提高了财务处理的速度和准确性。财务软件如 SAP、Oracle 等,被大量应用于企业财务管理,从最基础的记账、报表生成,到更复杂的成本控制、预算编制、现金流量分析,都能通过软件实现。

2. 财务数据分析与预测

数字化技术的发展使得企业可以更有效地收集、分析和利用财务数据。大数据和人工智能的应用,使得企业可以从历史数据中发现规律,进行财务预测,并为决策提供数据支持。

3. 财务风险管理

科技的发展也为财务风险管理提供了新的工具。例如,通过大数据和人工智能,企业可以对市场动态、汇率变化、信贷风险等进行实时监控和预警。例如,平安银行就使用这些技术,对贷款申请进行风险评估,有效地降低了贷款违约率。

4. 电子支付与移动银行

电子支付和移动银行的发展,为企业财务管理带来了新的便利。企业可以更方便地进行收付款,同时也能减少现金管理的风险。例如,招商银行推出了一系列移动银行解决方案,帮助企业进行高效、安全的财务管理。

5. 区块链技术在财务管理中的应用

区块链技术的出现,为企业财务管理提供了新的可能性。区块链可以提高数据的透明度和安全性,减少欺诈和错误的可能性。例如,蚂蚁集团使用区块链技术提高了供应链金融的效率和安全性。

6. 人工智能与机器学习在财务决策中的角色

人工智能和机器学习的应用,可以帮助企业做出更智能的财务决策。例如,通过机器学习算法,企业可以从大量数据中提取有用的信息,进行精准的财务预测和决策。

总的来说,科技的发展正在深刻地改变财务管理的方式,使得财务管理更加高效、精准、智能,概念图如图 1.5 所示。中国的企业在这方面已有很多成功的案例,体现了科技在财务管理中的重要作用。

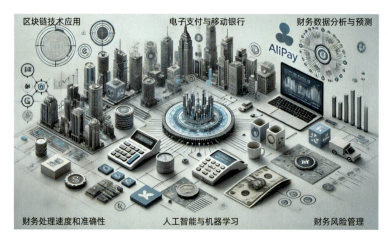

图 1.5　科技如何影响财务管理

1.2.3　科技在企业管理与财务决策中的关键作用

1. 数据驱动的决策

科技使企业能够收集、存储和分析大量的数据,从而实现数据驱动的决策。数据分析和智能工具的应用,使企业能够更好地理解市场趋势、消费者行为和业务绩效,从而做出准确、有针对性的决策。

字节跳动就是一个以数据驱动的决策为核心的典型案例,公司通过大数据和人工智能技术分析用户行为和兴趣,优化内容推荐和广告投放策略,从而实现了高度个性化的用户体验和广告效果。

2. 优化工作流程和提高效率

科技的应用使得企业能够优化工作流程,提高工作效率。自动化和数字化的工具可以简化烦琐的工作任务,减少人工错误,并加快决策和执行的速度。

菜鸟网络是一家物流科技公司,公司通过数字化和自动化技术优化物流流程,提高了仓储和配送效率,其智能仓储系统、无人机和机器人技术的应用,极大地提高了物流的速度和准确性。

3. 增强风险控制和合规性

科技在企业管理与财务决策的风险控制和合规性方面起到关键作用。数据分析和人工智能技术可以帮助企业识别潜在风险,监测市场变化,并实时预警。

中国的银行业正积极运用科技来加强风险控制和合规性。例如,中国工商银行利用大数据和人工智能技术进行风险评估和预测,以及反洗钱和反欺诈等方面的合规性管理,提高了风险管理和合规性的水平。

4. 促进创新和商业模式的变革

科技为企业创新和商业模式的变革提供了机会。新兴技术如人工智能、区块链和物联网等,为企业带来了新的商机和增长点,推动了企业创新和变革。

小米科技是一家以创新和商业模式变革为核心的公司,公司通过结合硬件、互联网和电子商务,以低价高性能的手机为入口,打造了一个完整的生态系统,包括智能家居、电商平台和云服务,实现了快速的增长和市场份额的提升。

5. 提升企业的竞争力和适应能力

科技能够提升企业的竞争力和适应能力。企业可以利用科技手段来监测市场动态、竞争对手和消费者需求,从而更好地定位自己,及时做出调整和改进。

美团是一家以科技驱动的在线服务平台,提供外卖、酒店预订、出行等多种服务。通过数据分析和人工智能技术,美团能够实时追踪消费者需求和市场趋势,灵活调整服务策略,提升企业的竞争力和市场份额。

6. 促进可持续发展和企业社会责任

科技在促进可持续发展和企业社会责任方面起到关键作用。数字化技术可以帮助企业更好地管理资源、减少环境影响,并推动可持续发展的实现。

例如,阿里巴巴集团通过数字技术和平台,推动绿色物流、绿色供应链和绿色金融,为社会和环境做出了积极贡献。

综上所述,科技在企业管理与财务决策中发挥着关键作用,概念图如图1.6所示。中国的众多企业已经充分利用科技的力量,实现了创新、高效、可持续的发展,为中国经济的增长和国际竞争力的提升做出了重要贡献。

图1.6 科技在企业管理与财务决策中的关键作用

1.3 科技驱动的企业转型

1.3.1 科技驱动的企业转型的定义与重要性

科技驱动的企业转型是指企业利用先进的科技和数字化工具来改变其商业模式、运营方式和价值创造方式,以适应快速变化的市场环境和满足不断变化的客户需求。

在当今高度竞争和不断变化的商业环境中,企业转型是必然的。科技驱动的企业转型通过将科技和数字化技术应用于企业的各个方面,如管理、运营、市场营销、客户体验等,以实现业务模式的创新和提升企业绩效。这种转型不仅仅是采用新技术,更是一种全面的战略和文化的转变。

科技驱动的企业转型的重要性不可忽视,主要体现在以下几个方面。

(1) 创造竞争优势和增强企业的适应能力

科技驱动的企业转型使企业能够创造竞争优势并增强其在市场中的适应能力。通过采用先进的技术和数字化解决方案,企业可以更快地响应市场变化,提供个性化的产品和服务,并实时满足客户需求。

华为通过持续的科技驱动转型,在5G、云计算、人工智能等领域取得了突破性的成就,使其成为全球通信设备供应商的领导者之一。这种科技驱动的转型为华为创造了竞争优势,并使其能够在全球市场上保持领先地位。

(2) 提高运营效率和降低成本

科技驱动的企业转型可以通过自动化和数字化工具来提高企业的运营效率,并降低成本。自动化流程和数字化系统能够减少人工错误、提高工作效率,并使企业能够更好地管理资源和优化供应链。

京东是一个运用科技驱动转型的典型案例。京东利用物联网、大数据和人工智能技术来实现智能仓储、自动化物流和精准供应链管理,大大提高了运营效率和降低了成本。

(3) 创新和探索新的商业机会

科技驱动的企业转型为企业创造了探索新的商业机会和发展路径的机会。通过运用新技术和数字化工具,企业可以开拓新的市场、提供新的产品和服务,并与合作伙伴共同创造价值。

阿里巴巴集团通过电子商务、大数据和云计算等技术,打造了一个庞大的电商平台和数字经济生态系统,为企业和消费者提供了全新的商业机会和创新的商业模式。

(4) 提升客户体验和满足客户需求

科技驱动的企业转型可以通过数字化工具和创新的技术解决方案来提升客户体验,满足不断变化的客户需求。个性化的服务、智能化的产品和无缝的客户体验成为企业获得竞争优势的关键。

美团是一个以科技驱动转型为基础的企业,公司通过数字化技术和大数据分析,为消费者提供个性化的服务、智能化的外卖配送以及智能餐厅解决方案,提升了客户体验并满足了消费者的多样化需求。

综上所述,科技驱动的企业转型在当今竞争激烈的商业环境中具有重要的意义。它可以帮助企业创造竞争优势、提高运营效率、探索新的商业机会、提升客户体验,并使企业在不断变化的市场中保持竞争力。中国众多企业通过科技驱动的转型实践,取得了卓越的成果,为中国经济的发展做出了积极贡献。

1.3.2 科技驱动的企业转型的主要策略与步骤

1. 明确转型目标和愿景

企业在进行科技驱动的转型前,需要明确转型的目标和愿景。这包括确定转型的核心目标,例如提高运营效率、增加创新能力、改善客户体验等。愿景则是企业期望达到的未来状态,即转型成功后的期望成果。

例如,腾讯在转型过程中就明确了目标,希望通过科技驱动的转型成为一个连接一切的数字化生态系统,为用户提供全面的互联网服务。

2. 制定科技驱动的转型策略

企业需要制定科技驱动的转型策略,以指导转型的具体方向和行动计划。策略应基于企业的目标和愿景,并考虑市场趋势、技术发展和竞争环境。

3. 建立创新文化和推动组织变革

科技驱动的转型需要企业建立创新文化,并推动组织变革以适应转型的需求,包括培养创新意识和思维方式、鼓励员工参与创新、建立灵活的组织结构和流程等。

中国平安在科技驱动的转型中建立了一个创新实验室,吸引了一批科技人才,并推动了组织文化和管理模式的变革,以适应科技驱动的转型。

4. 采用先进的科技和数字化工具

科技驱动的转型需要企业采用先进的科技和数字化工具来支持转型的实施,包括云计算、大数据分析、人工智能、物联网等技术的应用。

阿里巴巴集团通过推动云计算和大数据技术的应用,为企业提供了一系列数字化解决方案,如阿里云、阿里巴巴商城等,支持了企业进行数字化转型和创新。

5. 建立合作伙伴关系和生态系统

科技驱动的转型需要企业与合作伙伴建立紧密的合作关系,并构建开放的生态系统。合作伙伴可以提供专业的技术支持和资源,共同创造价值。

小米科技通过与供应链伙伴、内容提供商和开发者建立紧密的合作关系,共同构建了一个庞大的生态系统,从而实现了快速的创新和增长。

6. 持续监测和评估转型进展

科技驱动的转型是一个持续的过程,企业需要定期监测和评估转型的进展,并根据实际情况进行调整和优化。

华为在转型过程中持续监测市场动态和技术发展,不断评估转型的进展,并根据评估结果进行相应的调整和优化,从而确保了转型的成功。

通过以上策略和步骤的实施,企业可以较好地进行科技驱动的转型。然而,每个企业的转型过程都是独特的,需要根据自身的情况和需求实施定制化的策略和步骤。

1.3.3 科技驱动的企业转型的案例分析

本节将展示数个科技驱动转型的案例,通过实际应用展示技术如何推动企业战略和运营的革新,示意图如图 1.7 所示。

图 1.7 科技驱动的企业转型成功案例示意图

1. 海尔集团

海尔集团通过科技驱动的企业转型,从一个传统的家电制造企业转型为智能家电和智能生活解决方案的提供商,赢得了市场的认可和用户的信赖。其转型成功的关键要素包括以下方面。

智能制造和物联网技术　海尔集团通过智能制造和物联网技术的应用,实现了生产过程的数字化、自动化和智能化。海尔集团还建立了智能工厂和智能供应链,通过物联网技术实现设备之间的连接和数据的实时监控,提高了生产效率和质量。

个性化定制和用户参与　海尔集团注重个性化定制和用户参与,通过智能制造技术和用户需求的反馈,实现了个性化定制的生产模式。用户可以参与产品设计、定制和改进的过程,从而满足不同用户的个性化需求。

全球化布局和品牌建设　海尔集团通过全球化布局和品牌建设,实现了从国内市场到全球市场的转型,并积极扩大海外市场份额,通过品牌建设和产品质量的提升,赢得了国际消费者的认可。

供应链协同和合作伙伴关系　海尔集团注重供应链协同和合作伙伴关系的建设,通过与供应商、合作伙伴的紧密合作,实现了供应链的高效和灵活性,与合作伙伴共同推动技术创新和业务发展。

品质管理和用户体验　海尔集团注重品质管理和用户体验的提升,通过严格的品质控制和售后服务体系,提供优质的产品和满意的用户体验,并通过持续改进和创新,不断提高产品的性能和可靠性。

这个案例表明,制造业企业通过科技驱动的转型可以实现生产效率的提升、产品创新的推动以及全球市场的拓展。海尔集团的成功转型证明了制造业企业在数字化和智能化时代中具有巨大的转型潜力和发展机会。

2. 比亚迪

比亚迪通过科技驱动的企业转型，从一个传统的汽车制造商转型为新能源汽车和清洁能源解决方案的提供商，为环保和可持续发展做出了积极贡献。其转型成功的关键要素包括以下方面。

新能源汽车技术创新　比亚迪注重新能源汽车技术的创新，推动电动汽车和混合动力汽车的研发和生产。公司引入先进的电池技术和电动驱动系统，提高电动汽车的续航里程和性能，推动新能源汽车的普及。

垂直整合的供应链　比亚迪实行垂直整合的供应链管理，掌控关键零部件的生产和供应。公司在电池、电机、控制系统等关键领域拥有自主研发和生产能力，提高了产品质量和供应链的稳定性。

智能制造和工业自动化　比亚迪推动智能制造和工业自动化的应用，提高生产效率和质量。公司引入自动化设备和智能工厂技术，优化生产流程，降低生产成本，提高产品的一致性和可靠性。

清洁能源解决方案　比亚迪提供清洁能源解决方案，涉及太阳能发电、储能系统和电动公交车等领域。公司为城市和企业提供清洁能源的综合解决方案，推动可持续能源的应用和发展。

全球市场拓展　比亚迪积极拓展全球市场，将产品和品牌推广到全球范围。公司与国际合作伙伴建立合作关系，开展海外生产和销售，赢得了国际市场的认可和市场份额的增长。

比亚迪的成功转型证明了新能源汽车企业在技术创新和市场竞争方面拥有的潜力和机会。

3. 大疆

大疆通过科技驱动的企业转型，从一个无人机制造商转型为航空影像技术解决方案的提供商，为航空摄影和无人机应用市场带来了颠覆性的变革。其转型成功的关键要素包括以下方面。

创新的无人机技术　大疆致力于无人机技术的创新，不断研发和推出具有先进功能和高性能的无人机产品，满足不同行业的需求，如航拍摄影、测绘、安全监控等。

航空影像技术解决方案　大疆提供综合的航空影像技术解决方案，包括无人机、摄像设备和软件应用。公司通过高质量的航拍设备和专业的软件平台，为用户提供高清晰度、高稳定性的航空影像数据，支持各种应用场景和行业需求。

开放的生态系统和合作伙伴关系　大疆构建了开放的生态系统，与合作伙伴共同推动行业发展。大疆与软件开发者、硬件供应商和行业应用提供商合作，实现产品的互联互通和功能的扩展，为用户提供更多的创新解决方案。

全球市场拓展　大疆积极拓展全球市场，在多个国家建立了销售和服务网络，与国际合作伙伴开展合作，赢得了国际市场的认可和市场份额的增长。

用户体验和安全意识　大疆注重用户体验和安全意识，在产品设计和用户培训方面下了很大的功夫。不仅提供易于操作的无人机产品和用户友好的软件应用，同时也积极宣传无人机的安全使用和法规遵守。

大疆的成功转型证明了无人机企业在科技创新和市场竞争方面拥有的潜力和机会。

4. 宁德时代

宁德时代通过科技驱动的企业转型，从一个电池制造商转型为新能源电池行业的领军企业，为电动车和可再生能源市场做出了重要贡献。其转型成功的关键要素包括以下方面。

锂离子电池技术创新　宁德时代致力于锂离子电池技术的创新，推动电池能量密度和充电速度的提升。公司进行持续的研发和创新，不断改进电池的化学组成、结构设计和制造工艺，提高电池性能和安全性。

垂直整合的产业链　宁德时代实行垂直整合的产业链战略，掌控关键原材料的供应和电池的生产。公司在锂资源开采、电池材料生产和电池组装方面具备自主研发和生产能力，提高了供应链的稳定性和产品质量。

绿色制造和环境保护　宁德时代注重绿色制造和环境保护，推动可持续发展和低碳经济。公司采用清洁生产技术和环境友好材料，降低生产过程中的能耗和排放，致力于减少对环境的影响。

全球市场布局　宁德时代积极进行全球市场布局，将产品销售拓展到全球范围。公司与全球的汽车制造商建立合作关系，为电动车市场提供高质量的电池产品，赢得了国际市场的认可和市场份额的增长。

创新驱动和研发投入　宁德时代将创新驱动和研发投入作为核心战略，不断推动技术创新和产品升级。公司在研发团队和实验室方面投入大量资源，并加强与科研机构的合作，保持在电池领域的技术领先地位。

宁德时代的成功转型证明了新能源电池企业在科技创新和市场竞争方面拥有的潜力和机会。

思考题

1. 在数字化时代，企业管理和财务管理面临了哪些新的挑战和机遇？
2. 如何利用科技驱动企业管理和财务决策，以提高企业的竞争力和效率？
3. 你认为企业管理和财务管理中的科技应用将如何影响未来的商业模式和组织结构？

研究方向

1. 科技驱动的企业管理和财务决策的最佳实践研究。
2. 科技对不同行业和企业规模的影响比较研究。
3. 科技驱动的企业管理和财务决策对企业绩效的影响研究。

第 2 章　数字化驱动的企业管理策略与实践

在第 2 章,我们将探讨数字化在企业管理中的重要作用,展示数字化如何深刻改变企业的管理方式,提高效率,驱动创新,以及改善客户体验。

首先,我们详细解析了数字化对企业管理的重大影响。这些影响涵盖了战略规划和业务模式创新、数据驱动的决策和业绩管理、协同和沟通的改进、运营效率和成本控制,以及客户体验和个性化营销等方面。我们将着重探讨数字化在应对企业管理挑战中的关键作用,揭示如何运用数字化解决企业管理的难题。

其次,我们介绍了如何制定和实施企业的数字化管理策略。这包括如何明确目标和愿景、评估现状和需求、制定战略重点和优先级、建立合作与伙伴关系、制定执行计划和里程碑,以及建立评估和调整机制等。同时,我们将提供企业数字化管理的成功案例。

最后,我们研究了数字化对企业管理的长期影响,包括如何塑造企业的竞争优势、改变企业的组织结构与流程,以及对未来数字化驱动的企业管理的预期与策略。我们还给出了对未来数字化驱动的企业管理的预期。

通过本章的学习,读者能够更深入地理解数字化在企业管理中的核心作用,提升数字化管理的实施水平,并从中找到对未来的启示和灵感。

2.1　数字化在企业管理中的重要性

2.1.1　数字化的定义及其在企业管理中的应用

数字化是将信息和数据转换为数字形式,并利用各种技术和工具进行处理、存储、分析和传输的过程。它在企业管理中具有广泛的应用,可以带来诸多好处和机会。

1. 数据收集和管理的改进

数字化为企业提供了更高效和精确的数据收集和管理能力。通过数字化的手段,企业能够快速、准确地收集大量的数据,并进行系统化的存储和管理。这使得企业能够更好地理解和分析市场趋势、客户需求、竞争对手的行动等关键信息。例如,阿里巴巴通过数字化平台收集海量的消费者数据,为企业和商家提供准确的市场洞察和个性化的推荐服务。

2. 决策支持和预测能力的提升

数字化为企业提供了更强大的决策支持和预测能力。通过数据分析和人工智能技术,企业能够更好地洞察市场趋势、预测需求变化、优化运营等。这使得企业能够做出更明智的决策,减少风险,提高效率。例如,中国移动利用大数据分析和机器学习算法,对用户行为和消费模式进行分析,从而优化产品和服务的定价策略,提高用户满意度。

3. 协同与沟通的提升

数字化工具和平台提升了企业内部的协同与沟通效率。企业可以利用数字化平台,共享信息、知识和资源,促进团队之间的协作与沟通。例如,字节跳动通过内部协同工具和沟通平台,实现了全球各地员工的实时沟通和协同工作,促进了跨部门和跨地域的合作。

4. 客户体验的改善

数字化可以提升企业与客户之间的互动和体验。通过数字化的渠道,企业可以更好地了解客户需求,开展个性化营销和服务,增强客户满意度和忠诚度。例如,京东通过数字化技术,实现了便捷的在线购物体验,提供个性化的推荐和定制服务,为消费者创造了更好的购物体验。

5. 组织效率的提高

数字化工具和流程的应用提高了企业的组织效率。自动化和数字化的流程可以减少人工操作和错误,提高工作效率和准确性。例如,互联网金融公司蚂蚁金服通过数字化的支付和结算系统,实现了快速、安全的在线支付和结算,提高了交易效率和客户满意度。

综上所述,数字化在企业管理中的应用范围广泛。它提供了更高效和精确的数据收集和管理能力,提升了决策支持和预测能力,改善了协同与沟通效率,提升了客户体验,以及提高了组织效率。这些应用的例子都在中国企业的实践中得到了广泛的应用和验证,推动了企业的创新和发展。

2.1.2 数字化对企业管理的重大影响

数字化对企业管理产生了深远的影响,从战略规划到日常运营,涵盖了各个方面。

1. 战略规划和业务模式创新

数字化为企业提供了新的机会和方式来进行战略规划和业务模式创新。通过数字化技术和数据分析,企业能够更好地了解市场和客户需求,发现新的商业机会,并调整和优化现有的业务模式。例如,京东通过数字化技术的运用,从传统的自营模式转变为以平台为基础的生态系统,吸引了更多的商家和消费者,实现了业务的快速增长。

2. 数据驱动的决策和业绩管理

数字化使得数据成为企业决策和业绩管理的关键驱动因素。通过数据的收集、分析和挖掘,企业能够基于事实和证据做出决策,并进行业绩的监控和评估。数字化的决策支持系统和数据可视化工具使得决策过程更加科学和准确。例如,中国平安利用大数据分析和人工智能技术,对客户数据进行精细化分析和预测,从而制定个性化的保险产品和定价策略,提高了业绩和客户满意度。

3．协同和沟通的改进

数字化工具和平台改进了企业内部和外部的协同和沟通方式。通过在线协作工具、社交媒体和即时通信应用，企业能够实现实时的沟通和协同工作，打破了时间和地域的限制。这有助于促进团队合作、知识共享和信息传递。例如，即时通信工具微信企业版就为企业提供了一个便捷的沟通平台，支持群组聊天、文件共享和在线会议等功能，提高了团队的协同效率。

4．运营效率和成本控制

数字化的自动化和优化工具提高了企业的运营效率和成本控制能力。通过数字化的供应链管理、生产线自动化和仓库管理系统，企业能够减少人力投入，提高生产效率和准确性，降低库存成本和运营风险。例如，智能制造企业美的集团引入了数字化的生产线和机器人技术，实现了生产过程的高度自动化和智能化，提高了生产效率和质量控制，降低了成本。

5．客户体验和个性化营销

数字化为企业提供了更多个性化和定制化的营销手段，改善了客户体验。通过数据分析和个性化推荐算法，企业能够更好地了解客户需求和行为，为客户提供个性化的产品和服务。例如，在线旅游平台携程利用数字化技术和大数据分析，根据用户的出行偏好和历史行为，提供个性化的旅游产品推荐和定价策略，提升了用户的购买体验和忠诚度。

综上所述，数字化对企业管理产生了重大影响。它改变了企业的战略规划和业务模式创新方式，推动了数据驱动的决策和业绩管理，改进了协同和沟通方式，提高了运营效率和成本控制能力，以及改善了客户体验和个性化营销。中国企业在数字化转型方面取得了许多成功的案例，证明了数字化对企业管理的重要性和价值。

2.1.3 数字化在应对企业管理挑战中的关键作用

1．数据驱动的决策

数字化为企业提供了丰富的数据资源和分析工具，使企业能够基于数据做出更准确、明智的决策。企业可以利用数据分析技术和算法，挖掘数据中的洞察和模式，从而预测市场趋势、消费者需求、竞争对手行动等，为决策提供有力的支持。例如，阿里巴巴利用大数据分析，通过消费者购买行为、搜索记录等数据，实现了个性化推荐和定制化营销，提高了销售效果和客户满意度。

2．业务流程优化

数字化可以帮助企业对业务流程进行优化和自动化，提高运营效率和质量。通过数字化技术和工具，企业可以简化烦琐的手工操作，减少人为错误，并提高工作效率。例如，顺丰利用数字化的仓储管理系统和智能物流设备，实现了高效的包裹分拣和配送，大幅提升了快递服务的效率和准确性。

3．组织协同与沟通

数字化工具和平台改善了企业内部和外部的协同与沟通。通过在线协作工具、即时通信和社交媒体，企业可以实现实时的信息共享和协同工作，加强团队之间的合作和沟通。这有助于提高工作效率、推动创新和知识共享。例如，腾讯通过旗下的即时通信工具QQ和微信,为企业提供了一个便捷的沟通平台,支持多种形式的信息交流和协同工作。

4. 创新和新业务模式

数字化为企业提供了创新和新业务模式的机会。通过数字化技术和平台,企业能够开拓新的市场、提供新的产品和服务,实现业务的增长和多元化。例如,共享经济平台滴滴出行利用数字化技术和大数据分析,推出了网约车、共享单车等创新业务模式,改变了传统交通出行的方式,并取得了巨大的成功。

5. 客户体验的提升

数字化可以提升客户体验,增强客户的满意度和忠诚度。通过数字化工具和平台,企业能够更好地了解客户需求,提供个性化的产品和服务,增加互动和参与度,提高客户体验。例如,餐饮外卖平台饿了么利用数字化技术和智能配送系统,实现了快速的订单处理和送餐服务,提供了便捷的订餐体验,满足了客户的需求。

综上所述,数字化在应对企业管理挑战中扮演着关键的角色。它能够帮助企业基于数据做出准确的决策,优化业务流程,提升组织协同与沟通,推动创新和新业务模式,并提升客户体验。在中国,许多企业已经充分利用数字化技术和创新应用,取得了良好的成果和竞争优势。

2.2 企业的数字化管理策略与实践

2.2.1 制定有效的数字化策略

1. 明确目标和愿景

企业在制定数字化策略之前,需要明确其数字化转型的目标和愿景。这包括确定数字化的关键领域、所需的改变和期望的结果。例如,企业可能希望通过数字化提高运营效率、增强客户体验、拓展新业务模式等。明确目标和愿景有助于为数字化策略确立明确的方向和重点。

2. 评估现状和需求

企业需要对当前的数字化能力和现有的 IT 基础设施进行评估,了解数字化转型的现状和潜在的瓶颈。同时,还需要评估市场和竞争环境,了解行业的最新趋势和技术创新。通过这些评估,企业可以确定数字化转型的需求和优先级,为制定策略提供基础。

3. 制定战略重点和优先级

根据目标和需求评估的结果,企业需要确定数字化转型的战略重点和优先级。这可能涉及不同领域的数字化应用,如客户关系管理、供应链优化、生产自动化等。确定战略重点和优先级有助于资源的有效配置和推进数字化转型的步骤。

4. 建立合作与伙伴关系

数字化转型通常需要与技术提供商、创新公司和行业合作伙伴建立紧密的关系。企业需要选择合适的合作伙伴,共同推进数字化转型的目标。这些合作伙伴可以提供专业的技术支持、创新的解决方案和行业见解,加速数字化转型的进程。

5. 制定执行计划和里程碑

制定数字化策略时,需要建立具体的执行计划和里程碑,明确实施的步骤和时间表。这有助于确保数字化转型按计划进行,并提供对进展的监测和评估。执行计划应考虑资源的调配、培训和变革管理等方面的要素,以确保数字化转型的顺利进行。

6. 建立评估和调整机制

数字化策略的实施需要建立有效的评估和调整机制。企业需要设定关键绩效指标,以衡量数字化转型的效果和成果。根据评估结果,企业可以及时调整策略和计划,以确保数字化转型的成功。

2.2.2 实施数字化管理的主要步骤与考虑因素

实施数字化管理是企业数字化转型的关键环节。以下是实施数字化管理的主要步骤和考虑因素。

1. 明确目标和范围

在实施数字化管理之前,企业需要明确数字化管理的目标和范围。这包括确定要数字化的业务流程、部门或功能,并明确期望的结果和效益。例如,企业可能希望实现供应链数字化、销售数字化、财务数字化等。

2. 评估现状和需求

评估当前的管理流程、信息系统和技术基础设施,了解数字化管理的现状和潜在的瓶颈。同时,还需要评估业务需求和利益相关者的期望,确定数字化管理的需求和优先级。这些评估结果将有助于制定实施计划和决策。

3. 选择合适的数字化工具和技术

根据目标和需求评估的结果,选择合适的数字化工具和技术来支持数字化管理的实施。这可能包括企业资源规划(ERP)系统、客户关系管理(CRM)软件、供应链管理系统、数据分析工具等。选择合适的工具和技术需要考虑企业的规模、行业特点、预算限制和未来发展需求。

4. 制定实施计划和时间表

制定具体的实施计划和时间表,明确数字化管理的步骤和阶段。将整个实施过程划分为可管理的阶段,并为每个阶段制定明确的任务、责任和时间表。此外,应考虑到员工培训、变革管理和沟通计划等方面的因素,确保数字化管理的平稳过渡和顺利实施。

5. 培训和支持

数字化管理的成功实施需要员工的积极参与和支持。提供相关的培训和支持,帮助员工适应新的数字化工具和流程,提高他们的数字化能力和技术技能。同时,建立支持机制和帮助台,确保员工在实施过程中获得及时的支持和解决问题的渠道。

6. 监测和评估

在数字化管理实施过程中,建立监测和评估机制,对实施的效果和成果进行定期的监测和评估。通过关键绩效指标(KPI)和评估工具,跟踪数字化管理的影响和效益,及时调整和改进实施策略。

2.2.3 企业数字化管理的成功案例与启示

1. 中国电子

中国电子是知名电子信息产业集团公司,公司成功实施了数字化管理,并取得了显著的成果,概念图如图 2.1 所示。该案例在以下方面为我们提供了宝贵的经验和启示。

图 2.1　企业的数字化管理

(1) 数字化流程管理

中国电子通过数字化工具和系统,实现了内部流程的数字化管理,提高了工作效率和质量。公司采用了基于云计算和大数据分析的工作平台,将各个业务环节纳入数字化流程中,从而实现了流程的自动化、标准化和协同化。这使得工作流程更加高效,减少了沟通和协调的成本和时间。

启示:企业应重视数字化流程管理,通过引入适当的数字化工具和系统,实现业务流程的优化和自动化。这有助于提高工作效率、降低成本,并提升组织的整体运作效果。

(2) 数据驱动的决策

中国电子注重数据的收集、分析和利用,在管理决策中采取了数据驱动的方法。公司建立了全面的数据分析平台,通过对海量数据的挖掘和分析,提供决策者所需的关键指标和见解。这使得管理层能够基于客观数据做出准确的决策,降低了决策的风险和不确定性。

启示:企业应重视数据的收集和分析,在决策过程中充分利用数据驱动的方法。通过建立强大的数据分析能力,提供准确的数据支持和决策见解,帮助管理层做出更明智的决策。

(3) 数字化供应链管理

中国电子通过数字化技术和供应链管理系统,实现了供应链的数字化管理。公司与供应商建立了紧密的合作关系,并通过数字化平台实现了供应链的透明化和协同化。这使得公司能够更好地控制供应链的流程和风险,提高了供应链的效率和灵活性。

启示:企业应关注供应链的数字化管理,通过与供应商的合作和数字化工具的运用,提高供应链的可视性、协同性和效率。这有助于优化供应链的运作,提供更好的产品交付和获取更高的客户满意度。

（4）员工参与和培训

中国电子重视员工的参与和培训，在数字化管理过程中注重员工的角色和能力培养。他们通过内部培训和知识共享，增强员工的数字化技能和意识，并鼓励员工积极参与数字化管理的实施和改进。

启示：企业应注重员工的参与和培训，帮助员工适应数字化管理的需求和变化。通过培养员工的数字化技能和意识，激发员工的积极性和创新能力，推动数字化管理的成功实施。

2. TCL

TCL是知名电子产品制造商和全球领先的消费电子公司。TCL成功实施了数字化管理，并在数字化转型方面取得了显著的成果。该案例在以下方面为我们提供了宝贵的经验和启示。

（1）数字化供应链管理

TCL通过数字化技术和供应链管理系统，实现了供应链的数字化管理。公司与供应商建立了紧密的合作关系，并通过数字化平台实现了供应链的协同化和优化。通过实时的数据共享和协同工作，TCL能够更好地掌握物料流动、库存状态和交付时间等关键信息，提高供应链的可视性和响应能力。

启示：企业应重视数字化供应链管理，通过数字化技术和协同平台，提高供应链的效率、灵活性和透明度。这有助于减少库存成本、提高交付速度，并提升客户满意度。

（2）智能制造和工业互联网

TCL致力于智能制造和工业互联网的应用，通过数字化技术和物联网设备，实现了生产过程的数字化监控和优化。公司建立了智能制造系统，实现了生产线的自动化控制和数据采集。通过实时监测和分析生产数据，TCL能够及时发现和解决生产中的问题，提高生产效率和质量。

启示：企业应探索智能制造和工业互联网技术的应用，实现生产过程的数字化和自动化。通过实时数据监控和分析，提高生产的可靠性、效率和质量，推动制造业的转型升级。

（3）数字化营销和客户服务

TCL积极采用数字化营销和客户服务策略，通过数字化渠道和社交媒体平台与消费者进行互动和沟通。公司通过在线销售平台、社交媒体和手机应用等方式，与消费者建立了更紧密的联系，并提供个性化的产品推荐和优惠信息。此外，TCL还通过数字化技术和物联网设备，提供远程的售后服务和技术支持，提升了客户满意度。

启示：企业应借助数字化渠道和社交媒体，积极开展数字化营销和客户服务。通过个性化的推荐、即时的沟通和便捷的售后支持，提升消费者体验和忠诚度。

3. 四川长虹

四川长虹是知名电子产品制造商，也是领先的家电和消费电子公司之一。公司成功实施了数字化管理，并在数字化转型方面取得了显著的成果，概念图如图2.2所示。该案例在以下方面为我们提供了宝贵的经验和启示。

（1）数字化生产和供应链管理

四川长虹在数字化生产和供应链管理方面取得了重要进展。公司通过数字化技术和物联网设备，实现了生产过程的数字化监控和优化。通过实时数据采集和分析，公司能够更好地掌握生产状态、设备维护需求和质量控制等关键信息，提高生产效率和产品质量。此外，

图 2.2 企业生产数字化

公司还利用数字化供应链管理系统,实现了供应链的可视化和协同化,提高了供应链的透明度和响应能力。

启示:企业应借助数字化技术和物联网设备,实现生产过程的数字化和自动化。通过实时数据监测和分析,提高生产的效率、质量和可靠性。同时,数字化供应链管理也能够提升供应链的效率和灵活性。

(2) 数字化营销和客户服务

四川长虹积极采用数字化营销和客户服务策略,通过在线渠道和社交媒体平台与消费者进行互动和沟通。公司利用数字化平台和数据分析,了解消费者的需求和偏好,提供个性化的产品推荐和服务。通过数字化营销和客户服务,公司能够与消费者建立更紧密的关系,提高用户体验度和忠诚度。

启示:企业应加强数字化营销和客户服务,通过数据分析和个性化推荐,提升消费者的满意度和忠诚度。借助在线渠道和社交媒体,积极与消费者互动和沟通,增强品牌影响力和市场竞争力。

(3) 数字化创新和研发

四川长虹注重数字化创新和研发,通过数字化平台和协同工具,提高创新研发的效率和成果。公司与合作伙伴和供应商建立了紧密的合作关系,通过数字化研发平台共享资源和知识,推动创新的发展。公司还通过数字化技术和平台,加速新产品的研发。

启示:企业应加强数字化创新和研发,借助数字化平台和协同工具,提高研发过程的效率。通过与合作伙伴的紧密合作和资源共享,加速创新的实现,提升市场竞争力。

4. 北大方正

北大方正是知名的综合性企业集团,其业务涵盖了信息技术、教育、金融等领域。北大方正在数字化管理方面取得了重要的成就,并成功推动了企业的数字化转型,概念图如图2.3所示。该案例在以下方面为我们提供了宝贵的经验和启示。

(1) 数字化技术在教育领域的应用

北大方正积极推动数字化技术在教育领域的应用,通过在线教育平台和数字化教学资源,提供灵活、个性化的学习体验。公司利用云计算、大数据和人工智能等技术,提供在线课

图 2.3 数字化企业的云计算和大数据应用

程、远程培训和个性化学习支持,促进教育资源的共享和普及。

启示:数字化技术在教育领域具有巨大的潜力,企业应积极探索在线教育和数字化教学资源的开发和应用。通过数字化平台和个性化学习工具,提供灵活、高效的教育解决方案,满足不同学习需求。

(2) 数字化金融服务

北大方正在金融领域积极推动数字化转型,通过互联网和移动技术,提供便捷、安全的金融服务。公司发展了数字化支付、移动银行和互联网金融等业务,为客户提供全方位的金融解决方案。同时,利用大数据和人工智能技术,实现风险评估和个性化投资建议,提升金融服务的质量和效率。

启示:金融行业应积极应对数字化转型的挑战和机遇,借助互联网和移动技术,提供便捷、个性化的金融服务。同时,利用大数据和人工智能技术,提高风险管理和投资决策的准确性和效率。

(3) 数字化创新和科研发展

北大方正注重数字化创新和科研发展,通过数字化平台和合作机制,推动科研成果的转化和应用。公司与高校、科研院所及企业建立了紧密的合作关系,共同开展创新研究和项目合作。通过数字化技术和平台,加快创新成果的推广和商业化。

启示:企业应加强数字化创新和科研发展,建立合作机制和创新生态系统,促进科研成果的转化和应用。通过数字化平台和资源共享,推动创新的实现,提升企业的竞争力。

5. 浪潮集团

浪潮集团是领先的信息技术解决方案提供商,其业务涵盖了计算机硬件、软件开发、云计算、大数据、人工智能等领域。浪潮集团在数字化管理方面取得了显著的成就,并成功推动了企业的数字化转型。该案例在以下方面为我们提供了宝贵的经验和启示。

(1) 云计算和数据中心建设

浪潮集团致力于云计算和数据中心建设,通过数字化技术和平台,提供灵活、高效的云计算解决方案。公司建设了先进的数据中心和云平台,为客户提供可扩展的计算、存储和网络资源。浪潮集团利用虚拟化技术、软件定义网络和自动化管理工具,实现了资源的弹性调度和自动化运维,提高了数据中心的效率和可靠性。

启示:企业应重视云计算和数据中心建设,借助数字化技术和自动化管理工具,提高资源利用率和运维效率。通过云平台和虚拟化技术,提供灵活、可扩展的计算和存储服务,满足客户的需求。

(2) 人工智能和大数据的应用

浪潮集团积极推动人工智能和大数据的应用,通过数据采集、存储和分析,实现了智能决策。公司利用人工智能算法和机器学习技术,提供智能化的解决方案,涉及智能城市、智慧医疗和智能制造等领域。浪潮集团的大数据平台能够处理和分析海量数据,为企业提供实时的数据洞察和预测分析。

启示:企业应积极探索人工智能和大数据的应用,通过数据分析和机器学习技术,实现智能决策和业务洞察。借助大数据平台和算法模型,挖掘数据中的价值,提供智能化的解决方案。

(3) 数字化管理和智能制造

浪潮集团在数字化管理和智能制造方面取得了重要进展。公司实施了数字化的生产计划和调度,通过物联网和工业互联网技术,实现了设备的实时监控。浪潮集团的智能制造解决方案能够实现设备的自动化控制和生产过程的可视化,从而提高生产效率和产品质量。

启示:企业应加强数字化管理和智能制造的实施,借助物联网和工业互联网技术,实现设备的自动化控制和生产过程的可视化。通过数字化平台和智能化系统,提高生产的效率、质量和可靠性。

2.3 数字化对企业管理的长期影响

2.3.1 数字化如何塑造企业的竞争优势

数字化在企业管理中具有长期的影响力,可以从以下方面为企业塑造竞争优势。

1. 创新和差异化

数字化技术可以为企业提供创新和差异化的机会。通过数字化平台和工具,企业能够快速响应市场需求,推出新产品和服务,提供独特的价值主张。数字化技术也可以帮助企业实现业务模式创新,开拓新的市场和渠道。通过持续的创新和差异化,企业能够在竞争激烈的市场中脱颖而出,获得竞争优势。

举例来说,中国电商巨头阿里巴巴通过数字化技术和平台,推动了电子商务的创新和发展。公司提供了全方位的电商解决方案,如在线购物平台、支付服务、物流网络等,实现了线上线下融合的零售模式。阿里巴巴的创新和差异化战略使其在电商行业取得了巨大的竞争优势。

2. 提升运营效率

数字化技术可以帮助企业提升运营效率,实现成本优化和资源利用的最大化。通过自动化和智能化的工具和系统，企业能够优化生产流程、提高生产效率，减少人力资源的浪费。数字化技术还可以改进供应链管理、物流运作和库存控制，提高整体运营效率。通过提升运营效率，企业能够降低成本、提高生产能力，从而取得竞争优势。

举例来说，智能制造企业美的集团通过数字化技术的应用，实现了智能化的生产流程和供应链管理。公司采用自动化的生产线和智能化的物流系统，提高了生产效率和产品质量，同时降低了生产成本。这使得美的集团在家电行业中保持了竞争优势。

3. 数据驱动的决策

数字化时代，数据成为企业重要的资产。通过数字化技术和数据分析工具，企业可以收集、整理和分析大量的数据，深入了解市场、客户和业务运营。这些数据驱动的洞察可以帮助企业做出准确的决策，优化业务流程，改进产品设计，提升客户体验。数据驱动的决策使得企业能够更好应对市场变化，迅速适应客户需求，获得竞争优势。

2.3.2 数字化如何改变企业的组织结构与流程

数字化的快速发展和应用，将从以下方面对企业的组织结构和流程产生深远影响。

1. 扁平化的组织结构

数字化技术的普及和应用使得信息的传递和沟通更加快速和便捷。传统的层级式组织结构逐渐向扁平化的组织结构转变。通过数字化工具和平台，员工可以直接沟通、协作和共享信息，减少沟通层级和沟通障碍。扁平化的组织结构可以促进信息的自由流动和快速决策，提高组织的灵活性和反应能力。

举例来说，京东通过数字化技术的应用，实现了组织结构的扁平化。公司建立了内部的数字化平台，员工可以直接在平台上分享信息、协作和交流。这种扁平化的组织结构促进了信息的快速传递和决策的迅速执行，提高了企业的效率和竞争力。

2. 自动化的业务流程

数字化技术使得企业的业务流程实现了自动化和智能化。通过数字化工具和系统，企业可以自动化重复性、烦琐的工作流程，减少人工干预，提高工作效率和准确性。自动化的业务流程可以减少错误和延误，降低成本，提高服务质量和客户满意度。

举例来说，微信支付通过数字化技术的应用，实现了支付业务的自动化流程。用户可以通过手机 App 进行支付，系统自动处理支付请求、验证身份和转账等操作。这种自动化的业务流程提高了支付的便利性和效率，同时减少了人工处理的成本和错误。

3. 分布式的协作与工作方式

数字化技术使得企业的协作和工作方式发生了变革。通过云计算、协作平台和远程办公工具，员工可以实现分布式的协作，没有时间和地点的限制。数字化技术提供了实时的沟通和协作工具，使得团队成员可以远程协作、共享文档和实时交流。分布式的协作和工作方式提高了工作的灵活性和效率，同时也扩大了企业的人才范围。

2.3.3 对未来数字化驱动的企业管理的预期

未来，数字化将继续在企业管理中扮演重要角色，以下策略将为企业带来更多机遇和挑战。

1. 数字化转型的全面推进

企业应将数字化转型作为战略的核心，全面推进数字化在各个领域的应用。这包括数字化营销、数字化供应链、数字化客户体验、数字化创新等方面。通过数字化转型，企业可以实现更高效的运营、更优质的产品和服务，以及更紧密的客户关系。

2. 数据驱动的决策和智能化的运营

企业应加强数据分析能力，充分利用数据驱动的决策和智能化的运营。通过大数据分析、人工智能、机器学习等技术，企业可以从海量数据中提取有价值的信息，优化决策过程，实现智能化的运营和管理。这将帮助企业更好地了解市场趋势、预测需求，以及优化资源配置。

3. 注重数据安全和隐私保护

随着数字化的深入应用，数据安全和隐私保护成为企业管理的重要课题。企业应制定严格的数据安全政策和措施，确保客户和企业的数据得到充分的保护。同时，企业也需要合规地收集、存储和使用数据，遵守相关的隐私法规和法律要求。

4. 促进人才培养与组织文化转型

数字化驱动的企业管理需要具备相应的人才和组织文化。企业应加强人才培养，提升员工的数字化技能和数据分析能力。同时，企业也需要进行组织文化的转型，鼓励创新和变革，营造积极适应数字化环境的文化氛围。

5. 持续创新和开放合作

数字化时代变化迅速，企业应不断创新和开放合作，以应对市场的变化和挑战。企业可以与技术公司、创新实验室等开展合作，共同探索新的数字化技术和应用场景。同时，企业也应鼓励员工的创新精神，提倡跨部门和跨领域的合作，以推动数字化创新和业务发展。

总的来说，未来数字化驱动的企业管理将更加智能化和以创新为导向。企业需要不断调整和优化自身的战略和运营模式，适应数字化时代的需求和变化，以实现持续地发展和成功。

思考题

1. 数字化对企业管理的影响有哪些？列举一些数字化在企业管理中的应用案例。
2. 制定企业数字化管理策略的关键因素有哪些？如何确保数字化策略的顺利实施和成功转型？
3. 数字化如何改变企业的组织结构、流程和员工行为？这对企业的效率和创新能力有何影响？

研究方向

1. 数字化转型对组织结构和文化的影响研究。
2. 数字化驱动的企业管理策略与绩效关系研究。
3. 数字化对员工行为和创新能力的影响研究。

第 3 章 大数据在财务管理中的应用与影响

在第 3 章,我们将探讨大数据在财务管理中的应用和影响。

我们将首先介绍大数据的概念和特性,探讨它在财务管理中的关键应用场景,如财务报告和分析、风险管理和内部控制、预测和决策支持、客户洞察和个性化营销、成本管理和效率优化等,并讨论大数据如何提升财务决策的效率与准确性。

然后,我们将介绍大数据驱动的财务管理策略的制定,以及实施的主要步骤和考虑因素。同时,我们将提供一系列大数据驱动的财务管理的成功案例。

最后,我们将深入探讨大数据对财务管理的长期影响,包括如何改变财务管理的传统模式,如何助力财务部门实现价值创新,以及对未来大数据驱动的财务管理的预期。

通过本章的学习,希望读者能够对大数据在财务管理中的应用有更深入的理解,找到适合自身企业的策略,并从中获得应对未来的启示和灵感。

3.1 大数据的概念及其在财务管理中的应用

3.1.1 大数据的定义和特性

大数据是指规模庞大、复杂多样且高速增长的数据集合,它具有以下特性。

(1) 大量(Volume)

大数据涉及的数据量非常庞大,远远超出传统数据处理和存储的能力。这些数据可能有各种来源,包括企业内部的交易记录、客户数据,以及外部的社交媒体数据、传感器数据等。

(2) 多样(Variety)

大数据涵盖的数据类型非常多样化,包括结构化数据(如数据库中的表格)、半结构化数据(如日志文件、XML 文件)和非结构化数据(如文本、图像、音频、视频等)。这种多样性使得对数据的处理和分析更具挑战性。

（3）高速（Velocity）

大数据具有高速生成和流动的特点。数据的产生速度非常快，如实时交易数据、传感器数据等。因此，处理大数据需要软硬件具备实时性能和快速响应能力。

（4）真实（Veracity）

大数据具有不确定性和噪声，其中可能包含不准确、不完整或不一致的信息。因此，对大数据的处理和分析需要考虑数据的真实性和可靠性。

3.1.2 大数据在财务管理中的关键应用场景

1. 财务报告和分析

大数据可以用于财务报告和分析，帮助企业生成准确、全面的财务报表和分析报告。通过对大数据的处理和分析，可以快速提取和整合各类财务数据，包括收入、支出、资产、负债等，以便进行财务报告和绩效分析。大数据分析还可以提供更深入的洞察，如销售趋势、成本结构、利润率等，以支持企业的财务决策和战略规划。

2. 风险管理和内部控制

大数据在风险管理和内部控制方面的应用越来越重要。通过对大数据的分析，可以识别和监测潜在的风险，如欺诈、违规行为、供应链风险等。大数据分析还可以用于内部控制的监测和评估，帮助企业发现潜在的风险点和漏洞，并采取相应的控制措施。

3. 预测和决策支持

大数据分析可以帮助企业进行预测和决策支持。通过对大数据的分析，可以发现潜在的市场趋势、客户需求和竞争动态，从而做出更准确的预测。大数据分析还可以提供决策支持，帮助企业评估不同决策方案的风险和回报，优化资源分配和投资决策。

4. 客户洞察和个性化营销

大数据分析可以提供深入的客户洞察，帮助企业更好地了解客户需求和行为。通过对大数据的分析，可以获得客户的购买偏好、消费习惯、生命周期价值等信息，以支持个性化的营销和客户关系管理。大数据分析还可以帮助企业进行市场细分和定位，制定更精准的营销策略，提高市场竞争力和客户满意度。

5. 成本管理和效率优化

大数据在成本管理和效率优化方面也具有重要作用。通过对大数据的分析，企业可以识别降低成本的潜在机会，优化供应链、生产和运营过程，提高效率和生产力。大数据分析还可以帮助企业进行成本预测和成本控制，优化资源分配和利润管理。

综上所述，大数据在财务管理中的关键应用场景涵盖了财务报告和分析、风险管理和内部控制、预测和决策支持、客户洞察和个性化营销，以及成本管理和效率优化等方面。这些应用场景可以帮助企业更好地管理财务风险、提高决策质量、优化运营效率，从而实现可持续发展和保持竞争优势。

3.1.3 大数据如何提升财务决策的效率与准确性

1. 快速获取和整合数据

大数据技术可以帮助企业快速获取和整合各类财务数据,包括交易数据、销售数据、成本数据等。传统上,财务数据的收集和整理需要花费大量的时间和人力,但通过大数据技术,数据可以自动从不同来源获取并被实时整合,减少了手工操作的成本和错误。这种快速数据获取和整合可以提高决策的效率和准确性。

2. 全面的数据分析

大数据技术使得企业能够对大规模和多样化的数据进行全面的分析。通过应用数据挖掘、机器学习和人工智能等技术,企业可以深入挖掘数据中的关联和趋势,发现隐藏的模式。这种全面数据分析能力可以提供更准确的财务信息,帮助决策者更好地理解业务状况、预测趋势和识别潜在的机会和风险。

3. 实时决策支持

大数据技术可以实现对财务数据的实时监测和分析,使决策者能够及时了解企业的财务状况。通过实时的数据仪表盘和报表,决策者可以迅速获取关键的财务指标和趋势,对业务运营进行实时监控和调整。这种实时决策支持能够提高决策的准确性和反应速度,使企业能够更好地应对市场变化。

4. 智能预测和模拟分析

大数据技术可以通过数据建模和预测分析,提供准确的预测和模拟结果,帮助企业进行风险评估和决策优化。通过应用统计模型、机器学习算法和预测模拟工具,企业可以预测销售趋势、利润变化、成本影响等关键指标,并对不同决策方案进行模拟分析。这种智能预测和模拟分析能够帮助决策者更好地评估不同决策的潜在影响,减少决策风险,并优化资源配置和利润管理。

综上所述,大数据在财务决策中的应用可以提升决策的效率和准确性。通过快速获取和整合数据、全面的数据分析、实时决策支持以及智能预测和模拟分析,企业可以更好地理解和应对财务挑战,做出更明智的决策,实现可持续的发展和保持竞争优势。

3.2 大数据驱动的财务管理策略与实践

3.2.1 制定有效的大数据财务策略

制定有效的大数据财务策略对于企业能够充分发挥大数据的潜力至关重要。以下是一些关键步骤和考虑因素,可以帮助企业制定有效的大数据财务策略。

1. 明确目标和需求

企业首先需要明确其大数据财务策略的目标和需求。这可以包括提升财务报告和分析的准确性和效率、优化风险管理和内部控制、改善预测和决策支持等方面。明确目标和需求将有助于企业确定大数据的应用范围和重点，为制定策略提供明确的方向。

2. 识别关键数据源和指标

企业需要识别关键的数据源和指标，这些数据源和指标对于实现目标和需求非常重要。这可能涉及财务系统、交易数据、市场数据、客户数据等各种内部和外部数据来源。通过识别关键的数据源和指标，企业可以确保在大数据分析过程中聚焦于最重要和最具价值的数据。

3. 建立数据收集和整合机制

为了有效利用大数据，企业需要建立数据收集和整合的机制。这可能包括建立数据仓库、实施数据采集和清洗程序，以及确保数据的准确性和一致性。数据收集和整合的机制应该能够实现数据的快速获取和整合，以满足实时和准确的分析需求。

4. 投资适当的技术和基础设施

大数据分析需要适当的技术和基础设施支持。企业需要评估其现有的技术能力和基础设施，确定是否需要进行升级和投资。这可能包括数据存储和处理能力、数据分析工具和平台、数据安全和隐私保护措施等方面。投资适当的技术和基础设施将有助于企业实现高效的大数据分析和应用。

5. 培养数据驱动的文化和能力

成功利用大数据需要培养数据驱动的文化和能力。企业需要鼓励员工积极采用数据驱动的思维和方法，重视数据的价值和影响。同时，企业也需要提供培训和发展机会，以提升员工的数据分析和解读能力。培养数据驱动的文化和能力将有助于确保大数据财务策略的成功实施。

6. 监测和评估策略的执行效果

企业需要建立监测和评估机制，定期评估大数据财务策略的执行效果。这可以通过制定关键绩效指标和设立评估时间点来实现。通过监测和评估策略的执行效果，企业可以及时发现问题并采取必要的调整措施，确保策略的有效实施和持续优化。

总的来说，制定有效的大数据财务策略需要明确目标和需求，识别关键数据源和指标，建立数据收集和整合机制，投资适当的技术和基础设施，培养数据驱动的文化和能力，以及监测和评估策略的执行效果。这些步骤和考虑因素将帮助企业充分发挥大数据在财务管理中的潜力，实现数据驱动的决策和持续的业务增长。

3.2.2 实施大数据驱动的财务管理的主要步骤与考虑因素

1. 确定目标和需求

明确大数据驱动的财务管理的目标和需求。这可能包括提高财务决策的准确性、提升风险管理能力、优化资源分配等。确定明确的目标和需求是制定有效策略和计划的关键。

2. 收集和整合数据

收集和整合各种数据源的财务相关数据，包括财务报表、交易记录、市场数据等。确保数据的准确性、完整性和一致性，同时确保合规性和数据安全。

3. 数据分析和挖掘

利用大数据分析和挖掘技术，对收集到的数据进行深入分析和挖掘。通过数据分析，可以发现隐藏的模式、趋势和关联性，从而提供有价值的财务洞察和决策支持。

4. 预测和预测建模

基于历史数据和分析结果，应用预测建模技术进行财务预测。这可以帮助企业预测未来的财务状况和趋势，从而做出更准确的规划。

5. 数据可视化和报告

将分析和预测结果以易于理解和使用的方式进行可视化和报告。通过仪表板、图表等方式，向相关利益相关方呈现关键的财务指标和洞察，帮助决策者快速了解和理解数据。

6. 风险管理和安全性考虑

在实施大数据驱动的财务管理过程中，需要考虑风险管理和数据安全的问题。应确保数据的保密性、完整性和可用性，并采取适当的安全措施和风险管理策略，以保护敏感财务信息和降低潜在风险。

7. 持续改进和优化

大数据驱动的财务管理是一个持续改进和优化的过程。通过不断监测和评估财务数据分析和预测的结果，及时调整和优化策略和模型，以保持其准确性和有效性。

在实施大数据驱动的财务管理时，还需要考虑数据隐私和合规性、技术基础设施和人才资源的支持，以及与相关部门和利益相关方的合作和沟通等因素。综合考虑这些因素，并制定相应的策略和计划，可以帮助企业实施有效的大数据驱动的财务管理。

3.2.3 大数据驱动的财务管理的成功案例与启示

1. 华为

华为作为全球领先的信息通信技术解决方案提供商，成功实施了大数据驱动的财务管理，并取得了显著的成果。通过充分利用大数据的潜力，华为实现了财务管理的优化和提升，为企业的持续发展提供了有力支持。我们可以从以下方面汲取经验和启示。

（1）数据驱动的决策支持

华为利用大数据分析技术，将海量的财务数据整合并进行深度分析，为决策层提供了实时和准确的决策支持。通过对财务数据的全面分析，华为能够快速识别关键业务趋势和挑战，并基于数据驱动的见解做出战略性的决策。

（2）优化风险管理

华为利用大数据技术建立了全面的风险管理系统，实时监测和评估各种财务风险（见图3.1）。通过大数据分析，华为能够快速识别潜在的风险因素，并采取相应的措施进行风险防控和应对，确保财务安全和稳定。

（3）提升财务报告的准确性和效率

华为通过大数据技术改进了财务报告的准确性和效率。借助自动化的数据收集和整合机制，华为能够快速、准确地生成财务报告，并通过数据分析工具实现对财务数据的深度挖掘和解读，提供更准确、全面的财务信息。

图 3.1　大数据驱动的风险管理与合规性

（4）优化预测和规划

华为利用大数据分析技术进行财务预测和规划，帮助企业预测市场需求和变化趋势，制定合理的财务目标和计划。通过对大数据的分析和模拟，华为能够更好地应对市场波动和挑战，提前做出调整和决策。

（5）建立数据驱动的文化

华为注重建立数据驱动的文化，鼓励员工积极采用数据分析和决策支持工具。通过培训和知识分享，华为不断提升员工的数据分析和解读能力，将数据驱动的思维融入企业的决策和运营中。

2．腾讯

腾讯是中国领先的互联网科技公司之一，也是全球知名的大数据驱动企业。腾讯在大数据驱动的财务管理方面的成功案例给其他企业提供了以下方面的宝贵启示。

（1）精准的用户数据分析

作为一家互联网公司，腾讯通过大数据分析深入了解用户行为和偏好，为财务决策提供了有力支持。腾讯能够利用大数据技术分析用户消费习惯、付费模式等，从而优化产品和服务的定价策略，提高企业收入和盈利能力。

（2）财务预测和规划

腾讯利用大数据分析技术进行财务预测和规划，帮助企业制定合理的财务目标和计划。通过大数据分析，腾讯能够预测市场需求和趋势，及时调整投资和资源配置，优化财务决策，从而实现更好的业务增长和投资回报。

（3）智能化的财务管理系统

腾讯建立了智能化的财务管理系统，通过大数据技术实现财务数据的自动收集、整合和分析。这不仅提高了财务数据的准确性和效率，还降低了人工错误和处理成本，为决策者提供了及时和可靠的财务信息。

（4）数据驱动的决策文化

腾讯注重建立数据驱动的决策文化，鼓励员工运用数据分析和决策支持工具进行决策。

腾讯提供培训和支持,帮助员工提升数据分析和解读能力,从而更好地利用大数据驱动财务决策,提升企业的竞争力和业绩。

3．小米

小米是中国知名的科技公司,也是一家以大数据驱动为核心的企业。小米在大数据驱动的财务管理方面取得了显著成果,在以下方面给其他企业提供了有益的启示。

(1) 数据驱动的市场分析

小米利用大数据技术深入了解市场需求和竞争态势。通过对大量的市场数据进行分析,小米能够准确把握消费者的需求趋势和偏好,并根据数据洞察调整产品定价、市场定位和销售策略,提高销售收入和市场份额。

(2) 精细化的供应链管理

小米借助大数据技术优化供应链管理。通过对供应链中各个环节的数据进行分析,小米能够实现库存的精细化管理,减少库存积压和滞销风险,提高供应链的效率和灵活性,降低成本。

(3) 数据驱动的财务预测和规划

小米利用大数据分析技术进行财务预测和规划,帮助企业制定合理的财务目标和计划(见图3.2)。通过大数据分析,小米能够预测销售趋势、资金流动等关键指标,及时调整财务策略,实现可持续的财务增长。

图3.2 数据驱动的财务预测和规划

(4) 智能化的财务管理系统

小米建立了智能化的财务管理系统,利用大数据技术实现财务数据的自动收集、整合和分析。这样的系统能够提高财务数据的准确性和及时性,减少人工处理的错误和成本,为决策者提供准确的财务信息和报表。

(5) 数据驱动的风险控制

小米通过大数据分析技术实现风险控制。通过对海量数据的实时监测和分析,小米能够及时发现潜在的风险,采取相应的风险控制措施,维护财务安全和稳定。

4．百度

百度是中国领先的互联网科技公司之一,也是在大数据驱动的财务管理领域取得成功的企业,概念图如图 3.3 所示。百度在大数据驱动的财务管理方面取得了显著的成果,在以下方面给其他企业提供了有益的启示。

图 3.3　智能财务管理系统与自动化

(1) 数据驱动的市场营销

百度利用大数据技术深入了解用户行为和市场需求,为财务决策提供重要的市场分析和洞察。通过对用户搜索数据、广告点击数据等的分析,百度能够为广告客户提供更精准的定位和推广策略,提高广告收入和市场份额。

(2) 数据驱动的财务预测和规划

百度利用大数据分析技术进行财务预测和规划,帮助企业制定合理的财务目标和计划。通过对大数据的分析,百度能够预测广告市场趋势、用户需求等关键指标,及时调整财务策略和资源配置,从而实现更好的财务增长和业务发展。

(3) 精细化的数据分析与决策支持

百度建立了强大的数据分析平台和决策支持系统,利用大数据技术对财务数据进行深度挖掘和分析。通过对财务数据的全面分析,百度能够识别关键业务趋势、优化财务决策和资源配置,提高决策的准确性和效率。

(4) 数据驱动的成本控制

百度利用大数据技术实现成本的精细化管理和控制。通过对各个业务环节的数据分析,百度能够实时监测和评估成本的变化和趋势,及时调整成本控制策略,降低企业运营成本,提高盈利能力。

(5) 建立数据驱动的文化

百度注重建立数据驱动的文化,鼓励员工积极运用数据分析和决策支持工具进行财务决策。百度通过培训和知识分享,不断提升员工的数据分析和解读能力,将数据驱动的思维融入企业的决策和运营中。

5. 广联达

广联达是中国领先的建筑信息化软件和服务提供商,也是在大数据驱动的财务管理领域取得成功的企业之一。广联达在大数据驱动的财务管理方面取得了显著的成果,在以下方面给其他企业提供了有益的启示。

(1) 数据驱动的财务分析

广联达利用大数据技术对财务数据进行深入分析，帮助企业实现财务状况的实时监测和评估。通过对大数据的整合和分析，广联达能够更准确地了解企业的盈利能力、现金流状况等关键指标，从而优化财务决策和资源配置。

(2) 智能化的财务管理系统

广联达建立了智能化的财务管理系统，通过大数据技术实现财务数据的自动收集、整合和分析。这样的系统能够提高财务数据的准确性和及时性，降低人工处理的错误和成本，为决策者提供准确的财务信息和报表。

(3) 数据驱动的成本控制

广联达利用大数据技术实现成本的精细化管理和控制。通过对各个项目的成本数据进行分析，广联达能够及时发现成本的变化和趋势，并采取相应的措施进行成本控制，提高企业的盈利能力和效益。

(4) 预测性分析与预算规划

广联达利用大数据技术进行预测性分析和预算规划。通过对市场和行业数据的分析，广联达能够预测未来的市场需求和趋势，为财务决策和预算规划提供依据，降低经营风险，实现更好的业务增长和投资回报。

(5) 数据驱动的投资决策

广联达利用大数据技术进行投资决策的支持和分析。通过对市场和竞争对手的数据分析，广联达能够评估投资项目的风险和收益，并做出明智的投资决策，优化资源配置，推动企业的可持续发展。

3.3 大数据对财务管理的长期影响

3.3.1 大数据如何改变财务管理的传统模式

大数据的出现和应用从以下方面对财务管理的传统模式产生了深刻的影响和改变。

1. 数据驱动的决策制定

传统的财务管理往往依赖于有限的数据来源和有限的分析能力。然而，大数据的出现为财务管理带来了海量的数据，可以从多个维度和角度进行深入分析。这使得财务管理者能够基于更全面、准确的数据做出决策，提高决策的质量和准确性。

2. 实时数据分析和预测

传统的财务管理往往依赖于历史数据和周期性的报告，无法及时捕捉市场和业务变化。而大数据技术可以实现对实时数据的采集、分析和预测，使财务管理者能够更快速地了解企业的财务状况和业务动态，及时调整策略和做出决策。

3. 精细化的风险管理

大数据技术可以帮助财务管理者更准确地评估和管理风险。通过对大量的数据进行挖掘和分析，可以识别出潜在的风险因素和异常情况，从而及时采取措施进行风险控制和防范。

4. 个性化的客户服务

大数据技术可以提供更全面、准确的客户数据，并通过分析客户行为和偏好，为客户提供个性化的服务和产品推荐。这有助于提高客户满意度和忠诚度，推动企业的盈利能力和业务增长。

5. 自动化和智能化的财务处理

大数据技术可以实现财务数据的自动化收集、处理和报告，减少人工操作的错误和时间成本。同时，通过应用人工智能和机器学习等技术，可以实现财务流程的智能化，提高效率和准确性。

3.3.2 大数据如何助力财务部门实现价值创新

大数据的应用可以从以下方面助力财务部门实现价值创新。

1. 数据驱动的决策制定

大数据为财务部门提供了更全面、准确的数据基础，使得财务决策可以更加客观、科学。通过对大数据的分析和挖掘，财务部门能够发现业务的盈利模式、成本结构和风险因素等，从而为决策提供更深入的见解和预测。

2. 精细化的风险管理

大数据技术可以帮助财务部门更好地识别和管理风险。通过对大量的数据进行分析，财务部门可以发现潜在的风险因素、异常情况和趋势变化，及时采取相应的措施进行风险控制和防范。

3. 智能化的财务分析和报告

大数据技术可以实现财务数据的自动化收集、处理和报告，减少人工处理的错误和时间成本。同时，通过应用人工智能和机器学习等技术，财务部门可以进行更精准和深入的财务分析，为管理层提供更准确的决策支持。

4. 数据驱动的成本管理

大数据技术可以帮助财务部门实现成本的精细化管理和控制。通过对成本数据的分析和挖掘，财务部门可以发现成本的变动趋势、影响因素和优化机会，从而实现成本的有效控制和管理。

5. 创新性的财务产品和服务

大数据技术可以帮助财务部门开发创新性的财务产品和服务。通过对大量的客户数据和市场数据进行分析，财务部门可以深入了解客户需求、市场趋势和竞争状况，从而推出符合市场需求的财务产品和服务，提高客户满意度和企业竞争力。

3.3.3 对未来大数据驱动的财务管理的预期

未来，大数据驱动的财务管理将继续发展和演进，对未来大数据驱动的财务管理的预期将包括以下方面。

1. 智能化的财务分析和预测

随着人工智能和机器学习等技术的进一步发展,未来大数据驱动的财务管理将更加智能化。财务部门可以利用这些技术进行更准确和精细的财务分析和预测,提高决策的质量和准确性。

2. 数据治理和隐私保护

随着大数据的规模和复杂性不断增加,数据治理和隐私保护将成为未来大数据驱动的财务管理的重要议题。财务部门需要建立健全的数据治理框架,确保数据的质量、安全和合规性,同时也要保护用户和客户的隐私权益。

3. 跨部门数据整合与协同

未来大数据驱动的财务管理将需要实现跨部门的数据整合和协同。财务部门需要与其他部门紧密合作,共享数据资源,实现数据的全面整合和综合分析,从而获得更全面和准确的业务洞察。

4. 创新性的数据驱动的产品和服务

大数据的应用将推动财务部门开发更多创新性的数据驱动的产品和服务。财务部门可以利用大数据技术提供个性化的财务服务、智能化的财务产品和新型的数据驱动的商业模式,满足不断变化的市场需求。

5. 持续学习和人才培养

未来大数据驱动的财务管理需要具备数据科学和分析能力的专业人才。财务部门应该注重培养数据分析和技术应用的能力,持续学习和跟进新兴的大数据技术和方法,以应对不断变化的数据环境和挑战。

总的来说,未来大数据驱动的财务管理将注重智能化的财务分析和预测、数据治理和隐私保护、跨部门数据整合与协同、创新性的数据驱动的产品和服务,以及持续学习和人才培养。财务部门需要积极适应和应用新兴的大数据技术和方法,不断提升数据驱动的能力,以推动财务管理的创新和提升。

思考题

1. 大数据在财务管理中的应用有哪些优势和潜在的挑战?
2. 如何利用大数据分析来改进财务决策和预测未来趋势?
3. 大数据对财务策略和风险管理有何影响?如何确保数据安全和隐私保护?

研究方向

1. 大数据在财务决策中的应用和效果评估研究。
2. 大数据分析在风险管理和预测中的应用研究。
3. 大数据对财务策略和绩效评估的影响研究。

第 4 章 科技工具在企业管理与财务中的应用

在第 4 章,我们将聚焦科技工具在企业管理和财务中的应用,尤其是数据科学、云计算、人工智能和机器学习等前沿技术的实际运用。

我们首先讨论数据科学和云计算在企业管理与财务中的应用。数据科学能够帮助企业做出数据驱动的决策,构建预测模型,进行风险管理和控制,以及客户行为分析和个性化营销等。云计算则提供了灵活的资源管理,数据存储和备份,协同和共享平台以及强大的安全性和隐私保护。

其次,我们将深入探讨人工智能和机器学习在企业管理和财务中的应用,它们可以改变传统的业务流程,提高效率,促进创新。我们将分享一些实际案例,展示人工智能和机器学习如何在实际中帮助企业创新。

最后,我们将探讨网络安全在企业数字化转型中的重要性。在当今数字化的时代,网络安全已经成为企业管理的关键部分,它对保护企业数字资产、防止数据泄露、保持客户信任以及遵守法律和合规要求等方面起到了重要作用。我们将讨论如何实施有效的企业网络安全策略,包括评估和识别风险、制定安全策略和政策、建立身份验证措施、加密敏感数据、建立防火墙和入侵检测系统、实施安全培训和安全意识教育、建立安全监测和响应机制以及定期进行安全审计和演练等。

通过对本章的学习,读者将能够理解和掌握这些科技工具在企业管理和财务中的应用,把握它们带来的机遇,有效地应对挑战,实现企业数字化转型。

4.1 数据科学和云计算的企业应用

4.1.1 数据科学在企业管理与财务中的应用

数据科学在企业管理与财务中的应用广泛而重要。

1. 数据驱动的决策制定

数据科学通过收集、整理和分析大量的数据,为企业管理和财务决策提供准确的信息和洞察。数据科学技术可以挖掘数据中的潜在模式、趋势和关联性,帮助管理层和财务团队做出基于数据的决策,从而提高决策的准确性和效果。

2. 预测和模型建立

数据科学可以利用历史数据和统计方法建立预测模型,帮助企业管理和财务团队进行未来趋势预测和规划。例如,数据科学可以用于财务预测、销售预测、风险评估等方面,提供数据支持的预测结果,帮助企业做出更明智的决策。

3. 风险管理和控制

数据科学可以帮助企业进行风险管理和控制。通过对大量数据的分析,数据科学可以识别和评估潜在的风险因素,并提供预警和控制措施。在财务方面,数据科学可以用于检测和预防欺诈行为、风险投资评估和管理、信用风险评估等,从而帮助企业保护利益和提高风险控制能力。

4. 客户行为分析和个性化营销

数据科学可以通过对客户数据的分析,了解客户的行为模式、偏好和需求,从而实施个性化的营销策略和客户管理。在财务方面,数据科学可以帮助企业分析客户的支付行为、信用记录和付款偏好,提供个性化的财务服务和管理,增强客户体验和忠诚度。

5. 成本优化和效率提升

数据科学可以通过分析和优化企业的成本结构、资源分配和生产流程,帮助企业实现成本优化和效率提升。在财务方面,数据科学可以用于分析和预测成本、利润和现金流,发现节约成本的机会和利润增长点,提高财务绩效和经营效益。

数据科学在企业管理与财务中的应用能够提供全面的数据支持和洞察,帮助企业做出更明智的决策,提高运营效率和财务绩效。通过数据科学的应用,企业能够更好地理解市场、客户和风险,并采取相应的措施来应对挑战和实现增长。

4.1.2 云计算在企业管理与财务中的应用

云计算在企业管理与财务中的应用越来越广泛,并且对企业的管理和财务部门产生了积极的影响。

1. 灵活的资源管理

云计算具备灵活的资源管理能力,帮助企业根据需要动态地分配和配置计算、存储和网络资源。这使得企业能够根据业务需求调整资源使用,提高资源利用率,同时减少硬件设备和维护成本。在企业管理中,云计算可以支持企业的业务扩展、流程优化和项目管理,提高企业的灵活性和响应能力。

2. 数据存储和备份

云计算具备可靠的数据存储和备份解决方案。基于云计算,企业可以将数据存储在云端,实现数据集中管理和安全存储。云计算还有自动备份和灾备功能,可保障数据的可靠性和安全性。在财务管理中,云计算可以帮助企业实现数据长期保存和合规性要求,并提供高效的数据备份和恢复能力。

3. 协同和共享平台

云计算可提供协同和共享平台,促进企业内部与外部合作和沟通。员工可以通过云计算平台实时共享和协同编辑文档、表格和项目,提高团队的工作效率和协同能力。在企业管理中,云计算可以支持项目管理、团队协作和知识共享,促进企业创新和协同发展。

4. 成本控制和灵活的付费模式

云计算支持灵活的付费模式,基于云计算,企业可以根据实际使用情况付费,避免传统硬件设备的大量投资和维护成本。云计算还具备成本透明和预测能力,帮助企业根据实际需求和预算进行成本控制和优化。在财务管理中,云计算可以帮助企业实现 IT 成本灵活调整和可预测性,提高财务的可持续性和效益。

5. 强大的安全性和隐私保护

云计算具备强大的安全性和隐私保护措施,能够保护企业的敏感数据和信息不被未经授权的访问,确保数据不泄露。云计算支持多层次的安全防护机制,包括身份认证、数据加密和访问控制等,确保数据的安全性和完整性。在财务管理中,云计算可以帮助企业满足法规和合规性要求,提供安全的财务数据存储和处理环境。

云计算在企业管理与财务中的应用能为企业提供更灵活、安全、高效的资源管理和信息处理能力,为企业的管理和财务部门带来诸多好处和机会。企业可以通过充分利用云计算技术,提高业务响应能力,降低成本,促进协同和创新,从而实现持续的发展,保持竞争优势。

4.1.3 数据科学和云计算如何协同提升企业效能

数据科学和云计算作为两个重要的技术领域,可以协同提升企业的效能,为企业管理和财务决策提供更强大的支持,概念图如图 4.1 所示。

图 4.1 数据科学和云计算如何协同提升企业效能

1. 数据驱动的决策

数据科学利用大数据分析和机器学习算法,挖掘和分析大量的数据,从中提取有价值的信息和洞察。而云计算支持高性能的计算和具备强大的存储能力,使得大规模的数据分析成为可能。数据科学与云计算结合可以帮助企业实现数据驱动的决策,通过深入分析数据,发现潜在的业务机会和风险,从而做出更明智的决策。

2. 快速的数据处理和实时反馈

云计算的弹性计算能力和高速网络连接,使得数据科学的算法可以快速地处理和分析大规模的数据。企业可以将海量的数据存储在云端,利用云计算的强大计算能力进行实时分析和反馈。这使得企业能够更快地响应市场变化,及时调整战略和决策,从而提高效能和竞争力。

3. 高效的资源利用

云计算支持按需使用和弹性伸缩的资源模型,企业可以根据实际需求动态分配和释放计算和存储资源。这使得企业能够高效利用资源,避免资源浪费和不必要的成本。数据科学借助云计算的资源弹性,可以更高效地进行模型训练、优化算法和模型部署,加快数据科学的研发和应用速度,提升企业的效能和创新能力。

4. 智能化和自动化的业务流程

数据科学和云计算可以共同推动企业的业务流程智能化和自动化。基于数据科学的建模和预测能力,结合云计算的资源弹性分配能力和高速处理能力,企业可以实现更智能、高效的业务流程,减少人工干预和错误。例如,企业可以利用数据科学和云计算来构建智能化的风险评估模型和自动化的审批流程,提高风险管理和决策的准确性和效率。

5. 安全的数据管理和隐私保护

云计算可提供安全的数据存储和处理环境,保护企业的数据免受未经授权的访问,确保数据不泄露。应用数据科学在处理和分析数据时,需要遵守数据隐私和合规性的要求。数据科学和云计算的协同应用可以确保企业数据的安全性和隐私得到保护,同时提供高效的数据管理和访问控制。

6. 数据科学和云计算协同提升企业效能的案例

(1) 京东集团

京东是中国著名的电商平台,利用数据科学和云计算技术提升了企业的运营效能。京东利用数据科学的分析和建模能力,深入了解用户购买行为和偏好,为用户提供了个性化的推荐和定制化的服务。同时,京东借助云计算的弹性计算和存储能力,应对了促销活动带来的大规模的数据处理和交易量。这使得京东能够实现快速的订单处理、及时的物流配送和精准的库存管理,提高了供应链的效能和用户的满意度。

(2) 平安集团

平安集团是中国领先的金融和保险集团,通过数据科学和云计算技术提升了财务管理的效能。平安集团利用数据科学的分析和建模能力,实现了对客户风险和信用评估的精准预测。同时,平安借助云计算平台,实现了财务数据集中管理和实时监控。这使得平安能够更好地管理风险、提高资产配置效率,并且实时把握企业的财务状况,从而提升了财务管理的效能和决策的准确性。

(3) 小米集团

小米是中国知名的智能手机和电子产品制造商,通过数据科学和云计算技术实现了智能制造和供应链优化。小米利用数据科学的分析和建模能力,实现了对生产过程和供应链的实时监控和优化。同时,小米的云计算平台提供了高性能的计算和存储能力,支持大规模数据处理和分析。这使得小米能够更好地掌握产品需求、调整生产计划,并实现高效的库存管理,提升了制造业的效能和竞争力。

这些案例展示了不同行业的企业如何利用数据科学和云计算技术协同提升企业效能。无论是电商平台、金融机构还是制造业企业,数据科学和云计算的应用都能够帮助企业实现数据驱动的决策、快速的数据处理和实时反馈、高效的资源利用、智能化和自动化的业务流程,以及安全的数据管理和隐私保护。这些案例为其他企业提供了借鉴和启示,鼓励它们积极采用数据科学和云计算技术,提升企业的效能和竞争力。

4.2 人工智能和机器学习的企业应用

4.2.1 人工智能在企业管理与财务中的应用

人工智能(Artificial Intelligence,AI)作为一项新兴技术,在企业管理与财务领域具有广泛的应用前景,对企业发展具有重要意义。

1. 人工智能在企业管理中的应用

人工智能技术在企业管理中发挥着重要作用,它可以处理和分析大量的数据,提供更深入的洞察和更准确的决策支持。

智能客服与支持:人工智能可以用于构建智能客服系统,通过自然语言处理和机器学习技术,实现智能问答、语音识别和语义理解,提供高效、准确的客户支持。

智能推荐系统:基于用户行为和兴趣的数据分析,人工智能可以构建个性化的推荐系统,向用户推荐符合其需求和偏好的产品和服务。

智能决策支持:人工智能技术可以处理和分析大规模的数据,提供实时的决策支持,帮助管理层制定战略规划和业务决策。

智能风险管理:人工智能可以通过对历史数据的分析和模型建立,帮助企业预测和管理风险,提高企业的风险抵御能力。

智能供应链管理:人工智能可以通过数据分析和优化算法,提高供应链的效率和准确性,降低成本并提供更好的客户服务。

2. 人工智能在财务管理中的应用

人工智能技术在财务管理中的应用可以大大提高财务部门的效率和财务处理的准确性,可应用于财务管理中的多个领域。

智能财务分析:人工智能可以分析大量的财务数据,并提供准确的财务分析和预测,帮助企业更好地理解和评估财务状况。

智能风险管理:人工智能可以通过对市场和经济数据的分析,帮助企业识别和管理财务风险,提供实时的风险警示和决策支持。

智能预算规划:人工智能可以通过对历史数据和市场趋势的分析,帮助企业制定准确的预算规划,提高预算的准确性和可操作性。

智能税务管理:人工智能可以处理复杂的税务规则和数据,帮助企业税务申报自动化和合规流程,降低税务风险并提高工作效率。

智能财务决策支持:人工智能可以通过对大数据的处理和分析,为财务决策提供准确的数据支持和决策建议,帮助企业做出更好的财务决策。

人工智能在企业管理与财务中的应用为企业带来了诸多好处,包括提高工作效率、减少人工错误、提供准确的决策支持、降低风险、优化资源配置等。这些应用使得企业能够更好地应对日益复杂和竞争激烈的商业环境,提升管理和财务水平,取得竞争优势。同时,随着人工智能技术的不断发展和创新,其在企业管理与财务中的应用前景将更加广阔。

4.2.2 机器学习在企业管理与财务中的应用

机器学习(Machine Learning)作为人工智能的重要分支,在企业管理与财务中有广泛的应用趋势。它可以通过自动化数据分析,提供洞察和决策支持。

1. 机器学习在企业管理中的应用

智能客户关系管理:机器学习可以分析客户行为和偏好,预测客户需求和购买意向,帮助企业实现个性化的营销和客户关系管理。

智能人力资源管理:机器学习可以通过分析员工绩效数据和人力资源指标,预测员工离职风险、优化员工分配和培训,提升人力资源管理效能。

智能供应链优化:机器学习可以分析供应链数据,优化供应链流程、预测需求、降低库存成本和提高交付效率。

智能风险管理:机器学习可以分析大量的风险数据,提供风险预警和决策支持,帮助企业降低风险和损失。

2. 机器学习在财务管理中的应用

智能财务分析:机器学习可以分析大规模的财务数据,提供准确的财务分析和预测,帮助企业更好地理解财务状况和业务趋势。

智能投资决策:机器学习可以通过分析市场数据,自动学习投资策略,预测股票价格走势和投资回报,辅助企业做出更明智的投资决策。

智能欺诈检测:机器学习可以通过分析大量的交易数据,检测异常模式和欺诈行为,帮助企业防止经济犯罪和减少损失。

智能预测:机器学习可以通过分析历史数据和市场趋势,进行准确的财务预测,帮助企业制定可行的财务计划和决策。

机器学习在企业管理与财务中的应用能够提高工作效率、降低成本、准确预测和决策,优化资源配置和管理,提升企业的竞争力和创新能力。随着机器学习技术的不断发展和应用创新,其在企业管理与财务中的应用前景将更加广阔。

4.2.3 人工智能和机器学习协同驱动企业创新

人工智能和机器学习作为前沿的技术,它们可以协同驱动企业创新,概念图如图4.2所示。

智能决策支持和预测:人工智能和机器学习可以处理和分析大量的数据,提供准确的决策支持和预测能力。通过分析和挖掘历史数据,它们可以预测市场趋势、用户行为、产品需求等,帮助企业做出更明智的决策,减少风险并提高业务成功率。

自动化和流程优化:人工智能和机器学习可以自动地重复任务和流程,提高工作效率和准确性。它们可以自动地进行数据分析、报告生成、客户服务等工作,使企业能够更专注于核心业务和创新。

个性化和智能推荐:人工智能和机器学习可以分析用户行为和偏好,实现个性化的产品和服务推荐。通过个性化推荐,企业可以更好地满足客户需求,提升用户体验,促进销售增

图 4.2　人工智能和机器学习协同驱动企业创新

长和提升客户忠诚度。

创新产品和业务模式：人工智能和机器学习可以帮助企业发现新的产品和业务模式。通过数据分析和数据挖掘，它们可以揭示市场机会和潜在需求，启发企业创新，开发新产品和服务，以满足不断变化的市场需求。

智能风险管理：人工智能和机器学习可以识别和管理风险，提供实时的风险警示和预测。通过数据分析和模型建立，它们可以识别潜在的风险因素，帮助企业采取相应的措施，减少损失和不确定性。

增强人机协同：人工智能和机器学习可以与人类员工协同工作，提供更智能和高效的支持。它们可以处理复杂的数据分析和决策任务，帮助员工更好地理解和利用数据，从而提高工作效率和质量。

4.2.4　人工智能和机器学习应用的典型案例

1. 腾讯

腾讯作为一家全球领先的科技公司，成功运用人工智能和机器学习技术在企业管理和创新方面取得了许多成果。

（1）智能客服和智能助手

腾讯利用人工智能和机器学习技术开发了智能客服系统和智能助手，如微信智能客服、QQ 机器人等。这些系统能够自动识别用户问题，提供准确的回答和解决方案，提升用户体验和服务效率，降低人工成本。

（2）智能推荐和个性化内容

腾讯利用机器学习和深度学习技术对用户的兴趣和行为进行分析，实现了个性化的推荐服务。例如，在微信和 QQ 等平台上，腾讯通过推荐算法向用户展示感兴趣的新闻、视频、音乐和广告，提供更符合用户需求的内容，从而提升用户的体验。

（3）智能支付和风控

腾讯通过机器学习技术构建了强大的支付和风险管理系统。例如，腾讯支付使用机器学习算法对用户的交易行为进行分析,识别潜在的欺诈行为和风险,确保支付的安全性。

(4) 智能广告投放

腾讯利用机器学习和数据分析技术为广告主提供智能广告投放服务。通过分析用户数据和行为模式,腾讯能够精准定位目标受众,实现广告投放的个性化和精准性。

(5) 智能交通和城市管理

腾讯参与了多个智慧城市项目,利用人工智能和大数据分析技术改善交通和城市管理。例如,腾讯与多个城市合作推出了智慧出行解决方案,包括智能公交、停车导航等,提升城市交通效率和用户出行体验。

通过这些应用,腾讯展示了人工智能和机器学习在企业管理和创新方面的潜力。它们能够提高服务质量、优化决策效率、提供个性化体验,推动企业持续创新和发展。

2. 科大讯飞

科大讯飞是中国领先的人工智能和语音技术公司,其产品广泛应用于企业管理和创新领域。

(1) 智能语音助手

科大讯飞开发了智能语音助手产品,如讯飞输入法、讯飞听见等。这些产品利用语音识别和自然语言处理技术,实现了智能语音交互和助手功能,提供便捷的语音输入和智能化的语音服务。

(2) 智能客服和机器人

科大讯飞的智能客服和机器人系统能够理解和回答用户的问题,提供自动化的客户服务和解决方案。通过机器学习和自然语言处理技术,科大讯飞的机器人能够与用户进行智能对话,并提供个性化的服务。

(3) 智能教育和学习

科大讯飞开发了智能教育和学习产品,如在线学习平台和智能辅助教育工具。这些产品利用机器学习和数据分析技术,个性化地提供学习资源和推荐内容,帮助学生提升学习效果和教师提高教学质量。

(4) 智能翻译和语音识别

科大讯飞的智能翻译和语音识别技术具有广泛的应用。它们可以实时识别和翻译多种语言,为用户提供便捷的跨语言沟通和翻译服务。这些技术在企业的国际业务、语言交流和多语种服务中发挥重要作用。

(5) 智能安防和监控

科大讯飞的智能安防和监控系统利用人工智能和图像识别技术,实现了智能视频监控和人脸识别等功能。这些技术可以提高安全监控的效率和准确性,帮助企业实现智能化的安全管理和防护措施。

科大讯飞通过人工智能和机器学习技术的应用,为企业提供了创新的解决方案。这些应用能够提高工作效率、改善用户体验、增强安全性,并在企业管理和创新方面发挥积极的推动作用。

3. 商汤

商汤科技是一家全球领先的人工智能技术公司,专注于计算机视觉和人工智能算法研究与应用。

(1) 人脸识别和人脸支付

商汤科技开发了领先的人脸识别技术,该技术可以在各种场景下实现高精度的人脸识别和身份验证。商汤科技的人脸支付技术已经被广泛应用于金融、零售和公共交通等领域,提供了快速、便捷和安全的支付方式。

(2) 智能安防和监控

商汤科技的智能安防和监控系统利用人工智能和图像分析技术,实现了智能视频监控、行为识别和异常检测等功能。这些技术可以提高安全监控的效率和准确性,帮助企业实现智能化的安防管理。

(3) 智能驾驶和自动驾驶

商汤科技在计算机视觉和机器学习领域的研究成果被应用于智能驾驶和自动驾驶领域。他们开发的高精度的感知系统和决策算法,能够实时识别道路、车辆和行人等元素,并做出准确的驾驶决策,推动了自动驾驶技术发展。

(4) 智能医疗和健康管理

商汤科技应用人工智能技术在医疗和健康管理领域取得了重要进展。他们开发了基于图像识别和深度学习的医学影像分析技术,可以帮助医生快速而准确地诊断疾病。此外,商汤科技还开发了智能健康监测系统,通过识别用户的生物特征和行为模式,提供个性化的健康管理建议。

(5) 智能零售和智慧城市

商汤科技的人工智能技术被应用于智能零售和智慧城市项目中。他们开发了智能购物系统,利用人脸识别和行为分析技术,提供个性化的购物体验和推荐服务。此外,商汤科技还参与了智慧城市项目,通过智能识别和数据分析,提升城市管理的效率和智能化水平。

商汤科技通过人工智能和机器学习的应用,推动了许多领域创新和进步。他们的技术在安防、支付、驾驶、医疗和零售等行业中发挥了重要作用,提供了智能化的解决方案,为企业和个人带来了便利和安全。

4. 云从科技

云从科技是一家专注于人工智能技术研发和应用的企业,致力于提供高效的人机协同操作系统和行业解决方案。他们的核心技术基于多模态感知,包括视觉、语音等多种感知方式,通过建立视觉认知、语言认知、环境认知等多模态认知融合,实现智能决策,从而推动人工智能技术的全面应用。

在人机协同操作系统方面,云从科技通过整合多种感知技术,实现人机高效协同。他们的系统可以理解人类的语言指令、识别人脸、解读视觉信息等,实现人机智能对话和协同操作。这种人机协同操作系统可以广泛应用于智能家居、智能办公、智慧城市等领域,提供更智能、便捷的用户体验。

云从科技还提供针对不同行业的解决方案,通过将人工智能技术应用于特定的行业场景,实现行业智能化和数字化转型。例如,在零售行业,他们可以利用视觉和语音识别技术实现智能购物导航和个性化推荐;在制造业,他们可以利用视觉感知和自动控制技术实现智能化生产和质量控制;在医疗行业,他们可以利用人脸识别和医疗影像分析技术实现智能诊断和治疗等。

云从科技通过多模态感知和智能决策系统构建,实现了人工智能技术的闭环应用。他们的技术在提高工作效率、优化用户体验和推动行业创新方面发挥了重要作用,为各行各业发展带来了新的机遇和挑战。

4.3 网络安全在企业数字化转型中的重要性

4.3.1 网络安全的基本概念和重要性

网络安全是指保护计算机网络和网络系统中的信息免受未经授权的访问、使用、修改、破坏、干扰,保证信息不泄露的技术和措施。它涉及保护网络基础设施、网络通信和数据的安全性,以防止网络攻击、数据泄露和服务中断等安全威胁。

网络安全的重要性在现代社会中变得越来越显著。随着互联网的普及和数字化转型的加速,企业、政府和个人都越来越依赖网络进行日常业务和生活活动。网络安全的威胁和风险也随之增加,如黑客攻击、病毒传播、数据泄露等。因此,保护网络安全对于维护组织的声誉、保护用户隐私、保障国家安全和推动经济发展至关重要。

首先,网络安全技术保护企业和组织的机密信息和业务数据。企业存储了大量敏感信息,如客户数据、财务数据、研发成果等。如果这些信息被未经授权的人员获取甚至泄露,企业的声誉和竞争力将会受到严重影响。

其次,网络安全技术保护个人隐私和个人身份信息。在数字化时代,人们在互联网上进行各种活动,如在线购物、社交媒体互动、银行交易等。网络安全保护可以防止个人信息被盗取和滥用,保障个人的隐私权和财产安全。

此外,网络安全还保护了国家的重要信息基础设施和国家安全。现代社会的许多基础设施,如电力、交通、通信等都依赖于网络。网络安全的脆弱性可能导致重大事故和灾难,对国家的安全和经济稳定造成严重威胁。

在信息时代,网络安全已经成为企业和个人不可忽视的重要议题。建立完善的网络安全体系,包括技术措施、组织管理和法律法规支持,是保护网络安全的关键。只有通过持续的投资和不断创新,才能有效应对不断演变的网络安全威胁,确保网络安全稳定运行。

4.3.2 网络安全在保护企业数字资产中的作用

网络安全技术在保护企业数字资产方面起着关键的作用。企业的数字资产包括各种形式的电子数据、知识产权、商业机密、客户信息等,这些资产对企业的经营和竞争力至关重要。

1. 数据保护技术

网络安全技术帮助企业保护其重要数据免受未经授权的访问、篡改、破坏,确保数据不泄露。通过加密技术、访问控制和身份验证等措施,网络安全可以确保数据的机密性、完整性和可用性。

2. 知识产权保护

企业的知识产权是其核心竞争力的重要组成部分。网络安全可以防止知识产权被盗窃,从而预防侵权行为发生,保护企业的研发成果、商业机密和品牌价值。

3. 防止数据泄露

网络安全措施可以有效防止企业的敏感数据和客户信息被盗取或泄露。通过加密通信、安全访问控制和数据备份等措施,网络安全可以防止数据在传输和存储过程中受到未授权的访问和窃取。

4. 防止恶意软件和攻击

网络安全技术能够防止恶意软件、病毒和网络攻击对企业数字资产的损害。通过实施强大的防火墙、入侵检测系统和安全补丁管理等措施,网络安全可以识别和阻止潜在的威胁,保护企业的数字资产免受损害。

5. 保护客户信任

网络安全保护可以增强客户对企业的信任感。通过确保客户数据和隐私安全,企业能够建立良好的客户关系,并增强客户对其产品和服务的信任度。

6. 遵守法律和合规要求

网络安全措施可以帮助企业遵守法律、法规和行业标准,以确保企业数字资产的合规性和安全性。通过建立合规框架、进行安全审计和培训等措施,企业能够遵守数据保护、隐私保护和知识产权保护等方面的要求。

网络安全在保护企业数字资产中发挥着至关重要的作用。它不仅可以防止数据泄露和损坏,保护企业的核心资产,还可以增强客户信任、提高竞争力,并确保企业遵守法律和合规要求。因此,企业应重视网络安全,建立全面的网络安全战略和措施,以确保其数字资产的安全性和可靠性。

4.3.3 实施有效的企业网络安全策略的关键要点

实施有效的企业网络安全策略是保护企业数字资产的重要举措,需要把握一些关键要点。

1. 评估和识别风险

企业应该对其网络和信息系统进行全面的风险评估,识别潜在的威胁和漏洞。这可以通过安全漏洞扫描、风险评估和威胁情报等方法来实现。

2. 制定安全策略和制度

企业应该制定明确的安全策略和制度,确保全体员工了解和遵守安全规范。这些制度应包括访问控制、密码策略、数据保护和网络使用准则等方面的规定。

3. 建立强大的身份验证措施

企业应该采用多因素身份验证方法,确保只有经过授权的用户可以访问敏感数据和系统。这可以包括使用密码、生物特征识别、智能卡等多种身份验证方式。

4. 加密敏感数据

企业应该采取加密措施,对敏感数据进行加密保护,以防止未经授权的访问和数据泄露。同时,企业还应该建立有效的密钥管理机制,确保密钥的安全性和合规性。

5. 建立防火墙和入侵检测系统

企业应该部署有效的防火墙和入侵检测系统,以监控和阻止未经授权的访问和网络攻击。这可以帮助企业及时识别潜在的威胁,并采取适当的措施进行应对。

6. 实施安全培训和安全意识教育

企业应该向员工提供安全培训和安全意识教育,加强他们对网络安全的认识和理解。这包括教育员工如何识别和应对网络钓鱼、恶意软件和社交工具等常见的网络威胁。

7. 建立安全监测和响应机制

企业应该建立安全监测和事件响应机制,及时检测和应对安全事件。这可以包括实施安全事件日志记录、实时监控和安全事件响应团队建立。

8. 定期进行安全审计和演练

企业应定期进行安全审计和演练,评估其网络安全措施的有效性,并发现潜在的安全问题。这可以通过安全演练、渗透测试和漏洞扫描等方式来实现。

企业应根据自身的情况和需求,制定相应的安全策略,并不断更新和改进,以应对不断变化的网络威胁和安全挑战。

思考题

1. 数据科学、云计算、人工智能和机器学习在企业管理和财务决策中的应用有何异同之处?
2. 网络安全在企业管理和财务决策中的重要性是什么?
3. 未来科技工具和技术的发展趋势将如何改变企业管理和财务决策的方式及效果?

研究方向

1. 科技工具在企业管理和财务决策中的绩效评估研究。
2. 科技工具对企业决策质量和效率的影响研究。
3. 科技工具应用中的数据安全与隐私保护研究。

第二篇
科技驱动的行业革新：企业管理与财务的颠覆和重塑

第二篇将探讨不同行业中科技驱动的革新和变革及其对企业管理和财务实践产生的重大影响。这篇由第5章到第16章组成,涵盖制造业、信息技术与电子商务、医药与生物技术、能源与环保、物流与运输、金融与保险、餐饮与酒店业、娱乐与媒体、高等教育、现代农业、建筑与房地产以及公共文化行业等不同领域。

第5章着眼于制造业中的科技应用和管理创新,探讨如何通过科技引领提升制造业的管理效率和财务实践。

第6章关注信息技术和电子商务对商业模式的创新作用,以及在数字化时代如何通过财务管理变革支持企业发展。

第7章探讨医药和生物技术行业在科技驱动下的变革,以及如何通过财务管理创新支持医疗服务颠覆。

第8章研究能源行业和环境保护领域的科技创新,探索绿色能源发展和相关财务管理变革。

第9章关注物流和运输行业在科技驱动下的变革,以及如何通过财务管理创新提升运输和物流效率。

第10章着眼于金融和保险行业在科技引领下的颠覆和创新,探讨如何通过财务管理革新应对行业变革。

第11章研究餐饮和酒店业在科技驱动下的变革,以及如何通过财务管理创新提升服务业的效率和竞争力。

第12章关注娱乐和媒体行业在科技引领下的颠覆和变革,探索如何通过财务重塑应对行业变革。

第13章研究高等教育领域在科技引领下的管理改革和财务创新,探讨如何提升教育质量和学生体验。

第14章着眼于现代农业中的科技应用和管理创新,探索如何通过财务管理变革推动农业现代化。

第15章关注建筑和房地产行业在科技引领下的颠覆和创新,探讨如何通过财务重塑支持行业发展。

第16章研究公共文化行业在科技驱动下的传播革新和财务管理创新,探索如何应对文化领域的变革和挑战。

通过阅读这些章节,读者将深入洞察不同行业由科技驱动的变革和创新实践,并了解如何通过财务管理颠覆与重塑来应对行业挑战和机遇。无论是企业管理者、财务专业人员还是对科技驱动行业发展感兴趣的人士,将从本篇中获得深入的洞见和启示,以应对日益变化的商业环境。

第 5 章 制造业的科技驱动：科技引领下的制造业管理与财务创新

在第 5 章中，我们将探讨制造业的现状、科技驱动的必要性，以及科技如何引领制造业进行管理和财务创新。

首先，本章将定义制造业的概念及其重要性，包括其对经济增长和就业的贡献、产品创新和技术进步的推动、供应链和价值链的整合以及对贸易和国际竞争力的影响。随后，我们将探讨科技驱动对制造业的重要性，包括提高生产效率和质量、实现定制化生产、推动创新和新产品开发、优化供应链和物流管理以及强化企业安全和风险管理。

其次，本章将进一步介绍智能制造与数字化转型的相关概念和关键技术，以及数字化的生产系统的应用与优势。我们还将分析几个成功的智能工厂和自动化生产线的案例。之后，我们将探讨制造业的数字化管理与优化，包括数据驱动的生产计划与物流管理、智能供应链与库存管理以及智能设备监控与维护等。

再次，在财务管理方面，本章将详细阐述制造业的财务大数据分析与决策支持的相关方法和工具，以及利用大数据进行成本控制与效益优化的具体应用。

最后，我们将分享一些制造业的科技创新案例，并讨论科技创新对制造业管理和财务的重要作用与引领。

第 5 章将为读者提供一种新的视角，即通过科技驱动制造业管理和财务创新，从而提高生产效率，优化供应链管理，强化财务管理和决策支持，推动商业模式创新，以实现制造业成功转型。

5.1 制造业的现状与科技驱动的必要性

5.1.1 制造业的定义和重要性

制造业是指将原材料、零部件或组件经过一系列加工、装配和加工转化的过程，生产出具有使用价值的成品的产业。制造业在全球经济中扮演着重要角色,它是创造就业机会、提供产品和服务、推动经济增长的关键行业。

制造业的重要性体现在以下几个方面:

1. 经济增长和就业创造

制造业对国家和地区的经济增长和就业创造具有重要作用。制造业直接推动经济繁荣和发展,同时能够吸纳大量的劳动力和提供稳定的就业机会。

2. 产品创新和技术进步

制造业在产品创新和技术进步方面起关键的推动作用。通过研发和引入新技术,制造业能够提高产品质量、降低生产成本,并满足市场的需求。

3. 供应链和价值链整合

制造业是供应链和价值链的重要组成部分。它与原材料供应商、零部件制造商、物流公司等环节紧密合作,实现供应链高效运作和价值链整合。

4. 贸易增长和国际竞争力提升

制造业产品是国际贸易的重要对象,制造业发展对国家的国际竞争力提升具有重要影响,是推动贸易增长的先决条件。具备先进技术和高质量产品的制造业企业能够在国际市场上获得竞争优势。

由于科技快速发展,制造业面临着许多新的挑战和机遇。科技驱动的制造业管理与财务创新成为制造企业迎接变化的关键。

5.1.2 科技驱动对制造业的意义和影响

科技驱动对制造业具有深远的意义和重大的影响。它为制造业带来了许多新的机遇和挑战,将改变传统的制造模式,推动制造业转型升级。

1. 提高生产效率和质量

科技驱动的制造业引入了自动化、机器人、物联网等先进技术,使生产过程更加高效、精确和可靠。例如,中国的严格集团,利用机器人技术提高了工业生产的自动化水平,提高了生产效率,降低了人工成本。

2. 推动创新和新产品开发

科技驱动的制造业为企业创新提供了新的机会。通过引入先进的研发技术、数字化设计工具和快速原型制造技术,制造企业能够更快速地开发新产品和技术,不断推动产品创新和技术进步。例如,中国的华为技术有限公司,在 5G 领域的持续创新和产品开发方面取得了重要突破。

3. 优化供应链和物流管理

科技驱动的制造业通过物联网、大数据分析和人工智能等技术,实现供应链和物流管理优化。例如,中国的顺丰速运,通过大数据分析和智能物流系统,实现了供应链可视化和智能化管理,提高了物流效率和服务质量。

4. 强化企业安全和风险管理

科技驱动的制造业为企业安全和风险管理提供了新的手段。通过应用物联网、大数据分析和人工智能等技术,制造企业可以实时监控生产过程和设备状态,及时发现潜在风险,并采取相应措施保障生产安全。例如,中国的长虹电子集团,在智能制造中应用了物联网技术,实现了对生产设备的远程监控和故障预警,提高了生产安全性和可靠性。

科技驱动对制造业具有重要的意义和深远的影响。它不仅提升了制造业的生产效率和质量,还推动了创新和产品开发,优化了供应链和物流管理,加强了企业安全和风险管理。中国的制造业企业通过采纳科技驱动的策略,不断实现创新与发展,为全球制造业进步做出了重要贡献。

5.2 智能制造与数字化转型

5.2.1 智能制造的概念和关键技术

智能制造是指通过应用先进的信息技术、自动化技术和智能化技术,实现制造过程智能化、数字化和网络化,提高制造效率、灵活性和质量的制造模式。

智能制造将人工智能、物联网、大数据分析、云计算、机器人等先进技术与传统制造业相结合,实现制造过程智能化和自动化。它通过实时监测、数据分析和自主决策,使制造企业能够更加高效地进行生产、管理和决策,从而提高产品质量、生产效率和企业竞争力。

智能制造涉及的关键技术如下:

物联网:通过连接传感器、设备和系统,实现制造环境中各个节点的数据收集、共享和实时通信,为智能制造提供实时监测和控制的基础。

大数据分析:通过收集和分析制造过程中产生的大量数据,提取有价值的信息和知识,为制造企业提供智能决策支持和优化生产过程指导。

人工智能:应用机器学习、深度学习等技术,使计算机系统能够模拟人类的智能,实现自主决策、自动优化和智能控制。

云计算:通过将数据和计算资源存储在云端,实现数据共享、协同和弹性扩展,提供高效的数据管理和计算能力。

智能传感器和机器人技术:通过安装智能传感器和使用机器人技术,实现制造过程自动化和智能化,提高生产效率和灵活性。

5.2.2 数字化的生产系统的应用与优势

数字化的生产系统是指通过数字技术、自动化和信息化手段实现生产过程数字化和智能化,实现生产资源优化配置、生产过程高效协同和生产效率提升。

1. 应用

数字化的生产计划与调度:通过数字化技术实现生产计划制定、调度和执行的自动化和智能化,提高生产资源的利用率和生产效率。

数字化的生产过程监控与控制:利用传感器和数据采集技术实时监测生产过程中的关

键参数和指标,并通过智能算法实现生产过程自动控制和优化。

数字化的质量管理:通过数字化技术实现质量数据实时采集、分析和反馈,实现产品质量可追溯和持续改进。

数字化的供应链管理:通过数字化技术实现供应链各环节的信息共享和协同,提高供应链的响应速度、可靠性和效率。

2. 优势

提高生产效率和质量:数字化生产系统能够实时监测和优化生产过程,减少人为错误和资源浪费,提高生产效率和产品质量。

提升生产灵活性和响应速度:数字化生产系统能够实现快速的生产计划调整和产线重配置,提高生产灵活性和对市场变化的快速响应能力。

优化资源配置和成本控制:数字化生产系统能够精确分析和优化生产资源的利用率,降低生产成本。

支持智能决策和预测分析:数字化生产系统能够收集和分析大量的生产数据,支持智能决策和预测分析,为决策者提供参考和指导。

数字化生产系统通过应用数字技术和信息化手段实现生产过程数字化和智能化,具有提高生产效率和质量、提升生产灵活性和响应速度、优化资源配置和成本控制等优势。

5.2.3 智能工厂和自动化生产线的案例分析

1. 中国电子信息产业集团有限公司

中国电子信息产业集团有限公司(China Electronics Corporation,简称CEC)是中国的一家大型国有企业,是中国电子工业的骨干企业之一。该集团在制造业领域的科技驱动方面展现了许多重要的创新和实践。

(1)智能制造平台

CEC通过建立智能制造平台,实现了制造过程中的数据整合和共享。通过物联网、云计算和大数据分析等技术,CEC能够实时监测生产数据,并通过智能算法进行分析和优化,从而提高生产效率和质量控制。

(2)自动化生产线

CEC在自动化生产线的应用方面取得了重要进展。通过引入先进的机器人技术和自动化设备,CEC实现了生产线上的自动化操作和装配过程。这样可以提高生产效率,减少人力成本,同时确保产品的一致性和质量。

(3)智能物流系统

CEC在智能物流系统方面的应用也非常重要。通过利用物联网和自动化技术,CEC建立了智能物流系统,实现了供应链实时监控和管理。这样可以提高物流效率,减少库存和运输成本,并确保产品及时交付。

(4)数据驱动决策

CEC通过数据分析和人工智能技术,对生产和管理数据进行深度挖掘和分析。通过对数据的综合分析,CEC能够获取有价值的洞察和决策支持,从而优化生产和业务流程,提高企业的运营效率和竞争力。

中国电子信息产业集团有限公司的智能工厂和自动化生产线的应用展示了该公司在制造业科技驱动方面的领先地位。通过应用先进的技术和系统，CEC实现了生产过程高度自动化、智能化和灵活化，提高了生产效率、降低了成本，并为客户提供了高品质、高性能的产品和服务。

2. 富士康科技集团

富士康科技集团（Foxconn Technology Group）是一家全球领先的电子制造服务公司，总部位于中国台湾。作为世界上最大的电子合同制造商之一，富士康在智能制造和自动化生产线方面取得了显著的成就。富士康在全球范围内建立了大规模的智能工厂，运用先进的技术和系统，实现了生产过程高度自动化和智能化，概念图如图5.1所示。

图5.1　电子制造智能工厂

（1）自动化设备和机器人技术

富士康在智能工厂中广泛应用自动化设备和机器人技术。这些机器人可以执行各种生产任务，如组装、焊接、包装等，以取代传统的人工操作。通过机器人的应用，富士康提高了生产效率、减少了人力成本，并保证了产品的质量和一致性。

（2）智能化生产线

富士康采用了智能化生产线，通过物联网技术和传感器的应用，实现了设备之间的互联和数据共享。这样可以实现生产过程实时监测和优化，提高生产效率和资源利用率。此外，智能化生产线还具备灵活性，可以根据市场需求进行快速调整和定制化生产。

（3）数据分析和人工智能

富士康利用大数据分析和人工智能技术，对生产数据进行实时监测和分析。通过对数据的深度挖掘和分析，富士康能够及时发现问题、优化生产过程，并做出准确的决策。这样可以进一步提高生产效率、降低成本，并提供更好的客户服务。

富士康科技集团的成功应用智能工厂和自动化生产线证明了智能工厂和自动化生产线在制造业中的重要性和价值。正是因为应用先进的技术和系统，使得富士康成为全球领先的电子制造服务公司，能为客户提供高品质的产品和解决方案。

3. 北京新能源汽车股份有限公司

北京新能源汽车有限公司（以下简称北汽新能源）是中国一家专注于新能源汽车研发、

制造和销售的企业,是中国北汽集团旗下的子公司。作为中国新能源汽车行业的领军企业之一,北汽新能源在智能制造和自动化生产线方面取得了显著的成就。北汽新能源在其生产基地建设中充分应用了智能制造和自动化技术,实现了高效、智能的生产过程。

(1) 智能化生产线

北汽新能源建设了智能化的生产线,通过物联网技术和自动化设备的应用,实现了设备之间的互联和数据共享。这样可以实现生产过程实时监测和优化,提高生产效率和质量控制。

(2) 自动化装配线

在汽车组装过程中,北汽新能源广泛采用自动化装配线技术,概念图如图5.2所示。通过机器人和自动化设备的应用,实现了汽车零部件自动化装配和组装。这样可以提高生产效率、减少人力成本,并保证产品的一致性和质量。

图 5.2　自动化装配线

(3) 数据分析和人工智能

北汽新能源利用大数据分析和人工智能技术,对生产数据进行实时监测和分析。通过对数据的深度挖掘和分析,北汽新能源能够及时发现生产过程中的问题和异常,并做出准确的决策。这有助于提高生产效率、降低成本,并持续改进产品质量和性能。

北汽新能源汽车有限公司的智能工厂和自动化生产线的成功应用,使得企业能够在新能源汽车领域取得显著的竞争优势,能为消费者提供高品质、高性能的新能源汽车产品。

4. 福耀玻璃工业集团股份有限公司

福耀玻璃工业集团股份有限公司(以下简称福耀玻璃)(Fuyao Glass Group)是中国领先的汽车玻璃制造企业,也是世界上最大的汽车玻璃供应商之一。福耀玻璃在科技驱动的制造业管理和财务创新方面具有丰富的经验和成功案例。

(1) 智能化生产线

福耀玻璃在生产线上广泛应用自动化和智能化技术。他们引入了先进的机器人系统和自动化设备,实现了玻璃生产过程的自动化操作和高效率。通过智能化的生产线,福耀玻璃能够提高生产效率、降低人工成本,并确保产品质量的一致性和稳定性。

（2）数据驱动的质量管理

福耀玻璃利用先进的数据分析技术和质量管理系统，对生产过程中的数据进行实时监控和分析。他们通过收集、整合和分析大量的生产数据，能够快速发现潜在的质量问题，并采取相应的纠正措施，从而保证产品质量的稳定性和满足客户的需求。

（3）智能仓储和物流系统

福耀玻璃借助物联网技术和智能仓储系统，实现了对原材料和成品的智能化管理和控制。他们利用自动化设备和物流系统，提高了仓储和物流效率，减少了人力成本，并确保了供应链高效运作。

（4）制造执行系统（MES）

福耀玻璃采用了先进的制造执行系统，对生产过程进行实时监控和调度。这个系统能够帮助福耀玻璃实现生产计划优化和调整，并提供实时的生产数据和报告，以支持决策和管理。

通过这些科技驱动的制造业管理实践，福耀玻璃实现了生产过程高度自动化和智能化，提高了生产效率和产品质量，降低了成本，增强了企业的竞争力。福耀玻璃以技术创新和质量为核心，不断推动制造业的科技发展和创新，并在全球范围内赢得了良好的声誉。

5．美的集团股份有限公司

美的集团股份有限公司（以下简称美的集团）是中国领先的家电制造商之一，其产品美的空调是全球知名的空调品牌。作为科技驱动的制造业企业，美的集团在智能制造和科技驱动的制造业管理方面取得了显著的成就。

（1）智能制造工厂

美的集团建立了智能制造工厂，引入了先进的自动化设备和智能化生产线。他们利用物联网技术和大数据分析，实现了生产过程智能化监控和管理。通过智能化的生产线，美的集团能够实现高效率的生产，提高产品质量和生产效益。

（2）数据驱动的质量管理

美的集团利用大数据和人工智能技术，对质量管理进行了优化。他们通过收集和分析生产过程中的大量数据，实时监控产品质量，并预测潜在的质量问题。通过及时采取纠正措施，美的集团能够提高产品的质量稳定性和客户满意度。

（3）智能物流和供应链管理

美的集团采用智能物流系统和供应链管理平台，实现了供应链智能化和高效化。他们通过物联网技术和大数据分析，对物流过程进行实时监控和调度，提高了物流效率和准确性。此外，智能供应链管理平台帮助美的集团优化供应链流程，提高供应链的灵活性和可靠性。

（4）制造执行系统

美的集团采用了先进的制造执行系统，对生产过程进行实时监控和控制。这个系统能够帮助美的集团实现生产计划优化和调整，并提供实时的生产数据和报告，以支持决策和管理。

通过这些科技驱动的制造业管理实践，美的集团实现了生产过程高度自动化和智能化，提高了生产效率和产品质量，降低了成本，增强了企业的竞争力。美的集团以技术创新和质量为核心，不断推动制造业的科技发展和创新，并为消费者提供高品质的空调产品。

5.3 制造业的数字化管理与优化

5.3.1 数据驱动的生产计划与物流管理

数据驱动的生产计划与物流管理在制造业中起着重要的作用,它们帮助企业实现高效的生产计划和优化的物流管理,从而提高生产效率、降低成本,并提供更好的客户服务。

1. 数据驱动的生产计划的关键应用

数据驱动的生产计划涉及收集、分析和利用大量的生产数据,以帮助企业制定有效的生产计划。

需求预测与供应链规划:通过收集和分析市场需求数据、销售数据和供应链数据,企业可以预测市场需求趋势,并进行供应链规划。基于数据分析的需求预测和供应链规划可以帮助企业准确安排生产计划,避免库存积压或供应短缺。

实时生产监控和调度:通过实时监控生产线上的数据,如设备状态、生产速度、工艺参数等,企业可以及时发现生产异常和瓶颈,并进行调度以优化生产效率。数据驱动的生产监控和调度可以帮助企业及时调整生产计划,确保生产线高效运行。

质量控制与异常检测:通过收集和分析生产过程中的质量数据,企业可以实施质量控制措施,并及时检测和处理生产异常。数据驱动的质量控制可以帮助企业提高产品质量和一致性,并减少质量问题带来的损失和成本增加。

2. 数据驱动的物流管理的关键应用

物流管理是指对物流过程进行规划、实施和控制的管理活动。数据驱动的物流管理可以通过收集和分析物流数据,提供实时的物流可视化和监控,从而优化物流运作。

实时物流跟踪与调度:通过使用物流跟踪技术,如物联网设备和GPS追踪系统,企业可以实时监控货物在物流网络中的位置和运输状态。通过数据驱动的物流调度,企业可以根据实时数据进行智能化的调度,优化运输路线和运力利用率,提高物流效率。

仓储和库存管理:通过数据分析,企业可以准确了解仓储设施的容量、库存水平和库存周转率等信息。基于数据驱动的仓储和库存管理可以帮助企业优化仓库布局、库存配送策略和库存预测,实现库存的最佳管理和成本控制。

供应链可视化和协同:通过数据驱动的供应链可视化平台,企业可以实时监控整个供应链的运作,并与供应商和客户进行协同。数据驱动的供应链可视化和协同可以帮助企业实现供应链的透明度和协同效应,提高供应链的响应速度和灵活性。

5.3.2 智能供应链与库存管理

智能供应链与库存管理是利用先进的技术和数据分析方法来优化供应链和库存管理的过程。通过应用智能供应链和库存管理的策略,企业可以实现更高效、灵活和可持续的供应链运作,有效管理库存,以满足客户需求,降低成本并提高利润。

1. 实时供应链可视化

通过应用物联网和传感器技术,企业可以实时监测和跟踪供应链各环节的数据,包括供应商的库存水平、运输状态、生产进度等。这些数据可以被整合和可视化展示,帮助企业实现对供应链的实时监控和管理。例如,企业可以通过可视化仪表板追踪供应链中的关键指标,并快速识别潜在的瓶颈和风险,以便及时采取行动。

2. 需求驱动的库存管理

借助数据分析和人工智能技术,企业可以更准确地预测市场需求,并根据需求进行库存规划和管理。通过将需求数据与供应链数据相结合,企业可以实现需求驱动的库存管理,避免库存过剩或不足。例如,企业可以利用历史销售数据和市场趋势分析来预测产品需求,然后根据预测结果进行生产原材料订货和补货,以确保库存量保持在恰当的水平。

3. 智能仓储和物流优化

利用自动化和机器学习技术,企业可以实现智能仓储和物流优化,从而提高仓储利用率和物流效率。例如,企业可以采用自动化仓储系统和机器人来实现仓库操作自动化和高效化。同时,通过分析物流数据和运输网络,企业可以优化运输路线和运输模式,减少运输时间和成本。

4. 协同供应链管理

智能供应链和库存管理还涉及供应链各参与方之间的协同合作。通过共享数据、实时协同和信息透明,供应链各环节可以更好地协同工作,实现供应链高效运作。例如,企业可以建立供应链协同平台,供应商、生产商和分销商可以共享供应链信息,并进行协同决策和协同计划,以实现供应链整体优化。

5.3.3 智能设备监控与维护

智能设备监控与维护是利用物联网、传感器和数据分析等技术来实现对制造业设备的实时监测、预测性维护和故障诊断。通过应用智能设备监控与维护的策略,企业可以实现设备高效运行、设备寿命延长、维修成本降低,并提高生产效率和产品质量。

1. 实时设备监测

通过安装传感器和连接设备到物联网平台,企业可以实时监测设备的运行状态和性能指标。例如,温度、振动、电流等数据可以被传感器捕捉并传输到监控系统,从而实现对设备的实时监测。通过实时监测,企业可以快速发现设备异常、预测潜在故障,并及时采取维护措施,避免设备故障导致停机及其造成的生产损失。

2. 预测性维护

借助数据分析和机器学习技术,企业可以分析设备数据并建立预测模型,用于预测设备的维护需求和故障风险。通过预测性维护,企业可以在设备故障发生之前采取相应的维护措施,以减少维修时间和成本,并避免生产中断。例如,通过分析设备运行数据和历史维修记录,企业可以预测设备的剩余寿命和维护周期,并计划维护活动以优化生产计划。

3. 故障诊断与远程维修

智能设备监控与维护可以实现故障诊断和远程维修。通过实时监测设备数据和运行状态,企业可以及时识别设备故障,并进行远程诊断和维修。这可以极大地提高故障处理的效率和准确性,减少设备维修的时间和成本。例如,通过与设备连接的远程诊断工具,技术人员可以通过远程访问设备并收集故障数据,从而快速诊断故障并提供相应的解决方案。

4. 数据驱动的设备优化

通过分析设备数据和运行情况,企业可以获取关于设备性能、能源消耗、生产效率等方面的宝贵信息。这些数据可以用于优化设备运行参数、改进生产工艺、降低能源消耗等。例如,通过分析设备的能源消耗数据,企业可以发现能源浪费的问题并采取相应的节能措施,从而减少生产成本。

智能设备监控与维护在制造业中发挥着重要的作用。通过实时监测、预测性维护、故障诊断和远程维修,企业可以提高设备的可靠性和稳定性,降低维修成本和停机时间,并优化生产效率和产品质量。同时,通过数据驱动的设备优化,企业可以实现设备性能持续改进和能源消耗降低,进一步提升企业的竞争力,实现可持续发展。

5.4 制造业的财务大数据分析与决策支持

5.4.1 制造业财务数据采集与整理的数字化工具

在制造业中,财务数据采集与整理的数字化工具起着关键的作用,能够帮助企业高效地收集、整理和处理大量的财务数据,为决策提供准确的数据支持。制造企业需要用一些常见的财务数据采集与整理的数字化工具。

1. 企业资源计划(ERP)系统

ERP 系统是一种集成的软件平台,可以帮助企业实现财务数据自动采集、整理和处理。通过 ERP 系统,企业可以实时监控财务数据、生成财务报表、管理预算和成本等。ERP 系统具有灵活的配置和定制功能,可以根据企业的需求进行调整和扩展。

2. 财务管理软件

财务管理软件是一类专门用于财务数据处理和管理的软件工具。它们提供了财务数据录入、账务处理、报表生成和分析等功能。财务管理软件通常具有直观的界面和丰富的功能,可以帮助企业实现财务数据准确记录和快速整理。

3. 数据集成与分析工具

数据集成与分析工具可以帮助企业将来自不同数据源的财务数据集成到统一的平台中,并进行数据清洗、整理和分析。这类工具通常具有强大的数据处理和分析能力,可以帮助企业发现数据中的模式和趋势,提供有价值的洞察和决策支持。

财务数据采集与整理的数字化工具在制造业中起着重要的作用,能够帮助企业提高财务数据的质量和准确性,为决策提供可靠的数据支持。这些工具的应用可以提升企业的财务管理效率,加强对财务状况的监控和分析,从而为企业发展和决策提供有力支持。

5.4.2 制造业财务指标分析与财务预测的应用

1. 制造业财务指标分析

在制造业中,财务指标分析对于评估企业的财务状况和经营绩效至关重要。一些常用的财务指标包括利润率、成本控制率、资产周转率等。通过对这些指标的分析,企业可以了解其盈利能力、成本效益、资产利用率等方面的情况,并及时采取相应的措施来改善财务状况。

2. 制造业财务预测

在制造业中,财务预测对规划和决策至关重要。通过分析历史财务数据、市场趋势和行业动态,企业可以预测未来的销售收入、成本、利润等财务指标,以制定相应的经营计划和决策。

3. 制造业敏感性分析

在制造业中,敏感性分析可以帮助企业评估不同因素对财务状况的影响程度,为决策提供可靠的数据支持。通过对关键财务指标进行多种假设和场景的模拟和分析,企业可以了解不同因素对财务表现的影响,从而制定应对策略。

财务指标分析和财务预测在制造业中起着重要的作用。通过对财务数据的分析和预测,企业可以全面评估自身的财务状况和经营绩效,并制定相应的经营策略和决策。同时,敏感性分析可以帮助企业了解不同因素对财务表现的影响,从而制定应对策略。这些工具和方法的应用将帮助制造业企业更好地管理财务,实现可持续发展。

5.4.3 制造业利用大数据进行成本控制与效益优化

在制造业中,利用大数据进行成本控制和效益优化是非常重要的。成本控制和效益优化涉及成本分析、生产优化、售后服务优化等。

1. 制造业成本分析

通过大数据分析,企业可以深入了解产品和生产过程中的各个环节的成本情况。例如,通过对原材料、人工成本、设备利用率等数据进行分析,企业可以识别出成本较高的环节,并采取相应的措施进行成本优化。这可以包括供应链优化、生产工艺改进、设备效率提升等。

举例来说,中国电子信息产业集团有限公司利用大数据进行成本分析,发现原材料采购成本占比较高。通过与供应商进行合作和谈判,并利用大数据分析供应链数据,该公司成功降低了原材料采购成本,从而实现了成本有效控制。

2. 制造业生产优化

大数据分析可以帮助制造业企业实现生产过程优化和效率提升。通过收集和分析生产数据,企业可以识别生产线上的瓶颈和效率低下的环节,并采取相应的措施进行改进。这可以包括生产流程优化、设备调整、人员培训等。

以富士康科技为例,他们利用大数据分析生产线上的各项指标和数据,包括设备利用率、工人生产效率、产品质量等。通过分析这些数据,富士康科技能够及时调整生产策略和资源分配,以提高生产效率和产品质量。

3. 制造业售后服务优化

通过大数据分析客户反馈和产品使用数据，制造企业可以改进售后服务和产品质量，从而提升客户满意度和忠诚度。通过分析客户反馈和产品故障数据，企业可以识别常见问题和改进机会，并采取相应的措施进行产品改进和售后服务优化。

举例来说，美的集团利用大数据分析用户的产品反馈和故障数据，以及产品的使用环境和条件。通过这些数据分析，他们能够识别常见故障原因和改进机会，并及时调整产品设计和售后服务策略，以提升产品质量和用户满意度。

制造业可以利用大数据进行成本控制与效益优化。通过成本分析、生产优化和售后服务优化等方式，企业可以识别问题和机会，并采取相应的措施进行改进，从而实现成本控制和效益优化。这些方法可以帮助制造企业提升竞争力，实现可持续发展。

5.5 制造业的科技创新案例

5.5.1 制造业中的前沿科技与研发趋势

在制造业中，前沿科技和研发趋势对企业的发展起着重要的推动作用。制造企业应关注前沿技术及研发趋势。

1. 人工智能和机器学习

人工智能和机器学习在制造业中的应用越来越广泛。通过使用 AI 和机器学习技术，制造业企业可以实现生产线智能化和自动化，从而提高生产效率和产品质量。例如，利用机器学习算法来优化生产调度，提高资源利用率和生产效率；利用 AI 技术进行产品质量检测和预测，提前发现和解决潜在问题。

举例来说，华为技术有限公司在制造过程中广泛应用人工智能和机器学习技术。他们利用 AI 和机器学习算法来优化生产计划和调度，提高生产效率和资源利用率。此外，他们还使用 AI 技术进行产品质量检测和故障预测，提前发现和解决潜在问题。

2. 物联网（IoT）和工业物联网（IIoT）

物联网和工业物联网的发展为制造业带来了巨大的机遇。通过连接和监控各种设备和传感器，制造业企业可以实现设备之间的数据共享和实时监测，提高生产过程的可视化和自动化水平。这有助于提高生产效率、减少生产故障、优化供应链和提供个性化的产品定制。

比如，中兴通讯股份有限公司在制造业中广泛应用物联网和工业物联网技术。他们利用传感器和设备的数据来监测生产线上的各种参数和指标，实时优化生产过程和设备维护，提高生产效率和质量。

3. 3D 打印技术

3D 打印技术在制造业中的应用不断扩大。它可以实现原型快速制作、定制化生产和零部件快速制造。通过使用 3D 打印技术，制造企业可以减少生产成本、缩短产品开发周期，并实现更灵活的生产模式。

举例来说,北京新能源汽车股份有限公司在汽车制造过程中采用了 3D 打印技术。他们利用 3D 打印技术制造汽车零部件,从而提高生产效率和产品质量。

4. 数据分析和大数据应用

制造企业产生大量的数据,通过对这些数据进行分析和挖掘,可以获得有价值的洞察,并支持决策和改进。数据分析和大数据应用可以帮助制造企业优化生产计划、改进产品设计、优化供应链和提高客户满意度。

例如,福耀玻璃在制造过程中应用了数据分析和大数据技术。他们收集和分析生产线上的各种数据,通过数据分析和挖掘,发现生产过程中的潜在问题并提出改进措施,从而提高生产效率和产品质量。

制造业中的前沿科技和研发趋势在推动企业创新和发展方面起着关键作用。通过应用这些科技和趋势,制造业企业可以实现生产过程智能化、自动化和优化,提高生产效率、产品质量和客户满意度,获得竞争优势并实现可持续发展。

5.5.2　科技创新对制造业管理和财务的重要性与引领作用

科技创新对制造业管理和财务起着重要作用,并引领着行业发展。

1. 提升生产效率

科技创新可以帮助制造企业提升生产效率,实现智能化、自动化和数字化生产。通过引入先进的设备和技术,如机器人、自动化生产线、物联网等,可以实现生产过程优化和高效运作,提高生产效率和产能。

2. 优化供应链管理

科技创新可以改变传统的供应链管理方式,实现供应链数字化、智能化和可视化。通过应用物联网、大数据分析、人工智能等技术,制造业企业可以实时跟踪和管理供应链各个环节的数据和信息,优化物流运输、库存管理和订单交付等过程。

3. 改善产品质量和创新能力

科技创新可以帮助制造企业改善产品质量,提升创新能力,并满足不断变化的市场需求。通过应用先进的传感器、数据分析和虚拟仿真等技术,制造企业可以实现产品设计和制造过程优化,提高产品的质量、功能和性能。

4. 引领财务创新

科技创新对制造业财务管理起到了引领作用。通过应用先进的财务技术和工具,如云计算、大数据分析、人工智能等,制造企业可以实现财务数据集中管理、快速分析和准确预测,提升财务决策的效率和准确性。

科技创新对制造业管理和财务起着重要作用。通过应用先进的技术和工具,可以提升生产效率、优化供应链管理、改善产品质量和提高创新能力,并引领财务创新和发展。制造企业应积极跟进科技创新的趋势,不断引入新技术、提升管理水平,以适应市场的变化和实现可持续发展。

5.5.3 成功的科技创新案例及其对制造业转型的推动作用

1. 中国船舶集团有限公司

中国船舶是一家全球领先的船舶制造和综合服务企业,通过成功的科技创新推动了制造业转型和发展,概念图如图 5.3 所示。

图 5.3 船舶制造技术创新

(1) 智能制造和数字化转型

中国船舶利用智能制造和数字化技术,实现了船舶制造过程优化和升级。他们引入了先进的制造设备和机器人技术,通过数字化生产系统实现了生产过程自动化和智能化。这种科技创新提高了生产效率和产品质量,降低了生产成本,推动了制造业向智能化和数字化方向发展。

(2) 船舶设计和仿真技术

中国船舶在船舶设计和仿真方面进行了重要的科技创新。他们应用了先进的船舶设计软件和虚拟仿真技术,实现了船舶设计、测试数字化和虚拟化。通过虚拟仿真模型进行设计和测试,他们可以更好地优化船舶的性能和结构,减少了设计和试验的时间和成本。这种科技创新加快了船舶设计和制造的速度,并提高了产品质量和客户满意度。

(3) 绿色船舶和环保技术

中国船舶致力于推动绿色船舶和环保技术发展,通过科技创新实现了船舶的能效提升和排放减少。他们引入了先进的燃料节能技术、废气处理技术和排放控制技术,将绿色环保理念融入船舶设计和制造过程。这种科技创新不仅符合全球环保要求,还为中国船舶赢得了国际市场的竞争优势,推动了制造业向可持续发展的方向转型。

中国船舶的成功科技创新案例表明,通过引入先进的技术和工具,以及重视研发和创新能力提升,制造业可以实现转型和升级,提高生产效率、产品质量和环保性能,增强市场竞争力。这些科技创新不仅为中国船舶带来了商业成功,也为整个制造业提供了可借鉴的经验和启示,促进了制造业向智能化、数字化和可持续发展的方向迈进。

2. 珠海格力电器股份有限公司

格力电器是中国领先的空调和家电制造企业,以其成功的科技创新在制造业中发挥了重要作用。

(1)智能家电和物联网技术

格力电器致力于智能家电研发和创新,将物联网技术应用于家电产品。他们推出了智能空调、智能冰箱、智能洗衣机等产品,通过与智能手机和互联网连接,实现了智能控制和远程监控功能。这种科技创新提升了家电的用户体验,提供了更便捷、智能的家居生活解决方案,并推动了制造业向智能化和物联网方向转型。

(2)绿色制造和环保技术

格力电器致力于绿色制造和环保技术应用,通过科技创新减少能源消耗和环境影响。他们引入了节能技术、环保材料和环境管理系统,实现了产品制造过程中的能效提升和排放减少。格力电器的空调产品采用了高效节能的制冷技术,大幅度减少了能源消耗,符合全球环保要求。这种科技创新不仅提升了产品竞争力,还推动了制造业向可持续发展的方向转型。

(3)数字化制造和智能制造

格力电器推动数字化制造和智能制造发展,通过引入先进的制造技术和设备,提升了生产效率和质量。他们实施了数字化生产系统,通过数据采集、分析和预测,实现了生产过程优化和智能化。格力电器还注重人工智能和机器学习应用,提升生产线的自动化水平和质量管理。这种科技创新帮助格力电器提高了生产效率和产品质量,推动了制造业向数字化和智能化方向发展。

格力电器的成功科技创新案例表明,通过不断引入先进技术、关注环保和能效提升,以及推动数字化和智能化制造,制造业可以实现转型和升级,提高产品竞争力和市场份额,概念图如图 5.4 所示。格力电器的科技创新不仅为企业带来商业成功,还为整个制造业提供了可借鉴的经验和启示,促进了制造业向智能化、数字化和可持续发展的方向迈进。

图 5.4 智能家电和绿色制造

3. 广州汽车集团股份有限公司

广汽集团是中国领先的汽车制造企业,他们在科技创新方面取得了显著的成就,对制造业转型和创新起到了推动作用。

（1）新能源汽车技术

广汽集团在新能源汽车领域进行了积极的科技创新，推出了多款电动车和混合动力车型。他们致力于电池技术研发和创新，提高了电动车的续航里程和充电效率。广汽集团的新能源汽车产品受到了市场的认可，对推动汽车制造业向清洁能源和可持续发展方向转型具有重要意义。

（2）智能驾驶技术

广汽集团在智能驾驶技术方面进行了持续的研究和创新。他们引入了先进的驾驶辅助系统、自动驾驶技术和智能交通管理系统，提升了驾驶安全性和舒适性。广汽集团的智能驾驶技术为汽车行业带来了巨大的变革，推动了制造业向智能化和自动化驾驶方向发展。

（3）智能制造和工业互联网

广汽集团在智能制造和工业互联网方面进行了深入的探索和实践。他们推动数字化制造和智能工厂建设，引入了先进的制造技术和设备，实现了生产过程智能化和自动化。广汽集团还通过工业互联网技术实现了生产数据实时监测和分析，优化了生产计划和资源调度。这种科技创新提高了生产效率和产品质量，推动了制造业向数字化和智能化转型。

广汽集团的成功科技创新案例表明，通过在新能源汽车、智能驾驶和智能制造等领域进行创新，制造业可以实现转型和升级，适应市场需求的变化。广汽集团的科技创新不仅为企业带来了竞争优势，还为整个制造业提供了引领发展的先进经验和启示，促进了制造业可持续发展和创新能力提升。

4. 三一重工股份有限公司

三一重工是中国领先的工程机械制造企业，他们在科技创新方面取得了重要成就，对制造业转型和创新发挥了重要作用。他们建设的国内首个风电 5G 全连接柔性智能制造工厂是一项成功的科技创新案例。该工厂充分运用了 5G 通信技术、物联网技术和人工智能技术，实现了整个制造过程数字化、智能化和自动化。

该智能制造工厂利用 5G 通信技术，实现了设备之间的高速、稳定的数据传输，极大地提高了生产效率和响应速度。通过实时监控和远程操作，工厂能够对设备状态进行精确控制和管理，有效降低了人为操作错误和设备故障发生，提高了生产线的稳定性和可靠性。

物联网技术应用使得工厂中的设备能够实现互联互通，形成一个智能化的生态系统。设备之间通过互联网传递数据，实现自动化的协同工作，提高了生产效率和产品质量。同时，通过物联网技术收集和分析设备运行数据，可以实现预测性维护，提前发现潜在故障并进行修复，避免了生产线停机及其造成的生产损失。

在人工智能方面，该工厂引入了智能机器人和自动化控制系统，实现了生产线自动化操作和智能化管理。智能机器人能够进行高精度的加工和装配，提高了生产线的效率和产品质量。自动化控制系统通过数据分析和智能算法，优化生产计划和资源调度，提高了生产线的灵活性和适应性。

三一重工风电 5G 全连接柔性智能制造工厂的成功案例表明，通过在智能化制造、物联网技术和人工智能等领域进行创新，制造业能够实现转型和升级，提高产品质量和生产效率。该工厂的科技创新不仅为企业带来了竞争优势，还为整个制造业提供了先进的技术和解决方案，推动了制造业向智能化和数字化发展。

5．潍柴动力股份有限公司

潍柴动力是中国领先的发动机制造企业，他们在智能制造方面采用了发动机全业务域智能制造的模型，是一项成功的科技创新案例。该模型涵盖了整个发动机生产过程智能化和数字化，包括设计、制造、测试和售后服务等环节。

在设计方面，潍柴动力运用先进的计算机辅助设计（CAD）和计算机辅助工程（CAE）技术，实现了发动机设计数字化和虚拟化。通过建立三维模型和进行仿真分析，可以快速优化设计方案，提高产品质量和性能。同时，利用数据挖掘和机器学习算法，可以分析历史设计数据和市场需求，为新产品设计提供参考和指导。

在制造过程中，潍柴动力采用了智能制造和数字化生产的技术，实现了生产线自动化和智能化。通过使用机器人、自动化设备和传感器等先进设备，可以实现生产过程自动化控制和精确监测。此外，潍柴动力还应用了物联网技术，实现了设备之间的互联互通和数据实时传输，提高生产效率和资源利用率。

在测试环节，潍柴动力利用大数据和人工智能技术，实现了发动机智能化测试和故障诊断。通过在发动机上安装传感器和数据采集系统，可以实时监测发动机的运行状态和性能参数。同时，利用大数据分析和机器学习算法，可以识别潜在的故障和异常，提前进行预防性维护，减少故障发生的风险。

在售后服务方面，潍柴动力运用物联网和云计算技术，建立了智能化的售后服务平台。通过与客户设备互联互通，可以实时获取发动机的使用数据和运行情况，提供个性化的维修和保养建议。同时，利用大数据分析，可以对大量的售后数据进行挖掘和分析，发现产品质量问题和改进的机会，提高客户满意度和产品质量。

潍柴动力的发动机全业务域智能制造模型的成功案例，证明了智能制造在制造业中的重要性和价值，概念图如图 5.5 所示。通过采用先进的技术和创新的模型，潍柴动力实现了发动机制造过程数字化、智能化和高效化，提高了产品质量、生产效率和客户满意度，赢得了市场竞争的优势。

图 5.5　智能制造

5.6 制造业的数字化的管理系统与大数据财务系统的应用

5.6.1 制造业数字化的管理系统及其实践案例

制造业数字化的管理系统是指将信息技术和数字化技术应用于制造业管理的系统,旨在提高生产效率、质量控制和管理决策的准确性及效率。该系统通常涵盖生产计划、生产执行、质量管理、物流管理、供应链管理等多个方面,并通过数据采集、分析和应用,实现全面的数字化管理。

比亚迪股份有限公司是中国一家知名的新能源汽车制造商,他们在制造业数字化管理方面取得了显著的成就。

比亚迪通过引入数字化的管理系统,实现了生产过程数字化、智能化和高效化。他们建立了一套全面的数字化的生产系统,包括数字化的生产计划、生产执行、质量管理和供应链管理等方面。

在生产计划方面,比亚迪采用了数字化的生产计划系统,通过对订单、工序、资源和需求的全面管理和调度,实现了生产计划的准确性和灵活性。通过更新系统中的实时数据和自动化排程,能够更好地满足市场需求,提高生产效率和资源利用率。

在生产执行方面,比亚迪引入了物联网技术和智能设备,实现了生产过程自动化控制和监测。他们将生产设备与网络连接,并通过传感器和监控系统实时监测设备状态、生产进度和质量指标。这样可以及时发现生产异常和问题,并采取相应措施,确保生产的稳定性和产品的质量。

在质量管理方面,比亚迪采用了数字化的质量控制系统,通过自动化检测设备、质量数据采集和分析系统,实现了对生产过程和产品质量的实时监测和分析。他们能够及时发现质量问题,并采取纠正措施,确保产品符合质量标准。

在供应链管理方面,比亚迪建立了数字化的供应链管理系统,实现了对供应商、原材料和产品的全程追踪和管理。通过供应链信息共享平台和物流跟踪系统,比亚迪能够实时获取供应链的数据,优化供应链协同和物流流程,降低库存成本和交付周期。

比亚迪通过应用数字化的管理系统,实现了制造过程数字化、智能化和高效化,提高了生产效率、质量控制和管理决策的准确性和效率。他们的成功案例证明了制造业数字化管理在实践中的重要作用和优势。

5.6.2 大数据财务系统在制造业的应用与效益

大数据财务系统在制造业的应用可以帮助企业实现更精确、高效和智能的财务管理,并带来诸多效益。

1. 大数据财务系统能够提供更全面和准确的财务数据分析

制造业涉及大量的财务数据,包括销售收入、成本支出、资产负债等方面的数据。通过大数据技术应用,企业可以实时收集、整理和分析这些数据,生成准确的财务报表和指标,为管理层提供更准确的财务信息,支持决策制定和业务优化。

2. 大数据财务系统可以帮助企业实现成本控制和效益优化

制造业面临着复杂的成本结构和生产过程,通过大数据分析,企业能够深入了解成本构成和成本驱动因素,识别成本节约和效率提升的机会。例如,通过对供应链数据和生产数据的分析,企业可以找出成本较高的环节和资源浪费的问题,并采取相应措施进行优化,从而降低成本、提高利润率。

3. 大数据财务系统可以帮助企业进行风险管理和预测

制造业面临着市场波动、原材料价格变动、供应链风险等多种风险,通过大数据分析,企业可以识别潜在的风险因素,并制定相应的风险管理策略。同时,大数据分析还可以帮助企业进行市场预测和需求预测,从而更好地规划生产和供应,降低库存风险和滞销风险。

4. 大数据财务系统能够支持企业进行业务拓展和战略决策

通过对大数据的分析,企业可以深入了解市场趋势、竞争对手和消费者行为,为企业制定更有针对性的市场营销策略和产品创新策略提供依据。同时,大数据还可以帮助企业评估投资项目的风险和回报,支持战略决策和资源配置。

5.6.3 大数据财务系统应用于制造业的案例

1. 比亚迪

比亚迪利用大数据财务系统来管理复杂的财务流程和业务运营。通过整合大量的财务数据和生产数据,比亚迪能够实时监测销售、成本和利润等关键指标,支持财务决策和预测。此外,他们还利用大数据分析来优化供应链管理和库存控制,实现成本节约和效益优化。

2. 福耀玻璃

福耀玻璃采用大数据财务系统来实现对全球范围内多个生产基地的财务数据的集中管理和分析。通过整合各个生产基地的财务数据,福耀玻璃能够实时了解不同地区的销售情况、成本结构和利润状况,从而做出更准确的财务决策和业务优化。

3. 广汽集团

广汽集团利用大数据财务系统来优化财务管理和预测。通过整合大量的销售数据、成本数据和供应链数据,广汽集团能够实时监测市场需求、成本变化和供应链状况,从而更好地规划生产和销售策略,提升财务效益。

这些案例表明,在制造业中应用大数据财务系统可以帮助企业实现更精确、高效和智能的财务管理,提升成本控制水平和效益优化能力,支持财务决策和预测,促进业务拓展和战略决策。这些企业通过充分利用大数据分析的优势,实现了财务管理数字化和智能化,取得了显著的业绩提升和竞争优势。

5.6.4 数字化管理与财务系统对制造业管理和财务创新的影响

数字化管理和财务系统可对制造业管理和财务创新产生深远的影响。

1. 提升运营效率

数字化管理系统可以帮助制造企业优化生产流程、提高生产效率和控制质量。通过实时监控和数据分析,企业可以及时发现和解决生产中的问题,提高设备利用率,减少生产延误,降低运营成本。

2. 改善供应链管理

数字化管理系统可以实现对供应链各环节的实时监控和协调,提高物料采购、库存管理和交付效率。通过数据分析和预测,企业可以更准确地预测市场需求,优化物流和仓储策略,降低库存成本,提高供应链灵活性和响应速度。

3. 强化财务管理和决策支持

数字化财务系统可以实现财务数据集中管理、准确记录和分析。通过自动化的财务流程和报表生成,企业可以节省时间和资源,并减少错误和风险。此外,通过数据分析和业务智能化,企业可以更好地预测和规划财务活动,支持战略决策和投资分析。

4. 推动商业模式创新

数字化管理和财务系统为制造企业提供了更多商业模式创新的机会。通过数据驱动的市场洞察和客户分析,企业可以更好地理解市场需求和消费者行为,开发新产品和服务,创造差异化竞争优势。同时,数字化技术也为企业提供了开展新业务模式和服务模式的平台,如基于云计算的物联网解决方案、订阅服务模式等。

这些影响表明,数字化管理和财务系统对制造业的管理和财务创新起到了积极的推动作用。通过提升运营效率、优化供应链管理、强化财务管理和推动商业模式创新,制造企业能够实现更高的效益和竞争优势,适应市场变化,实现可持续发展。

思考题

1. 制造业数字化转型如何改变传统制造企业的运营模式和管理方式?举例说明其对生产效率和产品质量的影响。

2. 科技驱动的智能制造如何改善企业的生产过程和供应链管理?列举相关技术和工具,并分析其优势和挑战。

3. 数字化管理系统和大数据财务系统在制造业中的应用有何优势和效果?讨论其对企业决策和财务管理的价值和影响。

研究方向

1. 研究如何将智能制造和数字化技术应用于创业企业的生产和运营,以提高竞争力和创新能力。

2. 探索制造业数字化管理系统和大数据财务系统在创业公司中的适用性和效益,以支持企业的管理和财务创新。

3. 分析制造业科技创新案例的成功因素,并提出相关创新策略和推动因素,为创业者在制造领域的科技创新提供指导。

第6章 信息技术与电子商务：科技引领下的商业模式创新与财务管理革新

在这一章中，首先，我们将深入探讨信息技术和电子商务在科技驱动下的商业模式创新与财务管理革新的相关主题。在科技发展的背景下，电子商务与信息技术已经变得越来越重要。我们将解释电子商务和信息技术的定义，强调其在现代商业环境中的重要性，并深入探讨科技驱动对这两个行业的影响。

其次，我们将探讨如何利用科技进行电子商务与信息技术创新。我们将详述区块链、人工智能、大数据和机器学习在这两个行业的应用，并通过具体的案例分析来揭示科技创新的具体效果。随后，我们将探讨如何利用数字化管理、优化电子商务和信息技术行业；讨论数据驱动的客户关系管理、智能供应链与物流管理以及云计算在这两个领域的应用。

再次，我们将讨论电子商务与信息技术行业的财务大数据分析和决策支持，包括财务数据采集、整理、分析、预测，以及如何利用大数据进行成本控制和效益优化；探索电子商务与信息技术行业的科技创新案例，涉及前沿科技和研发趋势，分析科技创新对电子商务与信息技术的重要性与引领作用，在此基础上给出成功的科技创新案例及其对电子商务与信息技术行业的影响。

最后，我们将讨论电子商务与信息技术行业的数字化管理系统与大数据财务系统的应用，以及它们对电子商务与信息技术创新的影响。

在阅读本章后，读者将了解到科技如何引领电子商务与信息技术创新，以及这些创新如何改变商业模式和财务管理。同时，读者将有机会思考和研究这些主题对未来的影响和潜在的商业机会。

6.1 电子商务与信息技术的现状与科技驱动的必要性

6.1.1 电子商务与信息技术的定义和重要性

电子商务（E-commerce）是指通过互联网和电子技术进行商业活动的方式。它涵盖了在线购物、在线支付、电子市场、电子供应链管理、电子营销等各个领域。信息技术（Information Technology）则是指运用计算机和通信技术来获取、存储、传输和处理信息的技术手段。

电子商务和信息技术的重要性在当代商业环境中变得越来越显著。

1. 扩大市场覆盖范围

电子商务和信息技术使企业能够突破传统地域限制，实现全球市场覆盖。通过互联网和电子平台，企业可以将产品和服务推向全球消费者，打破传统商业模式的局限性，实现跨境交易和国际化经营。

2. 提高商业效率和控制运营成本

电子商务和信息技术使企业能够实现业务流程自动化和优化，提高商业效率和控制运营成本。通过电子化的交易和支付系统，企业可以实现订单处理、库存管理、物流配送等环节的高效和准确，降低人力成本和错误率。

3. 提供个性化和定制化的服务

电子商务和信息技术使企业能够收集、分析大量的消费者数据，了解消费者的偏好和需求。基于这些数据，企业可以提供个性化的产品和服务，满足消费者的个性化需求，提升消费者体验和忠诚度。

4. 实现创新的商业模式

电子商务和信息技术为企业提供了进行商业模式和营销方式创新的条件。通过在线平台和社交媒体等渠道，企业可以与消费者直接互动，开展精准的营销活动，实现更有效的市场推广。同时，通过数据分析和人工智能技术，企业可以洞察市场趋势和消费者需求，提供新的商业模式和增值服务。

5. 加强企业间的合作和供应链管理

电子商务和信息技术可促进企业间合作和供应链管理优化。通过电子化的供应链系统和在线交易平台，企业可以实现与供应商、合作伙伴和分销商紧密合作，提高供应链的协同性和透明度，降低库存和物流成本。

电子商务和信息技术在当代商业中扮演着重要的角色。它们不仅助力企业进行商业模式和营销方式创新，还可提高商业效率和控制运营成本，促进创新和合作，推动企业发展和获得竞争优势。随着科技的不断发展和创新，电子商务和信息技术将继续引领商业模式创新和财务管理革新。

6.1.2 科技驱动对电子商务与信息技术行业的影响

科技驱动对电子商务与信息技术行业产生了深远的影响。

1. 创新商业模式

科技的不断进步和创新推动了电子商务与信息技术行业的商业模式创新。例如，共享经济模式的兴起，滴滴出行、共享单车利用移动互联网和定位技术实现了资源共享和用户便捷出行。另外，新兴技术如区块链和物联网也支持不断探索新的商业模式，如智能合约和物联网支付。

2. 提升用户体验

科技驱动促进了电子商务与信息技术行业不断提升用户体验。通过人工智能和大数据分析，企业可以更好地了解用户需求，为用户提供个性化的产品和服务。例如，智能推荐系统可以根据用户的兴趣和购买历史推荐相关产品，提高用户满意度和购物体验。

3. 加强数据安全与隐私保护

随着信息技术的发展，数据安全和隐私保护成为电子商务与信息技术行业的重要关注领域。科技驱动推动了数据加密、身份验证和防护技术不断进步，保护用户个人信息和交易数据的安全性。例如，双因素身份认证和生物特征识别技术提高了用户账户和支付的安全性。

4. 改变市场竞争格局

科技驱动改变了电子商务与信息技术行业的市场竞争格局。传统企业和新兴科技企业在数字化和技术创新方面的差异，决定了它们在市场上的竞争优势。科技驱动的企业更具创新能力和敏捷性，能够更好地适应市场变化和满足用户需求，从而取得竞争优势。

5. 推动行业发展与转型

科技驱动促使电子商务与信息技术行业快速发展和转型。新兴技术如人工智能、大数据分析和云计算等被广泛应用于电子商务与信息技术行业，推动了行业创新和进步。例如，物联网技术的应用促进了智能家居和智慧城市发展，区块链技术改变了金融和供应链行业的交易方式。

这些科技驱动的影响推动了电子商务与信息技术行业持续发展和创新，为企业带来了更多的商机和增长潜力。同时，也对企业的管理和财务提出了新的挑战和机遇，需要企业及时适应和应对。

6.2 科技引领下的电子商务与信息技术创新

6.2.1 区块链和人工智能在电子商务中的应用

随着科技的不断发展，区块链和人工智能等新兴技术在电子商务领域得到了广泛应用，并带来了许多创新和改变。

区块链是一种分布式账本技术，它的去中心化和不可篡改的特性使其在电子商务中具有重要作用。区块链技术可以确保交易的安全性和透明度，减少中间商的参与，并提供可追溯的交易记录。在电子商务中，区块链可以应用于供应链管理、产品溯源、数字版权保护等领域。例如，通过区块链技术，消费者可以追溯商品的生产、运输和销售过程，确保商品的质量和真实性。此外，区块链还可以构建去中心化的电子商务平台，减少平台的运营成本和风险。

人工智能在电子商务中的应用也日益广泛。人工智能技术可以分析大量的用户数据，了解用户的兴趣和需求，从而提供个性化的产品推荐和定制化的购物体验。例如，通过人工智能技术,电子商务平台可以根据用户的浏览历史、购买记录和社交媒体数据,推荐符合用户兴趣的商品。另外,人工智能还可以应用于自然语言处理和图像识别等领域,提供智能客服和视觉搜索等功能,提升用户的交互体验。

支付宝是一家应用区块链技术的电子支付平台。支付宝通过区块链技术实现了快速、安全和低成本的跨境支付,提供了更便捷的支付解决方案。另外,京东是中国知名的电商平台之一,其利用人工智能技术进行用户画像和个性化推荐,为用户提供定制化的购物体验。

这些区块链和人工智能的应用案例表明,在科技引领下,电子商务和信息技术领域正不断创新和发展,为用户提供更好的服务和体验。企业需要及时抓住科技发展的机遇,利用区块链和人工智能等技术,不断推动电子商务和信息技术创新,实现商业模式转型和财务管理优化。

6.2.2 大数据和机器学习在信息技术领域中的应用

大数据和机器学习是信息技术领域中的重要技术,它们的应用为电子商务和信息技术带来了许多创新和进步。

大数据是指海量、高速和多样化的数据集合,它包含了大量的结构化和非结构化数据。在信息技术中,大数据的应用主要集中在数据收集、存储、处理和分析方面。通过对大数据的挖掘和分析,企业可以获取更深入的洞察和理解,从而做出更明智的决策和策略规划。在电子商务中,大数据可以用于用户行为分析、市场趋势预测、销售预测等方面。例如,通过对大数据的分析,企业可以了解用户的购买偏好、消费行为和需求,从而优化产品推荐和定价策略,提升用户的购物体验。

机器学习是人工智能的一个分支,它通过让计算机系统学习和优化算法,从而自动化地从数据中获取知识和经验。在信息技术中,机器学习的应用非常广泛,包括图像识别、语音识别、自然语言处理等领域。在电子商务中,机器学习可以应用于推荐系统、欺诈检测、客户服务等方面。例如,通过机器学习算法,电子商务平台可以根据用户的购买记录和行为模式,预测用户的兴趣和需求,并提供个性化的商品推荐。此外,机器学习还可以用于欺诈检测,帮助企业识别和预防欺诈行为,保护用户的利益和数据安全。

大数据和机器学习在信息技术领域的应用对电子商务和信息技术行业具有重要意义。它们能够帮助企业更好地理解用户需求、优化决策、提升服务质量,从而推动商业模式创新和财务管理革新。

6.2.3 电子商务与信息技术领域的科技创新案例分析

1. 阿里巴巴的双 11 购物狂欢节

阿里巴巴每年举办的双 11 购物狂欢节是一个典型的电子商务和信息技术创新案例。该活动利用大数据和机器学习技术,通过个性化推荐、精准营销和供应链优化,实现了数亿用户的同时在线购物。阿里巴巴通过创新的商业模式和科技手段,推动了电子商务发展,并在全球范围内取得了巨大成功。

2. 腾讯的微信支付

腾讯通过推出微信支付,将社交媒体和支付功能相结合,实现了移动支付便捷化和普及化。微信支付利用大数据分析用户的消费行为和支付习惯,提供个性化的支付服务和推荐优惠券,使用户能够方便地完成支付,同时也为商家制订更精准的用户定位和营销策略提供支持。

3. 美团点评的智能餐饮服务

美团点评通过大数据分析用户的点评、评分和消费习惯,利用机器学习算法实现了智能餐饮服务。用户可以通过美团点评平台,根据自己的口味偏好、消费预算和地理位置,获得个性化的餐厅推荐和菜品推荐。这种科技创新改变了传统餐饮业的经营模式,提升了用户的就餐体验。

以上案例说明了电子商务和信息技术领域中的科技创新如何改变商业模式、提升用户体验和推动财务管理创新,概念图如图 6.1 所示。这些创新案例的成功是基于对大数据和机器学习等技术的应用,从而实现了个性化服务、精准营销和高效运营。这些创新案例不仅对相关企业具有重要意义,也对整个行业的发展和转型产生了积极的影响。

图 6.1　电子商务和信息技术领域中的科技创新

6.3　电子商务与信息技术领域的数字化管理与优化

6.3.1　数据驱动的客户关系管理

数据驱动的客户关系管理是指通过收集、分析和利用客户数据来改善客户关系和提供个性化的服务和营销。在电子商务和信息技术领域,数据驱动的客户关系管理是一项关键的创新和策略,它利用大数据及其分析技术来实现以下目标:

1. 客户洞察

通过收集和分析大量的客户数据,包括购买行为、偏好和反馈等,企业可以获得更深入的客户洞察。这些洞察可以帮助企业了解客户的需求、偏好和行为模式,从而更好地满足客户的需求。

2. 个性化营销

基于客户数据的分析,企业可以实施个性化的营销策略。通过了解客户的兴趣、购买历史和偏好,企业可以向客户提供定制化的产品推荐、优惠券和促销活动,从而提高客户的满意度和忠诚度。

3. 客户体验优化

数据驱动的客户关系管理可以帮助企业优化客户的整个购物体验。通过分析客户数据,企业可以识别和解决客户面临的问题和痛点,并提供更便捷、个性化的服务,从而提升客户的体验和满意度。

4. 客户维护和忠诚度管理

通过数据驱动的客户关系管理,企业可以更好地管理客户关系,提高客户的忠诚度和保持率。通过跟踪客户的购买历史、交互行为和反馈,企业可以识别潜在的客户流失风险,并采取措施来增加客户的忠诚度,例如提供个性化的客户关怀、定期的沟通和回馈机制等。

数据驱动的客户关系管理在电子商务和信息技术行业中的应用是不可忽视的,它可以帮助企业更好地理解客户需求、提供个性化的服务、优化客户体验和提高客户忠诚度。通过利用大数据及其分析技术,企业可以实现客户关系的深度洞察和有效管理,从而在竞争激烈的市场中获得竞争优势。

6.3.2 智能供应链与物流管理

智能供应链与物流管理是利用信息技术、智能化手段对供应链和物流流程进行优化及管理的方法。它通过整合数据、自动化操作和智能决策,实现供应链高效运作和物流流程优化。

在电子商务和信息技术领域,智能供应链和物流管理的应用对于提高效率、降低成本、提升服务质量具有重要意义,因此可应用于一些关键场景。

1. 实时跟踪与可见性

通过利用物联网、传感器和无线通信技术,企业可以实时追踪货物的位置、状态和运输过程。这样的可见性可以帮助企业监控供应链和物流的实时情况,及时发现问题并做出相应的调整,提高物流的效率和可靠性。

2. 预测与优化

通过大数据分析和机器学习算法,企业可以对供应链和物流数据进行分析和预测,从而优化供应链的规划和运作。企业可以基于历史数据和趋势进行需求预测、库存优化和运输路线规划,以降低库存成本、减少运输时间,并提高供应链的灵活性和响应能力。

3. 自动化与智能决策

智能供应链和物流管理利用自动化技术和智能决策系统,实现供应链和物流过程自动化和智能化。例如,自动化仓储系统可以通过机器人和自动化设备实现仓库自动管理和货物自动处理；智能调度系统可以根据实时数据和规则进行智能决策，提高运输效率和减少成本。

4．合作与协同

智能供应链和物流管理通过信息共享和协同合作，实现供应链各环节紧密衔接和协同工作。供应商、制造商、物流服务提供商和零售商等各方可以通过共享数据和信息，实现供应链协同规划、协同配送和协同服务，提高整体供应链的效率和响应能力。

6.3.3　云计算在电子商务和信息技术领域中的应用

云计算是指通过网络连接的远程服务器提供的计算资源和服务。在电子商务和信息技术领域，云计算具有广泛的应用，为企业提供强大的计算能力、存储空间和应用服务。

1．弹性计算和存储

云计算可提供弹性的计算和存储资源，企业可以根据需求对计算和存储资源进行扩展或缩减，无须投资大量的硬件设备。这种灵活性和可扩展性使得电子商务企业能够应对高峰期的流量和需求，并提供稳定的在线服务。

2．虚拟化和隔离

云计算使用虚拟化技术，将物理资源划分为多个虚拟环境，实现资源的隔离和共享。这样可以使多个客户共享同一物理资源，提高资源利用率，并保证客户数据安全。

3．软件即服务（SaaS）

云计算可提供各种各样的软件应用，通过订阅模式提供给用户。这样的服务模式使得企业无须购买和维护自己的软件，降低成本和管理的复杂性。

4．数据备份和恢复

云计算可提供可靠的数据备份和恢复解决方案。企业可以将数据备份到云端，确保数据的安全性和可靠性，并在需要时进行快速的恢复。

5．云安全和身份管理

云计算可提供强大的安全措施和身份管理功能，保护用户数据和隐私的安全。企业可以利用云计算平台的安全功能，防止数据泄露、网络攻击和未授权访问。

6.4　电子商务与信息技术领域的财务大数据分析与决策支持

6.4.1　基于电子商务与信息技术的财务数据采集与整理的数字化工具

在电子商务和信息技术领域，财务数据采集和整理是一个关键的环节，而数字化工具可以极大地提高效率和准确性。

1. 财务管理软件

财务管理软件如 SAP、Oracle Financials、QuickBooks 等可以帮助企业自动地记录和整理财务数据。这些软件提供了财务核算、报表生成、成本控制等功能,使得财务数据采集和整理更加高效和准确。

2. 电子支付系统

电子商务平台通常会使用电子支付系统,如支付宝、微信支付等,用于收集和整理支付数据。这些系统可以自动记录交易金额、交易时间、买家信息等关键数据,为企业提供实时的财务数据。

3. 数据集成工具

数据集成工具如 ETL(Extract,Transform,Load)工具,可以将来自不同数据源的财务数据整合到一个统一的数据仓库中。通过数据集成工具,企业可以实现数据的一致性和准确性,为后续的财务数据分析提供基础。

4. 数据分析和可视化工具

数据分析和可视化工具如 Tableau、Power BI 等,可以帮助企业将财务数据进行分析和可视化展示。这些工具可以帮助企业发现数据的关联性和趋势,支持决策者进行数据驱动的决策。

6.4.2 电子商务与信息技术领域的财务指标分析与财务预测的应用

在电子商务和信息技术领域,财务指标分析和财务预测是关键的环节,用于评估企业的财务状况和未来的经营表现。

1. 财务指标分析

企业可以对财务指标进行经营绩效评估和对比。常见的财务指标包括营业收入、毛利率、净利润率、资产周转率等。通过对这些指标的分析,企业可以了解自身的财务状况,并与同行业竞争对手进行对比。此外,财务指标分析还可以帮助企业发现潜在的财务风险和问题,为决策提供参考依据。

2. 财务预测

财务预测是企业根据历史财务数据和市场趋势,对未来的财务表现进行预测和规划。通过利用统计模型、趋势分析和市场预测等方法,企业可以预测销售额、利润、现金流等关键财务指标的未来走势。这有助于企业制定合理的财务目标和战略规划,为投资者和利益相关者提供信心和依据。

通过财务指标分析和财务预测的应用,电子商务和信息技术企业可以更好地了解自身的财务状况、评估业务的表现,并制定相应的战略和决策,以实现持续的增长和创新。

6.4.3 电子商务与信息技术领域的基于大数据的成本控制与效益优化

在电子商务和信息技术领域,利用大数据进行成本控制和效益优化是非常重要的。大数据分析可以帮助企业识别成本的来源和效益的提升点,从而优化业务流程和决策,提高企业的盈利能力和效率。

1. 成本分析

通过采用大数据技术对财务数据进行分析,企业可以深入了解各个环节的成本结构和成本驱动因素,其中,成本包括物流成本、运营成本、市场营销成本等。通过分析成本的变化和趋势,企业可以找到成本高的环节和问题,并制定相应的成本控制策略。

2. 风险管理

大数据分析可以帮助企业识别潜在的风险和问题,从而采取相应的预防和控制措施。通过监测数据,企业可以及时发现异常和风险信号,例如欺诈行为、安全漏洞等,从而降低潜在的损失和风险。

3. 供应链优化

电子商务和信息技术企业的供应链通常非常复杂,涉及多个环节和参与方。利用大数据分析,企业可以实时跟踪和分析供应链中的各个环节,识别瓶颈和发现机会,从而提高供应链的效率和准确性,降低成本。

通过利用大数据进行成本控制和效益优化,电子商务和信息技术企业可以更好地管理企业的资源和风险,提高运营效率和盈利能力,实现可持续发展和创新。

6.5 电子商务与信息技术领域的前沿技术及创新案例

6.5.1 电子商务与信息技术中的前沿科技与研发趋势

在电子商务和信息技术领域,前沿科技和研发趋势不断推动着行业创新和发展。

1. 人工智能

人工智能在电子商务和信息技术领域中扮演着重要角色。机器学习、深度学习和自然语言处理等技术使得企业能够从大数据中提取有价值的信息,从而提供个性化的产品推荐、智能客服、图像识别等功能,提升用户体验和销售效果。

2. 区块链技术

区块链技术的去中心化和不可篡改特性为电子商务和信息技术领域提供了新的解决方案。区块链技术可以用于建立可信的交易和合约机制,实现去中介化的交易,提高交易的透明度和安全性,推动供应链管理、跨境支付等领域创新。

3. 5G 技术

随着 5G 技术的商用化,电子商务和信息技术行业将迎来更高速、更稳定的网络连接。5G 技术将推动移动应用、物联网、虚拟现实等技术发展,为用户提供更丰富的体验和更快速的服务响应。

4. 物联网

物联网技术普及将使得物理设备和互联网之间实现无缝连接。在电子商务和信息技术行业中,物联网可以用于智能物流、智能家居、智能制造等领域,以提高生产效率、降低成本,并提供更个性化和智能化的产品和服务。

5. 虚拟现实(VR)和增强现实(AR)

虚拟现实和增强现实技术为电子商务和信息技术行业带来全新的用户体验。通过虚拟现实和增强现实技术,用户可以在虚拟空间中进行商品浏览、试穿、虚拟购物等,增加用户的参与感和购买决策的准确性。

随着科技的不断进步和创新,行业将持续涌现出更多的新技术和应用,推动行业发展和变革。

6.5.2 科技创新对电子商务与信息技术领域的重要性与引领作用

科技创新在电子商务和信息技术领域具有重要作用,并引领着行业发展和变革。

1. 提升用户体验

科技创新为电子商务和信息技术领域带来了更好的用户体验。通过人工智能、大数据分析和个性化推荐等技术,企业可以更好地了解用户需求,提供个性化的产品和服务,提升用户满意度和忠诚度。

2. 拓展商业模式

科技创新为电子商务和信息技术领域带来了新的商业模式。例如,共享经济、在线零售平台、跨境电商等模式的出现改变了传统的商业运作方式,提供了更便捷、高效的交易和服务方式。

3. 促进数字化转型

科技创新推动企业向数字化转型。企业通过数字化技术和平台建设,可实现数据集中管理、流程自动化和信息实时共享,提高生产效率和运营效率,降低成本和风险。

4. 增强安全保障

科技创新对电子商务和信息技术领域的安全保障起着重要作用。随着网络攻击和数据泄露的风险增加,科技创新将带来更先进的网络安全技术和数据隐私保护机制,确保用户和企业的信息安全。

5. 推动产业升级

科技创新推动电子商务和信息技术产业升级和创新。例如,人工智能、大数据分析、物联网等技术的应用使得企业能够进行更精准的市场预测和产品研发,提高产品质量和创新能力。

通过不断的科技创新,电子商务和信息技术行业得以不断发展和壮大,为用户提供更好的服务和体验,为企业带来更高的效益和竞争力。在未来,随着科技的不断进步和创新,电子商务和信息技术行业将持续引领新的发展方向,推动经济转型发展和社会进步。

6.5.3 成功的科技创新案例及其对电子商务与信息技术行业的影响

1. 支付宝

支付宝是由蚂蚁科技集团股份有限公司开发的一款移动支付应用,它对电子商务和信息技术行业产生了深远的影响。它基于互联网和移动设备,通过利用 QR 码和手机扫码支付等技术,实现了便捷的电子支付和转账功能。支付宝的成功在于其创新的商业模式和技术应用,给用户带来了极大的便利和安全,对电子商务和信息技术行业产生了巨大影响。

(1) 促进了电子支付普及

支付宝的移动支付模式推动了电子支付普及和智能化。通过手机应用,用户可以随时随地完成支付和转账操作,不再依赖传统的现金或刷卡方式,提高了支付的便捷性和效率。

(2) 推动了线上线下融合

支付宝通过整合线上线下的商家和服务,实现了线上线下融合的商业模式。用户可以通过支付宝在线购物、预订酒店、打车等,同时在线下实现扫码支付和优惠活动,打破了线上线下的壁垒,提供了全新的消费体验。

(3) 推动了金融科技发展

支付宝不仅仅是一个支付工具,还提供了金融服务和创新产品。通过支付宝,用户可以进行个人理财、借贷、保险等金融活动,推动了金融科技发展和普惠金融实现。

(4) 提升了消费者信任和安全保障

支付宝采用了多重安全机制,包括密码、指纹识别、人脸识别等,确保用户的支付安全。这种安全机制提升了消费者对电子支付的信任度,促进了电子商务发展和用户的消费习惯转变。

支付宝不仅提供了便捷的支付方式,也推动了商业模式创新和金融科技发展。支付宝的成功启示了其他企业,激发了更多创新和变革,推动了行业进步和发展。

2. 京东

京东通过创新的商业模式和技术应用,改变了传统零售行业的运作方式,它对电子商务和信息技术行业产生了深远的影响。

(1) 构建了强大的物流体系

京东建立了全球领先的自营物流体系,包括大规模的仓储和配送网络。通过自建物流,京东提供了快速、准确的配送服务,提高了消费者的购物体验。

(2) 推动了智能供应链发展

京东利用大数据、物联网和人工智能技术,构建了智能供应链系统。通过实时数据分析和预测,京东能够更精确地掌握市场需求,优化库存管理,实现供需匹配,提高了供应链效率和响应能力。

(3) 提升了用户体验和服务质量

京东注重用户体验,通过技术创新提供更便捷的购物体验。例如,京东推出了无人配送车、无人机配送等新技术应用,加快了配送速度。此外,京东还积极推进智能客服和个性化推荐等技术应用,提升了用户服务质量。

(4) 推动了跨境电商发展

京东积极拓展国际市场,推动了跨境电商发展。通过建立全球供应链网络和跨境物流体系,京东帮助中国消费者获得更多国际品牌和优质商品,同时也促进了中国商品出口。

京东的成功案例表明,科技创新对电子商务和信息技术行业的影响是全方位的。它不仅改变了消费者的购物方式和体验,也推动了供应链管理、物流配送等方面的创新。

3. 美团

美团是中国领先的本地生活服务平台,通过科技创新和数字化转型,对电子商务和信息技术行业产生了深远的影响。

(1) 打造了智能化的外卖配送系统

美团通过应用大数据和人工智能技术,建立了智能化的外卖配送系统。通过实时路线规划、智能派单和预测性分析,美团能够提高配送效率,缩短送餐时间,提升用户的体验。

(2) 推动了共享经济发展

美团通过打造共享平台,连接了餐饮商家、消费者和外卖骑手等各方,促进了共享经济发展。通过技术创新,美团实现了餐饮外卖规模化和标准化,提供了更多的就业机会和服务选择,推动了经济增长。

(3) 提供了个性化推荐和定制化服务

美团通过大数据和机器学习技术,分析用户的消费行为和偏好,提供个性化的推荐和定制化的服务。用户可以根据自己的需求和喜好,快速找到适合的餐厅、优惠券等,提高了用户的满意度和忠诚度。

(4) 推动了线上线下融合的新零售模式

美团积极推动线上线下融合,通过建立O2O(在线到线下)平台,实现了商家向数字化转型和线上线下业务协同发展。美团提供了线上订购、线下消费、支付、评价等一体化的服务,提升了商家的运营效率和用户的购物体验。

美团的成功案例展示了科技创新对电子商务和信息技术行业的重要作用。它通过引入新技术、优化商业模式和提供创新服务,改变了消费者的生活方式和购物习惯,同时也促进了商家转型升级和行业发展。

4. 字节跳动

字节跳动是一家全球领先的技术驱动型企业,致力于为用户提供创新的内容平台和智能化的信息服务。

(1) 抖音

字节跳动旗下的短视频平台抖音在全球范围内取得了巨大成功。通过创新的内容推荐算法和用户个性化推荐机制,抖音为用户推荐个性化的、有趣的短视频内容,成为年轻人喜爱的社交娱乐平台。抖音的成功源于其对人工智能和大数据分析的应用,以及对用户需求的深入洞察。

(2) 头条系产品

字节跳动拥有一系列以头条为核心的产品,包括今日头条、西瓜视频等。通过人工智能技术,字节跳动的产品能够根据用户的兴趣和偏好,为用户提供个性化的新闻、视频和内容推荐,满足用户的多样化需求。

(3) 智能推荐算法

字节跳动在信息技术领域积累了丰富的大数据和用户行为数据,通过自主研发的智能推荐算法,能够准确地为用户推荐感兴趣的内容和广告。这种个性化的推荐算法不仅提升了用户体验,也为广告主提供了精准的投放渠道,实现了双赢。

(4) 知识付费平台

字节跳动推出的知识付费平台,为用户提供优质的知识内容和在线学习服务。通过数字化技术和在线教育平台的创新,字节跳动打破了传统的学习模式,为用户提供了更便捷、灵活和个性化的学习体验。

字节跳动的成功案例展示了其在电子商务和信息技术领域的创新能力和市场竞争力。通过利用人工智能、大数据分析和个性化推荐等技术,字节跳动打造了一系列受用户欢迎的产品和服务,改变了人们获取信息和娱乐的方式。

5. 小米

小米科技是一家全球知名的科技公司,专注于智能硬件、互联网服务和电子产品的研发和销售。

(1) 互联网销售模式

小米通过建立自己的电子商务平台和线上销售渠道,直接面向用户销售产品。这种互联网销售模式将传统的中间商环节简化,降低了产品成本,同时提供了更好的用户体验和服务。

(2) MIUI 操作系统

小米开发了自己的移动操作系统 MIUI,基于 Android 系统,为用户提供了独特的界面和功能定制化的体验。MIUI 操作系统在用户界面设计、功能扩展和用户体验方面进行了创新,深受用户喜爱。

(3) 社区参与和用户反馈

小米注重与用户互动和沟通,通过建立用户社区和线上活动等形式,积极收集用户反馈和需求,并将其应用于产品改进和创新。这种用户参与的模式使得小米的产品更加符合用户需求,提高了用户满意度。

(4) 全球化战略

小米通过积极开拓海外市场,将其产品和服务拓展到全球范围。通过建立海外分部和合作伙伴关系,小米成功进入了多个国际市场,并取得了可观的销售业绩。这一全球化战略为小米开拓了更大的市场份额,提升了企业的知名度和竞争力。

小米的成功案例展示了其在电子商务和信息技术领域的创新能力和市场影响力,概念图如图 6.2 所示。通过推出独特的产品、开拓全球市场和与用户紧密互动,小米在智能手机和智能硬件市场取得了令人瞩目的成就。

图 6.2　科技创新对电子商务与信息技术行业的影响

6.6　电子商务与信息技术行业的数字化管理系统与大数据财务系统的应用

6.6.1　数字化管理系统在电子商务与信息技术行业的应用

数字化管理系统在电子商务与信息技术行业的应用广泛而重要。

1. 订单管理系统

电子商务公司需要处理大量的订单,数字化订单管理系统能够实行订单处理流程自动化,包括订单生成、支付处理、库存管理和配送跟踪等。这样可以提高订单处理效率,减少错误,并提供更好的客户体验。

2. 客户关系管理系统(CRM)

电子商务和信息技术行业非常依赖于客户关系建立和维护。CRM 系统可以帮助企业跟踪客户信息、购买历史、偏好和反馈等,提供个性化的客户体验和服务。通过 CRM 系统,企业可以更好地了解客户需求,提供定制化的产品和服务,并增加客户忠诚度。

3. 数据分析与营销系统

电子商务和信息技术行业产生大量的数据,包括用户行为数据、销售数据和市场趋势等。数字化的数据分析与营销系统可以帮助企业分析这些数据,洞察市场趋势,优化营销策略,并提供个性化的推荐和营销活动。这样可以提高销售效果,提升用户参与度,并提供更精确的决策支持。

4. 供应链管理系统

电子商务和信息技术行业的供应链管理非常复杂,涉及供应商管理、库存管理、物流配送等。数字化的供应链管理系统可以帮助企业实现供应链可视化和自动化,优化供应链流程,提高供应链的效率和可靠性。

5. 电子支付与结算系统

电子商务和信息技术行业的支付和结算是非常关键的环节。数字化的电子支付与结算系统可以提供安全、快捷和便利的支付方式,包括在线支付、移动支付和电子发票等。这样可以加速交易过程,降低支付风险,并提高客户满意度。

这些数字化管理系统的应用使电子商务和信息技术行业能够更高效地运营和管理业务,提供更好的用户体验,同时也为企业提供了更多的数据和洞察,以支持决策制定和业务创新。通过数字化管理系统的应用,企业能够更好地适应市场变化,提高竞争力,并实现可持续发展。

6.6.2 大数据财务系统在电子商务与信息技术行业中的应用

1. 风险管理

电子商务和信息技术行业面临着各种风险,包括支付风险、欺诈风险和数据安全风险等。大数据财务系统可以通过分析大规模的数据,识别异常模式和趋势,帮助企业及时发现和应对潜在的风险,并采取相应的防范措施,保护企业的财务安全。

2. 收入管理

电子商务和信息技术行业的收入来源多样化,包括广告收入、销售收入和订阅收入等。大数据财务系统可以帮助企业实时监控和分析收入数据,识别收入来源的变化和趋势,并优化收入结构和定价策略,从而最大化地提高收入。

3. 成本控制

电子商务和信息技术行业的运营涉及多个方面的成本,包括技术开发成本、运营成本和营销成本等。大数据财务系统可以帮助企业对各项成本进行精细化管理和分析,识别成本的主要驱动因素,找到降低成本的潜在机会,并优化资源配置,实现成本有效控制。

4. 经营决策支持

电子商务和信息技术行业需要做出许多重要的经营决策,包括投资决策、市场拓展决策和产品策略决策等。大数据财务系统可以提供丰富的数据和分析结果,为决策者提供准确的财务指标和预测信息,帮助他们做出明智的决策,并优化企业的经营绩效。

5. 财务报告和合规性

电子商务和信息技术行业需要向投资者、监管机构和其他利益相关方提交准确和及时的财务报告。大数据财务系统可以自动收集、整理和分析财务数据,生成高质量的财务报告,并确保合规性要求得到满足。

通过大数据财务系统的应用,电子商务和信息技术企业可以更好地管理财务数据、优化财务决策,并提高财务管理的效率和准确性。这将帮助企业实现财务创新、提升竞争力,并推动行业可持续发展。

6.6.3 数字化管理与财务系统对电子商务与信息技术企业创新的影响

1. 流程优化

数字化管理系统可以帮助电子商务和信息技术企业优化内部流程,提高工作效率。例如,通过自动化的流程和协作工具,企业可以更快速地处理订单、实时跟踪物流、管理库存等,从而提供更快速、准确和高效的服务。

2. 数据驱动决策

数字化管理系统可以帮助企业收集和分析大量的数据,提供准确、实时的业务指标和分析报告。基于这些数据和报告,企业可以做出更明智的决策,更好地理解市场需求、优化产品策略、改进客户体验等,从而推动创新。

3. 客户洞察与个性化营销

数字化管理系统可以帮助企业获取更多的客户数据,通过数据分析和挖掘,企业可以获得深入的客户洞察,了解客户的需求、喜好和行为,从而更精准地进行个性化营销和产品定制,满足客户的个性化需求,推动创新和增长。

4. 创新的财务模型

数字化财务系统可以提供更准确、实时的财务数据和报告,帮助企业更好地了解财务状况和业务绩效。这为企业提供了创新的财务模型和策略,例如采用订阅模式、弹性定价和收入分析等,从而推动财务管理创新和优化。

5. 合规性与风险管理

数字化管理与财务系统可以帮助企业更好地管理合规性和风险。通过自动化的合规性检查和风险评估,企业可以及时发现和解决潜在的合规性问题和风险,保护企业的声誉和财务安全,为创新提供有力的支持。

数字化管理与财务系统的应用对电子商务和信息技术企业的创新至关重要。它们可提供更高效、准确和智能化的工具和平台,帮助企业实现创新、优化业务流程、提升客户体验,并推动行业发展和竞争力提升。

思考题

1. 在信息技术和电子商务的快速发展下,企业在商业模式创新面临哪些挑战?你认为如何应对这些挑战,以确保企业的竞争力和可持续发展?

2. 科技驱动对财务管理带来了哪些变革?举例说明科技驱动如何改善财务决策和财务报告的准确性和效率。

3. 数字化转型对企业的财务风险管理有何影响?如何利用信息技术和电子商务的工具和方法,有效管理和降低财务风险?

研究方向

1. 探索如何利用信息技术和电子商务创新商业模式,提升创业公司的竞争力和市场份额。

2. 研究科技驱动下的财务管理创新策略，以帮助创业公司更好地进行财务决策和资源管理。

3. 分析数字化转型对创业公司的财务战略和投资决策带来的机遇和挑战，提出相应的解决方案。

第7章 医药与生物技术:科技驱动下的医疗服务颠覆与财务重塑

在本章中,我们将对医药与生物技术领域在科技驱动下的医疗服务颠覆与财务重塑进行深入探讨。医药和生物技术行业的快速发展,无疑是科技进步的直接成果。此外,这两个领域对人类社会的影响力也在日益增强,因此理解它们的重要性至关重要。

首先,我们将定义医药与生物技术,同时强调它们在疾病治疗和预防、新药研发和创新、个性化医疗、健康管理等方面的重要性。然后,我们将研究科技驱动对这两个行业的影响,包括新药研发、数据驱动的医疗决策、远程医疗、生物技术突破和医疗设备创新。

其次,我们将探索科技引领下的医药与生物技术创新,包括人工智能和大数据在医药行业的应用,以及生物工程和基因编辑在生物技术领域的应用。在此过程中,我们将通过具体的科技创新案例分析来揭示其影响和潜力。

再次,我们将探讨数字化管理和优化在医药与生物技术领域中的应用。这包括数据驱动的患者管理和医疗服务优化、智能化的药品开发与供应链管理以及云计算和物联网在设备监控和维护中的应用。在财务大数据分析与决策支持部分,我们将关注财务数据采集与整理的数字化工具、财务指标分析与财务预测的应用以及利用大数据进行成本控制与效益优化。

最后,我们将分析医药与生物技术的前沿科技与研发趋势,探讨科技创新对这两个行业的重要性与引领作用,以及展示成功的科技创新案例对行业的影响。同时,我们将关注数字化管理系统和大数据财务系统在医药与生物技术领域中的应用,以及它们对这两个领域创新的影响。

阅读本章后,读者将更深入地理解科技如何推动医药与生物技术创新,如何颠覆医疗服务,以及如何重塑财务管理。

7.1 医药与生物技术的现状与科技驱动的必要性

7.1.1 医药与生物技术的定义和重要性

医药与生物技术领域是指应用生物学、生物化学、遗传学等领域的知识和技术,研究和开发用于预防、诊断和治疗疾病的药物和医疗产品,以及应用生物学和生物技术开发新的医疗技术和治疗方法的领域。

医药与生物技术在现代社会中具有重要的地位和作用。它们对人类健康和生命的保护和改善起着关键的作用,为人们提供了更多的治疗选择和医疗服务。

1. 疾病治疗和预防

医药与生物技术领域通过研发和生产药物、疫苗和诊断工具等,提供了治疗和预防疾病的重要手段。它们能够帮助人们战胜各种疾病,提高生命质量和预期寿命。

2. 新药研发和创新

医药与生物技术领域是新药研发和创新的核心领域。通过深入了解疾病的分子机制和生物过程,以及应用生物技术和基因工程等技术,医药与生物技术领域可以开发出新的药物和治疗方法,为疾病治疗和管理提供创新解决方案。

3. 个性化医疗

医药与生物技术的发展使得个性化医疗成为可能。通过基因检测和个体化的药物治疗,医生可以根据患者的基因信息和疾病特征,为患者提供更准确、有效的治疗方案,提高治疗成功率和减少不良反应。

4. 健康管理与预防

医药与生物技术在健康管理和疾病预防方面发挥重要作用。通过开发智能医疗设备、健康监测系统和健康管理平台,医药和生物技术可以帮助人们监测和管理自己的健康状况,预防慢性疾病发生和进展。

医药与生物技术发展受到科技的驱动,随着生物技术、基因编辑和人工智能等技术的突破,医药与生物技术领域的创新与发展将进一步加速。科技驱动下的医药与生物技术的发展将颠覆传统的医疗服务模式。

7.1.2 科技驱动对医药与生物技术行业的影响

科技驱动对医药与生物技术行业带来了深远的影响,从研发新药到临床治疗,再到医疗服务和管理,科技进步改变了医药与生物技术行业的方方面面。

1. 新药研发和创新

在科技驱动下,医药与生物技术行业将获得更多的研发工具和技术,如基因编辑、蛋白质工程、高通量筛选等。这些技术的应用将加速新药研发过程,使得疾病治疗和管理取得突破性的进展。

2. 数据驱动的医疗决策

大数据和人工智能的应用使得医疗决策更加准确和个性化。通过对海量的患者数据进行分析和挖掘，医生可以获得更深入的了解，为患者制定个体化的治疗方案，提高治疗效果和安全性。

3. 远程医疗和移动医疗

科技驱动促进了远程医疗和移动医疗发展，使得医疗服务的边界被打破。患者可以通过移动设备与医生连接，以便医生进行远程会诊和监测，实现更方便、快捷的医疗服务，尤其对于偏远地区和医疗资源不足的地区具有重要意义。

4. 生物技术突破

生物技术进步推动了基因治疗、细胞治疗等前沿领域发展。科技驱动使得生物技术在医药领域发挥着越来越重要的作用，为治疗癌症、遗传性疾病等提供了新的解决方案。

5. 医疗设备和仪器的创新

科技驱动推动了医疗设备和仪器创新，如高精度诊断设备、智能植入物、机器人手术等。这些创新提高了医疗服务的效率和质量，为患者提供更安全、精准的治疗。

科技驱动对医药与生物技术行业产生了深远的影响，推动了医疗服务创新和质量提升。随着科技的不断进步，医药与生物技术行业将继续迎来更多的变革和突破，为人类健康带来更多福祉。

7.2 科技引领下的医药与生物技术创新

7.2.1 人工智能和大数据在医药行业中的应用

人工智能和大数据技术在医药行业中的应用，为医疗服务和管理带来了革命性的变化和创新，概念图如图 7.1 所示。

1. 疾病诊断和预测

人工智能和大数据分析技术可以处理大量的医疗数据，包括患者病历、影像、实验检测结果等，帮助医生进行疾病诊断和预测。AI 算法可以识别疾病特征、分析患者数据，辅助医生做出准确的诊断和治疗方案。

2. 药物研发和个性化医疗

人工智能和大数据技术可以加速药物研发过程，帮助科研人员分析大规模的生物信息数据，优化药物设计和筛选过程。此外，基于个体患者数据的个性化医疗也得到了提升，通过分析患者基因组和临床数据，为患者提供更精准的治疗方案。

3. 医疗图像分析

人工智能技术可以处理医学影像数据，如 X 光、MRI 和 CT 扫描图像，进行自动化的图像分析和诊断。AI 算法可以分析和识别潜在的疾病迹象，辅助医生进行早期诊断和治疗。

图 7.1　人工智能和大数据在医药行业中的应用

4. 医疗机器人和辅助手术

人工智能和机器人技术结合,使得医疗机器人能够在手术过程中进行精确的操作和控制。AI 算法可以分析手术数据,提供实时的辅助和建议,帮助医生进行更精细和安全的手术。

5. 医疗管理和预测分析

大数据分析技术可以处理医疗系统中的大量数据,优化医疗资源分配和管理。通过分析患者数据、医疗记录和医院运营数据,可以提供更准确的医疗预测和决策支持,提高医疗服务的效率和质量。

7.2.2　生物工程和基因编辑在生物技术领域中的应用

生物工程和基因编辑是生物技术领域的重要技术,通过对生物体基因组的修改和调控,实现对生物体性状的改良和优化,可应用于多个领域,概念图如图 7.2 所示。

1. 农业和食品生产

生物工程技术可以应用于农业领域,通过调节作物的基因组来提高作物的产量,增强抗病性和适应性。基因编辑技术如 CRISPR-Cas9 可以精确编辑作物基因,加快育种过程,培育出更具优势的品种。

2. 药物研发和生物制药

生物工程技术可以用于生物制药领域,通过转基因技术和细胞工程技术生产药物和蛋白质。基因编辑技术可以用于优化生产菌株的基因组,提高药物的产量和纯度,加快新药的研发过程。

3. 基因治疗和个性化医疗

基因编辑技术在基因治疗领域具有巨大潜力。通过编辑人体细胞的基因组,可以纠正遗传性疾病的基因缺陷,实现基因治疗。此外,基因编辑技术还可以用于个性化医疗,根据患者的基因信息,提供定制的治疗方案。

4. 环境保护和生物能源

生物工程技术可以应用于环境保护领域,通过改良微生物的代谢途径,实现对污染物的降解和清除。此外,生物工程技术还可以用于生物能源生产,如利用微生物生产生物燃料和生物可降解塑料。

华大基因是一家领先的基因测序和基因组学解读公司。他们利用生物工程和基因编辑技术,进行基因测序和基因组数据分析,为医疗、农业和环境等领域提供基因相关的解决方案。华大基因在基因组学领域的创新和应用,推动了生物技术发展和应用。

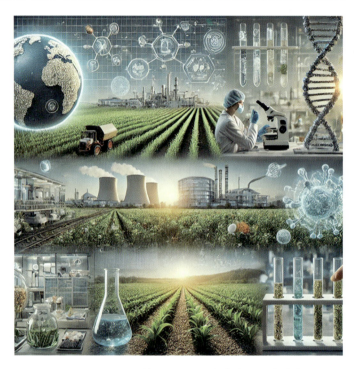

图 7.2 生物工程和基因编辑在生物技术领域中的应用

7.2.3 医药与生物技术领域中的科技创新案例分析

1. 阿里健康

阿里健康信息技术有限公司是阿里巴巴集团旗下的健康科技公司,致力于将科技与医疗健康领域相结合,推动医疗服务数字化和智能化。

(1) 互联网医疗平台

阿里健康建立了一个综合的互联网医疗平台,为用户提供在线医疗咨询、预约挂号、药品购买等服务。通过科技手段,使得医疗资源更加高效地被利用,提高了医疗服务的便利性和可及性。

(2) 健康大数据应用

阿里健康利用大数据技术分析用户的健康数据,例如健康记录、运动数据、医疗诊断等,为用户提供个性化的健康管理方案。基于用户的健康数据,可以进行风险评估、疾病预测和预防,促进健康管理和疾病管理精准化。

(3) 远程医疗和智能医疗设备

阿里健康推出了远程医疗服务,通过视频通话等技术手段,医生可以远程为患者提供医疗咨询和诊疗服务。此外,阿里健康还与合作伙伴开发智能医疗设备,如智能体温计、智能血压计等,使得用户可以方便地监测自身的健康状况。

阿里健康的创新和科技应用,促进了医药与生物技术领域发展和转型。通过数字化和智能化的手段,提高了医疗服务的效率和质量,改善了患者的医疗体验。同时,阿里健康也通过大数据分析和个性化服务,推动了健康管理进一步发展,为用户提供更好的健康管理解决方案。

2. 石药集团

石药控股集团有限公司是一家综合性制药企业,致力于研发、生产和销售创新药物和高品质的医疗产品。

(1) 创新药物研发

石药集团在药物研发方面积极探索创新技术和新的治疗领域。他们投入大量资源进行新药研发,利用生物技术、基因工程等先进技术,开发针对不同疾病的新药。例如,石药集团成功开发了多个抗癌药物和抗病毒药物,为患者提供更有效的治疗选择。

(2) 生产工艺优化

石药集团注重提高生产效率和质量控制,通过引入自动化和智能化技术,优化生产工艺。他们建立了数字化的生产管理系统,实现了全面的生产数据采集和分析,提高了生产线的运行效率和产品质量。

石药集团在医药与生物技术领域创新实践,通过科技驱动,不断推动医疗服务颠覆,为人们的健康提供更好的支持和保障。

3. 修正药业

修正药业集团股份有限公司是一家知名的制药企业,专注于创新药物研发、生产和销售,他们积极运用科技驱动医药领域创新。

(1) 基因编辑技术

修正药业在基因编辑领域进行了深入的研究和应用。他们利用CRISPR-Cas9等基因编辑技术,开展基因修复和基因治疗研究,致力于开发治疗基因相关疾病的新药。通过精准的基因编辑,他们能够开发出更具针对性和疗效的药物,为患者提供个性化的治疗方案。

(2) 数字化生产管理

修正药业引入数字化技术改进生产管理,实现生产过程数字化和自动化控制。他们建立了数字化的生产管理系统,通过数据采集和分析,实时监测生产线的运行情况和质量控制,提高生产效率和产品质量。

修正药业通过科技驱动医药与生物技术创新,不断探索和应用新的技术和方法,提高药物研发和生产的效率和质量,同时也改善了医疗服务的便捷性和个性化。他们的创新实践为医药行业发展带来了新的机遇和挑战。

7.3 医药与生物技术行业数字化管理与优化

7.3.1 数据驱动的患者管理和医疗服务优化

在医药与生物技术领域，数据驱动的患者管理和医疗服务优化成为越来越重要的议题。通过收集、分析和应用大量的患者数据，医疗机构可以更好地了解患者需求，提供个性化的医疗服务，并优化整个医疗流程。

1. 患者数据收集与分析

医疗机构可以利用各种数据源，包括电子病历、医疗设备传感器数据、患者健康监测数据等，收集大量的患者数据。通过应用数据分析技术，如大数据分析和机器学习，可以从数据中提取有价值的信息，洞察患者的病情、治疗效果、风险预测等，为医疗决策提供科学依据。

2. 个性化医疗服务

通过数据驱动的患者管理，医疗机构可以实现个性化医疗服务。根据患者的特定需求和病情，制定个性化的治疗方案和康复计划。例如，通过分析患者的基因组数据，医生可以选择更适合患者的药物和治疗方式，提高治疗效果。

3. 医疗流程优化

数据驱动的患者管理也可以帮助优化医疗流程，提高医疗效率。通过分析患者的就诊历史、诊断结果和治疗方案的效果，可以发现病情的规律和趋势，并做出相应的调整。同时，通过应用预测模型和实时监测技术，可以提前发现潜在的并发症和风险，采取相应的预防措施，避免不必要的医疗事件和费用。

阿里健康是一个典型的例子。阿里健康通过整合医疗资源、患者数据和技术创新，构建了一个基于大数据的健康管理平台。他们基于患者数据利用人工智能技术进行分析，提供个性化的健康管理服务，包括预约挂号、在线问诊、慢病管理等。通过数据驱动的患者管理，阿里健康为患者提供了更便捷、高效和个性化的医疗服务，同时也为医疗机构提供了更精准的医疗决策和管理支持。

数据驱动的患者管理和医疗服务优化在医药与生物技术领域具有广阔的应用前景。通过充分利用数据和科技创新，可以提升医疗服务的质量和效率，改善患者的治疗体验。

7.3.2 智能化的药品开发与供应链管理

智能化的药品开发与供应链管理是医药与生物技术领域中的重要应用之一。借助先进的信息技术和数据驱动的方法，医药企业可以提高药品开发的效率和质量，并实现供应链优化与智能化。

1. 智能药物研发

通过应用人工智能、大数据分析和机器学习等技术，医药企业可以在药物研发过程中加速药物发现、优化药物设计和预测药物效果。通过分析大量的生物信息、药物分子结构和疾病数据库，可以发现新的药物靶点和药物组合，缩短药物开发周期，并提高药物的疗效和安全性。

2. 智能化供应链管理

医药企业可以利用物联网、大数据分析和区块链等技术实现供应链智能化管理。通过实时监测和数据分析，企业可以更准确地预测市场需求，优化库存管理，降低运营成本，并确保药品的安全性和质量。同时，利用区块链技术，可以建立可追溯的药品供应链，保证药品的来源可信和质量可控。

3. 药品智能包装与追踪

智能化的药品开发与供应链管理还包括药品智能包装和追踪技术的应用。通过利用物联网和传感器技术，可以实现对药品包装和运输条件的监测和控制，确保药品在整个供应链过程中的质量和安全性。同时，通过追踪技术，可以对药品的流向和销售进行可视化和溯源，防止假冒伪劣药品流入市场。

以华瑞制药有限公司为例，他们采用智能化的药品开发和供应链管理方法，通过应用大数据分析和人工智能技术，优化药物研发过程，加快新药上市时间，并实现药品供应链数字化管理和智能化控制。这些技术的应用使华瑞制药能够更快地将高质量的药物推向市场，并为患者提供更安全、有效的药物治疗。

智能化的药品开发与供应链管理的应用，不仅可以提高医药企业的研发和供应效率，同时也为财务管理带来了创新机会。通过优化药物研发和供应链管理，企业可以降低成本，提高生产效率，并通过创新的商业模式和数字化的财务系统实现财务重塑和创新。

7.3.3 云计算及物联网在医药与生物技术领域的设备监控及维护中的应用

云计算和物联网技术在医药与生物技术领域中的设备监控和维护方面具有重要的应用价值。通过连接互联设备，医药企业可以实现设备远程监控、数据采集和智能化维护，提高设备的可靠性、运行效率和安全性。

1. 设备远程监控

借助物联网技术，医药企业可以将设备连接到云平台，实现对设备的实时远程监控。通过采集传感器和监测设备的数据，可以实时监测设备的运行状态、温度、湿度等参数，并在发生异常时及时预警和采取措施，确保设备稳定运行和生产质量。

2. 数据分析和预测维护

通过将设备数据上传到云平台，并应用大数据分析和机器学习算法，可以对设备的运行数据进行分析和建模，预测设备故障和维护需求。通过提前发现设备故障的迹象，可以采取预防性维护措施，避免设备故障对生产造成损失。

3. 智能化维护和优化

基于云计算和物联网技术，医药企业可以实现设备智能化维护和优化。通过对设备运行数据的实时监控和分析,可以识别设备的优化空间,并实施相应的调整和改进措施,提高设备的效率和生产能力。

以深圳华大基因科技有限公司为例,他们应用云计算和物联网技术,实现了对基因测序仪和实验设备的远程监控和维护。通过连接设备到云平台,华大基因可以实时监测设备的运行状态和性能指标,并提供远程技术支持和维护服务。这种智能化的设备监控和维护方法大大提高了设备的稳定性和运行效率,为医药与生物技术行业带来了更高的生产效率和质量。

云计算和物联网的应用使医药与生物技术企业能够更好地管理及维护设备,提高生产效率和产品质量,进而推动企业的管理与财务创新。

7.4 医药与生物技术领域的财务大数据分析与决策支持

7.4.1 医药与生物技术领域的财务数据采集与整理的数字化工具

医药与生物技术领域的财务数据采集与整理过程可以通过数字化工具来实现,以提高效率、准确性和数据可视化的程度。

1. 财务管理系统

医药与生物技术企业可以使用专门的财务管理系统,如 SAP、Oracle 等,来集中管理和整理财务数据。这些系统提供了自动化的数据采集和处理功能,可以实时记录和追踪企业的财务交易,生成财务报表和分析数据。

2. 电子账单和电子票据

采用电子账单和电子票据可以减少纸质文档使用,提高数据采集的效率和准确性。通过数字化工具,企业可以将销售和采购的交易数据直接导入财务系统,避免手工录入和处理错误。

3. 数据采集和整合工具

使用数据采集和整合工具,如 ETL(抽取、转换、加载)工具,可以从不同的数据源中提取财务数据,并进行清洗、转换和整合,以便后续的分析和报告。这些工具可以自动进行数据提取和整理过程,减少人工干预和错误。

4. 数据可视化工具

数据可视化工具可以将财务数据以图表、图形和仪表盘的形式展现,使复杂的数据更易于理解和分析。通过可视化工具,医药与生物技术企业可以实时监控财务指标,发现潜在的问题和机会,并做出相应的决策。

5. 人工智能和机器学习工具

人工智能和机器学习技术可以用于财务数据自动分类、预测和分析。通过这些工具,医药与生物技术企业可以更准确地预测销售和收益趋势,优化成本控制,发现潜在的风险和欺诈行为。

通过使用这些数字化工具,医药与生物技术企业可以提高财务数据的采集速度和准确性,降低人力成本,减少人工错误,同时提供更好的数据可视化和分析能力,为管理与财务决策提供有力支持。

7.4.2 医药与生物技术领域的财务指标分析与财务预测的应用

在医药与生物技术领域,财务指标分析和财务预测是关键的管理工具,可以帮助企业评估财务状况、预测未来趋势并做出相应的决策。

1. 财务指标分析

通过对财务指标的分析,企业可以评估自身的财务状况、经营绩效和盈利能力。常见的财务指标包括利润率、毛利率、净利润率、资产周转率等。通过对这些指标的分析,企业可以了解企业的盈利能力、运营效率和资产利用效率,并与行业标准或竞争对手进行比较,发现问题并制定相应的改进措施。

2. 财务预测

财务预测是基于历史财务数据和市场趋势对未来业绩进行预测。医药与生物技术企业可以利用财务预测来评估未来的销售收入、成本、利润和现金流等关键财务指标。通过财务预测,企业可以制订合理的预算和业务计划,为投资决策和资源配置提供依据,并及时调整战略以应对市场变化。

3. 敏感性分析

敏感性分析是一种通过改变特定变量来评估其对财务指标的影响的方法。在医药与生物技术领域,企业可能面临多个风险因素,如研发成功率、市场竞争、政策变化等。通过敏感性分析,企业可以评估这些风险因素对财务指标的影响程度,并制定相应的风险管理策略。

4. 财务模型和数据分析工具

医药与生物技术企业可以利用财务模型和数据分析工具来进行财务指标分析和财务预测。这些工具可以通过建立模型和运用统计分析方法,对财务数据进行深入的分析,发现潜在的关联性和趋势,并进行预测和模拟。常用的工具包括财务软件、数据挖掘和机器学习技术等。

财务指标分析和财务预测在医药与生物技术领域具有重要意义,可以帮助企业评估财务状况、预测未来趋势并做出相应的决策。这些工具和方法的应用可以帮助企业更好地管理财务风险、提高财务效率,并为企业的发展和创新提供支持。

7.4.3 医药与生物技术领域的利用大数据进行成本控制与效益优化

在医药与生物技术领域,利用大数据进行成本控制和效益优化是一项重要的管理策略。通过分析和挖掘大数据,企业可以更好地了解和管理成本,并优化业务流程,提高效益和竞争力。

1. 供应链优化

医药与生物技术企业可以利用大数据分析来优化供应链管理,减少库存、降低物流成本,并确保及时供应和适当的存货水平。通过分析历史销售数据、预测需求趋势和监控市场变化,企业可以更好地进行供应链规划和预测,提高供应链的效率和可靠性。

2. 临床试验成本控制

医药企业在新药研发过程中需要进行临床试验,而临床试验的成本通常很高。利用大数据分析技术,可以在临床试验设计和执行过程中进行成本控制和效益优化。通过分析临床试验数据和病人的特征,可以优化试验样本选择和数量,提高试验的效率和准确性,降低试验成本。

3. 患者管理与个性化治疗

医药与生物技术企业可以利用大数据分析来进行患者管理和个性化治疗,从而降低医疗成本并提高治疗效果。通过分析患者的医疗记录、基因信息、生活习惯等大数据,可以为患者提供个性化的诊断、治疗方案和健康管理建议,减少不必要的医疗费用和药物浪费。

4. 营销成本优化

医药与生物技术企业可以利用大数据分析来优化营销成本,提高市场推广效果。通过分析市场数据、消费者行为和竞争情报,企业可以更准确地确定目标受众、选择适当的营销渠道和推广策略,降低营销成本并提高市场占有率。

5. 制造过程优化

在生物技术制造过程中,利用大数据分析可以帮助企业优化生产线和工艺流程,降低生产成本并提高生产效率。通过监控关键参数、分析生产数据和优化工艺参数,企业可以减少废品率、提高产品质量,并降低生产过程中的能源和原材料消耗。

医药与生物技术企业通过运用大数据分析技术,可以更好地管理成本、提高效益,并实现财务重塑和持续创新。

7.5 医药与生物技术领域的科技创新案例

7.5.1 医药与生物技术领域中的前沿科技与研发趋势

在医药与生物技术领域,不断涌现出许多前沿科技和研发趋势,这些创新技术和趋势正在推动医疗服务颠覆和财务管理重塑,概念图如图7.3所示。

1. 基因编辑和基因治疗

基因编辑技术如CRISPR-Cas9的出现,使得精确修改基因变得更加容易和高效。基因

图 7.3　医药与生物技术领域中的前沿科技与研发趋势

编辑和基因治疗技术的应用在治疗遗传性疾病、癌症和其他疾病方面具有巨大潜力,为个体化医疗提供了新的可能性。

2. 个性化医疗和精准药物

个性化医疗基于个体的基因组信息和其他生物标志物,为患者提供定制化的医疗方案和药物治疗。通过利用大数据分析和人工智能技术,可以更好地预测患者对特定药物的反应,提高治疗效果和减少副作用。

3. 数字健康和远程医疗

随着智能手机、可穿戴设备和传感器技术的发展,数字健康和远程医疗越来越受到关注。患者可以通过智能设备收集健康数据,并通过远程医疗平台与医生进行沟通和监测。这种方式不仅提供了更便捷的医疗服务,还可以实现个体化的健康管理和预防。

4. 人工智能和机器学习

人工智能和机器学习在医药与生物技术领域应用广泛,包括图像识别、医学诊断、药物研发和临床决策支持等方面。通过分析大量的医学数据和文献,人工智能可以帮助医生做出更准确的诊断和治疗决策,并加速新药研发的过程。

5. 生物传感技术和纳米技术

生物传感技术和纳米技术在医药与生物技术中的应用日益重要。生物传感技术可以用于检测和监测生物标志物,提供早期诊断和个体化治疗的手段。纳米技术则可以用于药物传递、基因治疗和组织工程等方面,提高治疗效果和减少副作用。

医药与生物技术领域中的一些前沿科技和研发趋势的应用及创新将进一步推动医疗服务颠覆,为人类健康带来更多的福祉和机遇。

7.5.2　科技创新对医药与生物技术行业的重要性与引领作用

科技创新对医药与生物技术行业具有重要的作用和引领作用。

1. 新药研发和创新

科技创新为新药研发提供了强大的支持。高通量筛选技术、计算机模拟和预测、分子设计和生物信息学等工具和技术的应用,加速了新药发现和开发过程。同时,基因编辑、基因治疗和生物制造等技术创新也为新药研发提供了新的途径和可能性。

2. 精准医学和个性化治疗

科技创新为精准医学和个性化治疗提供了基础。通过对基因组学、蛋白质组学和生物标志物的研究,可以更好地了解疾病的发生机制和个体的特征,从而为患者提供定制化的医疗方案和治疗方案。这种个性化治疗的模式能够提高治疗效果,减少副作用,并为患者提供更好的生活质量。

3. 数据驱动的医疗决策

科技创新促进了数据驱动医疗决策。大数据分析、人工智能和机器学习等技术应用,使得医疗数据收集、整合和分析变得更加高效和准确。医生可以借助这些技术,基于大量的数据和算法模型,做出更准确的诊断和治疗决策,提高医疗效率和质量。

4. 数字化医疗服务和远程医疗

科技创新推动了数字化医疗服务和远程医疗发展。通过智能手机、传感器和远程监测设备等技术,患者可以在家中接受医疗服务,减少对医疗资源的依赖和就诊的不便。同时,数字化医疗记录、电子健康档案和远程医疗平台建设,为医生和患者之间的沟通和协作提供了便利。

5. 生产和制造自动化和智能化

科技创新在医药与生物技术行业的生产和制造过程中发挥重要作用。自动化技术、机器人和智能制造系统的应用,提高了生产效率和质量控制,降低了成本和风险。同时,数字化生产和供应链管理创新,使得药品的追溯性和监管更加精确和可靠。

科技创新对医药与生物技术行业的重要作用和引领作用将继续推动行业发展和进步。随着科技的不断突破和创新,我们可以期待医疗服务颠覆,为人类的健康和福祉带来更多的机遇和可能性。

7.5.3 成功的科技创新案例及其对医药与生物技术行业的影响

1. 国药集团

国药集团是中国最大的综合性医药企业之一,具有广泛的业务范围和全球影响力。国药集团在数字化转型和科技创新方面取得了显著的成果。他们积极应用大数据、人工智能和云计算等先进技术,推动医药供应链数字化管理和智能化改造。国药集团建立了覆盖全国的数字化供应链平台,实现了从药品生产、配送到零售的全流程数字化管理。通过大数据分析和智能算法,他们能够更精准地预测市场需求,优化库存管理,并提高供应链的效率和反应速度。

国药集团的科技创新对医药与生物技术行业产生了积极的影响。他们通过数字化和智能化的转型,提高了医药供应链的可视化和协同能力,优化了生产和配送效率。

国药集团的成功案例证明了科技创新在医药与生物技术行业中的重要性和价值,同时也为其他医药企业提供了借鉴和启示。通过积极采纳先进技术、推动数字化转型,医药与生物技术行业能够实现更高效、更智能的运营和服务,为人们的健康和福祉做出更大的贡献。

2. 华润医药

华润医药是中国领先的医药零售和分销企业之一,也是华润集团旗下的核心业务之一。

华润医药积极应用科技创新推动数字化转型,提升医药供应链的效率和服务质量。他们借助云计算、物联网和人工智能等技术,建立了智慧供应链管理系统。通过实时数据监测和分析,他们能够更准确地预测市场需求,优化库存管理,并实现供应链可视化和协同化。这些创新的技术应用使得华润医药能够更好地满足医疗机构和消费者的需求,提高了供应链的效率和响应速度。

华润医药还在医药零售领域进行了创新,推动了智慧药店发展。他们结合互联网技术和大数据分析,打造了智能药店和医药健康管理平台。通过智能药柜、移动支付和线上线下一体化的服务模式,他们提供了更便捷、个性化的药品购买和健康咨询服务。这些创新的技术和服务模式改变了传统的医药零售方式,提升了消费者体验和医药供应的效率。

华润医药的科技创新对医药与生物技术行业产生了积极的影响。他们通过数字化转型和智能化的应用,提高了医药供应链的效率和响应能力,为医疗机构和消费者提供更优质的产品和服务。同时,他们的智慧药店创新模式改变了传统的医药零售方式,使药品购买更加便捷和个性化。这些创新为整个医药与生物技术行业带来了更高效、更智能的运营和服务,推动了行业发展和创新。

华润医药的成功案例证明了科技创新在医药与生物技术行业中的重要性和价值。通过应用先进技术,医药企业能够实现数字化转型,提升供应链管理和零售服务的效率和质量,为人们的健康提供更好的支持和保障。同时,科技创新也为整个医药与生物技术行业带来了新的商机和发展方向,为推动行业创新和发展做出了重要贡献。

3. 复星医药

复星医药是一家以创新药物研发、制造和销售为核心业务的医药公司,致力于改善全球人类健康。复星医药在科技创新方面表现出色,尤其在药物研发和生物技术领域。他们积极投资研发创新药物,通过自主研发和合作研究推动新药开发。同时,复星医药也注重生物技术应用,包括基因工程、蛋白质工程和细胞治疗等领域。他们通过科技创新不断提升药物研发的效率和成功率,为全球患者提供创新的治疗方案。

复星医药的科技创新对医药与生物技术行业产生了积极的影响。他们的创新药物研发和生物技术应用推动了医药领域进步和创新。通过研发创新药物,复星医药为患者提供了更有效、安全和个性化的治疗方案,改善了患者的生活质量。同时,他们的生物技术应用也为生物医学研究和治疗领域带来了新的突破和可能性,推动了生物技术发展和应用。

复星医药的成功案例证明了科技创新在医药与生物技术行业中的重要性和价值。通过不断推动创新药物研发和生物技术应用,他们为医药行业带来了新的治疗选择和解决方案。他们的科技创新对医药与生物技术行业的发展起到了引领和推动作用,为行业的进步和创新做出了积极贡献。

复星医药的科技创新案例体现了他们在医药与生物技术领域的领先地位和创新能力。通过持续的科技创新,复星医药不仅在药物研发和生物技术应用方面取得了显著成就,也为行业发展和进步树立了标杆。他们的成功经验和创新模式对整个医药与生物技术行业具有重要的借鉴和启示作用,激励着更多企业在科技创新上持续努力,推动行业发展和创新。

复星医药作为一家重要的医药与生物技术企业,通过科技创新为医药行业带来了积极的影响。他们在药物研发和生物技术应用方面的成功案例,展示了科技创新对医药与生物技术行业的推动作用,为行业发展和创新做出了重要贡献。

4. 中国生物医药

中国生物医药是生物医药领域的重要企业之一,致力于研发、生产和销售创新的生物医药产品。

中国生物医药在科技创新方面取得了显著成就,尤其在新药研发和生物技术领域表现出色。他们不断加大研发投入,通过自主研发和合作研究推动新药开发,包括创新药物、生物类似药和生物制剂等。同时,中国生物医药也注重生物技术应用,包括基因工程、蛋白质工程和细胞治疗等领域。他们通过科技创新不断提升药物研发的效率和成功率,为患者提供创新的治疗选择。

中国生物医药的科技创新对医药与生物技术行业产生了积极的影响。他们的创新药物研发和生物技术应用推动了医药行业进步和创新。通过研发创新药物,中国生物医药为患者提供了更安全、有效和个性化的治疗方案,改善了患者的生活质量。同时,他们的生物技术应用也为生物医学研究和治疗领域带来了新的突破和可能性,推动了生物技术发展和应用。

中国生物医药的成功案例证明了科技创新在医药与生物技术行业中的重要性和价值。通过不断推动创新药物研发和生物技术应用,他们为医药行业带来了新的治疗选择和解决方案。他们的科技创新对医药与生物技术行业发展起到了引领和推动作用,为行业的进步和创新做出了积极贡献。

中国生物医药的科技创新案例体现了他们在医药与生物技术领域的领先地位和创新能力。通过持续的科技创新,中国生物医药不仅在药物研发和生物技术应用方面取得了显著成就,也为行业发展和进步树立了榜样。他们的成功案例为其他企业提供了借鉴和启示,促进了整个医药与生物技术行业创新和发展。

7.6 医药与生物技术领域的数字化管理系统与大数据财务系统的应用

7.6.1 数字化管理系统在医药与生物技术行业的应用

数字化管理系统在医药与生物技术行业中具有广泛的应用。这些系统利用信息技术和数据分析来支持和优化医药企业的各个方面,从研发到生产、供应链管理、销售和客户服务等环节。

1. 研发和临床试验管理

数字化管理系统可以帮助医药企业更好地管理研发项目和临床试验过程。它们可以整合和分析大量的研究数据,提供实时的监控和报告,加快新药研发的速度和效率。

2. 生产过程管理

数字化管理系统可以提供实时的生产数据监控和分析,帮助企业更好地管理生产过程,提高生产效率和质量。它们可以自动地进行任务执行、优化资源分配,并提供预测性分析,以支持生产计划和决策。

3. 供应链管理

数字化管理系统可以整合和优化医药企业的供应链,包括原材料采购、生产物流和产品分发。它们可以提供供应链可视化、库存管理和交付跟踪等功能,以确保供应链高效运作和及时交付。

4. 销售和市场营销

数字化管理系统可以帮助医药企业管理销售和市场营销活动,包括客户关系管理、市场分析和销售预测。它们可以提供实时的销售数据和业绩指标,支持销售团队的工作和决策。

5. 药品安全和合规性

数字化管理系统可以帮助医药企业确保药品的安全性和合规性。它们可以追踪药品生产和流通过程,记录和管理药品信息、批次和质量控制数据,并确保符合相关法规和标准。

数字化管理系统在医药与生物技术行业中的应用可以提高企业的运营效率、产品质量和客户满意度,推动医药行业创新和发展。

7.6.2　大数据财务系统在医药与生物技术行业中的应用

大数据财务系统在医药与生物技术行业中有广泛的应用。这些系统利用大数据技术和分析方法来处理和分析大规模的财务数据,以支持企业的财务管理和决策。

1. 财务数据整合与管理

大数据财务系统可以整合和管理医药企业各个部门及业务领域的财务数据,包括财务报表、成本管理、资金流动等。通过统一的数据平台,企业可以更好地跟踪和管理财务信息,实现数据的一致性和准确性。

2. 财务指标分析与预测

大数据财务系统可以分析大量的财务数据,识别关键的财务指标,并提供预测性分析和模拟。这有助于企业了解财务绩效、预测未来趋势,并做出基于数据的决策。

3. 成本控制与效益优化

大数据财务系统可以帮助医药企业进行成本控制和效益优化。通过大数据分析,企业可以识别成本高、效益低的环节,并采取相应的措施进行改进和优化,从而提高企业的盈利能力。

4. 风险管理与合规性监控

大数据财务系统可以帮助医药企业进行风险管理和合规性监控。通过对大数据的分析,系统可以识别潜在的风险和违规行为,并提供及时的警示和监控措施,帮助企业降低风险并保持合规性。

大数据财务系统在医药与生物技术行业中的应用可以帮助企业实现更精确的财务管理和决策,提高企业的财务效率和盈利能力。

7.6.3 数字化管理与财务系统对医药与生物技术行业创新的影响

数字化管理与财务系统对医药与生物技术创新有着重要的影响。这些系统通过将科技与财务管理相结合，提供了有效的工具和平台，推动了医药与生物技术行业创新。

1. 创新项目管理

数字化管理系统可以帮助医药与生物技术企业更好地管理创新项目。通过项目管理，企业可以跟踪项目的进展、资源分配、时间安排等，实现项目可视化和协同管理。这有助于提高创新项目的执行效率，推动新产品的研发进展和上市。

2. 数据驱动的研发决策

数字化管理系统提供了对大量研发数据的整合、分析和可视化功能。医药与生物技术企业可以利用这些系统来识别市场需求、评估技术可行性、进行模拟实验等，从而基于数据驱动的决策来决定研发方向和资源投入。

3. 资金管理与财务创新

数字化财务系统可以帮助医药与生物技术企业更好地管理资金流动和财务风险。通过实时的财务数据和指标分析，企业可以优化资金使用和配置，降低财务风险，并通过创新的财务模式和工具实现财务创新，如融资、股权激励等。

4. 合规性管理与监控

数字化管理系统可以帮助医药与生物技术企业管理合规性和监控风险。通过集成的合规性管理，企业可以实时监测合规性要求、管理风险和规避潜在的违规行为。这有助于保持企业的声誉和形象，保证创新活动的合法性和促进可持续发展。

数字化管理与财务系统对医药与生物技术创新起到了关键的支持和推动作用。通过提供高效的项目管理、数据驱动的研发决策、优化的资金管理和财务创新，以及合规性管理和监控，这些系统帮助企业实现了更高效、更可持续的创新，并在医药与生物技术行业的发展中发挥了重要作用。

思考题

1. 科技驱动下的医药与生物技术创新如何改变患者的医疗体验和治疗效果？以相关技术和应用为例进行讨论。

2. 在数字化管理和大数据支持下，医药与生物技术行业如何优化医疗资源分配和利用？提出相关策略和方法。

3. 医药与生物技术行业在财务管理方面面临的挑战是什么？如何利用大数据分析和预测工具进行财务决策及风险管理？

研究方向

1. 探索医药与生物技术行业的创新商业模式，以适应科技驱动和数字化转型的发展趋势。

2. 研究科技创新对医药与生物技术创业公司的竞争优势和市场机遇的影响，为创业者提供相关战略和指导。

3. 分析医药与生物技术行业的财务管理变革，研究数字化财务工具和大数据分析在创业公司中的应用效果。

第 8 章　能源与环保：科技引领下的绿色能源革新与财务管理变革

在本章中，我们将深入探讨能源与环保行业中科技引领下的绿色能源革新与财务管理变革。

首先，我们将讨论能源与环保行业的定义、现状以及科技驱动的必要性。这包括了能源保障、环境保护、可持续发展、能源利用效率提高、清洁能源发展、环境监测和治理能力提升以及创新发展等方面。

其次，我们将探讨科技对这个行业的影响，包括提高能源生产和利用效率、推动清洁能源发展、促进环境监测和治理能力提升、支持循环经济和资源回收利用以及推动智能化和数字化转型。我们还会讨论科技在推动能源与环保行业创新方面扮演的角色，包括可再生能源技术和智能电网在能源行业中的应用、清洁技术和循环经济在环保行业中的应用，并将通过具体的科技创新案例来分析这些影响。

再次，我们将探讨数字化管理与优化在这个行业中的应用，包括数据驱动的能源分配和效率优化、智能化的环保策略实施与监控，以及物联网在能源与环保行业的设备监控和维护中的应用。在财务大数据分析与决策支持部分，我们将关注能源与环保行业的用于财务数据采集与整理的数字化工具、财务指标分析与财务预测的应用，以及利用大数据进行成本控制与效益优化。

最后，我们将分析能源与环保行业的前沿科技与研发趋势，探讨科技创新对这个行业的重要性与引领作用，并通过一些成功的科技创新案例来揭示其对行业的影响。我们还将关注数字化管理系统和大数据财务系统在能源与环保行业中的应用，以及它们对这个行业创新的影响。

阅读本章后，读者将更深入地理解科技如何推动能源与环保创新，如何改变财务管理，以及如何带来绿色能源革新。

8.1 能源与环保行业的现状与科技驱动的必要性

8.1.1 能源与环保行业的定义和重要性

能源与环保行业是指以能源生产、供应和利用,环境保护和可持续发展为核心的产业领域。能源是社会经济发展的基础,而环境保护则是人类生存和可持续发展的重要保障。

1. 能源保障

能源是社会经济发展的基石,对于各行业发展和人民生活都具有关键意义。能源与环保行业致力于保障能源可持续供应,提高能源的利用效率和效能,以满足经济发展和人民生活的需求。

2. 环境保护

随着人类社会的发展,环境污染和资源浪费等问题日益凸显。能源与环保行业致力于保护自然环境,减少环境污染和资源消耗,推动可持续发展,以保护人类健康和生态平衡。

3. 可持续发展

能源与环保行业注重实现经济、社会和环境协调发展。通过推动可再生能源开发利用、提升能源利用效率、推广清洁生产技术等手段,实现经济绿色发展,促进社会可持续进步。

4. 提高能源利用效率

科技创新可以帮助优化能源生产和利用过程,提高能源的利用效率。通过引入先进的生产技术和设备,改善能源系统效能,减少能源浪费,实现能源高效利用。

5. 推动清洁能源发展

科技驱动可以推动清洁能源发展和应用。通过研发新能源技术、提高可再生能源利用效率、开展能源存储和转换等方面的创新,推动清洁能源在能源供应中的比重提升。

6. 提升环境监测和治理能力

科技驱动可以提升环境监测和治理的能力。通过引入先进的环境监测技术、大数据分析和智能化管理系统,可以更准确地监测和评估环境污染情况,采取相应的治理措施保护环境。

7. 促进创新发展

科技创新可以推动能源与环保行业创新发展。通过引入新的科技手段和创新模式,可以激发企业和机构的创新活力,推动新技术、新产品和新服务的研发和应用,促进行业进步和转型升级。

能源与环保行业的科技驱动具有重要性和必要性。通过科技应用和创新,可以提高能源利用效率、推动清洁能源发展、提升环境监测和治理能力、促进创新发展,从而实现能源与环境可持续发展。

8.1.2 科技驱动对能源与环保行业的影响

科技驱动在能源与环保行业中发挥着重要的作用,对行业的发展和转型产生了深远的影响。

1. 提高能源生产和利用效率

科技驱动可以帮助能源行业提高能源生产和利用的效率。通过引入先进的生产技术和设备,优化生产流程,提高能源转化效率和利用效能,减少能源浪费。

2. 推动清洁能源发展

科技创新为清洁能源发展提供了重要支持。新的能源技术和解决方案,如太阳能、风能、生物能等可再生能源技术,以及能源存储和转换技术进步,推动清洁能源在能源供应中的比重不断提升。

3. 促进环境监测和治理能力提升

科技驱动可以提升环境监测和治理的能力,以实现更精准、高效的环境保护。先进的传感器技术、大数据分析和人工智能等技术的应用,使得环境监测和评估更加准确,治理措施更加精细化和有针对性。

4. 支持循环经济和资源回收利用

科技驱动促进了循环经济和资源回收利用发展。通过创新的技术和工艺,可以实现废弃物和废水资源化利用,减少资源消耗和浪费,推动可持续发展和资源循环利用。

5. 推动智能化和数字化转型

科技驱动促进了能源与环保行业向智能化和数字化方向转型。智能化的监测与控制系统、远程监控技术、云计算和物联网等技术应用,提高了行业的管理效率和决策精准度,实现了能源与环境管理数字化和智能化。

科技驱动对能源与环保行业产生了广泛而深远的影响。通过科技应用和创新,能源与环保行业能够提高能源利用效率、推动清洁能源发展、提升环境监测和治理能力,促进循环经济和资源回收利用,并实现智能化和数字化转型。

8.2 科技引领下的能源与环保行业创新

8.2.1 可再生能源技术和智能电网在能源行业中的应用

可再生能源技术和智能电网是能源行业中科技驱动的重要领域,它们在实现清洁能源转型和提升能源系统效率方面发挥着关键作用,概念图如图8.1所示。

1. 太阳能发电

太阳能是一种重要的可再生能源,通过光伏技术将太阳能转化为电能。在能源行业中,太阳能发电系统的应用越来越广泛。光伏电池板可以安装在建筑物屋顶、太阳能电站等地方,将太阳能转化为电能供应给建筑物或电网。

2. 风能发电

风能是另一种重要的可再生能源,通过风力发电机将风能转化为电能。风能发电在能源行业中得到广泛应用,可以安装风力发电机组甚至建设大型风力发电场,将风能转化为电

图 8.1　可再生能源技术和智能电网

能供应给电网或特定用电设备。

3. 水能发电

水能是一种常见的可再生能源,通过水力发电站将水能转化为电能。在能源行业中,水力发电被广泛应用于水电站建设和运营,利用水的流动动能驱动涡轮发电机发电。

4. 生物质能利用

生物质能是一种可再生能源,通过利用生物质材料(如植物秸秆、木材废料等)燃烧或发酵,转化为热能,用于供热、发电,其生成的气体等物质可用于生产生物燃料等。

5. 智能电网

智能电网是基于先进的传感器、通信和控制技术构建起来的现代化电力系统,能够实现电力供应、传输和消费智能化管理和优化。智能电网通过监测和调节能源供需,优化能源分配和调度,提高电网的可靠性、效率和可持续性。

这些可再生能源技术和智能电网的应用推动了能源行业转型和创新,实现了清洁能源大规模利用和能源系统智能化管理。同时,它们也对能源行业的财务管理产生了影响,例如投资规划、成本管理和收益分析等方面。能源企业需要适应和应用相关的数字化工具和分析方法,优化财务决策和资源配置,实现绿色能源革新和财务管理变革。

8.2.2　清洁技术和循环经济在环保行业中的应用

清洁技术和循环经济是环保行业中科技驱动的重要领域,它们在实现环境保护和可持续发展方面发挥着关键作用。

1. 环境监测和治理

清洁技术在环境监测和治理方面发挥重要作用。通过使用先进的传感器、监测设备和数据分析技术,可以实时监测大气、水质、土壤和噪声等环境指标,帮助企业和政府监控和管理环境质量。此外,清洁技术还可以应用于污水处理、废气治理、固体废弃物处理等环境治理领域,实现减排和资源回收利用。

2. 可持续能源利用

清洁技术在可持续能源利用方面具有重要作用。例如，利用太阳能、风能、水能等可再生能源发电，减少对传统化石能源的依赖，实现清洁能源利用和碳排放减少。此外，清洁技术还可以应用于能源储存和能源管理系统，提高能源利用效率和可再生能源的稳定性。

3. 循环经济和资源回收利用

循环经济是一种可持续发展的经济模式，通过最大限度地回收和再利用资源，减少资源消耗和废弃物产生。在环保行业中，循环经济的理念得到广泛推广。通过采用先进的废弃物分类、回收和再加工技术，可以实现废弃物资源化利用，例如废纸、废塑料、废金属等的再生利用。

4. 环保产品和绿色供应链

清洁技术和循环经济推动了环保产品研发和应用。通过采用环保材料、节能设备和绿色工艺，可以生产和推广环保产品，满足消费者对环保和可持续发展的需求。同时，清洁技术和循环经济也促进了绿色供应链建设，从原材料采购到生产和销售环节，减少资源消耗和环境影响。

这些清洁技术和循环经济在环保行业中不断推动着绿色能源革新和财务管理变革。它们通过提高资源利用效率、降低排放和废弃物处理成本，实现了环境保护和经济效益双赢。例如，一些环保企业通过采用清洁技术和循环经济理念，实现了废弃物资源化利用，提高了生产效率和盈利能力。

8.2.3 能源与环保行业中的科技创新案例分析

在能源与环保行业中，科技创新发挥着关键作用，推动着绿色能源革新和环保领域发展。

1. 国家电网有限公司

国家电网有限公司是中国最大的电力公司，也是全球最大的公共事业公司之一。作为中国电力行业的重要组成部分，国家电网在能源与环保领域进行了许多科技创新，并推动了绿色能源革新和财务管理变革。

在科技驱动下，国家电网采取了多项创新举措来促进清洁能源利用和智能电网建设。

首先，国家电网在可再生能源领域积极推动风能和太阳能等清洁能源开发和利用。国家电网通过建设大规模的风电和光伏发电项目，实现了可再生能源集成利用，并提高了能源的可持续性和绿色性。

其次，国家电网在智能电网建设方面取得了重要进展。通过科技创新，他们建设了智能电网系统，实现了对电力系统的智能监测、优化调度和分布式能源接入。这些技术使得电力系统更加可靠、高效，并为用户提供了更加智能化的能源服务。

此外，国家电网还在财务管理方面进行了创新。他们通过数字化和大数据技术，实现了财务数据采集、整理和分析，提高了财务决策的准确性和效率。他们还通过财务大数据分析，进行成本控制和效益优化，实现了财务管理创新和变革。

国家电网的科技创新在能源与环保领域取得了显著成果，并为中国的清洁能源革命和绿色发展做出了重要贡献。通过科技驱动的绿色能源革新和财务管理变革，国家电网推动了能源与环保行业可持续发展,实现了经济效益和环境效益双赢。

2. 中国科学院生态环境研究中心

中国科学院生态环境研究中心(Research Center for Eco-Environmental Sciences, Chinese Academy of Sciences)是中国科学院下属的重要研究机构,致力于生态环境领域的科学研究和创新。作为能源与环保领域的科技创新先驱,中国科学院生态环境研究中心在绿色能源和环境保护方面做出了重要贡献。

中国科学院生态环境研究中心在绿色能源领域开展了多项重要研究,其中包括可再生能源开发利用和清洁能源技术创新。该中心通过开展对太阳能、风能、水能等可再生能源的研究,推动了这些清洁能源技术发展和应用。同时,该中心还研发了一系列清洁能源技术,包括高效太阳能电池、风力发电技术和生物质能源利用技术等,为绿色能源转型提供了科技支持。

在环境保护方面,中国科学院生态环境研究中心致力于研究和解决重要环境问题,包括大气污染、水污染、土壤污染等。该中心利用先进的环境监测技术和模型模拟方法,对环境污染源、传输途径和影响进行深入研究,为环境保护政策制定和实施提供科学依据。

此外,中国科学院生态环境研究中心还注重与企业和政府合作,推动科技创新应用和转化。该中心与国内外的能源公司、环保企业和政府部门合作,共同开展技术研发和项目实施,促进绿色能源和环境保护领域创新发展。

中国科学院生态环境研究中心的科技创新为能源与环保行业发展提供了重要的科学支持和技术方案。他们的研究成果不仅促进了绿色能源推广应用和环境保护改善,也为中国及全球可持续发展做出了重要贡献。

3. 国家能源集团

国家能源集团(CHN Energy)是中国的国有能源企业集团,致力于发展和运营多种能源资源,包括火电、核电、风电、太阳能、水电和煤炭等。作为中国能源行业的重要力量,国家能源集团在绿色能源和环保领域展现了科技创新的影响力。

国家能源集团在可再生能源领域取得了重要进展,在风电和太阳能发电方面投资建设了大量的项目,通过利用自然资源开发清洁能源,减少了对传统能源的依赖,并为中国的能源结构转型做出了积极贡献。此外,国家能源集团还积极推动光伏发电技术创新和应用,大规模建设光伏发电项目,提高了可再生能源的利用效率。

在环保方面,国家能源集团致力于减少能源生产和利用过程中对环境的影响,采用先进的环境保护技术和设备,控制和减少大气污染、水污染和固体废弃物等。同时,该集团也注重推动绿色生产和循环经济,通过资源回收和再利用,实现能源行业可持续发展。

此外,国家能源集团还注重与国内外的能源企业和科研机构合作,开展科技创新和技术交流。该集团积极参与国际能源合作项目,借鉴和引进先进的能源技术和管理经验,促进能源行业发展和创新。

国家能源集团的科技创新和环保努力为能源与环保行业发展提供了重要的支持。他们在可再生能源、环境保护和绿色生产等方面的成果,推动了能源行业的可持续发展,为构建绿色、低碳和可持续的能源体系做出了积极贡献。

4. 世界首个实用化零碳智慧能源中心

2022年8月1日,世界首个实用化和规模化的零碳智慧能源中心——榆林科创新城零碳分布式智慧能源中心示范项目建成投用(见图8.2)。该项目在世界上首次实现了含氢能

图 8.2　榆林科创新城零碳分布式智慧能源中心

的零碳多能源供需系统实用化和规模化示范应用,为实现碳达峰、碳中和目标提供了新的技术路径。

示范项目由西安交通大学网络化系统工程团队提供系统技术、中核汇能有限公司投资建设。项目由能源站主体、制氢储氢和氢燃料电池系统、光伏发电系统、水介质储冷储热系统、浅层地热井群等组成,室内建筑面积超 4 000 平方米。

该项目利用榆林丰富的太阳能资源,通过光伏板将太阳能转化为电能,提供清洁电力供应;富余的电能通过电解槽将水中的氢提取并存储起来,加上榆林氢能供应链生产的氢,通过氢燃料电池系统的化学反应,将氢能转化为电能和热能;热能通过热泵可转化为冷能,配合储热(冷)水设施,为建筑供应日常用电、夏季制冷和冬季取暖。项目还因地制宜,利用榆林的浅层地热井资源作为供热来源之一,实现余热跨季节存储。

示范项目设计寿命内的当量供能成本约为 0.36 元/kW·h,而传统的电网供电、市政供热当量供能成本在 0.57 元/kW·h 以上。与传统电网、热力网相比,示范项目的年化运行成本降低 60% 以上,总成本降低 36% 以上,每年可减少二氧化碳排放 8 640 吨以上,相当于植树 48 万棵。

为达到"氢能实现零碳、多能优化获益、市场推广应用"目标,项目负责人、中国科学院院士、西安交通大学教授管晓宏带领团队攻克了含氢能多能源供需系统建模、智能性设计、协同运行优化决策等 6 项关键技术,在秦创原创新驱动平台总窗口——中国西部科技创新港完成研发和验证,在榆林实现了首次应用和成果转化,共申请相关专利 33 件,已获授权 16 件。

目前,该项目实现了零碳和经济性双示范,零碳供能成本相比传统电网+城市热力网系统降低 35% 以上。示范项目曾为陕西省第十七届运动会运动员村零碳供能,供能面积达 12 万平方米,整体运行的经济性效果显著。公开资料和文献显示,这是世界上首个投入应用的实用化和规模化零碳智慧能源中心,有助于我国构建绿色、安全、高效的能源体系。

除示范项目外,零碳能源站关键技术已经在陕西榆林、西咸新区以及内蒙古、湖北等地落地,用于零碳智慧工厂、零碳生活园区等新项目建设。下一步,该项目将加大推广力度,拓展应用场景,为国家实现"双碳"目标提供切实可行的技术路径和产业模式。

8.3 能源与环保行业的数字化管理与优化

8.3.1 数据驱动的能源分配和效率优化

数据驱动的能源分配和效率优化是指利用大数据和先进的分析技术来收集、分析和应用能源相关的数据，以优化能源分配和使用，提高能源效率和实现节能减排的效果。通过数据驱动的方法，能源行业可以更准确地了解能源生产、传输和消费情况，识别能源利用的瓶颈和问题，并制定相应的优化措施。

在能源分配方面，数据驱动的方法可以帮助实现智能化的能源分配和管理。通过实时监测和分析能源使用情况，能源供应商和消费者可以更好地了解能源需求和供应的情况，合理调配能源资源，以满足不同用户的需求。例如，通过智能电网和智能计量系统，可以实现对电力的实时监测和管理，优化电力分配，提高电网的效率和可靠性。

在能源效率优化方面，数据驱动的方法可以帮助识别能源浪费和低效的环节，并提供相应的改进措施。通过收集和分析能源消耗的数据，可以发现能源使用过程中的问题和潜在的改进空间。结合先进的算法和模型，可以进行能源系统优化设计和调整，以降低能源消耗和提高能源效率。例如，通过智能监控系统和能源管理软件，可以对建筑物、工厂和交通运输等领域的能源使用情况进行监测和优化，实现节能减排的目标。

在能源分配和效率优化方面，国家能源集团等企业积极推动数据驱动的创新应用。它们建设了智能电网和智能能源系统，利用先进的传感器和监测设备收集能源数据，并利用大数据分析和人工智能技术进行能源分配和效率优化。通过这些应用，它们实现了能源资源合理分配和利用，提高了能源效率，减少了能源浪费，为可持续能源发展和环境保护做出了积极贡献。

8.3.2 智能化的环保策略实施与监控

智能化的环保策略实施与监控是指利用先进的技术和数据驱动的方法来实施和监控环境保护策略，以提高环境管理效果和保护自然资源。通过智能化的环保策略，可以更准确地识别和解决环境问题，降低环境风险，并确保企业在环境法规和标准方面的合规性。

在智能化的环保策略实施方面，利用先进的监测设备和传感器，可以实时监测环境参数和污染物排放情况。通过数据采集和分析，可以了解环境状况，及时发现异常情况，并采取相应的措施进行调整和处理。例如，在工业生产过程中，通过智能监测系统可以实时监测废气、废水和固体废物的排放情况，确保符合环保要求，并及时采取减排措施。

在智能化的环保监控方面，利用大数据分析和人工智能技术，可以对环境数据进行综合分析和预测，提前发现潜在的环境问题，并采取相应的预防措施。例如，通过建立环境模型和利用预测算法，可以预测污染物扩散范围和影响，为环境应急响应提供科学依据。同时，利用智能监测系统和数据分析,可以实时监测环境状况,及时预警和报告环境异常情况,加强对环境事件的应对和管理。

中国国家电网等企业在智能化的环保策略实施与监控方面取得了一定的成果。他们利用先进的环境监测技术和数据平台,实时监测和分析环境数据,确保电力设施和运营过程符合环保法规。同时,他们还推动了环境数据共享和信息公开,加强与政府和公众沟通和合作,提高环境管理的透明度和可持续性。

智能化的环保策略实施与监控在能源与环保行业中的应用,为企业实现环境友好型经营和可持续发展提供了重要支持,同时也为保护环境、改善生态环境做出了积极贡献。

8.3.3 物联网在能源与环保行业的设备监控和维护中的应用

物联网在能源与环保行业的设备监控和维护中具有广泛的应用。物联网技术通过将各种设备连接到互联网,实现设备之间互联互通,从而实现设备远程监控、数据采集和智能化的维护管理。

1. 设备远程监控

物联网可以实现对能源设备、环保设备等的远程监控。通过传感器和数据采集设备,可以实时获取设备的工作状态、运行数据和性能指标。监测人员可以通过云平台或移动应用程序远程访问设备数据,进行实时监控、故障诊断和预警处理,提高设备的可靠性和运行效率。

2. 故障诊断与维护

物联网可以通过设备的数据采集和分析,实现故障诊断和智能化维护。通过设备传感器采集的数据,可以对设备的工作状态和性能进行分析,识别潜在故障和异常情况,并提供相应的维护建议和预防措施。这有助于提高设备的可用性和可维护性,减少停机时间和维修成本。

3. 能耗监测与优化

物联网可以实时监测能源设备的能耗数据,并进行能耗分析和优化。通过对能源设备的数据进行实时监测和分析,可以识别能耗异常情况和潜在的节能机会,并采取相应的措施进行能耗优化。这有助于提高能源利用效率,降低能源成本,同时也有利于减少对环境的影响。

4. 环境监测与治理

物联网可以用于环境监测和治理,例如大气污染监测、水质监测、噪声监测等。通过传感器和数据采集设备,可以实时获取环境数据,如空气质量、水质状况等。监测数据可以通过物联网平台进行分析和共享,帮助监管部门和企业进行环境管理和污染治理。

在中国能源与环保行业,物联网技术得到了广泛应用。例如,中国的智慧电网建设利用物联网技术实现了对电力设备的远程监控和智能化管理,提高了电网的运行效率和可靠性。此外,物联网技术也被应用于智能水务系统、智能垃圾管理等领域,帮助提升资源利用效率和环境治理能力。

通过物联网技术的应用,能源与环保行业可以实现设备远程监控、故障诊断和维护,提高设备的可靠性和运行效率。同时,物联网还可以用于能耗监测与优化、环境监测与治理,帮助实现节能减排和环境保护的目标。

8.4 能源与环保行业的财务大数据分析与决策支持

8.4.1 能源与环保行业的财务数据采集与整理的数字化工具

1. 能源数据采集系统

能源公司通常需要收集和分析大量的能源数据，包括能源消耗、发电量、能源损耗等。数字化的能源数据采集系统可以实时监测和记录这些数据，并提供自动化的数据整理功能，以帮助企业更好地了解能源使用情况、优化能源分配和提高能源利用效率。

2. 环境监测系统

环保行业需要对环境质量进行监测和评估。数字化的环境监测系统可以通过传感器和数据采集设备收集环境数据，如空气质量、水质、噪声水平等。该系统可以自动整理和分析数据，帮助企业实时监测环境状况并采取相应的环保措施。

3. 财务管理软件

财务管理软件是能源与环保公司管理财务数据的关键工具。它们可以帮助企业采集和整理财务数据，如收入、成本、利润等，自动生成财务报表，并提供财务分析和预测功能。这些软件可以提高财务数据处理的效率和准确性，并帮助企业进行财务规划和决策。

4. 物联网设备和传感器

物联网技术在能源与环保行业发挥着重要作用。通过连接传感器和设备，能源公司可以实时监测和收集能源消耗、生产设备运行状况等数据。这些数据可以通过物联网平台自动整理和分析，为企业提供准确的实时数据，帮助优化能源使用和设备维护。

5. 大数据分析工具

能源与环保行业产生的大量数据可以通过大数据分析工具进行处理和分析。这些工具利用先进的数据分析算法和模型，帮助企业挖掘数据中的价值，识别潜在的能源节约和环保机会，并为决策提供支持。

这些数字化工具的应用可以帮助能源与环保行业企业更好地管理和利用财务数据，实现数据自动化采集、整理和分析，提高财务管理的效率和准确性，同时为企业的能源和环境管理决策提供有力支持。

8.4.2 能源与环保行业的财务指标分析与财务预测的应用

在能源与环保行业，财务指标分析和财务预测是重要的工具，可以帮助企业评估财务绩效、识别潜在的风险和机会，并制定相应的财务决策。

1. 收入分析

通过对收入来源和结构的分析，企业可以了解不同业务领域的收入贡献情况，识别高利润和低利润的产品或服务,制定相应的市场策略和定价策略。

2. 成本分析

对成本结构和成本变动的分析可以帮助企业确定主要的成本驱动因素,并寻找降低成本的潜在机会。例如,通过分析能源消耗和能源成本的关系,企业可以制定能源节约措施,降低能源成本。

3. 利润分析

利润分析可以揭示企业在不同业务领域和产品线上的利润率差异,并评估业务的盈利能力。通过对利润率的分析,企业可以确定哪些业务领域或产品线需要进一步优化或调整。

4. 资本预算和投资分析

财务指标分析可以帮助企业评估投资项目的回报率和风险。通过计算财务指标如净现值(NPV)和内部收益率(IRR),企业可以做出明智的资本预算决策,选择具有良好财务回报的投资项目。

5. 财务预测和规划

基于历史财务数据和市场趋势,企业可以进行财务预测和规划,预测未来的收入、成本和利润情况,并制定相应的财务目标和战略。

这些应用可以帮助能源与环保行业企业全面了解财务状况和业务绩效,发现潜在的问题和机会,并制定相应的财务管理策略。同时,财务指标分析和财务预测还可以为企业提供决策支持,帮助管理层做出基于数据和分析的决策,实现财务管理变革和优化。

8.4.3 能源与环保行业利用大数据进行成本控制与效益优化

在能源与环保行业,利用大数据进行成本控制和效益优化是一种重要的实践方式。通过收集、整合和分析大量的数据,企业可以深入了解能源消耗、生产过程、环境排放等关键指标,从而优化成本结构,提高资源利用效率,实现可持续发展。

1. 能源消耗分析

通过监测能源消耗数据,并结合其他相关数据如生产产量、温度等因素,企业可以分析能源消耗的模式和趋势,找到能源浪费的关键点,制定相应的节能措施,降低能源成本。

2. 运维优化

通过大数据分析监测设备运行数据、故障记录和维护保养数据,企业可以实现设备预测性维护和优化,降低维修成本,延长设备使用寿命。

3. 环境监测和排放控制

通过大数据技术,企业可以实时监测环境污染指标,分析污染源和排放规律,及时采取控制措施,确保企业的环境合规性,避免环境污染事故和罚款风险。

4. 高效资源利用

通过大数据分析,企业可以优化资源配置和利用效率。例如,在废水处理过程中,利用大数据分析和预测模型,优化药剂的投加量和处理工艺,提高废水处理效率,降低处理成本。

5. 效益评估与优化

通过大数据分析,企业可以对环保项目的效益进行评估与优化。例如,在新建环保设施或实施环保改造项目时,利用大数据分析预测项目的投资回报率、碳减排效益等关键指标,帮助企业进行项目决策和优化。

这些应用可以帮助能源与环保行业企业充分利用大数据的潜力,实现成本控制和效益优化的目标。通过数据驱动的决策和优化,企业可以在可持续发展和环境保护方面取得更好的成果,并为未来的发展奠定坚实的基础。

8.5 能源与环保行业的科技创新案例

8.5.1 能源与环保行业中的前沿科技与研发趋势

在能源与环保行业,前沿科技和研发趋势不断推动着行业创新和发展,概念图如图 8.3 所示。

图 8.3 能源与环保行业中的前沿科技与研发趋势

1. 可再生能源技术

可再生能源技术如太阳能、风能、水能等持续发展,并与储能技术结合,提供可持续的清洁能源解决方案。此外,新型的可再生能源技术如潮汐能、地热能等也得到越来越多的关注和研究。

2. 智能电网与能源互联网

智能电网通过物联网、人工智能等技术实现电力系统智能化管理和优化,包括分布式能源管理、电力需求响应、电网安全等方面的创新。能源互联网通过互联网和信息技术实现能源高效传输、共享和交易,促进能源利用多元化和灵活性。

3. 清洁技术与循环经济

清洁技术包括空气污染治理技术、废水处理技术、固体废弃物处理技术等,致力于减少环境污染和资源浪费。循环经济通过资源回收和再利用,实现经济增长与资源保护协同发展。

4. 生物技术与基因工程

生物技术在能源与环保领域的应用日益广泛,例如利用微生物进行废水处理、生物质能源生产和利用等。基因工程技术也被用于改良农作物和生物燃料生产等领域,以提高能源和农业的可持续性。

5. 碳捕集与碳减排技术

碳捕集和碳减排技术致力于减少二氧化碳等温室气体排放,包括碳捕集与封存技术、碳交易和碳排放权市场等。这些技术发展对于应对气候变化和实现低碳经济具有重要意义。

这些前沿科技和研发趋势将推动能源与环保行业进行绿色能源革新和财务管理变革,为实现可持续发展和环境保护提供了重要的支持和创新动力。通过不断地推进科技创新和研发,能源与环保行业能够更好地应对当前和未来的挑战,并为人类创造更清洁、可持续的生活环境。

8.5.2 科技创新对能源与环保行业的重要性与引领作用

科技创新在能源与环保行业中发挥着重要作用,并引领着行业的发展方向。

1. 提高能源效率

科技创新可以帮助提高能源的利用效率,通过研发和应用高效的能源转换和利用技术,如先进的燃烧技术、高效的发电设备等,减少能源浪费和损失。

2. 推动清洁能源发展

科技创新在推动清洁能源发展方面起着关键作用。通过研发和应用可再生能源技术,如太阳能、风能、水能等,以及储能技术和智能电网技术,能源供应变得更加可持续、清洁和灵活。

3. 促进环境保护

科技创新对环境保护至关重要。通过研发和应用环境监测技术、废物处理技术、空气和水质治理技术等,可以更好地监测和保护环境,减少污染物排放和对生态系统的破坏。

4. 支持循环经济发展

科技创新为循环经济提供了技术支持。通过研发和应用资源回收和再利用技术,如废物处理和再生利用技术,可以最大限度地减少资源浪费,实现资源可持续利用。

5. 提供智能化解决方案

科技创新推动着能源与环保行业向智能化方向发展。通过应用物联网、人工智能、大数据分析等技术,能源和环保设施可以实现智能监控、远程管理和优化,提高运营效率和响应能力。

科技创新不仅提供了新的解决方案和技术工具,还促进了能源与环保行业转型和改革。它推动着行业创新发展,加速了可持续能源和环境保护实现,为实现绿色和可持续发展提供了强有力的支持。

8.5.3 成功的科技创新案例及其对能源与环保行业的影响

1. 首创环保

首创环保(首创股份)是中国水务综合运营服务领域经验丰富的企业之一。作为水务行业的重要参与者,首创环保在过去的发展中取得了显著成就,并在行业中占据着重要地位。公司拥有丰富的水务综合运营服务经验,成功运营着超过 300 个项目,并在数百家水厂建设中积累了宝贵经验。

首创环保在水务行业中拥有卓越的技术实力和运营管理能力。公司建立了完整的工程建设管理体系,确保项目在建设和运营过程中的高效性和质量可控性。通过技术创新和持续的运营管理改进,首创环保为客户提供全面的水务综合运营服务,包括水源调配、水质监测、污水处理、供水管网管理等。

首创环保致力于推动绿色环保理念落地和实施,以保护水资源、改善水环境为己任。公司注重环境保护技术研发和应用,积极推广先进的水处理技术和设备,提高水资源的利用效率和水环境的治理能力。同时,首创环保还积极参与水务行业的标准制定和政策制定,为行业可持续发展做出贡献。

在财务管理方面,首创环保借助数字化管理系统和大数据分析技术,实现了财务数据采集、整理和分析的数字化处理。通过有效的财务指标分析和财务预测,公司能够更好地掌握财务状况、优化资源配置、提高财务决策的准确性和效率。同时,首创环保还注重成本控制和效益优化,通过利用大数据分析技术,实现了对成本的精细化管理和效益的持续提升。

作为水务综合运营服务领域的领先企业,首创环保以其丰富的经验和卓越的综合能力,在推动水务行业发展和财务管理变革方面发挥着重要作用。公司将继续以科技创新和财务管理的手段为驱动力,不断提升服务质量和效益水平,为实现绿色环保和水资源可持续利用做出更大贡献。

2. 高能环境

高能环境是一家在中国环保行业中具有重要地位的企业,致力于提供卓越的环保解决方案。作为环保行业的领军企业,高能环境在技术创新、工程实施和服务质量方面具有卓越的竞争力。

高能环境注重科技创新和技术引领,在环境保护领域广泛应用先进的环保技术和工艺。公司专注于大气污染治理、水污染治理、土壤修复和固废处理等,为政府、企业和社会提供全面的环境解决方案。高能环境的工程项目在改善环境质量、保护生态环境、促进可持续发展方面发挥了重要作用。

作为一家具有卓越竞争力的企业,高能环境致力于推动环境行业财务管理变革。通过数字化管理系统和大数据财务分析,高能环境能够实时监测环境数据、优化资源配置、提高成本效益,实现可持续的财务管理。同时,高能环境也积极探索绿色金融和可持续投资,将财务管理与环境保护紧密结合,为企业和行业带来更大的经济效益和社会效益。

高能环境的成功经验和影响力不仅体现在其丰富的工程项目和服务范围上,还体现在其专业团队的技术能力、创新能力和责任意识上。作为领军企业,高能环境为整个环保行业树立了标杆,推动了行业发展与改善。高能环境将继续以科技驱动和财务管理变革为导向,为实现绿色能源革命和环保事业持续发展做出更大的贡献。

3. 光大环境

光大环境集团是中国环保行业的领先企业之一,致力于提供全方位的环境保护解决方案。光大环境在能源与环保领域进行了一系列的科技创新,以推动绿色能源革命。

(1) 可再生能源开发与利用

光大环境积极投资和开发可再生能源项目,如风能、太阳能和生物质能等。通过引进和应用先进的发电设备和技术,光大环境提高了可再生能源的利用效率,减少了对传统能源的依赖,推动了能源结构向绿色方向转型。

(2) 智能环保监测系统

光大环境采用智能环保监测系统,通过物联网、大数据和人工智能等技术,实现对环境污染源的实时监测和数据分析。这一系统帮助企业实现对污染物排放的准确控制和预警,有效保护环境,提升环保管理的效率和精度。

(3) 废弃物处理与资源回收

光大环境通过技术创新,开发了高效的废弃物处理和资源回收技术。利用先进的废弃物处理设备和工艺,光大环境能够有效地处理和回收废弃物,降低了对自然资源的消耗,并减少了对环境的负面影响。

(4) 环境污染治理技术

光大环境在环境污染治理方面进行了大量的研发工作,涉及大气污染治理、水污染治理和土壤修复等领域。通过引进和应用先进的治理技术,光大环境帮助企业和政府解决了环境污染问题,改善了生态环境质量。

这些科技创新案例对能源与环保行业的可持续发展产生了积极的影响。光大环境的科技创新推动了绿色能源发展和环境污染治理。作为行业的先行者,光大环境为其他企业和机构提供了可借鉴的经验,促进了整个行业进步和发展。

4. 中国石油

中国石油天然气集团有限公司(中国石油)是中国能源与环保行业的重要企业之一。作为中国最大的石油和天然气生产商和供应商,中国石油在能源与环保领域进行了一系列的科技创新,推动了行业发展和转型。

(1) 油气勘探与开发技术

中国石油通过引进和自主研发先进的油气勘探与开发技术,提高了油气资源勘探和开发效率。利用三维地震勘探、水平井和压裂等先进技术,中国石油成功开发了一批大型油气田,增加了能源供应量。

(2) 清洁能源技术

中国石油积极推动清洁能源技术研发和应用,涉及天然气、液化天然气(LNG)和油页岩等领域。通过提供清洁能源替代传统燃料,中国石油减少了对化石燃料的依赖,降低了能源消耗和环境污染。

(3) 石油化工技术创新

中国石油在石油化工领域进行了一系列的技术创新,提高了炼油和化工生产效率及质量。通过引进和自主研发先进的炼油和化工工艺技术,中国石油降低了生产成本,减少了能源消耗和废弃物排放,推动了石油化工行业向绿色方向发展。

(4)环境保护技术

中国石油致力于环境保护,在生产过程中积极采取措施减少污染物排放。通过采用先进的废气处理、废水处理和固体废弃物处理技术,中国石油有效降低了对环境的影响,保护了生态环境的可持续性。

这些科技创新案例对能源与环保行业产生了积极的影响。中国石油的科技创新不仅提高了能源利用效率、促进了清洁能源发展,还降低了环境污染和资源消耗,并推动了能源与环保行业可持续发展。作为中国能源领域的龙头企业,中国石油在能源与环保方面的科技创新经验对其他企业和行业具有借鉴意义。

8.6 能源与环保行业的数字化的管理系统与大数据财务系统应用

8.6.1 数字化的管理系统在能源与环保行业的应用

数字化的管理系统在能源与环保行业的应用可以帮助提高生产效率、降低成本、优化资源利用,并加强环境监测和管理。通过采用先进的数字技术和信息系统,能源与环保企业能够实现数据集中化、实时监测和智能化决策,从而实现管理数字化转型。

在能源领域,数字化的管理系统可以帮助能源公司实现电网智能化管理和优化,提高电力传输和分配效率,降低能源浪费。通过实时数据监测和分析,能源公司可以及时调整供需平衡,提高供电的稳定性和可靠性。此外,数字化的管理系统还可以帮助能源企业优化电力市场运营和负荷调度,提高电网的智能化程度和运行效率。

在环保领域,数字化的管理系统可以实现对污染物排放和环境质量的实时监测和预警。通过传感器和监测设备网络化连接,环保部门可以收集大量的环境数据,并利用大数据分析技术进行监测和预测。这有助于实时发现和响应环境问题,加强环境保护和治理的效果。同时,数字化管理系统还可以优化废水处理、垃圾处理和排放管控等环境管理过程,提高资源利用效率和减少污染物排放。

数字化管理系统在能源与环保行业的应用为企业提供了更强大的管理和决策支持能力。通过实时监测、数据分析和智能化决策,能源与环保企业可以实现生产过程优化、资源高效利用以及环境有效保护,推动能源与环保行业向绿色转型和可持续发展。

8.6.2 大数据财务系统在能源与环保行业中的应用

大数据财务系统在能源与环保行业的应用可以帮助企业实现财务数据集中管理、分析和决策支持,提高财务管理的效率和准确性。通过应用大数据技术,能源与环保企业可以更好地掌握财务状况、优化资金运作,并进行战略规划和决策。

在能源行业,大数据财务系统可以帮助企业实现能源成本精细化管理和控制。通过对大量能源数据的采集、分析和建模,企业可以了解能源消耗情况、成本结构和效益水平,并基于数据进行成本控制和效益优化决策。同时,大数据财务系统还可以支持能源企业进行风险管理和投资决策,通过数据分析和模型预测,评估项目的经济可行性和风险水平,提高财务决策的准确性和效果。

在环保行业,大数据财务系统可以帮助企业实现环保成本管理和控制。通过对环保数据的采集和分析,企业可以了解环保项目的成本构成和效益情况,识别成本优化空间和效益提升点,并基于数据进行成本控制和效益优化决策。此外,大数据财务系统还可以支持企业进行环保投资和融资决策,通过对环保项目的财务评估和模型分析,评估投资回报和风险水平,提高投资决策的准确性和效果。

大数据财务系统的应用为能源与环保企业提供了更精确、及时的财务信息和决策支持,帮助企业实现财务管理数字化转型和创新。

8.6.3 数字化管理与财务系统对能源与环保行业创新的影响

数字化管理与财务系统对能源与环保行业的创新有着重要的影响。通过数字化的管理系统和财务系统的应用,能源与环保企业可以实现业务流程优化、决策的精准性和效率提升,进而推动行业创新和发展。

首先,数字化的管理系统可以帮助能源与环保企业实现业务流程优化和协同。通过数字化系统,企业可以实现业务数据集中管理、信息实时共享和协同办公,提高工作效率和协作能力。例如,能源企业可以通过数字化系统实现能源生产、调度和配送智能化管理,提高供应链的响应速度和能效水平。同时,环保企业可以利用数字化系统实现环境数据实时监测和管理,提升环境保护的精准性和效果。

其次,财务系统的数字化应用可以提升能源与环保企业的财务管理和决策支持能力。通过数字化财务系统,企业可以实现财务数据实时采集、准确分析和智能决策。这有助于企业及时了解和分析财务状况,优化资金运作和成本控制,以及制定战略规划和投资决策。例如,能源企业可以利用数字化的财务系统进行成本核算和效益分析,优化能源供应链的成本控制和效能提升。同时,环保企业可以通过数字化的财务系统实现环保项目的财务评估和效益分析,推动环保投资合理配置和效益优化。

最后,数字化管理与财务系统的应用为能源与环保行业的创新提供了基础和支撑。通过数字化系统的数据分析和模型预测,能源与环保企业可以更好地洞察市场需求和趋势,进行产品创新和业务模式创新。同时,数字化系统的应用也为企业与合作伙伴协同创新提供了平台和便利,促进产业链上下游协同合作和创新。

数字化管理与财务系统的应用对能源与环保行业的创新起到了重要的推动作用。通过数字化系统的应用,能源与环保企业可以实现业务流程优化和协同、提升财务管理和决策支持能力,以及促进创新产生和发展。这将进一步推动能源与环保行业转型升级,实现可持续发展和绿色经济的目标。

思考题

1. 科技驱动下的能源与环保行业创新如何促进绿色能源发展和应用？以可再生能源技术和清洁技术为例进行讨论。

2. 数字化的管理系统和大数据财务系统对能源与环保行业的财务管理有何影响？分析其在成本控制和效益优化方面的作用。

研究方向

1. 研究科技驱动下的能源与环保行业的新兴商业模式，探索可持续能源创业的市场机会和商业发展路径。

2. 分析能源与环保行业中的科技创新趋势和前沿技术，为创业者提供创新创业的方向和战略指导。

3. 探讨数字化的管理系统和大数据财务系统在能源与环保创业公司中的应用效果，并提出相应的优化策略和方法。

第9章 物流与运输：科技驱动下的物流优化与财务管理创新

在当前这个快速发展的时代，物流与运输行业已经成为全球供应链的核心环节。这个行业不仅关系到商品流通，而且也是经济发展、跨境贸易等多个领域的重要驱动力。因此，了解并掌握物流与运输行业的运作模式和趋势，对于我们理解现代经济的运行有着至关重要的作用。

随着科技的进步，特别是信息技术和通信技术的发展，物流与运输行业正在经历一场深刻的变革。自动化和机械化、物联网技术、大数据与分析、无人驾驶技术、人工智能与机器学习等新技术应用，正在推动这个行业向更高效、更智能的方向发展。

本章的主要目标是通过深入探讨这些新技术对物流与运输行业的影响以及这些技术在行业中的应用，来帮助读者理解科技如何驱动物流与运输行业创新与优化。我们将首先介绍物流与运输行业的现状和科技驱动的必要性，然后讨论一些科技引领下的行业创新案例。此外，我们还将讨论物流与运输行业的数字化管理与优化以及这个行业的财务大数据分析与决策支持。

通过这一章的学习，读者能够对物流与运输行业有更深入的理解，同时也能够看到科技创新在这个行业中的巨大潜力和未来的发展趋势。

9.1 物流与运输行业的现状及科技驱动的必要性

9.1.1 物流与运输行业的定义和重要性

物流与运输行业是指负责物品流动和运输的组织和活动。它涵盖了货物存储、分拣、运输、配送以及相关的信息管理和物流服务。物流与运输是现代经济中不可或缺的环节，对于实现供应链高效运作和商品流通顺畅具有重要作用。

1. 供应链管理

物流与运输是供应链管理的核心环节。它负责将原材料、半成品和成品从供应商、生产商运输到最终消费者,并在此流动过程中进行协调和管理。物流与运输高效与否直接影响着供应链的稳定性、生产效率和客户满意度。

2. 商品流通

物流与运输行业保障了商品流通和分发。它通过有效地运输和配送网络,将商品从生产地点送达消费者手中。物流与运输畅通与否决定了商品能否及时、准确地到达目的地,满足消费者的需求。

3. 经济发展

物流与运输行业对于经济的发展起着重要推动作用。它促进了生产要素流动和资源配置,提高了生产效率和运作效率。同时,物流与运输行业本身也创造了大量的就业机会,推动了就业和经济增长。

4. 跨境贸易

随着全球化的发展,跨境贸易日益增多。物流与运输行业承担着跨国货物运输、清关和配送等任务,推动了国际贸易畅通和发展。它在促进不同国家和地区之间的经济联系和合作方面具有重要作用。

物流与运输行业在现代经济中扮演着重要角色,对于供应链管理、商品流通、经济发展和跨境贸易等方面具有重要的意义。科技驱动的创新与应用将进一步提升物流与运输行业的效率和质量,推动行业发展和进步。

9.1.2 科技驱动对物流与运输行业的影响

科技快速发展对物流与运输行业产生了深远的影响,推动了行业转型与升级,概念图如图 9.1 所示。

图 9.1 科技驱动对物流与运输行业的影响

1. 自动化和机械化

物流与运输行业引入自动化和机械化技术,如自动化仓储系统、自动导引车辆和自动化装卸设备等,提高了物流操作的效率和准确性。自动化和机械化技术应用使得物流作业更加高效、精确,并且降低了人为错误和劳动强度。

2. 物联网技术

物联网技术发展使得物流与运输行业实现了物品和设备互联互通。通过物联网技术,物流企业可以实时追踪货物的位置、监测温湿度等环境参数,提高货物的安全性和可追溯性。同时,物联网技术也为运输车辆提供了实时的监控和管理,提升了运输效率和安全性。

3. 大数据与分析

大数据技术应用使得物流与运输行业能够处理和分析大量的数据,从而获取更准确的信息和洞察。通过对大数据的分析,物流企业可以优化运输路线、调整库存策略,提高运输效率和降低成本。同时,大数据分析还可以帮助物流企业预测需求,提前调整运力和资源配置,更好地满足客户的需求。

4. 无人驾驶技术

无人驾驶技术发展为物流与运输行业带来了巨大的变革。通过无人驾驶技术,物流企业可以实现运输车辆无人驾驶,提高运输效率和安全性。无人驾驶技术还可以使得运输车辆实现 24 小时不间断运行,缩短货物在途时间和提高响应速度。

5. 人工智能与机器学习

人工智能和机器学习技术在物流与运输行业的应用越来越广泛。通过应用人工智能和机器学习算法,物流企业可以进行运输需求预测、路线优化、货物分拣等工作。人工智能技术还可以分析大量的数据,发现隐藏的模式和趋势,帮助企业做出更准确的决策。

科技驱动对物流与运输行业产生了巨大的影响。自动化和机械化、物联网技术、大数据与分析、无人驾驶技术以及人工智能与机器学习等技术应用,提升了物流与运输行业的效率、安全性和可持续性。持续的科技创新和应用将进一步推动物流与运输行业发展和进步。

9.2 科技引领下的物流与运输行业创新

9.2.1 人工智能和大数据在物流优化中的应用

人工智能和大数据在物流优化中发挥着重要作用,通过智能化的数据分析和决策支持,提升物流运作的效率、准确性和可持续性,其应用涉及多个方面。

1. 路线规划与优化

人工智能和大数据可以分析海量的历史运输数据、交通状况和其他相关信息,为物流企业提供精确的路线规划和优化建议。基于实时数据和预测模型,智能算法可以帮助物流企业选择最佳的运输路径和交通工具,以降低运输成本和缩短交货时间。

2. 货物追踪与可视化

通过物联网技术和大数据分析,物流企业可以实时追踪货物的位置、状态和运输过程。结合人工智能算法,可以将大量的物流数据转化为可视化的信息,提供实时的货物追踪和监控。这样，物流企业和客户都能够准确了解货物的位置和运输状态，提高货物的安全性和可靠性。

3. 配送路线优化

人工智能和大数据可以分析客户订单、配送需求和实时交通情况，为物流企业提供最优的配送路线和时间窗口。通过应用智能算法，可以考虑多种因素，如交通拥堵、配送车辆的容量和效率等，优化配送计划，提高配送效率和满足客户需求。

4. 库存管理与预测

人工智能和大数据可以分析历史销售数据、市场趋势和供应链信息，帮助物流企业进行库存管理和需求预测。智能算法可以识别季节性和周期性的销售模式，并预测未来的需求趋势，从而优化库存水平和减少库存成本。

5. 风险管理与预警

人工智能和大数据可以分析供应链中的风险因素，如天气变化、交通堵塞、设备故障等，提前发现潜在的问题并进行预警。通过建立风险模型和智能预警系统，可以及时采取措施来应对风险，减少潜在损失。

通过应用人工智能和大数据，物流企业可以实现智能化的运营管理，提高物流效率、降低成本，并提供更优质的服务体验。同时，人工智能和大数据持续创新和发展将进一步推动物流行业转型和发展。

9.2.2 自动化和物联网在运输系统中的应用

自动化和物联网技术在运输系统中的应用，可以提高运输过程的效率、安全性和可持续性。

1. 自动驾驶技术

自动驾驶技术利用传感器、摄像头和人工智能算法，实现车辆自主导航和行驶。通过实时感知周围环境、识别道路标志和交通信号等，自动驾驶车辆可以减少人为驾驶错误，并提高驾驶安全性和运输效率。

2. 智能交通系统

物联网技术与交通系统连接，可以实现交通流量监测、交通信号优化和交通管理智能化。通过应用传感器和通信技术，可以实时监测道路状况和交通流量，并根据数据进行交通信号优化和交通拥堵管理，提高交通效率和减少交通事故。

3. 运输设备智能化

物联网技术可以将传感器应用于运输设备，实现设备智能监测和维护。例如，通过传感器监测货运车辆的状况，可以及时发现设备故障并进行维修，避免因设备故障而造成运输延误。

4. 实时运输跟踪与监控

物联网技术可以实现货物实时跟踪和监控。通过应用物联网设备和传感器，可以实时监测货物的位置、温度、湿度等信息，提高货物的安全性和可追溯性。同时，可以通过物联网平台提供实时数据分析和预警，及时发现潜在的问题并采取措施进行处理。

5．无人机和机器人应用

无人机和机器人技术在运输系统中的应用越来越广泛。无人机可以用于航空物流，实现快速的货物运输和交付；机器人可以用于仓储和装卸作业，提高作业效率和减少人力成本。

自动化和物联网应用可以提高运输系统的效率和安全性，减少人为错误和人力成本，并提供更好的服务体验。随着技术的不断发展，自动化和物联网在运输系统中的应用将进一步推动运输行业创新和发展。

9.2.3　物流与运输行业中的科技创新案例分析

1．菜鸟网络智能物流

菜鸟网络是阿里巴巴集团旗下的物流平台，通过人工智能、大数据和物联网技术实现智能化的物流管理。他们利用大数据分析和预测算法优化仓储管理和提高配送效率，实现快速、准确的物流服务。

2．中通快递无人车配送

中通快递引入了无人车技术，通过自动驾驶的无人车进行货物配送。这种无人车可以在预设的路线上进行自主导航，提高配送效率，减少人力成本。

3．顺丰速运智能仓储系统

顺丰速运采用智能仓储系统，利用自动化设备和物流机器人实现仓库内的货物搬运和分类。这样可以提高仓库作业效率，减少人工错误，确保货物准时配送。

4．快捷宅配智能配送箱

快捷宅配是一家物流服务提供商，他们引入了智能配送箱，通过物联网技术实现对货物的实时监控和追踪。客户可以通过手机应用程序追踪货物的位置和配送进度，提供更好的配送体验。

5．中铁物流数字化管理系统

中铁物流是中国铁路物流公司，他们采用数字化管理系统，实现对货物运输过程的全程监控和管理。通过数据分析和预测算法，他们可以优化货物运输路线，提高运输效率和准时率。

这些科技创新案例在中国物流与运输行业中推动了效率、安全性和服务质量提升。通过引入先进的技术和创新的解决方案，物流与运输行业能够更好地应对快速增长的物流需求，并实现行业可持续发展。

9.3　物流与运输行业数字化管理与优化

9.3.1　数据驱动的货物管理和物流规划

数据驱动的货物管理和物流规划在物流与运输行业中扮演着重要的角色，行业中有不少应用案例。

1. 数据采集和分析

通过物流管理系统和传感器技术,可以实时采集和监测货物的位置、状态、温度等信息。这些数据可以被用于分析货物流动性、需求预测、库存管理等,从而提高物流效率和减少运输成本。

案例:京东物流利用物联网技术和大数据分析,实现了对货物的实时追踪和运输过程的监控。他们通过分析历史数据和实时数据,优化路线规划,减少货物的滞留时间和运输时间。

2. 运输优化和路径规划

利用大数据和智能算法,可以对物流网络进行优化和路径规划,以实现最佳的运输方案。通过考虑因素如距离、运输成本、交通状况等,可以提高运输效率和降低运输成本。

案例:滴滴货运运用大数据和人工智能技术,为货主提供最佳的货物运输方案。他们通过分析历史数据和实时交通信息,预测拥堵状况和最佳路径,从而减少货物的运输时间和成本。

3. 货物跟踪和可视化

通过物联网和云计算技术,可以实现对货物的实时跟踪和可视化管理。货主和物流公司可以通过手机应用或在线平台实时监控货物的位置、状态和交付进度,提供更好的物流可见性和管理。

案例:顺丰速运的"顺丰好友"平台可以实时追踪货物的位置和配送状态,同时提供货物电子签收服务。这种可视化管理系统可以帮助物流公司和客户更好地管理货物,并提供更高的交付准确性和客户满意度。

通过数据驱动的货物管理和物流规划,物流与运输行业可以实现更高效、准确和可持续的运输服务。这些创新促进了物流行业数字化转型,提高了运输效率和服务质量,为企业和消费者带来更好的物流体验。

9.3.2 智能化的运输路线和时间优化

智能化的运输路线和时间优化是物流与运输行业中的重要应用领域。业界已有成功的案例。

1. 实时交通监测和路况预测

通过整合实时交通数据和历史路况数据,运输公司可以准确预测道路拥堵情况,选择最佳的运输路线和时间窗口,以避开交通拥堵,减少运输时间和成本。

案例:滴滴物流利用其海量用户行程数据和实时交通数据,通过智能算法和机器学习技术进行交通路况预测。他们能够根据预测结果提供最佳路线规划和运输时间窗口,从而优化运输效率。

2. 路线优化和调度算法

运输公司可以利用智能算法和优化模型对多个订单进行路线规划和调度。通过考虑因素如货物类型、距离、交通状况等,可以制定最优的运输方案,提高运输效率和减少成本。

案例：京东物流采用了智能调度系统，利用机器学习和优化算法，实现对多个订单的路线规划和调度。他们能够在考虑各种约束条件下，生成最佳的运输方案，优化车辆利用率和降低运输成本。

3. 实时跟踪和配送优化

通过物联网技术和实时数据传输，运输公司可以实时跟踪货物的位置和配送进度。同时，他们可以利用智能算法对配送路线进行优化，以最小化配送时间和成本。

案例：顺丰速运利用物联网技术和实时数据传输，提供实时的货物跟踪和配送服务。他们还利用智能算法对配送路线进行优化，根据实时交通和配送需求，调整路线以提供最佳的配送效率。

通过智能化的运输路线和时间优化，物流与运输行业可以实现更高效、准确和可持续的运输服务。这些技术和应用可以帮助运输公司提高运输效率、减少运输成本，并为客户提供更好的配送体验和提高客户满意度。

9.3.3 物联网在设备监控和维护中的应用

1. 远程设备监控

物联网可以连接运输车辆、设备和传感器，实现对车辆状态和性能的远程监控。运输公司可以实时监测车辆的位置、速度、燃油消耗等关键指标，以便及时进行调度和维护。

案例：UPS 运输公司在其货车上安装了传感器和物联网连接设备，实时监测车辆的行驶状态和燃料消耗情况。通过远程监控，他们可以准确掌握车辆的运行情况，并及时进行维护和修理，提高运输效率和可靠性。

2. 预测性维护

物联网可以通过收集设备传感器数据和使用机器学习算法，实现对设备健康状况的预测和维护。运输公司可以通过分析传感器数据，预测设备故障和维护需求，以减少停运时间和维修成本。

案例：FedEx 使用物联网传感器监测货运飞机的引擎性能和其他关键指标。他们通过收集和分析传感器数据，实现对引擎故障的预测和维护，以确保飞机安全和可靠运行。

3. 资产管理和库存控制

物联网可以帮助运输公司实现对资产和库存的实时监控和管理。通过将设备和货物标记为物联网设备，运输公司可以实时追踪和管理其位置、状态和可用性，以避免物资短缺和提高库存效率。

案例：亚马逊使用物联网设备和传感器实现对仓库和库存的实时监控和管理。他们可以准确追踪货物的位置和数量，并通过智能算法进行库存控制和补货决策，以确保及时交付和满足客户需求。

物联网在设备监控和维护中的应用为物流与运输行业带来了许多优势，如提高设备可靠性、降低维护成本、优化库存管理等。这些应用可以帮助运输公司实现更高效、可持续和可靠的运输服务。

9.4 物流与运输行业的财务大数据分析与决策支持

9.4.1 物流与运输行业的财务数据采集与整理的数字化工具

在物流与运输行业,财务数据采集和整理对于财务管理至关重要。科技发展为物流与运输行业提供了许多数字化工具,以实现更高效、准确的财务数据管理。

1. 财务管理软件

物流与运输公司可以使用财务管理软件,如 SAP、Oracle Financials 等,来自动地进行财务数据采集、整理和处理。这些软件提供了财务报表、成本控制、账户管理等功能,使财务流程更加高效和精确。

2. 电子票据和电子支付系统

通过使用电子票据和电子支付系统,物流与运输公司可以实现对货物运输和支付流程的数字化管理。电子票据和支付系统可以自动记录和整理交易信息,提供准确的财务数据,同时简化了货款结算和报销流程。

3. 数据采集和集成工具

物流与运输行业可以利用数据采集和集成工具,如物联网传感器、条码扫描器等,来自动地进行数据收集和整理。这些工具可以实时监测货物运输和交付过程,并将相关数据自动传输到财务系统,提供及时的财务信息。

4. 数据分析和报告工具

为了更好地理解和分析财务数据,物流与运输公司可以使用数据分析和报告工具,如 Tableau、Power BI 等。这些工具可以将大量的财务数据转化为可视化的图表和报告,帮助管理层做出更准确的财务决策。

这些数字化工具可以帮助物流与运输行业实现财务数据自动化采集、整理和分析,提高财务管理的效率和准确性。同时,数字化工具还能够提供更好的数据可追溯性和安全性,帮助公司满足合规要求并提高风险管理能力。

9.4.2 物流与运输行业的财务指标分析与财务预测的应用

在物流与运输行业,财务指标分析和财务预测对于经营决策和财务管理至关重要。通过对关键财务指标的分析和预测,物流与运输公司可以更好地了解其经营状况、评估业绩,并做出相应的战略和财务决策。

1. 运输成本率分析

物流与运输公司可以通过分析运输成本率,即运输成本与总营业收入的比率,来评估运营效率和成本控制情况。通过监测运输成本率的变化趋势,公司可以及时采取措施来降低成本,提高盈利能力。

2. 财务杠杆分析

财务杠杆是指公司借助债务融资来增加投资回报的行为。在物流与运输行业,公司通常需要大量的资金来购买和维护运输设备、仓储设施等。通过分析财务杠杆指标,如负债比率、权益比率等,可以评估公司的资本结构和财务风险。

3. 现金流量分析

现金流量是衡量公司偿付能力和经营活动现金流动性的重要指标。物流与运输公司需要密切监测现金流入和流出,以确保资金的充足性和正常运营。通过现金流量分析,公司可以发现现金流动的问题和瓶颈,并采取措施来优化现金流量管理。

4. 财务预测模型

物流与运输公司可以利用财务预测模型来预测未来的财务状况和业绩。通过收集和分析历史财务数据,结合行业趋势和市场预期,可以建立准确的财务预测模型。这有助于公司制定合理的预算和计划,并为投资决策提供依据。

财务指标分析和财务预测可以帮助物流与运输公司更好地了解经营状况、优化成本控制、提高投资回报率,并做出合理的财务决策,以实现可持续发展和财务管理创新。

9.4.3 物流与运输行业利用大数据进行成本控制与效益优化

在物流与运输行业,利用大数据进行成本控制与效益优化是一项重要的举措。通过收集、分析和应用大数据,物流与运输公司可以获得更准确、全面的数据洞察,以支持成本控制和效益优化的决策。

1. 路线优化

利用大数据分析交通拥堵、交通流量、道路状况等信息,物流与运输公司可以优化货物运输的路线规划。通过选择最佳的路线和时间窗口,减少路途上的延误和等待时间,降低运输成本,提高效益。

2. 车队调度与资源利用

通过监控车辆位置和状态等数据,物流与运输公司可以实时调度车辆,优化车辆资源利用。例如,根据运输需求和货物量,合理安排车辆的配送路线和装载量,最大限度地提高车辆的利用率,降低运输成本。

3. 货物追踪与可视化

利用大数据技术,物流与运输公司可以实时追踪货物的位置和状态,提供可视化的信息。通过货物追踪系统,公司可以准确了解货物的运输进程,及时发现问题并采取措施解决,避免延误和损失,提高效益。

4. 供应链优化

大数据分析可以帮助物流与运输公司优化供应链管理,提高物流效率和减少成本。通过分析供应链中的各个环节,如采购、仓储、配送等,可以识别瓶颈和优化机会,并提出相应的改进措施,以实现成本控制和效益优化。

通过充分利用大数据技术,物流与运输行业可以实现更精确的成本控制和效益优化,提高运营效率和盈利能力。同时,大数据分析也为企业提供了更深入的业务洞察和决策支持,帮助其在竞争激烈的市场中保持竞争优势。

9.5 物流与运输行业的科技创新案例

9.5.1 物流与运输行业中的前沿科技与研发趋势

物流与运输行业面临着不断发展和变化的需求和挑战,科技创新和研发是推动行业发展的重要驱动力。

1. 物联网技术

物联网技术将物理设备和传感器与互联网连接,实现设备间的数据共享和通信。在物流与运输行业中,物联网技术可以实现实时监控、追踪、管理货物、车辆和设备,提高物流的可见性和效率。

2. 无人驾驶技术

无人驾驶技术发展将对物流与运输行业产生深远影响。自动驾驶车辆可以减少人为错误和事故风险,提高运输安全性和效率。无人驾驶技术还可以实现货物自动装卸和配送,降低人力成本和运营成本。

3. 人工智能和机器学习

人工智能和机器学习技术可以分析大规模数据,预测需求和优化运输计划。通过学习和适应性算法,人工智能可以提供更精确的货物配送和路线规划,减少时间和资源浪费。

4. 区块链技术

区块链技术可以实现安全、透明和可追溯的交易记录和信息共享。在物流与运输行业中,区块链可以改善供应链的可信度和透明度,防止欺诈和假冒产品,提高货物的安全性和可追溯性。

5. 虚拟现实和增强现实

虚拟现实和增强现实技术可以改善培训和操作流程,提高工作效率和减少错误。在物流与运输行业中,员工可以通过虚拟现实技术进行逼真的模拟训练,提高操作技能和安全性。

6. 绿色和可持续发展

物流与运输行业越来越关注环境可持续性和碳排放减少。因此,研发和采用绿色技术和可再生能源成为行业的重要趋势。例如,电动车辆和可再生能源应用,可以减少对化石燃料的依赖,降低碳排放。

7. 数据分析和预测模型

物流与运输行业依赖于大量的数据,包括货物信息、交通流量、供应链数据等。数据分析和预测模型应用可以帮助企业做出更准确的需求预测、货物调度和运输计划,提高运输效率和客户满意度。

物流与运输行业的前沿科技和研发趋势旨在提高运输效率、降低成本、增强安全性和可持续性。应用这些科技和趋势将不断改变行业的面貌,并为企业创造新的机会和竞争优势。

9.5.2 科技创新对物流与运输行业的重要性与引领作用

科技创新在物流与运输行业中发挥着重要的作用,并引领着行业发展。

1. 提高运输效率

科技创新为物流与运输行业提供了许多工具和技术,如实时跟踪系统、智能路线规划和优化、自动化装卸设备等,大大提高了运输的效率和准确性。通过应用新的科技,企业可以更好地管理运输过程,减少时间和资源浪费,提高运输效率。

2. 降低运营成本

科技创新可以帮助物流与运输企业降低运营成本,例如,自动化装卸设备可以减少人力成本,智能路线规划和优化可以节省燃料和车辆使用成本。通过科技创新,企业可以提高运输的效率,降低成本,增加利润。

3. 增强供应链可见性

物流与运输行业中的供应链可见性对于高效运作至关重要。科技创新提供了实时数据和信息采集和共享工具,使企业能够实时跟踪和监控货物的位置和状态,提前发现潜在问题,并及时采取行动。这种供应链可见性可以提高运输的透明度和准确性,减少信息不对称带来的风险。

4. 促进智能化和自动化

物流与运输行业正朝着智能化和自动化方向发展,科技创新在这方面发挥着关键作用。无人驾驶技术、物联网设备和机器学习算法应用使得运输过程更加智能化和自动化,提高了运输的效率和安全性。科技创新为企业提供了更多的机会来实现智能化和自动化的目标。

5. 推动可持续发展

物流与运输行业对能源消耗和环境影响较大,科技创新在推动行业可持续发展方面起到重要作用。例如,电动车辆可以减少对化石燃料的依赖,减少碳排放;智能路线规划和优化可以减少车辆行驶里程和拥堵,降低能源消耗。科技创新为企业提供了更多的选择,以实现更环保和可持续的运输方式。

科技创新在物流与运输行业中扮演着重要的角色,引领着行业的发展方向。通过应用新的技术和工具,企业可以提高运输效率,降低成本,增强供应链可见性,推动智能化和自动化,促进可持续发展。这些科技创新不仅为企业带来了竞争优势,也推动着整个行业进步和创新。

9.5.3 成功的科技创新案例及其对物流与运输行业的影响

1. 顺丰速运

顺丰速运是中国物流与运输行业的领先企业,他们在科技创新方面取得了许多成功的案例,并对整个行业产生了深远的影响。

(1) 无人机配送

顺丰率先在中国引入了无人机技术用于配送服务。无人机配送可以提供快速、灵活、高效的配送解决方案,尤其在偏远地区或紧急情况下具有重要意义。顺丰利用无人机进行医药品配送、物资运输等,极大地提高了配送效率和覆盖范围。

(2) 物联网技术

顺丰运用物联网技术来实现对货物的实时跟踪和监控。通过在货物上安装传感器和标签,顺丰可以追踪货物的位置、温度、湿度等信息,并通过云平台进行实时监控和管理。这大大提高了货物的安全性和可追溯性,提供了更可靠的物流服务。

(3) 智能化仓储和物流设备

顺丰在仓储和物流设备方面进行了智能化改造。他们引入了自动化分拣设备、机器人操作系统和智能仓库管理系统,大大提高了仓储和分拣的效率和准确性。通过科技创新,顺丰能够更好地应对快速增长的订单量和复杂的物流需求。

(4) 大数据分析

顺丰运用大数据分析来优化运输网络和物流路线规划。通过收集和分析大量的数据,顺丰能够准确预测需求、优化运输路线,降低运营成本并提供更高效的物流服务。大数据分析为顺丰提供了更好的决策支持和战略规划。

这些成功的科技创新使顺丰成了物流与运输行业的领军企业,并对整个行业产生了重大的影响。他们不断探索和应用新的技术和工具,推动着物流与运输行业创新和发展。这些科技创新不仅提升了顺丰的竞争力,也为其他企业提供了借鉴和学习的范例,推动整个行业向更智能、高效、可持续的方向发展。

2. 京东物流

京东是中国著名的电子商务公司,他们在物流与运输领域也进行了许多成功的科技创新,为整个行业带来了重要的影响。

(1) 智能仓储系统

京东建立了智能化的仓储系统,采用自动化分拣设备和机器人技术,实现了高效、精确的仓储和分拣操作。通过智能化仓储系统,京东能够快速处理大量订单,并减少人为操作的错误和延误,提高了仓储和物流的效率。

(2) 无人机配送

京东率先在中国推出了无人机配送服务。无人机配送可以在偏远地区或交通拥堵的情况下提供快速的配送服务,极大地提高了配送效率和覆盖范围。京东利用无人机进行商品配送,尤其在特殊场景和紧急情况下表现出色。

(3) 物流大数据分析

京东利用大数据分析技术对物流数据进行深入分析,包括订单量、配送路线、运输时间等。通过对物流数据的准确分析,京东能够优化配送路线、合理规划运力,并提供更精准地配送时间和服务质量。

(4) 末端配送网络优化

京东通过建立末端配送网络,与物流合作伙伴合作,打造了覆盖全国的配送网络。他们利用智能路由和智能调度系统,实现了高效的末端配送服务,确保商品能够快速送达用户手中。

这些科技创新使京东在物流与运输领域取得了显著的成绩,并对整个行业产生了积极的影响。京东不断探索和应用新的技术,推动着物流与运输行业创新和发展。他们致力于提供更快速、高效、可靠的物流服务，为用户提供更好的购物体验。这些科技创新不仅提升了京东的竞争力，也为其他企业提供了借鉴和学习的范例，推动整个行业向更智能、高效、可持续的方向发展。

3. 中通快递

中通快递是中国知名的快递物流企业，他们在物流与运输领域也进行了许多成功的科技创新，为整个行业带来了重要的影响。

（1）智能分拣系统

中通引入了智能分拣系统，通过自动化设备和机器人技术，实现了快速、准确的包裹分拣。智能分拣系统能够快速识别、分类和分拣大量包裹，大大提高了分拣效率和准确性，减少了人力成本和处理时间。

（2）末端配送网络优化

中通致力于优化末端配送网络，通过与物流合作伙伴协作和技术支持，建立了覆盖全国的配送网络。他们通过智能调度和路由算法，优化配送路径，提高配送效率，确保包裹能够及时送达目的地。

（3）物联网技术应用

中通积极采用物联网技术，通过应用物联网设备和传感器，实现对货物运输过程的实时监控和追踪。物联网技术使得中通能够实时掌握货物的位置、温度、湿度等信息，确保货物的安全性和质量。

（4）大数据分析与智能决策

中通利用大数据分析技术，对物流数据进行深入分析，包括订单量、配送路线、运输时间等。通过对大数据的挖掘和分析，中通能够优化运营策略、合理配置运力资源，提升物流效率和客户满意度。

这些科技创新使中通在物流与运输领域取得了显著的成绩，并对整个行业产生了积极的影响。中通不断引入新的技术和创新，提升物流效率和服务质量，为用户提供更快速、可靠的快递服务。中通的科技创新不仅提升了企业的竞争力，也为整个行业带来了变革和进步，推动着物流与运输行业向更智能、高效、可持续的方向发展。

4. 菜鸟网络

菜鸟网络是中国领先的物流科技公司，他们通过创新的科技手段，推动了物流与运输行业发展与变革。

（1）智能仓储与分拣系统

菜鸟网络引入了智能仓储与分拣系统，通过自动化设备、机器人和人工智能技术，实现了高效、智能化的仓储和分拣操作。智能仓储系统能够自动识别和分类商品，提高了仓储和分拣效率，减少了人力成本，同时提升了订单处理速度和准确性。

（2）数据驱动的物流网络优化

菜鸟网络利用大数据和人工智能技术，对物流网络进行智能优化。他们通过分析大量的数据，包括订单量、货物流向、配送路径等，优化物流网络的布局和运输路线，提高物流效率，减少运输成本，同时提供更准确的配送时效和服务。

(3) 智能化末端配送

菜鸟网络致力于优化末端配送服务,通过引入智能调度系统和优化配送路线,提高了配送效率和准时率。他们通过大数据分析和人工智能技术,对配送数据进行实时监控和优化,以实现更快速、高效的末端配送服务。

(4) 物流大数据平台

菜鸟网络建立了物流大数据平台,汇集了大量的物流数据,并应用数据分析和机器学习技术,提供数据驱动的物流解决方案。通过对物流数据的深度分析和预测,菜鸟网络能够提供更精准的运输时间预测、库存管理和供应链优化等服务,帮助客户提升物流效率和降低成本。

菜鸟网络的科技创新推动了物流与运输行业发展与变革,提高了物流效率、降低了成本,并为客户提供了更优质的物流服务体验。通过智能化仓储、数据驱动的网络优化和物流大数据平台等创新应用,菜鸟网络为行业带来了积极的影响,推动了物流与运输行业向数字化、智能化的方向发展。

9.6 物流与运输行业的数字化的管理系统与大数据财务系统应用

9.6.1 数字化的管理系统在物流与运输行业中的应用

数字化的管理系统在物流与运输行业中的应用可以提高运营效率、降低成本,并实现更精准的运输和供应链管理。

1. 订单管理系统

通过数字化的订单管理系统,物流公司可以实现订单自动化处理和跟踪,提高订单处理速度和准确性。系统可以自动分配订单给合适的运输车辆和司机,并实时跟踪订单状态和货物位置,确保订单准时交付。

2. 运输调度系统

数字化的运输调度系统利用实时数据和智能算法,对运输车辆和路线进行优化调度。系统可以根据订单量、货物特性、交通情况等因素,智能地分配运输任务,并优化运输路线,减少空载和重载运输,提高运输效率和节约燃料成本。

3. 仓储管理系统

数字化的仓储管理系统可以实现对仓库内货物的全面监控和管理。系统可以实时跟踪货物入库、出库和库存情况,提供准确的库存信息和货物追踪功能。通过数字化系统的管理,可以提高仓库作业效率,减少误差和损失。

4. 供应链可视化系统

通过数字化的供应链可视化系统,物流公司可以实时监控和管理整个供应链的各个环节。系统可以跟踪货物流动、预测需求、优化库存管理和供应计划，实现供应链协同和响应能力提升。

5. 数据分析和决策支持系统

数字化的管理系统可以整合和分析大量的物流数据，提供数据驱动的决策支持。系统可以帮助物流公司进行业务分析、运营优化和成本控制，提供准确的数据报表和预测分析，帮助企业做出更明智的决策。

应用这些数字化管理系统可以提升物流与运输行业的效率、准确性和可靠性，促进物流供应链协同和优化。通过数字化的管理系统，物流公司可以更好地应对市场需求的变化，提供更优质的物流服务，实现运营创新和财务管理变革。

9.6.2 大数据财务系统在物流与运输行业中的应用

大数据财务系统在物流与运输行业中的应用可以帮助企业更好地管理财务数据、进行财务分析，并支持决策制定和业务优化。

1. 财务数据采集和整理

大数据财务系统可以自动地采集和整理各种财务数据，包括收入、支出、成本、资产负债表等，减少人工处理的时间和错误率。通过实时数据采集和整理，企业可以及时获取准确的财务数据，为财务分析和决策提供基础。

2. 财务指标分析

大数据财务系统可以对物流与运输企业的财务指标进行深入分析，例如利润率、资产回报率、现金流量等。系统可以帮助企业识别财务关键指标，并提供可视化的报表和图表，帮助管理层更好地理解和分析财务数据，从而做出准确的决策。

3. 财务预测和规划

基于大数据分析和算法模型，大数据财务系统可以进行财务预测和规划，帮助企业预测未来的收入、成本和盈利能力。系统可以根据历史数据和市场趋势，进行精确的预测，并提供不同场景下的财务规划，帮助企业制定合理的财务目标和策略。

4. 成本控制与效益优化

大数据财务系统可以帮助物流与运输企业进行成本控制和效益优化。系统可以对各项成本进行精细化管理和分析，发现潜在的成本节约和效益提升点。通过对运输、仓储、人力资源等方面的成本分析，企业可以制定相应的措施，优化运营效率，降低成本，提高盈利能力。

5. 风险管理和合规性监测

大数据财务系统可以帮助物流与运输企业进行风险管理和合规性监测。系统可以对财务数据进行实时监测，发现潜在的风险和违规行为，并提供预警和报告功能。通过及时的风险管理和合规性监测，企业可以降低潜在风险的影响，并遵守相关的法律法规。

大数据财务系统在物流与运输行业中的应用可以提升财务数据管理和分析的效率和准确性，帮助企业做出更明智的财务决策，优化运营成本和效益，降低风险，推动企业财务管理创新。

9.6.3 数字化管理与财务系统对物流与运输行业创新的影响

数字化管理与财务系统对物流与运输行业的创新影响是深远的,概念图如图9.2所示。

图 9.2 数字化管理与财务系统对物流与运输行业创新的影响

1. 运营效率提升

数字化的管理系统可以实现物流与运输过程实时监控、自动化和优化。通过整合和分析大量的运输数据,系统能够提供更准确的物流规划、路线选择和资源分配,从而提高运输效率,降低成本,并缩短交付时间。

2. 实时数据可视化

数字化的管理系统可以将实时的运输和物流数据以可视化的形式呈现,帮助管理人员更好地监控和掌握业务运营状况。实时的数据分析和仪表盘展示使管理人员能够及时发现问题、做出决策和调整策略,提高运营的灵活性和响应能力。

3. 物流网络优化

通过数字化的管理系统,物流与运输企业可以进行物流网络优化和调整。系统可以基于大数据分析和算法模型,评估和优化不同运输节点、仓储设施和运输线路布局,以实现更高效的物流网络和资源利用率。

4. 客户体验提升

数字化的管理系统可以提供更准确、实时的物流信息和增强可追溯性,使客户能够随时跟踪和了解货物的运输状态。同时,系统还能提供更便捷的下单、支付和配送服务,提升客户的满意度和忠诚度。

5. 风险管理和安全保障

数字化的管理系统可以加强对物流与运输过程中的风险管理和安全保障。通过实时监控、预警和报警系统,系统能够及时发现并应对潜在的风险和安全问题,提高运输过程的安全性和可靠性。

数字化管理与财务系统对物流与运输行业的创新具有重要的推动作用,可以提升运营效率、优化物流网络、提升客户体验,并加强风险管理和安全保障,推动行业发展和进步。

思考题

1. 科技驱动下的物流与运输行业创新如何提升货物管理和运输效率？以人工智能和大数据应用为例进行讨论。

2. 数字化管理系统和大数据财务系统在物流与运输行业中的应用如何改善成本控制和效益优化？

研究方向

1. 分析科技驱动下的物流与运输行业的新兴商业模式，研究数字化物流服务的市场需求和商机。

2. 探索物流与运输行业中的前沿科技创新趋势，为创业者提供相关技术应用和商业发展建议。

3. 研究数字化管理系统和大数据财务系统在物流与运输创业公司中的应用效果，并提出相应的创新策略和管理模式。

第 10 章 金融与保险：科技引领下的金融服务颠覆与财务管理革新

金融与保险行业是现代经济社会的基石，涵盖了一切从资金流动与资本配置、风险管理与保障、经济稳定与监管到创新与发展的关键要素。然而，这个行业在过去的几年中也面临着许多挑战和变革。科技发展，特别是数字化转型、移动技术、大数据分析、人工智能、区块链技术以及金融科技创新，正在推动这个行业向前发展，并为我们提供了全新的机遇和挑战。

本章的主要目标是通过深入讨论科技对金融与保险行业的影响，以及这些技术在实际业务中的应用，帮助读者理解科技如何驱动金融与保险行业变革与创新。我们将详细讨论科技在金融交易、保险理赔、风险评估和预测模型等方面的应用，并对具体的案例进行分析。此外，我们还将讨论数字化管理和大数据在金融与保险行业中的应用，以及金融与保险行业的财务大数据分析与决策支持。

通过本章的阅读，读者能够更深入地理解科技如何改变金融与保险行业的运作方式，以及科技对这个行业的影响及其潜力。

10.1 金融与保险行业的现状与科技驱动的必要性

10.1.1 金融与保险行业的定义和重要性

金融与保险行业是现代经济的重要组成部分，它们在促进资金流动、风险管理、资本配置和经济发展等方面发挥着关键作用。金融行业涉及银行、证券、投资、支付和其他金融机构，而保险行业则专注于风险管理和保障。

1. 资金流动和资本配置

金融行业通过提供融资和投资渠道，促进资金流动和配置，为企业和个人提供资金支持，推动经济发展和增长。

2. 风险管理和保障

保险行业通过向个人和企业提供风险保障和赔付服务，帮助他们应对不确定性和风险，保护他们的利益和财产。

3. 经济稳定和监管

金融行业在经济中起到监管和调控的作用，通过金融机构监管和政策制定，维护金融市场稳定和健康，保障金融体系正常运转。

4. 促进创新和发展

金融行业创新和发展推动经济转型和升级，促进新兴产业和科技发展，推动金融服务升级和创新。

随着科技的迅猛发展，金融与保险行业面临着许多挑战和机遇。传统金融模式受到数字化技术、区块链、人工智能和大数据等新兴技术的冲击，科技驱动已经成为行业的必然趋势。

因此，金融与保险行业需要积极拥抱科技驱动，借助创新技术和数字化转型，提升服务效率、降低成本、增强风险管理能力，推动金融服务的普惠性和可持续发展。科技驱动的金融服务创新也为个人和企业带来了更多便利和选择，促进了金融市场竞争和发展。

10.1.2 科技驱动对金融与保险行业的影响

科技驱动对金融与保险行业产生了深远影响，对其业务模式、产品创新、风险管理和客户体验等方面带来了重大变革，概念图如图 10.1 所示。

图 10.1 科技驱动对金融与保险行业的影响

1. 数字化转型与创新

科技驱动推动金融与保险行业从传统的线下业务向数字化平台转型。金融机构和保险公司通过建立在线银行和保险应用程序，提供电子支付、网上银行、移动银行和电子保险等服务，使客户能够方便、快捷地进行金融和保险交易。

2. 移动技术与无线通信

移动技术快速发展和普及使得金融与保险行业能够实现移动化的服务。用户可以通过手机应用程序进行账户管理、支付、转账和查询等操作。同时，无线通信技术应用，如4G和5G网络，为金融与保险行业提供更快速、安全和稳定的数据传输通道。

3．大数据分析与个性化服务

金融与保险行业拥有海量的数据，通过大数据分析技术，可以挖掘和分析这些数据，提供更精确的客户画像和风险评估，从而为客户提供个性化的金融和保险产品及服务。大数据分析也可以帮助金融机构发现新的市场机会和业务增长点。

4．人工智能与机器学习

人工智能和机器学习技术在金融与保险行业具有广泛的应用前景。例如，聊天机器人和虚拟助手可以提供实时的客户服务和支持，自动化的理赔系统可以加快理赔流程，自动风险评估系统可以帮助金融机构更准确地评估客户的信用风险。

5．区块链技术与智能合约

区块链技术提供了分布式和去中心化的交易机制及信息存储方式，为金融与保险行业带来了更高的安全性和透明度。智能合约使得金融交易和保险合同可以自动执行和验证，减少了人为错误和欺诈风险。

这些科技驱动的变革对金融与保险行业带来了巨大的影响，推动了业务模式转型和创新，提升了客户体验和服务效率，强化了风险管理和安全性能。随着科技的不断进步，金融与保险行业将继续受益于新技术应用，并逐步实现财务管理革新。

10.2 科技引领下的金融与保险行业创新

10.2.1 区块链技术在金融交易和保险理赔中的应用

区块链技术在金融交易和保险理赔中的应用已经引起了广泛关注。

1．金融交易

跨境支付：区块链可以提供快速、安全和低成本的跨境支付解决方案，通过去中心化的网络实现实时结算和资金转移。

证券交易：通过区块链技术，可以建立可编程的数字资产，提高证券交易的透明度和效率，减少中间环节和交易成本。

资产管理：区块链可以帮助实现资产管理的高透明度和可追溯性，确保交易的可信度和准确性。

2．保险理赔

理赔处理：区块链可以建立可验证和不可篡改的保险合同和索赔记录，实现自动化的理赔处理，减少纠纷和人为错误。

数据共享和验证：区块链可以实现保险数据共享和验证，确保被保险人提供的信息的准确性和真实性，提高保险欺诈的防范能力。

智能合约：区块链上的智能合约可以自动执行保险合同中的条款和条件，实现自动化的理赔支付和赔付。

3. 区块链技术在金融交易和保险理赔中的应用案例

区块链技术通过去中心化、不可篡改和透明的特性,提供了更加安全、高效和可信的金融交易和保险理赔环境。然而,尽管区块链在金融与保险行业的潜力巨大,但其应用仍面临一些挑战,如技术标准化、合规性和隐私保护等问题。随着技术的不断发展和应用场景的拓展,区块链在金融与保险领域的应用将会进一步扩大。

(1) 阿里巴巴的区块链平台

阿里巴巴集团旗下的蚂蚁金服开发了名为"蚂蚁区块链"的区块链平台,用于处理跨境支付和金融交易。该平台能够提供高效的跨境支付解决方案,同时确保交易的安全性和可追溯性。

(2) 中国人民银行的数字人民币项目

中国人民银行推出了数字人民币项目,利用区块链技术为数字货币发行和交易提供技术支持。该项目旨在提高支付的安全性和效率,并加速数字经济发展。

(3) 海尔集团的供应链金融平台

海尔集团推出了基于区块链技术的供应链金融平台,用于提供供应链融资和结算服务。该平台通过区块链的透明性和可信度,帮助提高供应链的效率和可持续性。

(4) 中国太平保险的区块链理赔系统

中国太平保险引入了区块链技术来改善保险理赔流程。通过区块链的数据共享和不可篡改性,该系统能够实现理赔信息准确验证和快速处理,提高客户满意度和理赔效率。

这些案例展示了中国在金融和保险领域中采用区块链技术的实际应用。这些应用不仅提升了交易和理赔的安全性和效率,还为金融行业带来了更多的创新机会。随着区块链技术的不断发展和应用场景的不断拓展,预计将会有更多的金融和保险机构将区块链应用于其业务中。

10.2.2 人工智能在风险评估和预测模型中的应用

人工智能在风险评估和预测模型中的应用,可以帮助金融和保险行业更准确地评估风险和做出预测。

1. 蚂蚁金服的风险评估模型

蚂蚁金服利用人工智能技术开发了一套风险评估模型,用于评估个人和商业客户的信用风险。该模型结合了大数据分析和机器学习算法,能够更准确地预测客户的还款能力和信用状况,从而更精确地决定贷款和信用额度。

2. 中国人民银行的反欺诈系统

中国人民银行基于人工智能技术开发了一套反欺诈系统,用于识别金融交易中的欺诈行为。该系统通过分析大量的交易数据和行为模式,能够识别出异常的交易行为,并及时采取相应的措施,提高金融交易的安全性和防范欺诈风险。

3. 平安银行的客户风险评估模型

平安银行运用人工智能技术开发了一套客户风险评估模型,用于评估个人和企业客户的风险水平。该模型结合了大数据分析、自然语言处理和图像识别等技术,能够全面分析客户的信用记录、社交媒体活动、消费行为等信息,从而更准确地评估客户的信用风险和反洗钱风险。

这些案例展示了人工智能在金融和保险领域风险评估和预测模型中的应用。通过利用人工智能的强大数据分析和学习能力,这些应用可以提高风险评估的准确性和效率,帮助金融和保险机构更好地管理风险和做出预测。随着人工智能技术的不断进步,预计将会有更多的金融和保险机构采用人工智能来改进风险管理和决策模型。

10.2.3 金融与保险行业中的科技创新案例分析

一些金融与保险行业中的科技创新案例,展示了科技在改变金融与保险服务方式和提升效率方面的作用。

1. 支付宝

支付宝是中国蚂蚁金服旗下的一款移动支付应用,它提供了丰富的功能和服务。

(1) 移动支付

支付宝最初以移动支付为核心服务而兴起。用户可以将银行卡、信用卡等绑定到支付宝账户,通过扫码、手机 NFC 等方式进行线下支付,或者通过手机应用进行线上支付,实现便捷的无现金支付体验。

(2) 余额宝

支付宝的余额宝是一种货币市场基金,用户可以将闲置资金存入余额宝账户中,享受较高的收益率,同时也可以随时转出资金到支付宝账户进行消费。

(3) 借呗和花呗

支付宝提供了借呗和花呗两种信用借贷服务。借呗是一种短期小额信用贷款,用户可以根据自己的信用评级借款,用于紧急消费或资金周转。花呗是一种分期支付服务,用户可以选择将购物金额分期支付,提高了购物的灵活性。

(4) 保险服务

支付宝还提供了保险服务,用户可以通过支付宝购买车险、健康险、旅行险等各类保险产品,方便快捷地完成保险购买和理赔流程。

(5) 小程序和生活服务

支付宝的小程序平台为商家提供了一个开放的应用生态系统,用户可以通过支付宝小程序享受餐饮外卖、打车出行、电影票务、生活缴费等各类便民服务。

通过这些应用,支付宝改变了传统的金融服务模式,提供了便捷的支付、理财、借贷和保险等服务,为用户带来更好的金融体验和便利性。同时,支付宝也通过技术创新和数字化转型,推动了整个金融行业发展和改革。

2. 微众银行

微众银行是中国的一家互联网银行,成立于 2014 年,由腾讯、百胜中国和平安保险等公司共同发起成立。微众银行通过科技驱动,创新金融服务模式。

(1) 私人银行服务

微众银行通过在线平台为高净值客户提供私人银行服务,包括资产配置、财富管理、投资咨询等方面的服务,满足客户个性化的财富管理需求。

（2）小微企业金融服务

微众银行专注于小微企业的金融服务，通过科技手段实现快速贷款审批、线上开户、电子票据等服务，支持小微企业的融资和业务发展。

（3）消费金融服务

微众银行提供了消费金融服务，包括信用贷款、分期付款等，帮助个人用户实现消费需求和资金周转。

（4）保险服务

微众银行通过合作伙伴提供了多种保险产品，包括车险、健康险、意外险等，方便用户在线购买保险并处理理赔事务。

（5）金融科技创新

微众银行致力于金融科技创新，通过大数据、人工智能、区块链等技术，提高风险管理能力，提供更精准的金融服务，并推动整个金融行业数字化转型。

微众银行以技术创新为驱动力，通过数字化、智能化的金融服务模式，满足用户个性化的金融需求，推动金融行业变革和发展。

3. 平安健康

平安健康是中国平安集团旗下的互联网医疗平台，成立于2014年。平安健康通过科技创新，为用户提供在线医疗咨询、挂号预约、健康管理等服务。

（1）在线医疗咨询

用户可以通过平安健康平台在线咨询医生，获取健康咨询、诊断和治疗建议，提供便捷的医疗服务。

（2）挂号预约服务

平安健康平台提供在线挂号预约服务，用户可以方便地预约医院、医生，避免了传统排队等候的麻烦。

（3）健康管理服务

平安健康平台提供健康管理工具和服务，帮助用户记录健康数据、制定个人健康计划，提供健康咨询和健康评估等服务，帮助用户管理和改善健康状况。

（4）保险服务

平安健康与保险公司合作，为用户提供健康保险产品，包括意外保险、重疾险等，方便用户在线购买保险，并提供理赔服务。

（5）健康数据分析

平安健康通过大数据分析用户的健康数据，提供个性化的健康建议和预防措施，帮助用户提前发现潜在的健康问题，并进行干预和管理。

平安健康借助科技创新和数字化手段，为用户提供便捷的医疗服务和健康管理方案，推动了医疗行业变革和发展。同时，平安健康与保险业务结合，为用户提供全方位的健康保障和保险服务，满足用户的多元化需求。

10.3 金融与保险行业的数字化管理与优化

10.3.1 数据驱动的金融决策与风险管理

数据驱动的金融决策和风险管理在金融与保险行业中起着重要的作用。

1. 数据分析和预测模型

金融机构和保险公司利用大数据分析和预测模型来评估市场趋势、客户需求和风险情况。通过收集、整理和分析大量的金融和保险数据，机构可以制定更准确的决策，包括投资决策、产品定价和风险评估。

2. 风险管理工具

金融机构和保险公司使用数据驱动的风险管理工具来监测和评估风险。这些工具可以通过实时数据监测市场波动、客户行为和交易模式，及时发现潜在的风险，并采取相应的措施进行风险控制和管理。

3. 反欺诈和反洗钱系统

金融机构和保险公司利用数据驱动的系统及算法来检测、预防欺诈行为和洗钱活动。通过分析大量的交易数据和客户行为模式，系统可以识别异常和可疑的交易，帮助机构及时采取措施防范风险。

4. 客户行为分析

金融机构和保险公司通过数据分析客户行为，了解客户需求、偏好和购买模式。这样可以提供个性化的产品和服务，并进行精准的市场定位和营销活动，提高客户满意度和业务增长。

5. 信用评估和贷款决策

金融机构利用数据驱动的信用评估模型来评估客户的信用风险，并基于评估结果做出贷款决策。这些模型基于客户的个人和财务数据，通过算法和统计分析来预测客户的还款能力和风险。

数据驱动的金融决策和风险管理能够提高决策的准确性和效率，降低风险并提升业务的竞争力。同时，数据隐私和安全也是在应用数据驱动技术时需要重视的问题，金融机构和保险公司需要确保客户数据的安全性和合规性。

10.3.2 智能化的保险产品定价与索赔处理

智能化的保险产品定价和索赔处理是金融与保险行业中数据驱动的重要应用之一。

1. 保险产品定价

利用大数据和机器学习算法，保险公司可以更准确地定价保险产品。通过分析大量的历史数据、客户特征和风险因素，算法可以识别出不同客户群体的风险水平，并基于这些信息制定个性化的保险定价策略。

2. 风险评估和预测

基于大数据和人工智能技术,保险公司可以对风险进行更准确的评估和预测。通过分析客户的个人和财务数据,以及外部数据源如天气、交通等,算法可以预测潜在风险事件的发生概率,并据此为客户提供相应的保险产品和建议。

3. 智能索赔处理

利用自然语言处理和机器学习技术,保险公司可以实现智能化的索赔处理。客户可以通过移动应用或在线平台提交索赔申请,系统可以自动识别和处理索赔信息,比对保险合同和历史索赔数据,进行风险评估,并自动生成索赔报告和赔付金额,提高索赔处理的效率和准确性。

4. 智能保险顾问

利用自然语言处理和机器学习算法,保险公司可以开发智能化的保险顾问系统。这些系统可以根据客户的需求和情况,提供个性化的保险建议和产品推荐。系统可以分析客户的风险偏好、经济状况和健康状况等因素,帮助客户做出更明智的保险决策。

智能化的保险产品定价和索赔处理可以提高保险业务的效率和准确性,减少人工处理的时间和成本,并为客户提供更好的保险体验。然而,在应用智能化技术时,保险公司需要注意数据隐私和安全的问题,并确保合规和公正。

10.3.3 大数据在客户关系管理中的应用

大数据在金融与保险行业的客户关系管理中具有重要的应用价值。

1. 客户洞察

通过收集和分析大量的客户数据,如个人信息、消费行为、偏好等,金融与保险机构可以获得深入的客户洞察。这些洞察可以帮助机构了解客户的需求和偏好,精确定位目标客户群体,并制定个性化的营销和服务策略。

2. 个性化推荐

基于大数据和机器学习算法,金融与保险机构可以实现个性化的产品和服务推荐。通过分析客户的历史数据和行为模式,系统可以预测客户可能感兴趣的产品,并向其提供相应的推荐,提高客户满意度和交叉销售效果。例如,一家银行可以根据客户的消费习惯和投资偏好,向其推荐适合的信用卡、理财产品或贷款方案。

3. 客户细分和定位

通过大数据分析,金融与保险机构可以将客户细分为不同的群体,并根据不同群体的需求和特征制定相应的营销策略。这样可以更有效地定位目标客户,并针对性地提供个性化的产品和服务。

金融与保险机构可以利用大数据分析客户数据,如年龄、收入、消费习惯等,将客户细分为不同的群体。例如,一家保险公司可以将客户分为青年人、家庭人士和退休人员等不同群体,并根据不同群体的需求和偏好提供定制化的保险产品和服务。

第 10 章　金融与保险：科技引领下的金融服务颠覆与财务管理革新

4．实时互动与反馈

通过大数据分析和实时数据处理，金融与保险机构可以与客户实现实时互动，并及时响应客户的需求和反馈。例如，通过社交媒体和移动应用，机构可以了解客户对产品和服务的评价和意见，并及时做出调整和改进。例如，一家银行可以通过移动应用向客户发送个性化的推送信息，包括还款日期、投资机会或新产品上市等信息。

5．客户留存与忠诚度管理

通过大数据分析，金融与保险机构可以识别潜在的客户流失风险，并采取相应的措施提高客户留存率和忠诚度。例如，通过分析客户的行为数据和购买历史，机构可以发现客户流失的早期迹象，并采取个性化的措施提高客户满意度和忠诚度。

大数据在客户关系管理中的应用可以帮助金融与保险机构更好地了解和服务客户，提高客户满意度和业务效益。然而，在应用大数据时，机构需要注意数据隐私和安全的问题，并确保合规和合法。

6．风险评估与预测

利用大数据分析和人工智能技术，金融与保险机构可以对客户的风险进行评估和预测。例如，一家保险公司可以利用客户的健康数据、生活习惯和家庭状况，预测客户未来的医疗风险，并为其提供相应的保险计划。

 ## 10.4　金融与保险行业的财务大数据分析与决策支持

10.4.1　金融与保险行业的财务数据采集与整理的数字化工具

在金融与保险行业，财务数据采集和整理是关键的工作环节，为了提高效率和准确性，许多企业采用了数字化工具来实现自动化的数据处理。

1．电子支付系统

支付宝是中国著名的电子支付系统，它提供了丰富的支付功能，包括个人和商户之间的在线支付、转账和结算等。支付宝可以自动采集和整理用户的交易数据，并生成相应的财务报表和分析结果。

2．财务管理软件

有许多专业的财务管理软件可以帮助金融与保险机构实现财务数据采集和整理。例如，用友软件的财务管理系统可以自动地处理财务数据，包括财务报表生成、成本控制和预算管理等。

3．数据接口和 API

许多金融机构与合作伙伴建立了数据接口和 API，实现了不同系统之间的数据交互和共享。例如，中国人民银行与商业银行之间建立了数据接口，可以实现交易数据实时采集和整理，方便进行财务管理和监控。

4. 数据仓库和数据分析平台

金融与保险机构可以建立数据仓库和数据分析平台,将各个部门和系统的数据进行集中存储和管理。通过这些平台,可以实现对财务数据的统一采集、整理和分析,提供准确的财务报表和分析结果。

以上是一些在金融与保险行业常见的财务数据采集和整理的数字化工具。这些工具可以帮助企业实现财务数据自动化处理,提高效率和准确性,为财务管理和决策提供可靠的数据支持。同时,它们也降低了人工处理数据的成本和错误率,提升了工作效率和财务管理的精准性。

10.4.2　金融与保险行业的财务指标分析与财务预测应用

在金融与保险行业,财务指标分析和财务预测是重要的管理工具,可以帮助企业评估经营状况、制定战略决策以及预测未来的财务表现。

1. 财务比率分析

财务比率分析是评估企业财务状况和经营绩效的重要手段。在金融与保险行业,一些常用的财务比率包括资产负债率、流动比率、盈利能力比率等。通过分析这些指标,可以了解企业的偿债能力、流动性状况以及盈利能力,从而帮助管理层制定相应的策略和决策。

2. 财务预测模型

财务预测是预测未来一段时间内企业的财务表现,包括收入、支出、利润等。在金融与保险行业,常用的财务预测模型包括时间序列分析、回归分析等。通过建立准确的财务预测模型,可以帮助企业预测未来的盈利能力、现金流状况以及风险水平,从而为管理层提供决策支持。

3. 敏感性分析

敏感性分析是评估不同因素对财务指标的影响程度。在金融与保险行业,敏感性分析可以用来评估不同市场因素、利率变动、资产负债结构等对企业财务状况的影响。通过敏感性分析,可以帮助企业识别潜在的风险和机会,制定相应的风险管理和资产配置策略。

4. 数据挖掘和机器学习

金融与保险行业积累了大量的客户数据、交易数据等,通过数据挖掘和机器学习技术,可以对这些数据进行深入分析,发现隐藏的模式和规律,提供更准确的财务指标分析和预测结果。例如,利用机器学习算法可以构建客户信用评分模型,帮助保险公司评估客户的违约风险,制定相应的保费策略。

财务指标分析和财务预测在金融与保险行业具有重要的应用价值。通过准确的财务指标分析和财务预测,企业可以更好地了解自身的财务状况、经营风险和盈利能力,从而制定合理的战略和决策,提升财务管理的效率和质量。

10.4.3　金融与保险行业利用大数据进行成本控制与效益优化

在金融与保险行业,大数据分析技术为企业提供了更准确和全面的数据支持,帮助企业实现成本控制和效益优化。

1. 风险管理

金融与保险行业面临着复杂的风险，如信用风险、市场风险、操作风险等。通过大数据分析，企业可以更好地识别和评估风险，及时采取措施进行风险控制和防范。例如，利用大数据分析客户的信用记录、交易行为等，可以更准确地评估客户的违约风险，制定相应的风险管理策略。

2. 客户洞察

金融与保险行业的成功离不开对客户的深入理解和洞察。通过大数据分析客户的行为数据、偏好、需求等，企业可以更好地定位和服务客户，提供个性化的产品和服务。例如，银行可以通过分析客户的交易数据和消费习惯，为客户推荐最适合的金融产品，提高客户满意度和忠诚度。

3. 欺诈检测

金融与保险行业面临着不断增加的欺诈风险。利用大数据分析技术，企业可以识别和预测潜在的欺诈行为，及时采取措施进行欺诈检测和防范。例如，保险公司可以通过分析大量的索赔数据和个人信息，发现异常模式和风险指标，从而提高欺诈检测的准确性和效率。

4. 运营效率优化

大数据分析可以帮助金融与保险企业优化运营效率，降低成本。通过分析大量的业务数据和运营过程，企业可以识别瓶颈和问题，并采取相应的改进措施。例如，银行可以利用大数据分析客户流程和交易过程中存在的瑕疵和低效点，优化服务流程，提高运营效率和客户满意度。

金融与保险行业利用大数据进行成本控制与效益优化具有重要意义。通过大数据分析，企业可以更准确地识别风险、了解客户需求、优化运营效率，从而提高财务管理的效率和质量，实现可持续发展。

10.5 金融与保险行业的科技创新案例

10.5.1 金融与保险行业中的前沿科技与研发趋势

金融与保险行业一直处于科技创新的前沿，不断探索和应用新的技术来改进服务、提高效率和降低风险。

1. 区块链技术

区块链技术具有去中心化、可追溯和安全性高的特点，在金融与保险行业有广泛的应用前景。例如，利用区块链技术可以建立安全的交易记录和身份验证系统，提高交易的透明度和安全性，减少欺诈风险。

2. 人工智能与机器学习

人工智能和机器学习技术在金融与保险行业中广泛应用于风险评估、反欺诈、客户服务等方面。通过分析海量数据和应用学习算法，人工智能可以辅助金融机构做出更准确的决策,并提供个性化的服务。

3. 大数据分析

金融与保险行业积累了大量的数据,通过大数据分析技术可以挖掘其中的价值,提供更精准的市场预测、客户洞察和风险管理。同时,大数据分析也可以优化运营效率和成本控制,提高业务流程的自动化和智能化水平。

4. 云计算与边缘计算

云计算和边缘计算技术可以提供强大的计算和存储能力,使金融与保险行业能够处理大规模的数据和实时的交易。同时,云计算和边缘计算也提供了弹性和灵活性,使企业能够更快地响应市场变化和客户需求。

5. 生物识别技术

生物识别技术,如指纹识别、面部识别和声纹识别等,正在逐渐应用于金融与保险行业的身份验证和安全管理。这些技术可以提高身份验证的准确性和便捷性,降低欺诈风险。

6. 量子计算

量子计算是一项前沿的计算技术,有望在金融与保险行业中实现更高效地加密算法、更精确的风险模型和更快速的交易处理。虽然量子计算技术目前仍处于研究和开发阶段,但其潜在的应用前景备受关注。

这些前沿科技和研发趋势将继续推动金融与保险行业创新和发展。随着技术的进一步成熟和应用场景的扩大,金融与保险行业将迎来更加智能化、高效化和个性化的服务模式。同时,金融与保险机构也需要加大对人才培养和技术投入,以适应这些科技创新的变革。

10.5.2 科技创新对金融与保险行业的重要性与引领作用

科技创新在金融与保险行业中发挥着重要的作用,不仅改变了行业的运营模式和商业模式,还提供了更广阔的发展空间和增长机会,概念图如图10.2所示。

图10.2 金融与保险行业科技创新

1. 提升效率与降低成本

科技创新为金融与保险行业提供了高效的解决方案,可以自动地处理烦琐的业务流程,提高处理速度和准确性。通过自动化和数字化,可以降低企业的运营成本,并实现更高效的资源利用。

2. 拓展服务与创新产品

科技创新为金融与保险行业带来了更多的服务和产品创新。通过数据分析和人工智能技术,金融机构可以提供个性化、定制化的产品和服务,满足客户的多样化需求。

3. 强化风险管理与安全保障

科技创新提供了更强大的工具和技术来处理和管理金融与保险行业中的风险。例如,区块链技术可以提供可追溯、去中心化的交易记录,增强交易的安全性和透明度。同时,人工智能和大数据分析可以帮助预测和识别潜在风险,并采取相应的风险管理措施。

4. 强化客户体验与增加用户参与

科技创新提供了更多与客户互动的机会,增强了客户参与感和体验。通过移动应用、在线平台和智能设备,客户可以方便地进行金融和保险业务操作和管理。同时,通过个性化推荐和智能化服务,金融与保险机构可以更好地理解客户需求,提供更贴近客户的解决方案。

5. 推动行业合作与创新生态系统建立

科技创新促进了金融与保险行业内外合作与创新生态系统建立。金融科技企业和创新创业者通过技术创新和合作,为行业带来新的商业模式和增值服务。同时,与其他行业合作也有助于实现跨界融合创新,提供更综合和全面的服务。

科技创新对金融与保险行业的重要性和引领作用不仅改变了行业的格局和竞争格局,也为行业带来了更多的机遇和挑战。金融与保险机构需要积极拥抱科技创新,加大技术投入和人才培养,不断探索和应用新的科技,以保持竞争优势并实现可持续发展。

10.5.3 成功的科技创新案例及其对金融与保险行业的影响

1. 中国银行

中国银行是中国最大的商业银行之一,积极应用科技创新推动金融与保险行业发展。

(1) 数字化银行服务

中国银行推出了一系列数字化银行服务,包括移动银行、网上银行和智能柜员机等。这些服务利用互联网和移动技术,提供了便捷的银行服务体验,客户可以随时随地进行账户查询、转账和支付等操作,大大提高了客户满意度和用户参与度。

(2) 区块链技术应用

中国银行积极探索区块链技术在金融领域的应用。例如,中国银行与蚂蚁金服合作,在国内外贸易融资领域开展了基于区块链技术的合作,提供更快速、高效和安全的贸易融资服务。区块链技术应用可以实现交易数据可追溯和防篡改,提升交易的透明度和信任度。

(3) 人工智能风险管理

中国银行运用人工智能技术提升风险管理能力。通过大数据分析和机器学习算法,中国银行可以更准确地识别潜在的风险因素,并及时采取相应的风险控制措施。人工智能技术应用可以提高风险管理的效率和精度,降低风险带来的损失。

(4) 保险科技创新

中国银行积极推动保险科技创新,通过与保险科技企业合作,开发出智能化的保险产品和服务。例如,中国银行与保险科技公司合作推出了在线理赔服务,利用人工智能和大数据技术,实现快速理赔和客户体验提升。应用这些创新技术,提高了保险服务的效率和便捷性,为客户提供更好的保险保障。

这些成功的科技创新案例对金融与保险行业产生了积极的影响。它们推动了行业数字化转型和服务升级,提高了客户体验和满意度,促进了金融与保险业务创新和发展。同时,这些科技创新也提升了行业的竞争力,增强了金融机构和保险公司的市场地位和盈利能力。

2. 招商银行

(1) 移动金融服务

招商银行通过自己的手机银行 App 和移动支付平台,在移动端提供便捷的金融服务。客户可以通过手机银行 App 进行账户管理、转账、理财等操作,还可以使用招商银行的移动支付工具进行线上支付。招商银行的移动金融服务提高了客户的金融体验,满足了移动时代的金融需求。

(2) 数字化风控系统

招商银行注重风险管理,在数字化风控系统方面取得了显著成果。通过应用大数据和人工智能技术,招商银行建立了全面的风险评估和监控系统,能够实时监测和预警潜在风险,并采取相应的措施进行风险管理。这种数字化风控系统提高了招商银行的风险管理能力,保护了客户和银行的利益。

(3) 创新金融产品

招商银行不断推出创新金融产品,满足客户多样化的金融需求。例如,招商银行推出了基于区块链技术的电子发票融资服务,帮助企业更高效地进行融资操作。招商银行还开展了科技金融服务,支持创新型企业融资和发展。这些创新金融产品推动了金融行业发展,促进了经济繁荣。

(4) 数字化保险服务

招商银行在保险领域积极推动数字化创新。通过与保险科技公司合作,招商银行开展了智能保险服务,包括智能定价、在线理赔等。通过应用人工智能和大数据技术,招商银行提高了保险服务的效率和便利性,为客户提供更个性化的保险方案。

这些成功的科技创新案例使招商银行成为金融与保险行业的领军企业之一。通过科技创新,招商银行不断提升服务质量和效率,满足客户需求,推动金融与保险行业发展和创新。与中国银行相比,招商银行在移动金融、数字化风控和创新金融产品等方面有着独特的特色和优势。

3. 工商银行

工商银行是中国最大的商业银行之一,以其在科技创新和数字化转型方面的投入和成就而闻名。

(1) 科技资金投入

工商银行在科技领域的资金投入量在中国银行业中排名第一。工商银行积极投入资源和资金,用于研发和应用创新技术,推动数字化转型和智能化发展。

(2) 金融科技实验室

工商银行成立了金融科技实验室,致力于探索和应用前沿科技在金融领域的创新。该实验室通过与科技企业合作,推动金融科技产品和解决方案开发,加速数字化转型的进程。

(3) 数字化服务

工商银行通过自己的手机银行 App 和网上银行平台,提供便捷的数字化服务。客户可以通过手机银行 App 进行账户管理、转账、理财等操作,还可以通过网上银行平台进行在线申请和办理各类金融业务。

(4) 大数据和人工智能

工商银行借助大数据和人工智能技术,建立了强大的风险评估和监测系统。通过分析海量数据和应用智能算法,工商银行能够更准确地评估风险,提高风险管理的能力。

(5) 区块链技术应用

工商银行积极探索区块链技术在金融领域的应用。例如,工商银行与其他合作伙伴合作开展了基于区块链技术的贸易金融业务,实现了跨境贸易安全、高效和可追溯。

工商银行通过大量的科技资金投入和积极的科技创新实践,推动了金融业数字化转型和创新发展。作为中国银行业中的领军企业之一,工商银行在科技驱动下的金融服务颠覆和财务管理创新方面发挥着重要作用。

4. 平安银行

(1) 科技人员占比高

平安银行非常重视科技人才培养和招聘,科技人员在其员工队伍中占据重要地位。平安银行致力于招聘和培养优秀的科技人才,以推动科技创新和数字化转型。

(2) 数字化转型

平安银行积极推进数字化转型,利用科技手段提升业务效率和客户体验。平安银行通过引入人工智能、大数据分析和区块链等技术,不断优化产品和服务,满足客户需求。

(3) 科技创新实验室

平安银行设立了科技创新实验室,专注于研发和应用前沿科技。该实验室集合了一支专业的科研团队,致力于探索金融科技领域的创新解决方案,并将其应用于实际业务中。

(4) 金融科技合作

平安银行积极与科技企业合作,共同推进金融科技发展。通过与科技公司合作,平安银行能够借助外部创新力量,加速科技创新的进程,并为客户提供更加智能化和便捷的金融服务。

(5) 技术驱动的业务创新

平安银行通过技术驱动的业务创新,推出了一系列具有特色的金融产品和服务。例如,平安银行推出了智能投顾、移动支付和云存储等创新产品,满足客户多样化的金融需求。

平安银行凭借高比例的科技人员和持续的科技创新实践,为金融行业的服务模式和财务管理带来了革命性的变革。通过引入科技人才、推进数字化转型和积极合作创新,平安银行在科技引领下实现了独特的金融服务颠覆和财务管理创新。

5. 中国人寿

中国人寿是中国最大的保险公司之一,也是全球领先的综合金融服务提供商。中国人寿积极应用科技,推动数字化转型和创新,以提供更好的保险产品和服务。

(1) 数字化转型

中国人寿致力于数字化转型,通过引入大数据、人工智能、云计算和物联网等技术,提升业务效率和客户体验。他们通过建设智能化的保险服务平台,实现了业务流程自动化和优化。

(2) 科技创新实践

中国人寿设立了科技创新实验室和技术研发中心,致力于探索将前沿科技应用于保险行业。他们通过自主研发和合作创新,推出了一系列创新的保险产品和服务,满足客户的多样化需求。

(3) 移动互联网应用

中国人寿积极发展移动互联网业务,推出了移动端的保险产品和服务。他们提供便捷的移动支付、在线理赔和客户服务,使客户能够随时随地方便地享受保险服务。

(4) 数据驱动的风险管理

中国人寿利用大数据和人工智能技术,实现更精准的风险评估和管理。通过分析庞大的数据资源,他们能够识别风险趋势、提升保险核保准确性,并为客户提供个性化的保险解决方案。

(5) 金融科技合作

中国人寿积极与科技公司合作,推动金融科技创新。他们与互联网、科技、数据公司等建立合作伙伴关系,共同探索保险领域的创新模式和新业务。

中国人寿凭借广泛的保险产品和科技驱动的创新实践,为客户提供了全面的保险保障。通过数字化转型、科技创新和金融科技合作,中国人寿不断优化客户体验,提高运营效率,实现了在保险行业的领先地位。

6. 腾讯微保

腾讯微保是中国知名的互联网保险平台,由腾讯集团和平安保险共同成立。作为一家以科技创新为核心的互联网保险公司,腾讯微保在金融科技领域取得了显著的成就。

(1) 科技驱动的保险服务

腾讯微保通过应用大数据、人工智能和云计算等先进技术,提供创新的保险产品和服务。他们基于用户数据和行为分析,为用户量身定制个性化的保险方案,并提供智能化的理赔服务,提升用户体验。

(2) 移动互联网应用

腾讯微保通过移动端的应用程序,为用户提供方便快捷的保险购买和管理服务。用户可以通过手机轻松完成保险产品购买、理赔申请和保单管理等操作,实现了保险服务线上化和移动化。

(3) 创新的保险产品

腾讯微保与多家保险公司合作,推出了一系列创新的保险产品,包括健康险、意外险、旅行险等。他们通过整合腾讯的互联网资源和技术优势,为用户提供个性化、灵活的保险选择。

(4) 数据驱动的风险管理

腾讯微保依托腾讯集团庞大的用户数据资源,运用大数据和人工智能技术进行风险评估和管理。通过对用户行为和风险数据的分析,他们能够精确识别潜在风险,提供个性化的风险管理方案。

(5) 金融科技合作

腾讯微保与金融科技公司合作,推动金融科技创新。他们与互联网、科技、数据公司等建立合作伙伴关系,共同探索保险领域的创新模式和新业务,通过技术创新为用户提供更全面、便捷的保险服务。

腾讯微保以其独特的科技创新能力和互联网思维,为用户提供了更便捷、智能的保险服务体验。通过不断推动科技应用和创新,腾讯微保在保险行业中取得了显著的竞争优势,并对财务管理的创新和变革起到了重要的推动作用。

10.6 金融与保险行业的数字化管理系统与大数据财务系统的应用

10.6.1 数字化管理系统在金融与保险行业中的应用

数字化管理系统在金融与保险行业中的应用可以带来许多益处,从提高效率和减少人为错误到提升客户体验和加强风险管理。

1. 客户管理系统

数字化管理系统可以帮助金融与保险机构建立完善的客户信息管理系统。通过集中管理客户数据和交互记录,机构可以更好地了解客户需求、优化产品定制和个性化服务,提高客户满意度和忠诚度。

2. 业务流程自动化

数字化管理系统可以自动执行和优化金融与保险行业的核心业务流程,例如保单申请、风险评估、保费计算、理赔处理等。这有助于加快业务办理速度、减少人为错误,并提高业务处理的一致性和准确性。

3. 数据分析与决策支持

数字化管理系统可以收集和分析大量的数据,从而帮助金融与保险机构进行数据驱动的决策。通过深入了解客户行为、风险趋势和市场需求,机构可以制定更精准的产品定价策略、风险管理措施和市场营销计划。

4. 风险管理系统

数字化管理系统可以提供强大的风险管理工具和技术,帮助金融与保险机构识别、评估和管理各类风险。通过数据分析、模型建立和实时监控,机构可以及时应对风险,并制定相应的风险管理策略和控制措施。

5. 移动应用和在线服务

数字化管理系统可以支持金融与保险机构提供移动应用和在线服务,使客户能够随时随地访问产品和服务。通过移动应用,客户可以方便地购买保险、查询保单信息、提出理赔请求等,提升用户体验和便利性。

10.6.2 大数据财务系统在金融与保险行业中的应用

1. 银行风险管理

金融机构可以利用大数据财务系统分析大量的金融交易数据和客户行为数据,以实时监测和评估风险。通过对数据的深入分析和模型建立,银行可以更好地识别潜在的风险并采取相应的措施来降低损失。

2. 保险精算分析

保险公司利用大数据财务系统进行精算分析,通过对大量的保险数据进行挖掘和分析,可以更准确地评估保险风险和定价策略。这种分析可以帮助保险公司更好地理解保险产品的风险和盈利潜力,从而制定更有效的保险策略。

3. 个性化金融服务

大数据财务系统可以帮助金融机构更好地了解客户需求和行为,从而提供个性化的金融产品和服务。通过分析客户数据,金融机构可以为客户量身定制投资组合、提供个性化的贷款方案和保险产品,从而提高客户满意度和忠诚度。

4. 欺诈检测和防范

大数据财务系统可以通过分析大量的交易数据和行为模式,识别出潜在的欺诈行为。金融机构可以利用机器学习和模型建立检测异常交易模式和行为,及时采取相应的反欺诈措施,保护客户资产和维护金融市场安全稳定。

5. 大数据财务系统在金融与保险行业中的应用案例

(1)阿里巴巴集团

阿里巴巴利用大数据技术和财务系统来分析庞大的交易数据和用户行为,以改善支付风控和反欺诈能力。他们通过对交易数据的实时分析,能够快速识别异常交易和欺诈行为,保护用户的资金安全。

(2)中国人寿保险

中国人寿利用大数据分析和财务系统进行保险精算和客户风险评估。他们通过分析庞大的保险数据,能够更准确地评估保险风险和定价策略,并为客户提供个性化的保险产品和服务。

(3)平安银行

平安银行通过大数据分析和财务系统改进风险管理和信贷决策。他们利用大数据技术,对客户的信用评估和还款能力进行更全面和准确的分析,以提供更合适的贷款产品和服务。

(4)中国银行

中国银行利用大数据分析和财务系统提高风险管理和客户体验。他们通过分析大量的交易数据和客户行为,能够更好地预测风险,制定风险管理策略,并提供个性化的金融产品和服务,以满足客户的需求。

这些案例展示了大数据财务系统在金融与保险行业中的多样化应用。不同的金融机构和保险公司根据其业务需求和战略目标,利用大数据分析和财务系统实现风险管理、客户关系管理和产品创新等方面的创新。

10.6.3 数字化管理与财务系统对金融与保险行业创新的影响

数字化管理和财务系统对金融与保险行业的创新具有重要的影响。

1. 提升效率和精确度

数字化的管理系统和财务系统可以自动执行和集成业务流程,减少人工操作和错误,提高工作效率和数据准确度。通过实时数据分析和智能决策支持,可以加快业务处理速度和响应时间,提高客户满意度。

2. 拓展业务模式

数字化的管理系统和财务系统为金融与保险机构提供了更多的业务拓展机会。通过数字化技术和数据分析,金融机构可以开发新的产品和服务,满足客户不断变化的需求,如个性化投资方案、智能理赔服务等。

3. 加强风险管理

数字化的管理系统和财务系统提供了更强大的风险管理工具。通过实时监控和数据分析,金融与保险机构可以更好地识别和管理风险,包括市场风险、信用风险和操作风险。这有助于减少潜在损失并提高风险管理能力。

4. 提升客户体验

数字化的管理系统和财务系统改善了客户体验。通过在线渠道和移动应用程序,客户可以方便地访问和管理他们的账户、进行交易和获取个性化的建议。金融与保险机构可以根据客户的喜好和需求提供定制化的服务,增强客户黏性和忠诚度。

5. 加强合规和安全性

数字化的管理系统和财务系统提供了更严格的合规性和安全性控制。金融与保险机构可以通过数字身份验证、加密技术和监控系统来保护客户数据和交易安全,以满足监管要求和客户的隐私保护需求。

数字化管理和财务系统对金融与保险行业的创新具有积极的影响。它们提高了工作效率、提升了客户体验、增强了风险管理能力,并帮助金融与保险机构拓展业务模式,应对不断变化的市场需求和竞争环境。

思考题

1. 科技驱动下的金融与保险行业创新如何提升金融交易和保险理赔的效率和安全性?请以区块链技术和人工智能应用为例进行讨论。

2. 数字化的管理系统和大数据财务系统对金融与保险行业的财务管理有何影响?请分析其在财务决策和风险管理方面的作用。

研究方向

1. 研究科技驱动下的金融与保险行业的创新商业模式,探索数字化金融服务和智能化保险产品的市场机会和商业发展路径。

2. 分析金融与保险行业中的前沿科技创新趋势,为创业者提供技术应用和商业创新的方向和建议。

3. 探讨数字化的管理系统和大数据财务系统在金融与保险创业公司中的应用效果,并提出相应的优化策略和方法。

第 11 章 餐饮与酒店业：科技驱动下的服务业变革与财务管理革新

在本章中,我们将深入研究餐饮和酒店行业,以及科技如何驱动这些服务行业变革。在数字化和信息化的时代,科技应用已经深入餐饮和酒店业的各个环节,包括服务效率提升、客户体验改善、管理效能提升、营销和推广方式创新,等等。随着人工智能、机器学习、物联网等前沿科技的发展,餐饮与酒店行业的创新空间也在不断扩大。

餐饮与酒店业变革不仅仅是技术改变,还包括财务管理革新。数据驱动的菜单规划、房间定价、客户关系管理、服务质量监控等数字化管理和优化手段,已经成为业界的新趋势。云计算在供应链管理和库存控制中的应用,以及大数据在财务分析与决策支持中的应用,已经展现出极大的潜力。

本章将通过深入的案例分析,展示餐饮与酒店行业在科技创新方面的最新成果,如无人化服务、虚拟和增强现实技术、无线支付和移动应用、数据分析和个性化服务,等等。同时,我们也会探讨这些技术创新对餐饮与酒店行业的影响和作用,以及它们在推动行业的商业模式创新、服务效率提升、用户体验优化等方面的进步。

此外,我们还将介绍数字化管理系统和大数据财务系统在餐饮与酒店行业中的应用,以及它们如何推动行业创新、优化流程、提升财务管理效率、增强客户体验以及创新商业模式。

本章旨在揭示科技对餐饮与酒店业变革的驱动力,以及这些变革如何影响行业的财务管理,希望通过深入的研究,帮助读者更好地理解正在迅速变化的餐饮和酒店行业,并找到他们自己的创新机会。

11.1 餐饮与酒店行业的现状与科技驱动的必要性

11.1.1 餐饮与酒店行业的定义和重要性

餐饮与酒店行业是指提供餐饮和住宿服务的行业,包括餐厅、咖啡馆、快餐店、酒店、旅馆、民宿等不同类型的场所。这是一个庞大且关键的服务业领域，为人们提供各种各样的饮食和住宿，满足人们的生活和旅行需求。

餐饮行业的重要性体现在它是人们日常生活中不可或缺的一部分。无论是家庭聚餐、朋友聚会还是商务宴请，餐饮服务都扮演着重要的角色。餐饮行业发展不仅与人们的口味需求和生活方式变化密切相关，还与城市化进程、旅游业发展等因素紧密相连。

酒店行业的重要性则在于为人们提供住宿和休息的场所。无论是商务出差、旅游度假还是临时住宿需求，酒店作为临时性的居住场所起着关键作用。酒店行业不仅是旅游业的重要组成部分，也是商务活动和会议等各类活动的支撑。

随着科技的发展和社会的进步，餐饮与酒店行业面临着新的挑战和机遇。传统的餐饮与酒店运营模式已经难以满足消费者的个性化需求和体验要求。同时，行业内的竞争也日益激烈，需要寻求创新和提升竞争力的途径。

因此，科技驱动的变革和创新在餐饮与酒店行业中变得尤为重要。通过应用先进的科技手段，可以提高餐饮与酒店服务的效率、质量和个性化程度，改善顾客体验，并实现业务可持续发展。从智能点餐系统、在线预订平台到大数据分析和人工智能，科技引入为餐饮与酒店行业带来了全新的机遇和挑战。

11.1.2　科技驱动对餐饮与酒店行业的影响

科技迅猛发展对餐饮与酒店行业产生了深远的影响。

1. 提升服务效率

通过引入自动化和智能化技术，餐饮与酒店行业能够提高服务效率，加快服务速度，减少人力成本。例如，智能点餐系统和自助结账系统可以加快点餐和结账过程，减少排队时间，提升顾客的就餐体验。

2. 改善顾客体验

科技应用可以为顾客提供更加个性化和定制化的服务。通过使用大数据和人工智能技术，餐饮与酒店行业可以分析顾客的偏好和行为，提供个性化的推荐和定制化的服务。例如，基于顾客历史订单和评价数据的智能推荐系统可以为顾客推荐符合其口味和喜好的菜品或酒店。

3. 提升管理效能

科技应用可以改善餐饮与酒店行业的管理效能。通过使用数字化管理系统、云计算和大数据分析，行业从业者可以更好地管理库存、预测需求、优化供应链，并提高资源利用率。这些技术帮助企业进行更准确的需求预测和资源规划，降低成本，提高效益。

4. 创新营销和推广方式

科技发展为餐饮与酒店行业带来了全新的营销和推广方式。通过使用社交媒体、移动应用和在线平台，行业从业者可以更广泛地接触到潜在顾客，并进行精准的市场定位和推广活动。例如，通过在线订餐平台和酒店预订网站，顾客可以方便地查找、预订和评价餐厅和酒店，促进行业发展和竞争。

科技驱动对餐饮与酒店行业具有深远的影响。通过引入自动化、智能化和数字化技术，行业从业者可以提升服务效率、改善顾客体验、提高管理效能，并开拓创新的营销和推广方式。科技应用不仅提供了行业发展的新机遇,也对传统餐饮与酒店业务模式和经营理念进行了革新和优化。

11.2 科技引领下的餐饮与酒店行业创新

11.2.1 人工智能和机器学习在服务优化中的应用

人工智能和机器学习技术在餐饮与酒店行业的服务优化方面发挥着重要的作用。

1. 智能推荐系统

基于机器学习算法和大数据分析,智能推荐系统可以分析顾客的历史消费记录、偏好和评价数据,从而向顾客推荐个性化的菜品或酒店服务。这可以提升顾客的满意度,帮助顾客更好地选择适合自己口味的菜品或酒店。

2. 需求预测和资源规划

通过机器学习算法对历史订单和顾客数据进行分析,可以预测不同时间段的需求量,并进行资源规划。这有助于餐饮与酒店行业准确地安排人员、库存和服务设施,避免资源浪费和客户满意度低下的情况发生。

3. 智能客服与语音识别

人工智能技术可以应用于餐饮与酒店行业的客户服务领域,实现智能客服和语音识别。通过自然语言处理和语音识别技术,可以实现智能客服机器人自动回答常见问题,提供快速、准确的服务。这可以减轻人工客服的负担,提高客户服务的效率和质量。

4. 智能安防系统

人工智能技术可以应用于餐饮与酒店行业的安防系统,实现智能监控和安全管理。通过图像识别和行为分析,可以对餐饮与酒店场所进行实时监控和异常行为检测,提高安全性和防范风险的能力。

5. 智能菜单和点餐系统

通过人工智能技术,可以开发智能菜单和点餐系统。顾客可以通过移动应用或智能终端浏览菜单、点餐,并根据自己的口味和偏好进行个性化的定制。智能菜单和点餐系统可以提供推荐菜品、过滤食物过敏原、计算热量等功能,提升点餐的便捷性和个性化体验。

人工智能和机器学习在餐饮与酒店行业的服务优化中发挥着重要作用,提升了顾客体验、资源利用效率和安全性。随着科技的不断发展,这些应用领域还将继续扩展和创新。

11.2.2 物联网在餐饮设备和酒店设施管理中的应用

物联网技术在餐饮和酒店行业中的应用越来越广泛,通过连接和交互各种设备和传感器,实现设备智能化、数据采集和远程控制。

第 11 章 餐饮与酒店业:科技驱动下的服务业变革与财务管理革新

1. 智能设备监控

物联网可以用于监测和管理餐饮设备和酒店设施的状态和性能。通过传感器与智能设备连接,可以实时监测设备的运行状态、能耗情况和维修需求,提高设备的可靠性和效率。

2. 温湿度控制

在餐饮行业中,物联网可以用于监测和控制冷链环境,确保食材、食品的质量和安全。温湿度传感器可以实时监测冷藏库和展示柜的温度和湿度,当温度或湿度超出设定范围时,系统会自动发出警报并采取相应措施。

3. 能源管理

物联网可以应用于餐饮和酒店的能源管理,通过智能传感器和智能电表等设备,实时监测和控制能源的使用情况。可以根据实际需求自动调整照明、空调和其他设备的能耗,提高能源利用效率,降低能源成本。

4. 客房智能化

在酒店行业中,物联网可以实现客房智能化管理。通过智能传感器和智能控制系统,客房内的温度、照明、窗帘和电器设备等可以根据客人的需求和行为自动调整,提供更加舒适和便捷的入住体验。

5. 库存管理

物联网可以应用于餐饮行业的库存管理,通过传感器和 RFID 技术,实时监测和跟踪库存的数量和位置。可以自动记录和更新库存信息,提醒管理人员进行及时补货和库存调配,减少库存浪费和避免缺货情况的发生。

物联网技术在餐饮设备和酒店设施管理中的应用可以提高设备的效率、安全性和可靠性,提升客户体验,并实现资源智能化管理和节约。随着物联网技术的不断发展和创新,预计将有更多的应用场景出现,为餐饮和酒店行业带来更多的变革和发展机会。

11.2.3 餐饮与酒店行业中的科技创新案例分析

1. 马里奥特色餐厅的智能点餐系统

马里奥特色餐厅是一家位于中国的餐厅,引入了智能点餐系统提升顾客体验和餐厅运营效率。顾客可以通过手机扫描二维码,自助点餐并进行支付,无须等待服务员。智能点餐系统实时传输订单到厨房,减少点餐错误和提高服务速度,同时帮助餐厅收集顾客喜好和消费数据,进行个性化推荐和营销活动。

2. 万豪国际酒店集团的虚拟现实体验

万豪国际酒店集团利用虚拟现实技术为顾客提供更加沉浸式的入住体验。顾客可以通过虚拟现实设备,在预订酒店前就亲身体验客房、餐厅和设施,更好地了解酒店的环境和服务。这种创新的体验方式不仅提高了顾客的满意度,也有助于酒店吸引更多客户和提升品牌形象。

这些案例展示了科技创新在餐饮与酒店行业中的广泛应用,概念图如图 11.1 所示。通过引入智能化、虚拟现实等技术,餐饮与酒店行业可以提升顾客体验、提高运营效率、降低成本,并推动行业发展和创新。随着科技的不断进步,相信会有更多创新的科技解决方案出现,为餐饮与酒店行业带来更多的机遇和挑战。

图 11.1　餐饮与酒店行业中的科技创新

11.3　餐饮与酒店行业的数字化管理与优化

11.3.1　数据驱动的菜单规划与房间定价

在餐饮与酒店行业中，数据驱动的菜单规划与房间定价是一种利用数据分析和预测的方法来优化菜单选择和房间价格策略的实践。通过收集和分析顾客消费数据、市场趋势以及竞争对手的定价策略，餐饮与酒店企业可以更好地了解消费者需求，制定更具吸引力的菜单和定价方案。

数据驱动的菜单规划涉及对菜单项的分析和优化。通过分析历史销售数据和顾客偏好，餐饮企业可以确定最受欢迎的菜品，了解不同菜品的销售趋势和季节性变化规律，以便调整菜单的组合和定价。此外，通过分析菜品的利润率和成本结构，餐饮企业可以确定高利润的菜品，并考虑是否需要调整定价或推出特别优惠。

对于酒店行业，数据驱动的房间定价可以帮助企业更好地预测需求和优化定价策略。通过分析历史预订数据、市场供需情况和竞争对手的价格策略，酒店可以确定最佳的房间价格和销售策略。例如，根据特定日期、季节性需求和活动，酒店可以实施动态定价策略，即根据需求的变化调整价格，以使收益最大化。

数据驱动的菜单规划和房间定价需要依赖先进的数据分析工具和技术，以处理和分析大量的数据，并生成有用的见解和决策支持。通过利用数据驱动的方法，餐饮与酒店企业可以更准确地满足消费者需求，优化经营策略，提升客户满意度和企业盈利能力。

11.3.2　智能化的顾客关系管理和服务质量监控

在餐饮与酒店行业中，智能化的顾客关系管理和服务质量监控是通过科技驱动的方式来提升顾客体验和监控服务质量的方法。通过运用智能化技术和工具,餐饮与酒店企业可以更好地管理顾客关系,提供个性化的服务,并实时监控和改善服务质量。

智能化的顾客关系管理包括多个方面。首先,餐饮与酒店企业可以利用客户关系管理系统来收集和管理顾客信息,包括消费偏好、历史订单、反馈意见等。通过对这些数据的分析,企业可以了解顾客需求和行为模式,以提供更加个性化的服务和推荐。其次,通过智能化的客户沟通渠道,如手机应用程序、社交媒体等,餐饮与酒店企业可以与顾客进行实时互动和沟通,回应他们的需求和问题。

在服务质量监控方面,智能化的技术可以帮助餐饮与酒店企业实时监控服务过程中的关键指标和关键环节。例如,通过使用传感器和物联网技术,企业可以监测餐厅或酒店的座位利用率、空气质量、温度等指标,以及员工服务行为和效率等。通过实时监控这些指标,企业可以及时发现问题并采取相应的措施来提升服务质量。

智能化的顾客关系管理和服务质量监控对餐饮与酒店企业具有重要意义。它可以帮助企业更好地了解顾客需求,提供个性化的服务,增加顾客满意度和忠诚度。同时,它也可以帮助企业实时监控和改进服务质量,提高工作效率和运营效益。通过科技驱动的智能化解决方案,餐饮与酒店企业可以与时俱进,提供更优质的服务体验。

11.3.3 云计算在供应链管理和库存控制中的应用

云计算是一种基于互联网的计算模式,通过将计算资源和数据存储在云端服务器上,为用户提供灵活、可扩展和高效的计算和数据管理能力。在餐饮与酒店行业中,云计算技术被广泛应用于供应链管理和库存控制,帮助企业实现更高效的物流和库存管理。

首先,云计算可以提供实时的供应链可视化和协同管理。通过将供应链各个环节的数据集中处理和存储在云端,企业可以实时监控和分析供应链的各个节点,包括采购、生产、配送等,以便及时调整和优化供应链运作。同时,多个参与方可以通过云平台进行协同合作,实现信息共享和协调,提高供应链的响应速度和效率。

其次,云计算可以支持智能化的库存控制和需求预测。通过整合供应链和销售数据,以及运用大数据和机器学习技术,企业可以基于历史销售数据和市场趋势进行需求预测,以准确计算所需的库存水平。同时,云平台应用系统可以实时监测库存情况,提供自动化的库存管理功能,包括补货提醒、订单跟踪等,以降低库存成本和减少库存损失。

此外,云计算还可以提供高可靠性和弹性的数据存储和备份。通过将数据存储在云端,企业可以实现数据自动备份和容灾,确保数据的安全性和可用性。同时,云计算平台通常具有高度可扩展性,可以根据企业的需求自动调整计算和存储资源的规模,以适应不同的业务负载。

云计算在供应链管理和库存控制中的应用为餐饮与酒店企业提供了许多优势。它可以提高供应链的可视化和协同能力,加快决策和响应速度,降低库存成本和提高库存周转率。同时,它也能够为企业提供高可靠性和弹性的数据存储和备份,确保数据的安全性和可用性。通过充分利用云计算技术,餐饮与酒店企业可以实现供应链优化和库存控制精细化管理。

11.4 餐饮与酒店行业的财务大数据分析与决策支持

11.4.1 餐饮与酒店行业的财务数据采集与整理的数字化工具

在餐饮与酒店行业,财务数据采集和整理是一项关键任务,它涉及收入、成本、利润等重要财务指标记录和分析。随着科技的发展,数字化工具在财务数据采集和整理方面发挥着重要的作用,帮助企业提高效率、减少错误,并提供准确的财务报告和决策支持。

1. 财务管理软件

QuickBooks、Xero、用友等财务管理软件可以帮助餐饮与酒店企业记录和跟踪财务数据,包括销售额、成本、利润等。这些软件提供了友好的用户界面和自动化功能,可以简化数据输入和报表生成的过程。

2. POS 系统

餐饮业常用的 POS(Point of Sale)系统可以帮助记录销售和收款的数据,同时与财务管理软件集成,实现销售数据自动导入和整理。POS 系统可以提供详细的销售报表和分析,帮助企业了解销售趋势和业绩指标。

3. 数据采集工具

为了自动地进行财务数据采集,餐饮与酒店企业可以使用各种数据采集工具,包括电子收据、扫码设备等。这些工具可以直接将销售和收款数据上传到财务系统中,减少人工输入和错误。

4. 财务分析工具

为了整理和分析财务数据,餐饮与酒店企业可以使用数据分析工具,如 Excel、Tableau 等。这些工具可以将财务数据转化为图表和报表,帮助企业进行数据可视化和趋势分析。

5. 移动应用程序

餐饮与酒店业的数字化工具还包括各种移动应用程序,例如移动支付应用、预订平台等。这些应用程序可以帮助收集和整理与财务相关的数据,同时提供便捷的支付和预订服务。

通过使用这些数字化工具,餐饮与酒店企业可以实现财务数据自动化采集和整理,减少人工工作量和错误,提高数据的准确性和及时性。同时,这些工具还可以提供更多的数据分析和报告功能,帮助企业进行财务决策和业绩监控。

11.4.2 餐饮与酒店行业的财务指标分析与财务预测应用

在餐饮与酒店行业,财务指标分析和财务预测是至关重要的工具,用于评估企业的经营状况、制订财务计划,并支持决策制定。这些分析和预测帮助餐饮与酒店企业深入了解其财务状况,优化资源配置,提高财务管理的效率和准确性。

1. 餐饮销售额分析

通过对餐饮销售额的分析，企业可以了解各类菜品或饮品的销售情况，找出热门产品和低销量产品，并根据需求进行产品调整和定价策略制定。

2. 酒店入住率和客房收入分析

分析酒店的入住率和客房收入可以帮助企业了解季节性和市场需求的变化趋势，制定房间定价策略，并优化房间资源的利用率。

3. 成本控制分析

成本控制对餐饮与酒店行业至关重要。通过对成本的分析，企业可以了解食材、人工、设备等各项成本的构成和比例，找出成本高的环节，并采取相应措施进行成本优化和控制。

4. 利润率分析

利润率是评估企业盈利能力的重要指标。通过分析利润率，餐饮与酒店企业可以了解利润的来源和分布，找出利润率较低的业务领域，并采取措施提升盈利能力。

5. 现金流量分析

现金流量是餐饮与酒店企业的生命线。通过分析现金流量，企业可以了解现金的流入和流出情况，预测现金流量的变动趋势，为企业的日常经营和投资决策提供依据。

6. 餐饮与酒店财务预测

通过对历史财务数据和市场趋势的分析，企业可以进行财务预测，预测销售额、成本、利润等指标的未来发展趋势，制订相应的财务目标和计划。

财务指标分析和财务预测可以帮助餐饮与酒店企业了解其财务状况、优化资源配置、提高财务管理的效率和准确性，从而为企业的战略决策和业务发展提供重要的参考依据。

11.4.3 餐饮与酒店行业利用大数据进行成本控制与效益优化

在餐饮与酒店行业中，利用大数据进行成本控制与效益优化是关键的经营策略。通过收集、分析和利用大数据，餐饮与酒店企业能够深入了解运营情况，提高效率、降低成本，并改善顾客体验。

1. 食材采购优化

通过大数据分析供应链数据和市场趋势，餐饮企业可以准确预测需求量，优化采购计划，选择合适的供应商，并获得更有竞争力的价格，从而降低成本。

2. 库存管理

利用大数据分析库存数据和销售趋势，餐饮与酒店企业可以避免库存积压或供应不足的问题，减少资金占用和浪费，并确保供应链的流畅性。

3. 菜单定价策略

通过分析大数据，包括销售数据、顾客反馈和市场竞争情况，餐饮企业可以制定科学合理的菜单定价策略，提高利润率和销售额。

4. 顾客行为分析

通过大数据分析顾客的消费习惯、偏好和行为，餐饮与酒店企业可以定制个性化的服务，提供更好的顾客体验，增加顾客满意度和忠诚度。

5．营销活动优化

利用大数据分析营销活动的效果和回报率，餐饮与酒店企业可以优化广告投放策略，提高营销效果，并减少不必要的成本。

6．运营效率提高

通过大数据分析员工绩效、工作时间和任务分配等数据，餐饮与酒店企业可以优化人力资源管理，提高工作效率和员工满意度，降低人力成本。

通过利用大数据进行成本控制与效益优化，餐饮与酒店企业可以实现精细化经营、提高竞争力，并为顾客提供更好的服务体验，从而取得长期可持续的发展。

11.5　餐饮与酒店行业的科技创新案例

11.5.1　餐饮与酒店行业中的前沿科技与研发趋势

餐饮与酒店行业在科技的推动下不断发展创新，逐渐应用前沿科技。

1．无人化服务

餐饮与酒店企业越来越多地采用无人化服务，如自助点餐系统、自助结账设备和自助入住服务。这些技术提供了更快捷、高效和便利的服务体验，减少了人力成本，同时为顾客提供了更多的选择，增强了顾客的自主性。

2．虚拟和增强现实技术

虚拟和增强现实技术在餐饮与酒店行业中得到广泛应用。例如，虚拟现实技术可以为顾客提供沉浸式的餐饮体验，让他们在虚拟环境中预览菜单、装饰和环境。增强现实技术则可以提供实时的信息和导航，帮助顾客更好地了解菜品和场地。

3．无线支付和移动应用

无线支付和移动应用改变了餐饮与酒店行业的付款方式。顾客可以通过手机应用程序完成点餐、支付和预订服务，提高了支付的便捷性和安全性，同时也为企业提供了更多的销售和营销机会。

4．数据分析和个性化服务

餐饮与酒店企业越来越重视数据分析和个性化服务。通过收集和分析顾客的消费习惯、偏好和反馈，企业可以提供个性化的推荐和定制服务，提升顾客的满意度和忠诚度。

5．可持续发展和环境友好

餐饮与酒店行业越来越关注可持续发展和环境保护。新的科技和研发趋势致力于减少能源消耗、降低碳排放和推广可持续的经营模式。例如，智能节能设备、可再生能源技术应用和减少浪费的措施都在为行业可持续发展做出贡献。

6．区块链技术

区块链技术在餐饮与酒店行业中也开始发挥作用。它可以提供安全的交易和信息共享，增加透明度和可追溯性。例如，通过区块链技术可以实现食品安全的追溯，确保食材的来源和质量可靠。

这些前沿科技和研发趋势将继续推动餐饮与酒店行业创新和发展,提供更好的服务体验和经营效果。企业应密切关注这些趋势,并积极采纳适合自身业务的科技创新,以保持竞争优势和满足不断变化的顾客需求。

11.5.2 科技创新对餐饮与酒店行业的重要性与引领作用

科技创新在餐饮与酒店行业中发挥着重要的作用,引领着行业变革和发展。

1. 提升服务效率

科技创新可以提升餐饮与酒店行业的服务效率。例如,自助点餐系统、智能排队管理系统和自助入住服务减少了人力成本,缩短了等候时间,提升了服务速度和效率。

2. 优化用户体验

科技创新可以为顾客提供更好的使用体验。智能手机应用程序、无线支付和个性化推荐等技术让顾客可以更方便地进行点餐、支付和预订,同时享受个性化的服务和推荐,提升了用户体验和满意度。

3. 数据驱动的决策

科技创新带来了强大的数据收集和分析能力,为餐饮与酒店企业提供了更多的业务数据和消费趋势分析。通过对数据的深入分析,企业可以做出更准确的决策,优化运营和营销策略,提高经营效益。

4. 创新的商业模式

科技创新推动了餐饮与酒店行业的商业模式创新。共享经济、无人化服务和虚拟现实等新兴模式为行业带来了全新的商机和发展机会。例如,共享厨房和共享空间模式让创业者可以更灵活地开展餐饮业务,虚拟现实技术使酒店能为客人提供沉浸式的体验。

5. 可持续发展与环保

科技创新在餐饮与酒店行业中促进了可持续发展与环保。智能节能设备、可再生能源技术应用和减少浪费的措施帮助企业减少能源消耗和环境影响,推动行业可持续发展。

科技创新对餐饮与酒店行业的重要作用不断凸显,它不仅提升了服务效率和用户体验,还推动了商业模式创新和可持续发展。餐饮与酒店企业应积极拥抱科技创新,与时俱进,不断探索和应用新技术,以适应行业变革的挑战并抓住机遇。

11.5.3 成功的科技创新案例及其对餐饮与酒店行业的影响

1. 阿里巴巴未来酒店

阿里巴巴未来酒店是一家以科技驱动的智能酒店,它引入了许多创新的科技应用,为客人提供了独特的住宿体验。

刷脸入住:阿里巴巴未来酒店通过人脸识别技术,实现了刷脸入住的便利性和安全性。客人只需通过人脸识别系统,即可完成入住手续,无须使用传统的钥匙卡或登记表,大幅提升了入住的便捷性。

（1）刷脸点餐

酒店的餐厅采用了人脸识别点餐系统，客人只需站在点餐机前，系统就能准确识别客人的身份和偏好，并根据客人的历史点餐记录和推荐算法，为客人推荐适合的菜品和饮品，提供个性化的点餐体验。

（2）沉浸式智慧健身

阿里巴巴未来酒店提供了沉浸式智慧健身设施，通过虚拟现实和增强现实技术，客人可以在虚拟场景中进行各种运动和健身活动，提升健身的趣味性和效果。

（3）机器人调酒

酒店的酒吧采用了机器人调酒系统，客人可以通过手机或平板电脑选择自己喜欢的酒品和调酒配方，机器人会按照指定的配方和顺序进行调酒，并在酒吧台上完成饮品制作，提供了一种独特的酒吧体验。

（4）机器人送餐

阿里巴巴未来酒店引入了机器人送餐服务，客人可以通过手机下单并指定送餐时间和地点，机器人会按时将食物送到客人所在的位置，提供了便捷的餐饮服务。

阿里巴巴未来酒店的这些科技创新改变了传统酒店的服务模式，提升了客人的体验和增强了便利性。通过智能化的设备和系统，客人可以享受到个性化的服务、便捷的入住和点餐体验，以及独特的娱乐和健身活动。这些创新的科技应用对餐饮与酒店行业的影响是深远的，推动了行业发展和变革。

2. 深圳杰龙智慧酒店和智慧公寓

深圳杰龙先创是一家专注于智慧酒店和智慧公寓的公司。该公司提供先进的客控技术解决方案，结合科大讯飞的语音技术，通过智能硬件与软件整合，为酒店和公寓提供全套的改造服务，帮助它们实现数字化升级和改造。

深圳杰龙先创的智慧酒店和智慧公寓解决方案涵盖了多个方面。首先，他们提供客控技术，通过智能设备和系统，使客人可以通过触摸屏、手机或语音控制等方式，实现对房间内的设备和服务的控制，如调节温度、开关灯光、订购餐饮等，提供了便捷和个性化的客户体验。

其次，深圳杰龙先创整合了科大讯飞的语音技术，将语音交互应用于智慧酒店和智慧公寓的管理和服务中。客人可以通过语音指令与智能设备进行互动，实施查询、预订、控制等操作，提供更加智能化和便利的使用体验。

此外，深圳杰龙先创还提供其他智能化的解决方案，如智能门锁系统、智能安防监控系统、智能能源管理系统等，以提升酒店和公寓的安全性、节能性和管理效率。

深圳杰龙先创的智慧酒店和智慧公寓解决方案对行业的影响是显著的。通过数字化和智能化的升级改造，酒店和公寓可以提供更加智能、便捷和舒适的服务，提高客户满意度，增强竞争力。同时，通过实时数据分析和管理，酒店和公寓可以优化资源利用、降低能耗，实现更加高效和可持续的运营。这种科技创新对于餐饮与酒店行业的发展和财务管理方面的革新具有重要的推动作用。

3. 叮咚云 5G 智能

叮咚云 5G 智能成立于 2018 年，专注于提供智能化、信息化和节能服务，主要面向高中端酒店、家庭和公寓等城市建筑。他们提供系统性整体解决方案，以智能化设备控制、信息化服务运营和数据化能源管理为核心。

作为一家酒店智控运营商,叮咚云5G智能在行业内具有独特的优势和特点。他们是国内唯一一家可以为酒店免费定制方案并提供软硬件服务的智控运营商。这意味着他们可以根据酒店的特定需求和要求,为其定制符合其实际情况的智能化解决方案,并提供相应的软硬件设备以及相关的服务和支持。

另外,叮咚云5G智能还拥有客房代销服务渠道,为酒店提供更加全面的服务。通过代销服务,他们可以帮助酒店提升客房的销售和入住率,从而提高收入。

叮咚云5G智能的解决方案涵盖了多个方面。首先,他们提供智能化设备控制,包括智能门锁、智能灯光、智能窗帘等,通过智能设备联网和控制,实现对客房设施和设备的智能化操作和管理。

其次,他们提供信息化服务运营,包括客房管理系统、智能客房控制平台等,通过信息化系统建立和运营,实现客房预订、入住、退房等各个环节自动化和高效化。

最后,他们提供数据化能源管理,通过智能能源监控系统和数据分析,实现对能源的实时监控、分析和管理,帮助酒店节能减排,降低能源成本。

叮咚云5G智能的创新解决方案对于餐饮与酒店行业的发展和财务管理具有重要的影响。通过智能化、信息化和节能化的服务,他们提升了酒店的服务质量和客户体验,提高了酒店的运营效率和竞争力。同时,通过数据化能源管理,他们帮助酒店实现能源有效管理和成本控制,从而实现财务管理优化和创新。

4. 腾讯小Q智慧酒店

腾讯小Q智慧酒店是腾讯旗下的酒店行业品牌,专注于生产酒店和公寓客房的强弱电智能控制系统。作为一家知名企业,他们在许多高端景区的酒店中设计和制造客房智能控制系统,实现智能产品多元化,并扩展到酒店客房销售的各个领域。

腾讯小Q智慧酒店的智能控制系统包括了强弱电设备控制和管理。强电设备包括空调、照明等,而弱电设备则包括电视、音响、窗帘等。智能控制系统可以对客房内的设备进行智能化的控制和管理,提供更加便捷和舒适的客户体验。

除了基本的智能控制功能,腾讯小Q智慧酒店还注重多元化的智能产品开发。他们不仅提供了智能控制系统,还开发了一系列与酒店客房相关的智能产品,如智能门锁、智能音响、智能投影等,以满足不同酒店和客户的需求。

腾讯小Q智慧酒店的创新解决方案对于餐饮与酒店行业的发展和财务管理具有重要的影响。通过智能控制系统和多元化的智能产品,他们提升了酒店客房的智能化水平,提供了更加便捷、舒适和个性化的服务,提高了客户满意度和品牌形象。

此外,腾讯作为全球领先的科技公司,还利用其强大的技术和平台优势,将智慧酒店与其他业务进行融合,如移动支付、智能语音助手等,进一步提升了客户体验和业务创新。

通过智能化的酒店服务和产品创新,腾讯小Q智慧酒店在餐饮与酒店行业中的影响逐渐增大,为行业带来了新的发展机遇,同时也推动了财务管理创新和变革。

5. 中国移动智慧酒店解决方案

中国移动是中国领先的通信运营商之一,他们在智慧酒店领域提供了一站式智能酒店解决方案。该解决方案涵盖了从端到端的智能化服务平台到标准化通信模块的多个方面。

中国移动的智慧酒店业务致力于为酒店厂商提供全方位的智能化服务,包括智能设备和系统开发、部署和运营。他们提供多模式应用开发,使酒店可以根据自身需求定制和开发适合的智能化应用程序。同时,中国移动提供标准化通信模块,确保各种智能设备之间的通信可靠和互操作性。

通过中国移动的智慧酒店解决方案,酒店厂商可以快速实现智能化产品投产和上线。他们可以根据自身需求选择合适的智能设备和系统,并借助中国移动提供的平台和服务能力,实现酒店全面智能化转型。

这种一站式智能酒店解决方案对餐饮与酒店行业的发展和财务管理具有重要的影响。通过智能化的服务和系统,酒店可以提供更加智能、便捷和个性化的服务,提高客户满意度和忠诚度。同时,智慧酒店的智能化运营也可以提高工作效率和管理水平,降低运营成本,对财务管理和业务创新具有积极的影响。

中国移动作为通信行业的领军企业,拥有先进的通信技术和广泛的网络覆盖,他们在智慧酒店领域的投入和创新为餐饮与酒店行业的发展带来了新的机遇和挑战。通过与中国移动合作,酒店可以充分利用通信和信息技术的优势,实现智能化转型,提升竞争力和财务管理效益。

6. 惠州尊宝智控酒店客房智能与节能控制系统

惠州尊宝智控是一家成立于1997年的公司,专注于酒店客房智能与节能控制系统研发、生产、营销和售后服务。他们拥有完善的体系,致力于提供高质量的智能硬件产品。

随着市场需求和科技发展的变化,惠州尊宝智控逐步进行转型,发展成一个多屏全网开放式云中心的互联网产品服务商。他们的业务涵盖了智慧酒店、智能照明和智能家居三个方面。

在智慧酒店领域,惠州尊宝智控提供智能客控系统,帮助酒店提供更智能、便捷的客房体验。这包括客房温控、照明控制、窗帘控制、电器控制等功能,通过智能化的设备和系统,提高客户满意度。

此外,惠州尊宝智控还在智能照明和智能家居领域进行了布局,为酒店提供节能的照明解决方案和智能化的家居系统。这些技术可以帮助酒店降低能耗,提高节能效果,同时增强客户的舒适度和体验。

惠州尊宝智控致力于为全球超过30万间客房提供智能客控系统,通过他们的产品和解决方案,酒店可以实现更智能、高效地管理和服务,提升竞争力和财务管理效益。

惠州尊宝智控的科技创新和产品服务对餐饮与酒店行业的发展具有重要的影响。他们的智能化产品和解决方案可以帮助酒店提升客户体验、提高运营效率,并在节能减排方面发挥积极作用。通过与惠州尊宝智控合作,酒店可以实现数字化转型,提升服务质量和财务管理水平,迎接行业的挑战和变革。

7. 美味不用等餐饮管理系统

美味不用等(上海)信息科技股份有限公司是一家专注于餐饮行业的互联网服务商。他们提供智能餐位管理系统,集成了排队等位、餐位预订、点菜支付、CRM大数据等功能,帮助餐厅提升运营效率和顾客体验。

该智能餐位管理系统充分利用了互联网和移动技术,让顾客可以通过手机App或者在线平台进行排队等位、预订餐位、点菜和支付等操作。顾客可以提前预订餐位,避免排队等候;在餐厅用餐时,可以通过手机点菜并进行支付,提升用餐效率和便捷性。

同时,美味不用等系统还具备强大的CRM大数据分析功能,能够收集和分析顾客的消费习惯和行为数据,为餐厅提供精准的客户管理和营销策略。通过对大数据的分析,餐厅可以更好地了解顾客需求,个性化推荐菜品和服务,提高顾客满意度和忠诚度。

美味不用等(上海)信息科技股份有限公司的智能餐位管理系统在餐饮行业中具有重要的作用。它利用科技驱动,提供了便捷、高效的餐饮服务,帮助餐厅提升客户体验和运营效率。通过数字化管理和数据分析,餐厅可以更好地把握市场需求,优化产品和服务,实现财务管理创新和提升。

美味不用等(上海)信息科技股份有限公司的科技创新对餐饮与酒店行业的发展具有积极的影响。它推动了餐厅数字化转型,提高了管理效率和客户体验,同时帮助餐厅实现财务管理创新和优化。通过与美味不用等合作,餐饮企业可以借助先进的科技手段,提升竞争力,满足顾客需求,实现业务增长和财务效益提升。

8. 美团餐饮管理系统

美团餐饮系统是隶属于美团公司旗下的一款专业的餐饮行业解决方案。它为餐饮企业提供一站式的IT解决方案,包括外卖自动接单、连锁管理、会员营销、手机点餐、供应链管理等功能。此外,还提供了配套的解决方案,如大中小型企业收银机和打印机等。

美团餐饮系统帮助餐厅实现从供应链管理、生产管理、前厅管理到外卖业务的数字化经营,提高经营效率。它不仅提供了全面的功能支持,还实现了餐厅和平台打通,帮助餐厅与顾客建立联系,更好地了解顾客需求,为商业决策提供数据支持,并提供更好的消费体验。

美团餐饮系统的智能版专为大中型餐饮企业设计,集成了更多的智能化功能,帮助餐厅实现更高水平的管理和服务。通过智能化的解决方案,餐厅可以更好地进行供应链管理,提高生产效率和产品质量。在前厅管理方面,系统提供了手机点餐功能,方便顾客快速下单和支付。此外,美团餐饮系统还提供会员营销工具,帮助餐厅进行精准的营销推广,增加顾客忠诚度和复购率。

美团餐饮系统是一款全面的餐饮行业解决方案,通过科技驱动的创新,帮助餐厅实现数字化经营和财务管理提升。它的智能化功能已与美团平台打通,为餐饮商户提供了更好的运营和服务工具。美团餐饮系统的成功案例证明了其在餐饮与酒店行业中的重要作用,推动了行业发展和变革,提升了企业的竞争力和顾客体验。

11.6 餐饮与酒店行业的数字化管理系统与大数据财务系统的应用

11.6.1 数字化管理系统在餐饮与酒店行业的应用

数字化管理系统在餐饮与酒店行业中发挥着重要的作用,帮助企业提高管理效率、优化运营流程和提升顾客体验。

1. 预订与订单管理

数字化管理系统可以集中管理餐饮与酒店的预订和订单信息,实现实时的预订管理和订单处理。通过在线预订系统和智能点餐平台，顾客可以方便地进行预订和点餐，并与餐饮和酒店企业进行无缝的沟通和协作。

2. 库存与供应链管理

数字化管理系统可以帮助餐饮与酒店企业进行库存管理和供应链优化。通过系统化的库存追踪和预测分析，企业可以准确掌握库存情况，避免过量采购或库存短缺。同时，供应链管理系统可以实现与供应商自动化对接，提高采购效率和货物流转速度。

3. 营销与客户关系管理

数字化管理系统可以支持餐饮与酒店企业进行精准营销和客户关系管理。通过客户数据收集和分析，企业可以了解顾客的消费习惯和偏好，进行个性化的营销推广和定制化服务。同时，系统还可以帮助企业建立顾客档案和忠诚度计划，提升客户满意度和重复消费率。

4. 绩效与财务管理

数字化管理系统可以辅助餐饮与酒店企业进行绩效评估和财务管理。通过系统化的绩效指标和数据分析，企业可以评估员工表现、优化资源配置和制定激励方案。同时，财务管理系统可以实现财务数据采集、整理和分析，帮助企业进行成本控制、收入管理和财务预测。

5. 运营与服务优化

数字化管理系统可以提供实时的运营数据和分析报告，帮助餐饮与酒店企业监控和优化运营效率。通过系统化的运营指标和报表分析，企业可以及时发现问题、进行调整和改进，从而提升服务质量和运营效果。

数字化管理系统使餐饮与酒店企业能够更加高效地进行管理和运营，提升竞争力并满足顾客需求，概念图如图 11.2 所示。随着科技的不断发展，数字化管理系统在餐饮与酒店行业中的应用将会更加广泛和深入，为行业带来更多创新和变革。

图 11.2　酒店科技创新

11.6.2　大数据财务系统在餐饮与酒店行业中的应用

大数据财务系统在餐饮与酒店行业中的应用可以帮助企业更好地管理财务数据、提升财务效率,并为决策提供准确的数据支持。

1. 数据采集与整理

大数据财务系统可以自动地采集和整理餐饮与酒店企业的财务数据,包括收入、成本、利润等方面的数据。通过自动化的数据采集过程,可以大大减少人工错误和时间成本,并确保数据的准确性和一致性。

2. 财务指标分析

大数据财务系统可以对餐饮与酒店企业的财务指标进行深入分析和比较。通过数据挖掘和分析技术,系统可以快速计算和呈现各项财务指标的趋势、比较和关联关系,帮助企业了解经营状况、识别问题和机会,并制定相应的决策和策略。

3. 财务预测与规划

大数据财务系统可以基于历史数据和趋势进行财务预测和规划。通过建立模型和应用算法,系统可以预测餐饮与酒店企业的收入、成本、利润等财务指标的未来发展趋势,帮助企业进行合理的预算和规划,优化资源配置和经营决策。

4. 成本控制与效益优化

大数据财务系统可以帮助餐饮与酒店企业进行成本控制和效益优化。通过深入分析各项成本的构成和影响因素,系统可以帮助企业识别成本高的环节和问题,并提出相应的改进措施。同时,系统还可以评估不同策略和决策对企业效益的影响,帮助企业做出更明智的决策。

5. 财务报告与合规管理

大数据财务系统可以自动生成财务报告和合规管理文件。系统可以根据预设的报告模板和要求,自动整理和生成财务报表、税务报表和其他合规文件,减少手工操作和避免错误。同时,系统还可以帮助企业进行合规管理,确保财务活动的合法性和合规性。

通过应用大数据财务系统,餐饮与酒店企业可以更好地管理和分析财务数据,优化经营决策,提高财务效率和盈利能力。这将帮助企业在竞争激烈的市场环境中取得优势,并实现可持续发展。

11.6.3 数字化管理与财务系统对餐饮与酒店行业创新的影响

数字化管理与财务系统对餐饮与酒店行业的影响是深远的,它们为行业带来了许多创新和改进的机会。

1. 流程优化

数字化的管理系统可以帮助餐饮与酒店企业优化内部流程。通过自动化和集成化的工作流程,系统可以提高工作效率、减少人工错误,并简化各项流程,如订单处理、库存管理、人力资源管理等。这将加快服务响应速度,提升客户满意度,并为企业节省成本和资源。

2. 数据分析

数字化的管理系统可以收集和分析大量的数据,为餐饮与酒店企业提供深入洞察和决策支持。通过对销售数据、客户数据、运营数据等的分析,系统可以揭示市场趋势、消费者偏好和业务机会。基于这些分析结果,企业可以制定更准确的市场策略、优化产品和服务,并实施个性化的营销和客户关系管理。

3. 客户体验提升

数字化的管理系统可以提升餐饮与酒店企业的客户体验。通过在线预订、移动支付、自助服务等功能，系统可以提供更便捷、个性化的服务体验。同时，系统还可以记录客户的偏好和历史交互数据，以便在下次互动时提供更精准的推荐和建议，增强客户黏性和满意度。

4. 财务管理效率

数字化的财务系统可以提高餐饮与酒店企业的财务管理效率。通过自动化的财务数据采集、整理和报告，系统可以减少烦琐的手工操作和错误，并提供实时的财务数据和报表。这将使企业能够更快地做出财务决策、及时调整经营策略，并确保财务的合规性和准确性。

5. 创新商业模式

数字化管理与财务系统促进了餐饮与酒店行业的创新商业模式出现。例如，基于大数据分析和智能技术的智能餐饮和智慧酒店模式不断涌现，通过引入人工智能、物联网和机器学习等技术，改变了传统的经营方式，提升了服务品质和效率。

数字化管理与财务系统对餐饮与酒店行业的创新起到了重要的推动作用，它们帮助企业提高运营效率、优化客户体验、增强竞争力，并为行业可持续发展提供了新的机遇。

思考题

1. 科技驱动下的餐饮与酒店行业创新如何提升顾客体验和服务质量？请以人工智能和物联网应用为例进行讨论。

2. 数字化管理系统和大数据财务系统在餐饮与酒店行业中的应用如何提升运营效率和财务决策？请以数据驱动的菜单规划和财务指标分析为例进行讨论。

研究方向

1. 研究科技驱动下的餐饮与酒店行业的新商业模式，探索数字化服务和智能化客户体验的创新机会和商业发展路径。

2. 分析餐饮与酒店行业中的前沿科技创新趋势，为创业者提供技术应用和商业创新的方向和建议。

3. 探讨数字化管理系统和大数据财务系统在餐饮与酒店创业公司中的应用效果，并提出相应的优化策略和方法。

第 12 章　娱乐与媒体：科技引领下的媒体行业颠覆与财务重塑

本章旨在深入探讨娱乐与媒体行业在科技影响下的变革，特别是在财务管理和决策支持方面的创新。首先，通过阐述当前娱乐与媒体行业的现状，我们将揭示科技驱动在这个行业中的必要性和影响。然后，我们将详细介绍如何通过使用各种前沿科技如虚拟现实、增强现实、大数据、人工智能等，驱动娱乐和媒体行业创新。

在深入了解科技如何重塑这个行业的创新之后，我们将讨论数字化在娱乐与媒体行业中的应用，特别是在内容策划、营销策略、观众行为理解和媒体资产管理中的应用。然后，我们会从财务角度出发，分析如何利用大数据工具进行财务数据采集和整理，并且研究这些数据如何帮助我们进行财务指标分析、预测和决策。

接着，我们将具体分析一些科技创新案例，以及它们对娱乐与媒体行业的影响。我们将分析科技创新如何改变了整个行业。

最后，我们将讨论数字化管理系统和大数据财务系统在娱乐与媒体行业的应用，以及这些系统如何影响整个行业创新。我们会介绍如何利用这些系统进行更有效的运营管理，实现实时数据分析和决策支持，提供个性化用户体验，以及推动创新内容创作和分发。

本章目的在于帮助读者理解科技如何在娱乐与媒体行业中引发变革，以及如何利用科技创新提升娱乐和媒体行业的财务管理和决策能力。

12.1　娱乐与媒体行业的现状与科技驱动的必要性

12.1.1　娱乐与媒体行业的定义和重要性

娱乐与媒体行业是指通过创造、制作、传播和展示各种形式的娱乐内容和媒体产品来满足人们的娱乐需求和信息获取需求的行业。它包括电影、电视、音乐、游戏、新闻、出版、广告等多个子行业。

娱乐与媒体行业的重要性不仅体现在经济层面，还对社会文化生活有着深远的影响。

1. 娱乐与文化体验

娱乐与媒体行业通过创造和传播各种娱乐内容，如电影、电视剧、音乐、游戏等，为人们提供休闲娱乐和文化体验的场所和方式。它们不仅满足人们的娱乐需求，也丰富了人们的生活，推动了社会文化发展。

2. 信息传播与新闻报道

媒体在社会中起着重要的信息传播和新闻报道的角色。通过新闻媒体，人们可以及时了解国内外的重要新闻和时事动态，增加对社会、政治、经济等方面的了解，增强公众的意识和素质。

3. 经济发展和就业机会

娱乐与媒体行业在经济发展中发挥着重要的作用。它为创作者、演员、导演、制片人、编剧、摄影师等提供就业机会，创造了大量的直接和间接就业岗位。同时，娱乐与媒体行业也为经济增长贡献了巨大的价值。

4. 影响力和社会影响

娱乐与媒体行业具有强大的社会影响力。它们能够塑造公众的观念、价值观和行为方式，引领社会的潮流和文化变革。媒体的报道和影视作品等都能够对公众产生深远的影响，影响人们的思想、情感和行为。

娱乐与媒体行业面临着诸多挑战，如数字化技术的迅猛发展、新兴媒体形式的崛起、版权保护等问题。因此，科技驱动的创新和财务管理的重塑对于娱乐与媒体行业可持续发展至关重要。通过采用新的技术和业务模式，娱乐与媒体行业可以更好地满足观众和用户的需求，提供更多元化、个性化的内容和服务，推动行业创新与发展。同时，优化财务管理和运营模式可以提高企业的效率和盈利能力，保持行业的竞争力和可持续发展。

12.1.2 科技驱动对娱乐与媒体行业的影响

科技快速发展和应用对娱乐与媒体行业产生了深远的影响。

1. 内容创作和生产

科技发展使得娱乐与媒体行业的内容创作和生产更加多样化和高效。数字化技术、云计算、虚拟现实、增强现实等技术应用，为创作者和制作人提供了更多创作和制作工具，使得内容创作和生产过程更加灵活、便捷和高质量。

2. 内容传播和分发

互联网和移动技术普及使得内容传播和分发更加迅速和广泛。通过社交媒体、流媒体平台、移动应用等渠道，娱乐与媒体内容可以更快速地传递给用户，实现精准的定向传播，拓展观众和用户的范围。

3. 用户体验和互动性

科技应用提升了用户对娱乐与媒体内容的体验和参与度。虚拟现实、增强现实、交互式媒体等技术带来了更加沉浸式和互动性的娱乐体验，观众可以更深入地参与内容中，增强了娱乐与媒体的吸引力和互动性。

4. 数据分析和个性化推荐

大数据和人工智能技术应用为娱乐与媒体行业提供了更精准的数据分析和个性化推荐能力。通过对用户行为和偏好的数据分析，娱乐与媒体企业可以更好地了解用户需求，提供个性化的内容推荐和定制化的服务，提升用户体验和满意度。

5. 营销和广告

科技发展为娱乐与媒体行业的营销和广告带来了新的机遇和挑战。数字营销、社交媒体营销、影响营销等新型营销方式兴起，以及精准广告投放和数据驱动的广告策划等，使得营销和广告更加精准、定向和个性化，提高了营销效果和品牌影响力。

6. 部分案例

（1）腾讯视频

作为中国领先的在线视频平台，腾讯视频通过数据分析和智能推荐技术为用户提供个性化的内容推荐和定制化服务。腾讯视频的智能推荐算法能够根据用户的观看历史、兴趣爱好和社交关系，为用户推荐符合其口味和偏好的影视内容。

（2）爱奇艺

作为中国领先的在线视频平台，爱奇艺利用人工智能和大数据分析技术进行内容推荐和用户画像建立。通过分析用户的观看行为、评论和互动数据，爱奇艺能够为用户提供个性化的推荐内容，改善用户的观影体验和用户黏性。

（3）抖音

作为中国领先的短视频平台，抖音通过人工智能算法实现了个性化的内容推荐和创作助手。通过分析用户的喜好、互动行为和地理位置等信息，抖音能够为用户推荐符合其兴趣的短视频内容，同时为创作者提供智能化的编辑工具和特效效果，提升用户体验和创作便利性。

（4）微博

作为中国领先的社交媒体平台，微博利用数据分析和智能推荐技术为用户提供个性化的内容推送和社交互动。通过分析用户的兴趣、关注关系和互动行为，微博能够为用户推荐感兴趣的话题、热门事件和关注的人，增加用户参与度和社交互动。

这些案例展示了中国娱乐与媒体行业中科技驱动的应用，通过数据分析、个性化推荐和智能化服务等技术手段，提升了用户体验、增加了内容消费的便利性，并推动了行业创新与发展。

12.2 科技引领下的娱乐与媒体行业创新

12.2.1 虚拟现实和增强现实在内容创新中的应用

虚拟现实和增强现实是两项具有巨大创新潜力的技术，它们在娱乐与媒体行业中的应用正不断推动着行业创新与变革。

虚拟现实技术通过创建计算机生成的虚拟环境，让用户能够身临其境地感受到与真实世界完全不同的体验。在娱乐与媒体行业中，虚拟现实技术被广泛应用于游戏、电影、音乐等领域。例如,通过虚拟现实头戴式设备,用户可以参与游戏中,与虚拟角色进行互动,并且在虚拟环境中获得身临其境的游戏体验。在电影领域,虚拟现实技术可以创造出沉浸式的电影观影体验,让观众仿佛身临其境地参与电影情节中。

增强现实技术则将虚拟元素与现实世界相结合,通过在真实环境中叠加虚拟图像和信息,丰富了用户的感知和体验。在娱乐与媒体行业中,增强现实技术被应用于游戏、广告、实时互动等领域。例如,通过增强现实技术,游戏开发商可以将虚拟游戏元素叠加到真实环境中,使游戏体验更加丰富和互动。在广告领域,增强现实技术可以创造出独特的广告形式,让消费者与产品进行实时互动,提升广告的吸引力和参与度。

虚拟现实和增强现实技术不仅仅应用于娱乐与媒体行业,它们还在教育、旅游、医疗等领域展现出巨大潜力。随着技术的不断发展和成熟,虚拟现实和增强现实将进一步推动娱乐与媒体行业创新,为用户带来更加丰富、沉浸式的体验。

中国娱乐与媒体行业有一些应用虚拟现实和增强现实技术的典型案例。

(1) 腾讯游戏《王者荣耀》VR版

腾讯游戏开发了《王者荣耀》的虚拟现实版,玩家可以通过VR设备进入游戏的虚拟世界,与游戏角色互动并感受更加沉浸式的游戏体验。

(2) 头条系列App的AR功能

字节跳动旗下的头条系列App引入了增强现实技术,用户可以通过手机摄像头在真实环境中看到叠加的虚拟元素,例如AR贴纸、AR滤镜等,丰富了用户在社交媒体和内容浏览中的互动体验。

(3) 阿里巴巴盒马店的AR导购

阿里巴巴旗下的盒马鲜生超市采用增强现实技术,在店内为顾客提供AR导购体验,顾客可以通过手机App扫描商品,即可查看相关信息、促销活动等,提升购物体验和销售效果。

(4) 虚拟现实电影院

中国的一些影院已经引入了虚拟现实技术,通过VR设备为观众提供沉浸式的电影观影体验。观众戴上VR头显后,可以感受到身临其境的影院环境,增强观影的沉浸感。

这些案例展示了虚拟现实和增强现实技术在娱乐与媒体行业的应用,它们为用户提供了更加沉浸、互动和丰富的体验,推动了娱乐与媒体行业创新和发展,概念图如图12.1所示。随着技术的不断进步,预计将会有更多的创新案例出现,为用户带来更加惊喜的体验。

图 12.1 虚拟现实和增强现实

12.2.2 大数据和人工智能在个性化内容推荐中的应用

1. 腾讯视频的推荐算法

腾讯视频通过大数据和人工智能技术,分析用户的观看历史、偏好、兴趣等数据,为用户推荐个性化的视频内容,提供更符合用户口味的观影体验。

2. 爱奇艺的智能推荐系统

爱奇艺利用大数据和人工智能技术,分析用户的观看行为和评分,构建用户画像,并根据用户画像为用户推荐个性化的影视作品、综艺节目等,提高用户的观看满意度。

3. 抖音的内容推荐算法

抖音通过大数据和人工智能技术,分析用户的点赞、分享、关注等行为,为用户推荐个性化的短视频内容,让用户更容易发现和关注自己感兴趣的内容。

4. 网易云音乐的个性化推荐

网易云音乐通过大数据和人工智能技术,分析用户的听歌历史、偏好、音乐风格等数据,为用户推荐个性化的音乐内容和歌单,满足用户对音乐的个性化需求。

这些案例展示了大数据和人工智能技术在中国娱乐与媒体行业中个性化内容推荐方面的应用。通过分析用户数据和行为,运用智能算法进行推荐,娱乐与媒体平台能够更好地满足用户的个性化需求,提供符合用户兴趣和偏好的内容,提升用户体验和参与度。随着技术的不断进步,个性化推荐算法将不断优化,为用户呈现更精准、多样化的内容推荐。

12.2.3 娱乐与媒体行业中的科技创新案例分析

1. 虎牙直播

虎牙直播是中国领先的游戏直播平台,通过使用高清流媒体技术和强大的云计算基础设施,为用户提供高质量的游戏直播和互动娱乐体验。虎牙直播创新地整合了游戏、社交和娱乐元素,为用户打造了一个全新的互动娱乐平台。

2. 芒果 TV

芒果 TV 是中国领先的在线视频平台,利用人工智能和大数据技术,为用户提供个性化的视频推荐和精准的广告投放。芒果 TV 通过分析用户的观看行为、兴趣和偏好,推荐符合用户口味的视频内容,提升用户体验和观看时长。

3. 小红书

小红书是中国知名的社交电商平台,结合了社交媒体和电子商务的特点。小红书利用大数据和人工智能技术,为用户提供个性化的产品推荐和购物指南,帮助用户发现和购买符合自己兴趣的产品。

4. 腾讯音乐娱乐集团

腾讯音乐娱乐集团通过与腾讯旗下的社交平台相结合,利用大数据和人工智能技术,为用户提供个性化的音乐推荐和社交互动功能。该平台分析用户的音乐偏好、听歌习惯等信息,为用户推荐符合其口味的音乐,同时提供社交分享和互动的功能,增强用户参与感和黏性。

这些案例展示了娱乐与媒体行业在科技创新方面的成功实践。通过运用算法、人工智能、大数据和社交互动等技术,这些企业提供了更加个性化、精准和互动的娱乐与媒体体验,赢得了广大用户的喜爱和认可。这些科技创新的成功案例不仅推动了中国娱乐与媒体行业发展,也对全球娱乐与媒体行业产生了积极的影响。

12.3 娱乐与媒体行业的数字化管理与优化

12.3.1 数据驱动的内容策划和营销策略

随着娱乐与媒体行业的数字化转型,数据驱动的内容策划和营销策略变得越来越重要。通过收集和分析大量用户数据,娱乐与媒体企业能够更好地了解用户的喜好和需求,从而精准地制定内容策划和营销计划,提供更加个性化和精准的娱乐产品和服务。

在数据驱动的内容策划方面,娱乐与媒体企业可以利用用户行为数据、社交媒体数据和市场趋势数据等,选取内容主题、优化制作形式以及选择发布时间。例如,通过分析用户的观看偏好和互动行为,娱乐公司可以确定热门话题和流行元素,制作相关的娱乐内容,以吸引更多的用户关注和参与。此外,娱乐与媒体企业还可以利用数据分析工具来评估不同内容的表现,从而进行优化和调整,提高内容的质量和吸引力。

在数据驱动的营销策略方面,娱乐与媒体企业可以通过用户画像分析、推荐算法和个性化营销手段,实现精准的用户定向投放和个性化的营销推广。通过深入了解用户的兴趣、行为和消费习惯,娱乐企业可以精准地选择目标用户群体,并通过个性化的推荐和定制化的推广活动,提高用户的参与度和忠诚度。同时,通过数据分析和反馈机制,娱乐企业可以实时监测和评估营销活动的效果,及时调整和优化策略,提高市场反应和用户回报。

这些数据驱动的内容策划和营销策略不仅帮助娱乐与媒体企业更好地满足用户的需求和期望,提供更具吸引力和价值的娱乐内容,同时也帮助企业提高运营效率和盈利能力。通过数据洞察和分析,娱乐与媒体企业能够实现更加精准的决策和优化,从而实现在竞争激烈的市场环境中持续发展和成长。

12.3.2 社交媒体和网络分析在观众行为理解中的应用

社交媒体和网络分析在娱乐与媒体行业中扮演着重要角色,帮助企业理解观众行为并提供更好的用户体验。通过分析社交媒体平台上的用户数据和网络行为,娱乐与媒体企业可以深入了解观众的偏好、兴趣和互动方式,从而优化内容制作和营销策略。

社交媒体平台如今已成为人们获取信息、分享观点和与其他用户互动的重要渠道。娱乐与媒体企业可以通过社交媒体平台上的数据分析工具，监测用户的讨论话题、观点倾向以及对不同内容的反馈。这些数据可以用来了解观众对特定节目、电影、音乐等内容的喜好，从而更准确地把握观众的需求和市场趋势。

此外，网络分析技术也被广泛应用于观众行为理解和分析。通过网络分析，可以研究观众在在线平台上的互动模式、信息传播路径以及用户群体之间的关系。这些分析可以揭示出不同观众之间的连接和影响力，帮助娱乐与媒体企业识别潜在的观众群体、社交影响者和关键意见领袖，进而制定针对性的营销和推广策略。

通过社交媒体和网络分析，娱乐与媒体企业能够更好地了解观众的喜好和行为模式，从而针对性地提供个性化和定制化的内容。这种精准的观众行为理解有助于娱乐与媒体企业提高内容的吸引力和互动性，加强观众与娱乐品牌之间的关系，促进用户参与和提升忠诚度。同时，这些分析也为娱乐与媒体企业提供了有价值的市场洞察，帮助企业制定更具竞争力和创新性的战略决策。

社交媒体和网络分析在娱乐与媒体行业中发挥着重要作用，帮助企业深入了解观众行为、提升用户体验和实现业务增长。通过有效地运用这些技术和方法，娱乐与媒体企业能够不断优化内容创作和营销策略，实现更加精准和个性化的娱乐体验，满足观众的需求，提高用户忠诚度和增强企业市场竞争力。

12.3.3　云计算在媒体资产管理和分发中的应用

云计算技术在娱乐与媒体行业中扮演着重要角色，尤其在媒体资产管理和分发方面。传统的媒体资产管理和分发往往需要大量的物理储存和复制拷贝，不仅成本高昂，而且容易出现数据丢失和管理困难等问题。而云计算技术可以解决这些问题，提供高效、灵活和安全的媒体资产管理和分发解决方案。

首先，云计算可以提供强大的存储和处理能力，使媒体企业能够将大量的媒体资产，如音频、视频、图片等，存储在云端。这样可以节省企业的物理存储成本，并且减少了对硬件设备的依赖。同时，云存储还具有高可靠性和可扩展性，可以根据实际需求进行弹性扩展，确保媒体资产的安全性和可靠的访问。

其次，云计算提供了灵活的媒体资产管理工具和流程。媒体企业可以通过云端的管理平台，对媒体资产进行分类、标记和索引，实现更高效的检索和管理。此外，云计算还支持多用户协同编辑和工作流程自动化，使团队成员可以在不同地点和时间进行协作，提高工作效率和协同性。

最后，云计算技术为媒体资产分发和传输提供了便利。通过云计算平台，媒体企业可以快速将媒体内容传输到全球各地的用户，实现快速分发和跨平台播放。云计算技术的高带宽和低延迟特性，能够确保内容高质量传输和播放体验。同时，云计算还支持对用户行为和偏好的分析，为媒体企业提供个性化的内容推荐和营销策略。

云计算在娱乐与媒体行业中的媒体资产管理和分发方面具有重要的应用价值。通过云计算技术，媒体企业能够实现媒体资产高效管理和快速分发，提高工作效率和用户体验，实现媒体行业数字化转型和创新发展。

12.4 娱乐与媒体行业的财务大数据分析与决策支持

12.4.1 娱乐与媒体行业的财务数据采集与整理的数字化工具

娱乐与媒体行业作为一个创意性和内容驱动的行业,对于财务数据采集和整理也是至关重要的。随着科技的不断发展,许多数字化工具和软件应运而生,帮助娱乐与媒体企业更加高效地进行财务数据采集、整理和管理。

1. 财务管理软件

许多财务管理软件提供了专门针对娱乐与媒体行业的功能和模块。这些软件可以帮助企业实时采集和整理财务数据,包括收入、支出、成本等。通过自动化的数据采集和整理,娱乐与媒体企业可以更加方便地生成财务报表和分析数据,进行财务决策和预测。

2. 数据分析工具

数据分析工具在娱乐与媒体行业中扮演着重要角色。这些工具可以帮助企业对财务数据进行深入的分析和挖掘,发现潜在的商业机会和趋势。通过对数据的分析,娱乐与媒体企业可以更好地了解其财务状况和经营情况,为业务发展提供支持和指导。

3. 数字化的票务系统

对于娱乐行业来说,票务管理是一个重要的财务管理环节。数字化的票务系统可以帮助企业实现在线售票、订单管理和票务数据采集和整理。通过数字化的票务系统,娱乐企业可以更加方便地追踪和管理票务销售数据,优化票务营销策略,提升营收和客户满意度。

4. 版权管理系统

在媒体行业中,版权管理是一个关键的财务管理领域。数字化的版权管理系统可以帮助媒体企业更好地管理和保护其版权资产,确保合法的版权使用和收入追踪。这些系统可以记录版权信息、许可协议和收入分配等数据,提供全面的版权管理功能。

娱乐与媒体行业的数字化工具,它们可以帮助企业更加高效地采集和整理财务数据,提升财务管理的准确性和效率。通过应用数字化工具,娱乐与媒体企业可以更好地把握财务状况,支持业务决策和战略规划,实现财务重塑和创新发展。

12.4.2 娱乐与媒体行业的财务指标分析与财务预测应用

在娱乐与媒体行业中,财务指标分析和财务预测对于企业的经营决策和财务管理非常重要。通过对财务数据的分析和预测,企业可以更好地了解其财务状况、盈利能力和未来发展趋势,从而制定相应的战略和措施。

1. 收入分析

收入是娱乐与媒体行业最重要的财务指标之一。通过对不同渠道、产品和业务的收入进行分析,企业可以了解不同收入来源的贡献度和增长趋势。例如,通过分析广告收入、票房收入、会员订阅收入等,企业可以评估不同业务线的盈利能力,并调整战略以优化收入结构。

2. 成本控制分析

成本控制对于娱乐与媒体企业的盈利能力至关重要。通过分析各项成本,如制作成本、人力成本、营销成本等,企业可以评估成本的合理性和效益。同时,通过成本控制分析,企业可以找到成本节约的潜力,从而优化资源配置,提高盈利水平。

3. 利润率分析

利润率是衡量企业盈利能力的重要指标之一。通过分析毛利润率、净利润率等不同层面的利润率,企业可以了解产品和业务的盈利情况。利润率分析可以帮助企业确定盈利能力较强的产品或业务,从而进一步发展和推广它们,同时削减亏损的产品或业务,提升整体盈利能力。

4. 财务预测和预算编制

娱乐与媒体行业具有一定的季节性和周期性特征,因此进行财务预测和预算编制非常重要。通过分析历史数据和市场趋势,企业可以制定合理的财务预测和预算,为未来的经营决策提供依据。预测和预算可以帮助企业预测收入和成本,并制定相应的控制措施,保持财务稳定和可持续发展。

5. 现金流量分析

现金流量是衡量企业偿付能力和资金流动性的重要指标。在娱乐与媒体行业,现金流量管理至关重要,特别是对于影视制作、演出等需要大量资金投入的业务。通过分析现金流入和流出情况,企业可以评估资金的充足性和运营的稳定性,制定相应的资金策略和风险管理措施。

以上是娱乐与媒体行业中财务指标分析和财务预测的应用。这些分析和预测工具可以帮助企业更好地了解自身的财务状况和经营情况,制定合理的战略和决策,提高经营效益和财务绩效。

12.4.3 娱乐与媒体行业利用大数据进行成本控制与效益优化

在娱乐与媒体行业,大数据应用对于成本控制和效益优化具有重要意义。通过收集、分析和利用大数据,企业可以更好地理解客户需求、优化业务流程、提高运营效率,从而实现成本控制和效益提升。

1. 用户行为分析

通过分析用户的行为数据,如浏览记录、点击行为、观看偏好等,企业可以了解用户的兴趣和偏好,精准推荐适合的内容和服务。这有助于提高用户体验和满意度,提升用户留存和付费率,进而提高效益。

2. 内容评估与优化

通过对用户观看行为、评论反馈等数据的分析,企业可以评估内容的受欢迎程度和质量,及时调整和优化内容制作和投放策略。这有助于提高内容的吸引力和价值,减少不必要的成本开支。

3. 广告效果分析

通过分析广告投放的数据，如曝光量、点击率、转化率等，企业可以评估广告的效果和回报。这有助于优化广告投放策略，提高广告投资的效益，同时减少不必要的广告成本。

4. 运营效率提升

通过对生产、供应链、人力资源等方面的数据进行分析，企业可以发现运营过程中的瓶颈和问题，优化流程，提高效率，降低成本。例如，通过预测需求、优化库存管理、提高生产效率等措施，可以实现成本控制和效益提升。

5. 精准营销和定价策略

通过对用户数据和市场趋势的分析，企业可以进行精准营销和定价策略制定。通过了解用户需求和市场变化，企业可以针对不同用户群体制定个性化的推广和定价策略，提高销售效果和盈利水平。

以上是娱乐与媒体行业利用大数据进行成本控制与效益优化的应用。大数据应用可以帮助企业更加精准地了解用户需求，优化业务流程，提高效率，降低成本，从而实现持续的盈利增长。

12.5 娱乐与媒体行业的科技创新案例

12.5.1 娱乐与媒体行业中的前沿科技与研发趋势

娱乐与媒体行业一直处于不断变革和创新的前沿，随着科技的快速发展，出现了许多前沿科技和研发趋势，对该行业的发展和转型产生了重要影响。

1. 5G 技术

5G 技术广泛应用将带来更快的数据传输速度、更低的延迟和更大的网络容量。这将推动娱乐与媒体行业实现更高质量的视频流媒体、增强现实和虚拟现实体验，并推动媒体内容创新和交互方式改进。

2. 虚拟现实和增强现实

虚拟现实和增强现实技术为娱乐与媒体行业提供了全新的创作和消费体验。通过虚拟现实技术，用户可以身临其境地参与电影、游戏和其他娱乐内容，而增强现实技术则可以将虚拟元素融入现实场景中，为用户提供丰富的交互体验。

3. 人工智能和机器学习

人工智能和机器学习在娱乐与媒体行业中的应用越来越广泛。通过分析大数据、理解用户兴趣和行为模式，人工智能可以为用户推荐个性化的内容，提供智能化的服务和体验。同时，人工智能还可以用于内容生成、自动化制作和智能监测等方面，提高效率和创意。

4. 区块链技术

区块链技术可以为娱乐与媒体行业提供去中心化的内容分发和版权管理机制，增加透明度和安全性。同时，区块链还可以改变内容创作和付费模式，实现更公平和可持续的生态系统。

5. 云计算和边缘计算

云计算和边缘计算技术为娱乐与媒体行业提供了强大的计算和存储能力，使得内容传输、处理和分发更加高效和灵活。媒体公司和内容提供商可以通过云平台实现内容快速交付和全球化分发。

6. 人脸识别和情感分析

人脸识别技术可以用于媒体行业中的用户认证、个性化推荐和用户体验改进等方面。情感分析技术可以识别用户的情绪和反应，为媒体内容制作和营销提供更深入的洞察和反馈。

这些前沿科技和研发趋势正在改变娱乐与媒体行业的面貌，提供了更丰富、个性化和交互性强的娱乐和媒体体验。媒体公司和内容提供商需要紧跟科技发展的脚步，不断创新和探索新的应用方式，以满足用户的需求并保持竞争优势。

12.5.2　科技创新对娱乐与媒体行业的重要性与引领作用

科技创新在娱乐与媒体行业中发挥着重要作用，引领着行业发展和转型，概念图如图 12.2 所示。

图 12.2　科技创新对娱乐与媒体行业的影响

1. 提升用户体验

科技创新为娱乐与媒体行业带来了更丰富、个性化和互动性强的用户体验。通过虚拟现实、增强现实、人工智能等技术应用，用户可以沉浸于更真实、多样化的娱乐内容中，获得更好的娱乐享受。

2. 优化内容创作和生产流程

科技创新改变了娱乐与媒体内容的创作和生产方式。例如，使用 AI 技术可以自动生成和编辑内容，减少人工成本和时间，提高创作效率。同时，云计算和大数据技术可以优化内容管理和分发，使得内容传播更加便捷和快速。

3. 个性化推荐和定制化服务

科技创新使得娱乐与媒体行业能够更准确地了解用户的兴趣和需求,从而提供个性化的推荐和定制化的服务。通过大数据分析和机器学习算法,媒体公司可以根据用户的喜好和行为模式推荐相关内容,提升用户的满意度和忠诚度。

4. 数据驱动的营销和广告策略

科技创新为娱乐与媒体行业的营销和广告带来了新的机会和挑战。通过数据分析和智能营销技术,媒体公司可以更精准地定位受众群体,制定有效的营销和广告策略,提升广告效果和回报。

5. 新兴业务模式和商业模式创新

科技创新催生了许多新兴业务模式和商业模式,为娱乐与媒体行业带来新的发展机遇。例如,共享经济模式、区块链技术等都为内容创作者和消费者提供了新的交互和合作方式,改变了传统的媒体产业生态。

科技创新不仅在技术层面上对娱乐与媒体行业产生影响,还引领着行业的商业模式、用户行为和市场趋势变革。媒体公司和内容提供商需要积极拥抱科技创新,不断探索和应用新的技术,以满足用户的需求,并保持在竞争激烈的市场中的竞争优势。

12.5.3 成功的科技创新案例及其对娱乐与媒体行业的影响

1. 抖音

抖音是一家中国短视频分享平台,由字节跳动(TikTok 的母公司)开发和运营。

(1) 创新的算法和用户界面设计

抖音通过独特的推荐算法,根据用户的兴趣和偏好,为其提供个性化的视频推荐。这种创新的算法帮助用户发现感兴趣的内容,并为内容创作者提供更广阔的展示平台。

(2) 用户生成内容(UGC)

抖音鼓励用户创作和分享短视频内容,使普通用户也能成为内容创作者。这种 UGC 模式为用户提供了表达自己、展示才华和与他人互动的机会,促进了用户参与和互动的活跃度。

(3) 滤镜和特效功能

抖音提供丰富多样的滤镜和特效功能,使用户能够轻松美化和编辑自己的视频内容。这种创新的功能增强了用户的创造力和表现力,提升了视频质量和观看体验。

(4) 社交互动和挑战活动

抖音通过挑战活动和社交互动的方式,鼓励用户参与和分享自己的创作。这种互动性和社交性增强了用户之间的互动和沟通,营造了积极向上的社区氛围。

(5) 跨国市场拓展

抖音成功进军国际市场,尤其在海外市场推出的 TikTok 应用广受欢迎。这使抖音成为一个全球性的平台,带来了更多国际化的内容和用户交流,推动了全球娱乐与媒体行业发展。

抖音的成功表明科技创新对于娱乐与媒体行业的重要作用。它通过创新的算法、用户生成内容和社交互动,改变了用户的娱乐方式,并为内容创作者提供了更广阔的舞台。抖音的影响不仅在中国国内,还在全球范围内推动了短视频和社交媒体发展。

2. 微信公众号

微信公众号是腾讯推出的一项媒体平台服务，为用户提供了一个发布、传播和获取信息的渠道。

（1）个人媒体与自媒体崛起

微信公众号为个人和机构提供了一个自主发布内容的平台，使其成为媒体和自媒体的重要渠道。个人创作者可以通过微信公众号发布原创文章、音频、视频等多种形式的内容，吸引粉丝和读者。

（2）互动和社交分享功能

微信公众号提供了互动和社交分享功能，使用户能够与公众号主进行交流、评论和分享内容。这种互动性和社交性增强了用户与媒体之间的连接和参与度，促进了用户对内容的共享和传播。

（3）定制化推送和个性化推荐

微信公众号通过算法和用户偏好分析，为用户提供个性化的内容推荐和定制化的信息推送。这种创新的推送方式增强了用户对感兴趣内容的获取便捷性，并提高了用户对媒体的黏性和忠诚度。

（4）跨媒体整合和多样化内容形式

微信公众号不仅限于文字内容，还支持音频、视频、图文等多种形式的内容发布。这种跨媒体整合和多样化的内容形式使媒体能够更好地满足用户对多元化内容的需求。

（5）数据分析和粉丝运营工具

微信公众号提供了丰富的数据分析和粉丝运营工具，帮助媒体了解用户行为和兴趣，进行精准的粉丝运营和内容策略调整。这种数据驱动的运营方式增强了媒体的商业化能力和用户体验。

微信公众号的成功表明科技创新对于娱乐与媒体行业的重要作用。它通过个人媒体与自媒体崛起、互动和社交分享功能、定制化推送和个性化推荐、跨媒体整合和多样化内容形式以及数据分析和粉丝运营工具等创新方式，改变了用户获取和消费信息的方式，推动了媒体行业发展和变革。微信公众号的影响力不仅局限于中国，也在国际市场上产生了重要影响。

3. 腾讯视频

（1）多屏互动体验

腾讯视频通过跨终端的多屏互动功能，使用户能够在电视、手机、平板等设备上观看视频内容，并享受同步互动、评论、分享等功能。这种多屏互动体验提高了用户的参与度和黏性，促进了用户对视频内容的共享和传播。

（2）精准推荐和个性化服务

腾讯视频通过大数据和人工智能技术，为用户提供个性化的视频推荐和精准的内容服务。通过分析用户的观看历史、兴趣偏好等数据，腾讯视频能够推荐符合用户口味的内容，提高用户的观看体验。

（3）原创内容和独家版权

腾讯视频积极投资和推广原创内容，并与各大影视制作公司合作获取独家版权。通过提供优质的原创内容和独家影视作品，腾讯视频吸引了大量用户，提升了平台的竞争力和市场地位。

（4）直播和互动直播功能

腾讯视频提供了直播和互动直播功能，用户可以观看各类直播内容，与主播进行互动交流。这种直播和互动直播功能增强了用户对娱乐和媒体内容的参与感和互动性，创造了更加丰富的娱乐体验。

（5）多元化的付费会员服务

腾讯视频推出了付费会员服务，提供了高清、无广告、独家资源等特权。付费会员服务为用户提供更好的观看体验，并为娱乐与媒体行业带来了新的商业模式和收入来源。

腾讯视频的成功表明科技创新对于娱乐与媒体行业的重要作用。通过多屏互动体验、精准推荐和个性化服务、原创内容和独家版权、直播和互动直播功能以及多元化的付费会员服务等创新方式，腾讯视频改变了用户观看视频内容的方式，提升了用户体验和参与度，并推动了娱乐与媒体行业发展和变革。腾讯视频的影响力不仅局限于中国，也在国际市场上取得了一定的影响力。

4. Bilibili

（1）强大的用户社区

Bilibili 建立了一个活跃的用户社区，用户可以在平台上进行互动交流、评论和分享视频内容。这种用户社区促进了用户之间的互动和用户参与度提升，形成了独特的文化氛围。

（2）弹幕评论系统

Bilibili 引入了弹幕评论系统，允许用户在视频播放过程中发送弹幕评论。弹幕评论增加了用户对视频内容的互动性和参与感，让观看变得更加有趣和多样化。

（3）用户 UGC 内容创作

Bilibili 鼓励用户进行 UGC 创作，用户可以上传自己制作的视频内容，并与其他用户进行分享和交流。这种 UGC 模式为用户提供了展示才华和创意的平台，同时丰富了平台上的内容库。

（4）直播和虚拟主播

Bilibili 推出了直播功能，用户可以观看各类直播内容，包括游戏直播、绘画直播等。此外，Bilibili 还引入了虚拟主播，通过虚拟角色进行直播和互动，吸引了大量的观众和粉丝。

（5）精准的内容推荐和个性化服务

Bilibili 通过大数据和机器学习技术，对用户的观看行为和兴趣进行分析，从而提供精准的内容推荐和个性化服务。这种个性化推荐能够满足用户的需求，提高用户对平台的黏性和参与度。

Bilibili 的成功表明科技创新对于娱乐与媒体行业的重要作用。通过强大的用户社区、弹幕评论系统、用户 UGC 内容创作、直播和虚拟主播等创新方式，Bilibili 创造了与众不同的娱乐体验，吸引了大量的用户和粉丝，并推动了娱乐与媒体行业发展和变革。Bilibili 在中国的娱乐与媒体领域具有重要的影响力，并在年轻用户群体中取得了广泛的认可和支持。

5. 美图秀秀

美图秀秀是一款知名的手机图像处理和美容相机应用。

（1）丰富的美容滤镜和编辑工具

美图秀秀提供了丰富多样的美容滤镜和编辑工具，用户可以通过应用轻松实现照片美化和编辑。这种创新使用户能够在照片中展现最美的一面，提升了用户对于娱乐与媒体内容的参与和互动度。

(2) 社交分享和互动平台

美图秀秀为用户提供了社交分享和互动平台，用户可以在平台上分享自己编辑过的照片，并与其他用户进行互动和评论。这种社交互动的创新为用户创造了更多的参与机会，同时扩大了娱乐与媒体内容的传播范围。

(3) AI人脸识别和特效技术

美图秀秀引入了AI人脸识别和特效技术，用户可以通过应用添加各种趣味特效和人脸识别功能，例如变脸、萌萌哒等。这种创新提升了用户对于娱乐与媒体内容的互动性和趣味性，使用户可以通过应用与娱乐内容进行更深入的融合和参与。

(4) 个性化推荐和定制化服务

美图秀秀通过大数据和机器学习技术，对用户的使用行为和喜好进行分析，从而提供个性化的推荐内容和定制化的服务。这种个性化推荐和定制化服务能够满足用户的个性需求，提高用户对娱乐与媒体内容的参与度和满意度。

美图秀秀的成功表明科技创新对于娱乐与媒体行业的重要作用。通过丰富的美容滤镜和编辑工具、社交分享和互动平台、AI人脸识别和特效技术以及个性化推荐和定制化服务等创新方式，美图秀秀为用户提供了更多参与和互动的机会，丰富了用户对娱乐与媒体内容的体验，同时推动了娱乐与媒体行业发展和变革。

6. 今日头条

(1) 个性化推荐算法

今日头条依靠强大的人工智能和机器学习算法，分析用户的兴趣、偏好和行为，为用户提供个性化的信息流推荐。这种创新方式改变了传统媒体的信息传播方式，让用户能够更加精准地获取感兴趣的内容，提高了用户对娱乐与媒体内容的参与度和满意度。

(2) 用户生成内容平台

今日头条不仅提供了专业媒体内容，还鼓励用户参与内容创作，构建了一个用户生成内容的平台。用户可以通过发布文章、上传视频等方式分享自己的创作，与其他用户进行互动和交流。这种创新模式扩大了娱乐与媒体内容的创作来源，丰富了内容的多样性和互动性。

(3) 实时热点追踪和报道

今日头条通过实时热点追踪和报道，将最新的娱乐与媒体新闻以快速、准确的方式呈现给用户。通过科技创新，今日头条能够及时捕捉到热点事件，并提供全面的报道和分析，满足用户对于实时新闻的需求。

(4) 多媒体形式的内容呈现

今日头条不仅提供文字形式的文章，还支持图片、视频和音频等多媒体形式的内容呈现。这种创新方式丰富了用户获取娱乐与媒体内容的方式，提供了更丰富多样的媒体体验。

今日头条的成功表明科技创新对于娱乐与媒体行业的重要作用。通过个性化推荐算法、用户生成内容平台、实时热点追踪和报道以及多媒体形式的内容呈现，今日头条为用户提供了更精准、丰富和多样化的娱乐与媒体内容，改变了用户获取和参与娱乐与媒体的方式，推动了娱乐与媒体行业创新和发展。

7. 爱奇艺

(1) 多屏互动体验

爱奇艺通过创新的多屏互动技术,将手机、电视、平板等多个终端设备连接起来,实现了用户在不同屏幕上的无缝切换和互动。用户可以通过手机进行投屏、互动参与节目内容,提高了用户对娱乐内容的参与度和互动性。

(2) 高清流媒体技术

爱奇艺通过采用先进的高清流媒体技术,实现了高清画质视频在线播放,提供更清晰、流畅地观看体验。这种创新技术提升了用户对娱乐内容的品质要求,并促进了高清内容制作和推广。

(3) 自制剧和综艺节目

爱奇艺积极投资和制作自制剧和综艺节目,通过提供独家内容,吸引了大量用户的关注和追捧。自制剧和综艺节目的成功推出,不仅提高了平台的用户黏性,也推动了国内影视行业创新和发展。

(4) 数据驱动的内容推荐

爱奇艺通过利用大数据和人工智能技术,分析用户的观看行为和偏好,为用户推荐个性化的内容。这种数据驱动的推荐系统提高了用户对娱乐内容的满意度和参与度,也为平台提供了更精准的用户洞察和商业决策支持。

(5) 跨界合作与 IP 开发

爱奇艺积极开展跨界合作,将影视内容与音乐、游戏、文学等领域进行联动,打造多元化的跨媒体 IP。这种创新方式丰富了娱乐与媒体内容的形式和呈现方式,提升了用户的娱乐体验和参与度。

爱奇艺的成功表明科技创新在娱乐与媒体行业的重要作用。通过多屏互动体验、高清流媒体技术、自制剧和综艺节目、数据驱动的内容推荐以及跨界合作与 IP 开发,爱奇艺为用户提供了更丰富多样的娱乐与媒体内容,改变了用户获取和参与娱乐与媒体的方式,推动了娱乐与媒体行业创新和发展。

12.6 娱乐与媒体行业的数字化管理系统与大数据财务系统的应用

12.6.1 数字化管理系统在娱乐与媒体行业的应用

数字化管理系统在娱乐与媒体行业的应用可以提升企业的运营效率、提供更好的用户体验,并加强内容管理和分发。

1. 内容管理系统(CMS)

娱乐与媒体企业可以利用内容管理系统来管理和组织各种媒体内容,包括音频、视频、图片等。CMS 可以帮助企业实现内容的版本控制、标签化、分类和检索,从而更好地管理和维护海量的媒体资源。

2. 数字化节目制作系统

数字化节目制作系统可以提供全面的媒体制作工具和功能，包括视频剪辑、特效制作、音频处理等。这种系统可以提高制作团队的效率和创作能力，缩短节目制作周期，同时提供更高质量的媒体内容。

3. 用户管理系统（UMS）

用户管理系统用于管理媒体平台的用户信息和行为数据。通过 UMS，企业可以跟踪用户的偏好、消费行为和用户反馈，以提供更个性化的推荐和服务。此外，UMS 还可以用于用户身份认证、订阅管理和会员服务等方面。

4. 广告管理系统

娱乐与媒体企业通常依赖广告收入来支持业务运营。广告管理系统可以帮助企业管理广告库存、广告投放、广告效果跟踪等。通过数字化的广告管理系统，企业可以更有效地管理广告资源、提供定向广告投放和优化广告效果。

5. 数据分析与智能报告系统

数字化管理系统可以整合和分析大量的数据，包括用户行为数据、内容消费数据、广告数据等。通过数据分析和智能报告系统，娱乐与媒体企业可以获取深入的洞察，了解用户需求、内容偏好和市场趋势，从而指导决策和优化业务策略。

这些数字化的管理系统可以提升娱乐与媒体行业的运营效率、提供更好的用户体验，并帮助企业更好地管理和分发内容，实现业务可持续发展。

12.6.2 大数据财务系统在娱乐与媒体行业中的应用

大数据财务系统在娱乐与媒体行业的应用可以帮助企业进行财务管理、成本控制和效益优化。

1. 数据驱动的财务分析

大数据财务系统可以整合和分析娱乐与媒体企业的财务数据，包括收入、支出、资产、负债等方面的数据。通过数据分析，企业可以获得更深入的洞察，了解财务状况、盈利能力和风险因素，从而进行财务规划和决策。

2. 成本控制与效益优化

大数据财务系统可以帮助娱乐与媒体企业进行成本控制和效益优化。通过分析各项费用和投入的数据，企业可以识别成本的主要来源，找到节约成本的潜力，并优化资源配置，提高效益。

3. 数据驱动的财务预测

大数据财务系统可以基于历史数据和趋势分析进行财务预测。通过数据模型和应用算法，系统可以预测娱乐与媒体企业的收入、支出、利润等财务指标，并帮助企业制定相应的战略和决策。

4. 财务风险管理

大数据财务系统可以识别和评估娱乐与媒体企业面临的财务风险，并提供相应的管理措施和策略。通过监测市场变化、经济趋势和财务指标，系统可以及时预警和应对风险，保护企业的财务安全。

5. 数据驱动的投资决策

大数据财务系统可以提供数据支持和分析工具,帮助娱乐与媒体企业进行投资决策。通过对市场数据、行业趋势和潜在机会的分析,系统可以评估投资项目的潜力和风险,帮助企业做出明智的投资决策。

这些大数据财务系统可以帮助娱乐与媒体行业进行更精确的财务管理和决策,优化成本控制和效益,提高企业的财务绩效和可持续发展能力。

12.6.3 数字化管理与财务系统对娱乐与媒体行业创新的影响

数字化管理与财务系统对娱乐与媒体行业的创新产生了重要的影响。

1. 提升运营效率

数字化的管理系统可以帮助娱乐与媒体企业优化运营流程,提高工作效率。通过自动化和集成化的功能,系统可以简化日常工作任务,减少烦琐的手工操作,提高团队的协作和沟通效率。

2. 实时数据分析与决策支持

数字化的管理与财务系统可以实时收集、整理和分析娱乐与媒体企业的数据,为决策提供数据支持。企业可以通过系统获得准确的数据报告和分析结果,从而快速了解业务情况,做出迅速而准确的决策。

3. 个性化用户体验

数字化的管理系统可以帮助娱乐与媒体企业提供个性化的用户体验。通过数据分析和用户行为追踪,企业可以了解用户的喜好和需求,根据个体差异提供个性化的内容、推荐和服务,提升用户满意度和忠诚度。

4. 创新内容创作与分发

数字化的管理系统为娱乐与媒体企业提供创新的内容创作和分发工具。通过系统的协同工作功能和内容管理系统,企业可以更高效地进行内容创作、编辑和发布,实现多平台的内容分发和传播,增加用户触达和影响力。

5. 数据驱动的营销策略

数字化的管理与财务系统可以帮助娱乐与媒体企业制定数据驱动的营销策略。通过数据分析和用户行为模型,企业可以洞察市场需求和用户偏好,针对性地进行营销活动和推广策略,提高市场反应和营销效果。

数字化的管理与财务系统对娱乐与媒体行业带来了创新和变革,提升了企业的竞争力和业务发展能力。通过数字化的工具和技术支持,娱乐与媒体企业能够更好地满足用户需求,推动行业创新和进步。

思考题

1. 科技驱动下的娱乐与媒体行业创新如何改变用户的媒体消费行为和体验?请以虚拟现实和增强现实应用为例进行讨论。

2. 数字化的管理系统和大数据财务系统在娱乐与媒体行业中的应用如何提升内容生

产和营销决策的效率和精准度？请以数据驱动的内容策划和财务指标分析为例进行讨论。

研究方向

1. 研究科技驱动下的娱乐与媒体行业新兴商业模式，如内容平台和个性化推荐服务，探索创新的商业模式和盈利模式。

2. 分析娱乐与媒体行业中的前沿科技创新趋势，如虚拟现实和人工智能，为创业者提供技术应用和商业创新的方向和建议。

3. 探讨数字化的管理系统和大数据财务系统在娱乐与媒体创业公司中的应用效果，并提出相应的优化策略和方法。

第 13 章 高等教育：科技引领下的教育管理改革与财务创新

在这一章中，我们将深入探讨高等教育的现状，特别是科技如何在教育管理改革和财务创新方面发挥关键作用。

高等教育是社会进步的重要驱动力。科技发展则为高等教育改革提供了强大的驱动力和广泛的可能性。首先，我们将探讨高等教育的定义和重要性，包括人力资源培养、知识创新和科研发展、社会进步和文化传承以及终身学习和职业发展等方面。然后，我们将探讨科技驱动对高等教育的影响，如教学模式变革、学习资源丰富化、个性化教育实现以及虚拟实验和模拟实训等方面。

其次，我们将讨论教育科技革新与应用，如在线教育和 MOOC 的概念及关键技术，人工智能在教学、评估和学生服务中的应用，以及一些在高等教育中的科技创新案例。

然后，我们将探讨高等教育数字化管理与优化，包括数据驱动的课程设计与学生绩效管理、智能化的教学资源管理和学术研究支持，以及云计算在校园设施和信息系统管理中的应用等内容。

接着，我们还将讨论高等教育的财务大数据分析与决策支持，包括财务数据采集与整理的数字化工具、财务指标分析与财务预测应用，以及如何利用大数据进行成本控制与效益优化等方面。

最后，我们将提供一些成功的教育教学科技创新案例，探讨它们对高等教育转型的推动作用，以及高等教育数字化管理系统与大数据财务系统的应用。

我们希望本章能帮助读者深入了解高等教育中科技驱动下的教育管理改革和财务创新，启发并引导读者在实践中寻求和实现更好的教育改革和创新。

13.1 高等教育的现状与科技驱动的必要性

13.1.1 高等教育的定义和重要性

高等教育是指在中等教育基础上，为学生提供更高层次的学习和培养，使其获得更深入、更专业的知识和技能，以应对复杂的社会和职业需求。高等教育在社会发展和人力资源培养中具有重要的地位和作用。

1．人力资源培养

高等教育是培养高素质人才的重要途径。通过高等教育，学生可以接受系统的学习和训练，获得专业知识和技能，提高自身素质和能力，为社会经济发展和创新提供人才支持。

2．知识创新和科研发展

高等教育机构是科学研究和知识创新的重要场所。教师和研究人员通过科研活动，推动学科发展、产生创新成果，并为社会提供前沿知识和技术支持。

3．社会进步和文化传承

高等教育是传承和发展人类文化的重要途径。通过教育的传授和学习，学生可以接受自然科学、技术科学、人文科学、社会科学和艺术等领域的知识，提升文化素养和综合能力，为社会进步和文化传承做出贡献。

4．终身学习和职业发展

高等教育为学生提供终身学习的基础和机会。学生可以通过高等教育获得扎实的学术基础和职业技能，为自身的职业发展和个人成长提供支持和保障。

高等教育在培养人才、推动科研创新、促进社会进步和满足个人发展需求方面发挥着重要作用。随着科技的不断发展，高等教育也需要适应科技驱动的时代要求，进行管理改革和财务创新，提高教育质量和效益，为社会和经济发展做出更大的贡献。

13.1.2　科技驱动对高等教育的影响

科技快速发展和应用正在深刻地影响着高等教育领域，概念图如图 13.1 所示。

图 13.1　科技驱动对高等教育的影响

1．教学模式变革

科技驱动促使高等教育从传统的面授教学向在线教育和混合教学模式转变。通过在线学习平台和 MOOC 教育技术，学生可以在任何时间和地点接受学习，提高学习的灵活性和便利性。

2. 学习资源丰富化

科技驱动使得学习资源变得更加丰富和可访问。学生可以通过网络获取大量的学习资料、教学视频和电子图书等，拓宽知识范围和学习途径。

3. 个性化教育实现

科技驱动推动了个性化教育实现。通过学习管理系统和分析技术，教育机构可以根据学生的个性特点和学习需求进行精准的教学和指导，提高学生的学习效果和满意度。

4. 虚拟实验和模拟实训

科技驱动使得虚拟实验和模拟实训成为可能。通过虚拟实验室和模拟训练软件，学生可以在虚拟环境中进行实验和实训，提升实践能力和应用能力。

5. 学术研究推动

科技驱动促进了高等教育机构在学术研究方面的发展。高性能计算、大数据分析和科研协作平台等技术工具为学术研究提供了更好的支持，推动了学术成果形成和传播。

科技驱动对高等教育的影响是全方位的，涉及教学、学习、研究等各个环节。随着科技的不断进步，高等教育将面临更多的机遇和挑战，需要不断适应和应用科技创新，推动教育管理改革和财务创新，提高教育质量和效益，培养适应社会需求的高素质人才。

13.2 教育科技革新与应用

13.2.1 在线教育和 MOOC 的概念及关键技术

在线教育和大规模开放在线课程（MOOC）是教育科技领域的两个重要方向，它们通过技术手段提供灵活的学习机会和丰富的教育资源，它们的发展得益于一些关键技术，概念图如图 13.2 所示。

图 13.2　在线教育

1. 在线教育的概念

在线教育是指利用互联网和相关技术,将教学内容和学习机会提供给学生,使其可以在任何时间和地点通过网络学习。在线教育通过在线课程、虚拟教室、学习管理系统等工具,提供与传统面对面教学相似的学习体验。

2. MOOC 的概念

MOOC 是指大规模开放在线课程(Massive Open Online Course),是一种通过互联网向大量学生开放的在线学习课程。MOOC 通常由知名大学或教育机构提供,涵盖各种学科领域,并采用视频讲座、在线讨论、作业和测验等方式进行学习。

3. 视频和多媒体技术

在线教育和 MOOC 依赖于视频和多媒体技术,将教学内容以富有视听效果的方式呈现给学生。

4. 学习管理系统

在线教育和 MOOC 通常使用学习管理系统,用于组织和管理课程内容、学生作业和考试成绩等信息。

5. 社交学习工具

在线教育和 MOOC 利用社交学习工具,如讨论论坛、在线小组等,促进学生之间的互动和知识分享。

6. 自动化评估和反馈系统

在线教育和 MOOC 利用自动化评估和反馈系统,为学生提供即时的评估和个性化的学习反馈。

7. 数据分析和个性化学习

通过数据分析和人工智能技术,对学生的学习行为和表现进行分析,提供个性化的学习建议和支持。

在线教育和 MOOC 使得学习资源更加开放和共享,学生可以根据自己的兴趣和需求选择适合自己的课程,并在灵活的学习环境中获取知识和技能。教育科技革新和应用将继续推动教育领域发展,为学生提供更丰富的学习机会和个性化的学习体验。

13.2.2　在线教育和 MOOC 领域的一些案例

1. 腾讯课堂

腾讯课堂是中国领先的在线教育平台之一,提供丰富的在线课程和学习资源,涵盖多个学科领域。腾讯课堂借助腾讯的强大技术和平台优势,为用户提供高质量的在线学习体验。

2. 网易云课堂

网易云课堂是网易旗下的在线学习平台,提供多样化的在线课程和学习资源。该平台聚集了众多知名教育机构和专业讲师,为学生提供优质的学习内容。

3. 清华大学 MOOC

清华大学 MOOC 是清华大学推出的在线学习平台,汇集了清华大学的精品课程,并向全球学习者免费开放。清华大学 MOOC 在国内外都享有较高的声誉,为学生提供了学习清华大学优质课程的机会。

4. 学堂在线

学堂在线是中国高等教育出版社旗下的在线教育平台,与多所高校合作,提供大量的高质量在线课程。学堂在线致力于打造优秀教学资源的共享平台,为学生提供灵活的学习机会。

5. 好未来(原新东方在线)

好未来是中国著名的教育科技公司,旗下拥有在线教育平台"在线少儿英语 VIPKID"和大规模开放在线课程平台"中国大学 MOOC"等。好未来通过技术创新和优质教育资源,推动在线教育发展和创新。

这些案例是中国在线教育和 MOOC 领域的一些成功实践,它们通过整合优质教育资源、创新教学模式和提供高品质的学习体验,推动了教育领域变革和进步。

13.2.3 人工智能在教学、评估和学生服务中的应用

人工智能在教育领域的应用正在不断扩大,包括教学辅助、评估和学生服务等方面,概念图如图 13.3 所示。

图 13.3 人工智能在教学、评估和学生服务中的应用

1. 智能辅导助教

人工智能可以通过智能辅导助教系统为学生提供个性化的学习指导和辅助。这些系统利用机器学习和自然语言处理等技术,根据学生的学习情况和需求,为其提供定制化的学习计划、答疑解惑等服务,提升学生的学习效果。

2. 自动评估与反馈

人工智能可以用于自动评估学生的作业、考试和项目,提供及时的评估结果和反馈。通过机器学习和数据分析技术,系统可以对学生的答案进行自动批改和评分,并给予详细的评估和建议,提供个性化的学习支持。

3. 智能学习分析

人工智能可以分析学生的学习行为和数据,提供学生学习进展可视化分析和报告。这

样的系统可以帮助教师了解学生的学习情况,发现学习难点和问题,并根据学生的需求进行教学调整和个性化的辅导。

4. 虚拟教学和实验

人工智能技术可以用于开发虚拟教学和实验环境,提供交互式的学习体验。学生可以通过虚拟现实或增强现实技术参与模拟实验、场景模拟和虚拟演练,提高学习的实践性和互动性。

5. 学生情感识别

人工智能可以通过情感识别技术分析学生的情绪状态和情感反应,以便教师更好地了解学生的心理状态和需求,提供情感支持和辅导。

这些人工智能应用的案例展示了在教学、评估和学生服务方面人工智能技术的潜力和应用前景。通过结合教育领域的专业知识和人工智能的技术优势,可以提供更加智能、个性化和高效的教育服务。

13.2.4 高等教育中的科技创新案例分析

1. 清华大学在线教育平台

清华大学推出了一系列在线教育课程和学位项目,利用信息技术和互联网实现远程教学。该平台通过在线视频课程、互动讨论和作业评估等方式,为学生提供高质量的教学内容和学习机会,突破了传统教学的时空限制。

2. 北京大学智慧校园建设

北京大学利用物联网、云计算和大数据等技术,打造智慧校园,提供智能化的教育服务和管理。学生可以通过手机 App 查看课程表、选课、查询成绩等,教师可以利用智能教室设备进行教学和互动,实现教学过程数字化和智能化。

3. 上海交通大学人工智能教学实验室

上海交通大学建立了人工智能教学实验室,开设人工智能相关的实践课程和项目,培养学生的人工智能技术能力。实验室提供实验环境和设备,学生可以通过实践探索和解决实际问题,提高对人工智能技术的理解和应用能力。

4. 北京师范大学智能辅导助教系统

北京师范大学开发了智能辅导助教系统,利用人工智能技术为学生提供个性化的学习辅导和支持。系统通过分析学生的学习数据和行为,为其提供定制化的学习计划、答疑解惑和学习建议,帮助学生提升学习效果和成绩。

5. 复旦大学虚拟实验室

复旦大学建立了虚拟实验室,利用虚拟现实技术模拟实验场景,提供在线实验教学环境。学生可以通过虚拟实验室进行实验操作和观察,提升实验能力和科学素养。

6. 中山大学在线评测系统

中山大学开发了在线评测系统,利用人工智能和自动评分技术对学生的作业、论文等进行自动评测和反馈。系统可以快速准确地评估学生的学习成果,提供针对性的评价和建议,促进学生的学习进步。

这些案例进一步展示了高等教育中科技创新的广泛应用，包括 MOOC 平台、虚拟实验室、数字校园平台和在线评测系统等。这些创新带来了便利、效率和个性化的教育体验，推动了教育进步和发展。

13.3 高等教育数字化管理与优化

13.3.1 数据驱动的课程设计与学生绩效管理

数据驱动的课程设计与学生绩效管理在高等教育中扮演着重要角色，帮助学校和教师更好地了解学生的学习需求和表现，以便进行针对性的教学和支持。

1. 学生学习数据分析

通过收集学生的学习数据，如考试成绩、作业完成情况、在线互动等，学校和教师可以对学生的学习进展和表现进行分析。这些数据可以帮助教师了解学生的学习情况，发现学生的学习困难和需求，并采取相应的教学策略和措施来帮助他们提高学习成绩。

2. 个性化的学习路径设计

基于学生的学习数据和个人兴趣，学校和教师可以设计个性化的学习路径和教学计划，满足学生不同的学习需求。通过分析学生的学习数据和学习偏好，可以为每个学生量身定制学习资源和教学活动，提供更加个性化的学习体验。

3. 学生绩效管理系统

学校可以建立学生绩效管理系统，将学生的学习成绩、评价和反馈信息集中管理和分析。通过该系统，学校和教师可以实时了解学生的学业发展和成绩表现，进行绩效评估和管理。同时，学生也可以通过系统查看自己的学习成绩和绩效评价，了解自己的学习进展。

4. 预测性分析和干预措施

利用学生学习数据和预测分析模型，学校和教师可以预测学生的学习表现和可能的学习困难，并及时采取干预措施。例如，通过预测学生可能的学习挑战，可以提前为他们提供补充学习资源或个性化的辅导，以提高学生的学习成功率。

这些数据驱动的课程设计和学生绩效管理，帮助高等教育机构更好地了解学生的学习需求，提供个性化的学习支持，并提高教学效果和学生绩效。

13.3.2 智能化的教学资源管理和学术研究支持

智能化的教学资源管理和学术研究支持在高等教育中发挥着重要作用，提供了更便捷和高效的教学资源管理和学术研究支持的解决方案。

1. 教学资源管理平台

高等教育机构可以建立智能化的教学资源管理平台，集中管理和分享教学资源，如教案、课件、多媒体资料等。通过该平台，教师可以快速访问和使用各种教学资源，提高教学效率和质量。同时,学生也可以在平台上获取相关的学习资源,支持他们学习和复习。

2. 学术研究支持工具

研究人员可以利用智能化的学术研究支持工具,如文献管理软件、数据分析工具等,提高研究效率和质量。这些工具可以帮助研究人员进行文献检索、引用管理、数据分析等工作,节省时间和精力,提高研究成果的产出和影响力。

3. 虚拟实验室和模拟演练平台

通过虚拟实验室和模拟演练平台,高等教育机构可以为学生提供更多实践和实验机会。学生可以在虚拟环境中进行各种实验和演练,提高实际操作能力和问题解决能力。这些平台还可以提供实时反馈和评估,帮助学生更好地理解和掌握相关知识和技能。

4. 学术资源智能推荐系统

利用大数据和人工智能技术,可以开发学术资源智能推荐系统,为研究人员提供个性化的学术资源推荐。系统可以根据研究人员的研究领域、兴趣和阅读历史,推荐相关的学术论文、期刊、会议等资源,帮助研究人员更全面地了解最新的研究进展和学术动态。

这些智能化的教学资源管理和学术研究支持,为高等教育提供了更加便捷和高效的教学和研究环境,促进了教学和学术水平提升。

13.3.3 云计算在校园设施和信息系统管理中的应用

云计算在高等教育领域的校园设施和信息系统管理中发挥着重要作用。

1. 学生信息管理

高等教育机构可以将学生信息系统部署在云平台上,实现学生信息集中管理和安全存储。学生的个人信息、选课记录、成绩单等可以通过云平台进行管理和查询,学生和教师可以随时随地访问和更新相关信息。

2. 虚拟学习环境

云计算为高等教育提供了构建虚拟学习环境的可能性。教育机构可以借助云平台搭建虚拟学习环境,包括在线课堂、学习资源库、讨论论坛等。学生可以通过云平台参与在线学习和协作,提高学习效果和灵活性。

3. 校园设施管理

云计算可用于校园设施管理和维护。例如,高等教育机构可以利用云平台进行校园设施预约管理,包括图书馆座位预约、实验室使用预约等。通过云平台,学生和教师可以方便地查看设施的使用情况并进行预约操作,提高设施的利用率和管理效率。

4. 数据分析和决策支持

云计算应用于高等教育的校园设施和信息系统管理中具体好处如下所述。

(1)灵活性和可扩展性:云计算允许高等教育机构根据需要灵活地调整计算和存储资源,以适应校园设施和信息系统的不断变化和扩展需求。学校可以根据实际情况增加或减少云服务器的数量,以满足校园设施和信息系统的需求,而无需投资大量资金来购买和维护硬件设备。

(2)数据集中管理和安全性:云计算提供了集中管理和安全存储数据的平台。高等教育机构可以将校园设施和信息系统的相关数据存储在云平台上,并采取适当的安全措施来保护数据的机密性和完整性。这样可以减少数据分散存储的问题,并提高数据的安全性和可访问性。

(3)虚拟学习环境构建:云计算为高等教育机构构建虚拟学习环境提供了便利。学校可以利用云平台提供在线课堂、学习资源库、讨论论坛等功能,使学生能够随时随地通过网络参与学习和协作。这种虚拟学习环境提供了更多的学习机会和灵活性,有助于学生提高学习效果和自主学习能力。

(4)数据分析和决策支持:云计算技术具有强大的数据存储和处理能力,可以支持高等教育机构进行数据分析和决策支持。学校可以将各类数据存储在云平台上,并利用云计算技术进行数据挖掘和分析,从中获取有价值的信息用于学校的决策制定。这种数据驱动的决策支持有助于学校更好地了解学生需求、优化课程设置、改进教学质量等。

(5)资源共享和协作:云计算为高等教育机构提供了资源共享和协作的机会。学校可以通过云平台分享教学资源、研究成果等,促进师生交流和合作。同时,云计算还支持多用户同时访问和编辑共享文档、演示稿等,提高了教学和研究团队的协作效率。

云计算在高等教育的校园设施和信息系统管理中发挥着重要作用。它为学校信息系统提供了灵活性、安全性和可扩展性,并促进了虚拟学习环境构建、数据驱动的决策支持、资源共享和协作等方面的创新。云计算的应用使高等教育机构能够更好地管理校园设施和信息系统,提升教育质量和管理效率。这些应用案例展示了云计算在高等教育领域的重要作用,为学校提供了更灵活、高效、安全的设施和信息系统管理解决方案。云计算促进了校园管理现代化和信息化,提升了学校的教育质量和管理水平。

13.4 高等教育的财务大数据分析与决策支持

13.4.1 高等教育的财务数据采集与整理的数字化工具

1. 财政拨款管理

高等教育机构通常会获得政府的财政拨款来支持学校运营和发展。数字化的工具可以帮助机构有效管理和监控财政拨款的使用情况。通过建立财政拨款管理系统,机构可以实现拨款申请、审批和使用情况的实时追踪和记录,确保拨款合理使用和拨款使用透明。

2. 学费管理

数字化工具可以帮助高等教育机构实现学费自动化管理。通过学生信息管理系统与财务系统连接,学生的学费支付可以自动被记录和跟踪,包括学费缴纳、退款、减免等情况。数字化工具还可以生成学费账单,并提供在线支付和电子发票等功能,简化学费收取和管理的流程。

3. 科研费用管理

高等教育机构进行科学研究时需要管理各项费用,包括科研项目预算、经费使用和报销等。数字化工具可以帮助建立科研经费的管理平台,实现预算编制、费用申请、审批和报销自动化流程。科研人员可以通过系统提交费用申请,并在系统中跟踪和审批费用报销,提高科研经费的管理效率和准确性。

4. 教学开支管理

数字化工具可以协助高等教育机构管理教学开支。教师可以使用教学资源管理系统,记录和管理教学所需的资源、材料和设备,并将其与财务系统相连。这样可以实现教学开支自动记录和跟踪,为教学活动的预算编制、费用分析和报告提供便捷的工具。

5. 校园建设资金管理

数字化工具可以用于校园建设资金管理和监控。通过数字化工具,高等教育机构可以对校园建设项目的预算、拨款和支出进行实时跟踪和管理。同时,数字化工具还可以帮助机构优化资源配置,分析项目成本效益,并提供财务决策支持。

6. 师资建设支出管理

高等教育机构需要投入资金来支持师资队伍建设,包括教师招聘、培训、福利和绩效考核等方面的支出。数字化工具可以协助机构管理师资建设的开支,包括预算编制、支出审批和绩效评估等环节。这样可以提高对师资建设投入的可控性和透明度,优化资源分配,提高教师队伍的质量和水平。

通过应用数字化工具,高等教育机构能够更加高效、准确地管理财务数据,提升财务管理的效率和质量,实现资源优化配置和成本控制。同时,数字化工具还为决策者提供了更多的数据和分析,支持高等教育机构的财务决策和战略规划。

13.4.2 高等教育的财务指标分析与财务预测的应用

在高等教育领域,财务指标分析和财务预测是关键的管理工具,能够帮助学校评估财务状况、制定预算计划、监控经营绩效并做出战略决策。

1. 科研经费使用效率

高等教育机构在科研方面的投入和效益是衡量学校研究能力和创新水平的重要指标。通过分析科研经费的使用效率,学校可以评估研究项目的成果和贡献,优化经费分配和管理,提高科研投入的回报。

2. 教学成本比例

该指标衡量学校教学活动的成本占总支出的比例,包括教师薪酬、教学设备和教学支持等费用。学校可以通过分析教学成本比例,优化资源配置,提高教学质量和效率。

3. 学生人均支出

该指标反映了学校每名学生的平均支出,包括学费、住宿费、用餐费等。学校可以通过分析学生人均支出,了解学生的经济负担和消费行为,为学生提供更好的服务和支持。

4. 财务预测

财务预测是高等教育机构管理的重要工具,通过对历史数据和趋势的分析,预测未来的财务情况和资金需求。高等教育机构可以利用财务预测进行预算规划、项目决策和经营战略制定。例如,预测学生招生人数和学费收入的增长趋势,可以帮助学校制定招生计划和学费调整策略。

通过财务指标分析和财务预测，高等教育机构能够更好地了解财务状况、优化资源配置、制定合理的预算计划，并支持决策者做出明智的管理决策。

13.4.3 高等教育利用大数据进行成本控制与效益优化

在高等教育领域，大数据应用可以帮助学校进行成本控制和效益优化，从而实现资源合理利用和提高运营效率。

1. 教学资源优化

大数据可以帮助学校了解不同课程和教学资源的使用情况，包括教师授课时间、教室利用率等。学校可以通过分析这些数据，优化教学资源配置，提高教学效果，减少资源浪费。

2. 财务预测与规划

大数据分析可以帮助学校进行财务预测和规划，包括学费收入、支出预算等方面。通过准确的财务预测，学校可以合理规划资源投入，优化预算分配，实现成本控制和效益优化。

3. 学生学业支持

通过分析学生的学习数据和行为模式，学校可以提供个性化的学业支持和辅导，帮助学生更好地掌握知识和提高学业成绩。这不仅有助于提升学生满意度，还可以提高教学效果和毕业率。

4. 校园设施管理

大数据分析可以帮助学校了解校园设施的使用情况和效率，例如图书馆、实验室、体育设施等。通过优化设施利用率和管理流程，学校可以降低运营成本，提高资源利用效率。

通过利用大数据进行成本控制和效益优化，高等教育机构可以更好地管理资源、提高教学质量，同时降低运营成本，为学生和教职员工提供更好的学习和工作环境。

13.5 高等教育的教育教学科技创新案例

13.5.1 高等教育中的教育教学技术与发展趋势

1. 智慧教室

智慧教室是利用信息技术和互联网技术改造传统教室，提供多媒体教学设备、互动学习平台和智能化管理系统。这些技术可以支持教师进行多媒体教学、学生互动和实时评估，提升教学效果和学生参与度。

2. 协同学习平台

协同学习平台是通过网络和社交技术，让学生和教师能够在虚拟空间中进行合作学习和知识分享。学生可以通过平台上的讨论、协作工具和资源共享,与同学和教师一起学习和解决问题。

3. 移动学习应用

移动学习应用是利用移动设备和应用程序提供教育资源和学习工具。学生可以通过移动学习应用随时随地访问课程内容、完成作业和参与学习活动,提高学习的便捷性和灵活性。

4. 虚拟实验室

虚拟实验室是利用计算机模拟技术和虚拟现实技术创建的实验环境,可以替代传统实验室进行实验教学。学生可以通过虚拟实验室进行实验操作和观察,提高实验教学的效率和安全性。

5. 智能化评估系统

智能化评估系统利用人工智能和数据分析技术,自动地对学生的学习成果进行评估和反馈。系统可以根据学生的答题情况和学习数据,提供个性化的评估报告和学习建议,帮助学生更好地了解自己的学习情况和改进方向。

6. 个性化的学习

个性化的学习是通过教育技术和数据分析技术,根据学生的学习需求和能力水平,提供定制化的学习路径和资源。个性化的学习可以帮助学生更加有效地学习,提高学习成果和满意度。

7. 自适应教学

自适应教学是基于学生的学习表现和反馈,调整教学内容和方法,以满足学生的学习需求和进展。自适应教学可以根据学生的学习进度和理解程度,提供相应的教学资源和支持,促进个体学生学习发展。

8. 混合式学习

混合式学习是结合传统面授教学和在线学习的教学模式。学生可以通过在线平台学习课程内容,然后在课堂上进行讨论和实践活动。混合式学习可以提供更灵活的学习方式,促进学生主动参与和互动。

9. 数据驱动的教学改进

数据驱动的教学改进是通过收集和分析学生的学习数据,了解学生的学习行为和表现,从而优化教学设计和教学策略。教师可以根据数据分析结果进行教学调整和个性化的指导,提高教学效果和学生学习成果。

10. 虚拟现实和增强现实

虚拟现实和增强现实技术可以创造沉浸式的学习环境,让学生通过虚拟场景进行模拟实验和实践操作。这些技术可以提供更丰富的学习体验和互动,增强学生的学习兴趣和参与度,概念图如图13.4所示。

以上是高等教育中教育教学技术创新的一些案例和发展趋势,这些技术应用将进一步推动高等教育发展,提升教学质量和学生学习效果。

图 13.4　虚拟现实和增强现实

13.5.2　教育教学科技创新对高等教育管理和财务的重要性与引领作用

教育教学科技创新对高等教育管理和财务起到了重要的作用,引领教育领域变革和发展。

1. 教学效果提升

教育教学科技创新可以提供更多样化、灵活性和个性化的教学方法和工具,帮助教师更好地满足学生的学习需求。通过利用多媒体教学、在线学习平台和虚拟实验室等技术,可以提高教学效果,激发学生的学习兴趣和积极性。

2. 学生参与度提升

教育教学科技创新可以提供更多互动性和参与性的学习方式,激发学生的主动学习意愿。例如,通过在线讨论、协作工具和虚拟实验等技术,可以促进学生互动和合作,增强学习的参与度和效果。

3. 教学资源优化

教育教学科技创新可以帮助高等教育机构更好地管理和优化教学资源。通过在线教育平台和数字化教材,可以实现教学资源共享和管理,提高资源的利用效率和教学质量。

4. 教学质量评估

教育教学科技创新可以支持教学质量评估和改进。通过数据分析和学习分析技术,可以收集和分析学生的学习数据和反馈,了解学生的学习情况和教学效果,从而优化教学设计和教学策略,提高教学质量。

5. 教育管理效率提升

教育教学科技创新可以帮助高等教育机构提升管理效率。通过数字化的管理系统和大数据分析,可以实现教务管理、学生管理、课程管理和资源管理自动化和智能化,减少繁琐的手工操作和纸质文件,提高管理效率和决策能力。

教育教学科技创新对高等教育管理和财务的重要性和引领作用,使高等教育机构能够更好地适应现代教育的需求和挑战,提高教学质量和学生满意度,促进高等教育可持续发展。同时,它也为高等教育机构提供了机会和挑战,需要适应新技术发展和应用,合理规划和管理科技创新的投入和应用,实现教育教学与管理良性循环。

13.5.3 成功的教育教学科技创新案例及其对高等教育转型的推动作用

1. 清华大学

清华大学是中国一所著名的高等教育机构,在教育教学科技创新方面做出了积极的努力,推动了高等教育转型。

(1) 开放教育资源

清华大学积极推广开放教育资源,通过建设开放课程平台和开放教育资源库,将优质的教育资源免费分享给全球学习者。这些资源涵盖了多个学科领域,包括工程、科学、人文社科等,为学生和教师提供了广泛的学习和研究机会。

(2) 混合式学习模式

清华大学在教学中积极采用混合式学习模式,结合线上和线下教学,充分利用科技手段提供学习资源和交流平台。通过在线课程、讨论区、虚拟实验室等工具,学生可以灵活地学习和参与互动,提升学习效果和教学质量。

(3) 教学技术支持

清华大学为教师提供教学技术支持,推广使用教学创新工具和平台。例如,通过教学管理系统、在线考试系统和学习管理平台,帮助教师进行课程管理、学生评估和教学反馈,提高教学效果和效率。

(4) 虚拟实验室和模拟实训

清华大学在科学、工程等实验性学科领域,积极探索虚拟实验室和模拟实训技术应用。通过虚拟实验室和模拟实训平台,学生可以进行实践操作和模拟场景训练,提升实际应用能力和实验技能。

这些成功的教育教学科技创新推动了清华大学的高等教育转型。它们通过开放教育资源、混合式学习模式、教学技术支持和虚拟实验室等手段,提升了教学质量、学生体验和教学效率。这些创新不仅改变了传统的教学方式和教育资源的获取模式,也促进了教师与学生互动和合作,推动了高等教育向着更开放、灵活和高效的方向发展。

2. 西安交通大学

西安交通大学作为中国的一所知名高等教育机构,在科技创新方面取得了多个重要成果,推动了高等教育转型和社会发展。交大创造了世界首例"可动人工寰枢关节置换手术"、全球首个信息安全法律资料检索平台、世界首台输出功率30 W蓝激光手术设备、世界首条穿江特高压电力大通道、世界首个恒河猴甲亢模型、世界首个实用化零碳智慧能源中心。

在我国举世瞩目的超级工程、大国重器背后,闪烁着交大智慧的光芒:F级50 MW重型燃气轮机、"嫦娥五号"、天和核心舱、C919大飞机、"华龙一号"核电技术、"天问一号"火星探测器。近年在中国西部科技创新港,围绕理、工、医、文4大领域建立起8大平台、29个研究院和400多个科研基地、智库。

西安交通大学在教育教学科技创新方面具有多个成功案例,这些案例对于高等教育的转型和发展起到了积极的推动作用。

(1)"一站式"学生社区综合管理模式建设

西安交通大学率先实行书院、学院"双院制"培养模式,并在全国范围内探索了"党建引领、知行兼修、师生共处、因材施教"的"一站式"学生社区综合管理服务。该模式将学生发展和管理服务有机结合,提供全方位的支持和指导,为学生提供更好的成长环境和个性化发展支持。

(2)拔尖创新人才培养模式

西安交通大学从1985年开始招收少年班学生,随后开设了一系列的试验班,如钱学森班、侯宗濂医学试验班、人工智能试验班、储能班等。以钱学森学院为载体,针对数学、物理学、计算机科学、力学、基础医学等学科,学校培养了一批具有全球视野和科学家素养的行业领军人才。通过不断探索和管理各类试验班,学校运用钱学森精神和智慧,不断提升人才培养质量。

(3)国家级一流本科专业建设

学校的61个专业入选了国家级一流本科专业建设点。这些专业在课程设置、教学质量、实践教学等方面具有显著特色和优势,为学生提供了优质的本科教育。

(4)创新教学模式和教育技术应用

西安交通大学积极探索创新教学模式,采用多种教学手段和教育技术应用,如在线教育、虚拟实验室、远程教学等,提升教学效果和学生学习体验。

这些创新反映了西安交通大学在教育教学科技创新方面的努力和成果。这些创新举措和实践对于推动高等教育转型和提升教育质量起到了积极的推动作用。

3. 西北工业大学

西北工业大学是一所以航空、航天、航海等领域人才培养和科学研究为特色的大学,以其在国防科技领域的突出贡献而备受瞩目。深度参与了国家重大专项的科研攻关,包括大飞机、航空发动机、载人航天等领域。作为国内无人机技术领域的领军者,西北工业大学培养了众多无人机专业人才,并成功研发了一系列创新型无人机,其中包括全国第一架小型无人机和多次通过天安门接受阅兵检阅的无人机。这些创新成果在国防和民用领域都具有重要应用价值。他们研发了地效飞行器、水下无人智能航行器等具有创新性的航空航天航海技术,为我国航空航天航海事业的发展做出了重要贡献。他们的科研成果在国家安全和国防建设中发挥了关键作用,为提升我国科技实力做出了重要贡献。

西北工业大学注重培养具有家国情怀、追求卓越的领军人才。他们坚持将价值塑造、能力培养和知识传授融为一体,致力于培养具有高尚品质和创新精神的学生。校友中涌现出一大批省部级以上领导、将军、两院院士等杰出人才,为国家发展做出了重要贡献。

通过科技创新和人才培养,西北工业大学在航空领域形成了独特的影响力和优势。他们的科研成果和人才输送对国家的国防建设、经济发展和航空工业发展起到了重要推动作用。西北工业大学被社会誉为"总师摇篮",在国内外享有声誉,并为我国航空航天航海事业的发展做出了突出贡献。

4. 华中科技大学

华中科技大学是一所以教育和科研为重点的综合性大学。

(1) 突出的学科实力

华中科技大学拥有全面、结构合理的学科体系,涵盖了 11 个学科门类,112 个本科专业,48 个硕士学位授权一级学科,46 个博士学位授权一级学科。学校拥有多个国家重点学科和创新团队,其中包括 7 个一级学科国家重点学科和 15 个二级学科国家重点学科。

(2) 杰出的师资力量

华中科技大学拥有一支高水平的教师队伍,包括多位院士、国家级科学研究计划首席科学家和国家级教学名师。他们在各自领域的研究和教学工作中发挥着重要作用,并培养了众多杰出人才。

(3) 科研成果

华中科技大学在科研方面取得了显著成就,建设了多个国家级重大科研基地和实验室。学校积极参与国家重大科研项目,并在航空航天、光电技术、精密测量、数字化设计与制造等领域取得了突破性的科研成果。

(4) 教育教学改革

华中科技大学致力于深化教育教学改革,构建创新人才培养体系。学校注重培养具有高尚品质、创新精神和实践能力的学生,积极推进素质教育,并在教学方法和课程设计上进行创新,以培养适应社会发展需求的人才。

通过持续的科技创新和教育教学改革,华中科技大学不断提升办学水平,为国家的科技进步和人才培养做出了重要贡献,树立了良好的学术声誉和社会形象。

13.6 高等教育的数字化的管理系统与大数据财务系统应用

13.6.1 数字化的管理系统在高等教育的实践应用

数字化的管理系统在高等教育的实践应用对于提升教育管理效率、提供优质教育服务起到了重要作用。

1. 学生信息管理

数字化的管理系统可以帮助高校有效管理学生信息,包括学籍管理、课程注册、学分管理、成绩录入和查询等。通过数字化的系统,学校可以实现学生信息集中管理和快速查询,提高办事效率,减少繁琐的手工操作。

2. 教职工管理

数字化的管理系统可以用于管理教职工的信息,包括人事档案、考勤管理、工资发放、绩效考核等。这样可以减少人工管理的工作量,提高管理效率和数据的准确性。

3. 课程管理

数字化的管理系统可以用于课程发布、排课、选课和管理。学生可以通过系统查询课程信息和选课情况,教师可以及时发布课程内容和教学资源,提供更好的学习体验和支持。

4. 资源管理

数字化的管理系统可以用于高校的资源管理,包括教室、实验室、图书馆等各类资源预约和管理。通过系统预约和管理,可以更好地利用资源,提高资源利用效率。

5. 教学评估和质量监控

数字化的管理系统可以用于学生评价和教学质量监控。学生可以通过系统对教学进行评价,提供反馈和建议,促进教学改进和提高教学质量。

6. 数据分析和决策支持

数字化的管理系统可以收集和分析大量的数据,为高校提供数据支持和决策参考。通过对数据的分析,可以发现问题、优化管理流程和决策制定,提高高校的管理水平和效能。

数字化的管理系统在高等教育中的实践应用可以提高教育管理的效率和质量,提供更好的教育服务和学习体验。随着信息技术的不断发展,数字化的管理系统将继续在高等教育中发挥重要作用,并为教育改革和创新提供支持。

13.6.2 大数据财务系统在高等教育的应用与效益

1. 资金管理与预测

大数据财务系统可以帮助高校实现对资金的全面管理和预测。通过对财务数据的收集、整理和分析,系统可以提供准确的财务状况、资金流动和预算执行情况等信息,为高校管理者提供决策依据,实现有效的资金规划和预测。

2. 成本控制与效益评估

大数据财务系统可以帮助高校实现对成本的控制和效益的评估。通过对各项支出和收入的数据分析,系统可以揭示高校各项经费使用的情况,发现成本高、效益低的项目,以便于进行合理调整。同时,系统也可以评估各项投入的效益,帮助高校进行资源配置和优化,从而提高教育质量和经济效益。

3. 风险管理与防控

大数据财务系统可以帮助高校进行风险管理和防控。系统可以对财务数据进行实时监测和分析,及时发现异常情况和潜在风险,并提供预警机制和应对措施。这有助于高校及时采取措施,降低风险发生的可能性,并保障高校的财务安全和稳定运行。

4. 决策支持与战略规划

大数据财务系统可以为高校的决策提供支持和指导。通过对财务数据的深度分析和模拟预测,系统可以帮助高校管理者制定战略规划、调整政策和决策,实现高校可持续发展和提升竞争力。

5. 效率提升与工作自动化

大数据财务系统可以提高高校财务管理的效率和工作自动化程度。系统可以自动地完成财务数据收集、整理和报表生成,减少人工操作和错误率,节省时间和人力成本。同时,系统也可以提供高效的查询和审批功能,方便管理者和相关人员进行工作处理和决策。

大数据财务系统可以提升高等教育的财务管理水平和效率,实现资金科学管理和预测,优化资源配置和成本控制,降低风险发生的概率,为高校的决策提供科学依据,推动高等教育可持续发展和提升，概念图如图 13.5 所示。

图 13.5　大数据财务系统在高等教育的应用与效益

13.6.3　数字化管理与财务系统对高等教育管理和财务创新的影响

1. 提升管理效率

数字化的管理系统可以实现高等教育管理信息化和自动化，减少繁琐的手工操作和纸质文件使用，提高管理效率和响应速度。通过系统集成和数据共享，各部门之间的信息交流和协作更加便捷，提升工作效率和管理水平。

2. 改善决策依据

数字化的管理系统通过对海量数据的收集、整合和分析，可以为高等教育管理者提供准确的数据支持，提升决策的依据和科学性。管理者可以根据系统提供的数据报表、分析结果和预测模型，制定更加科学、合理的管理决策，提高高校的运营效益和竞争力。

3. 加强财务控制

数字化的财务系统可以实现对高等教育财务流程的全面监控和控制。系统可以自动地记录和跟踪各项财务活动，确保财务规范得到执行和财务的合规性。同时，系统还可以通过预算控制、成本分析和风险预警等功能，加强对财务流程的监管，减少财务风险发生，并提升财务管理的效率和精确度。

4. 促进财务创新

数字化的财务系统可以为高等教育机构提供更多的财务管理创新机会。系统的数据分析和预测功能可以帮助高校发现潜在的财务问题和机遇，探索新的财务管理策略和模式。例如，通过大数据分析，可以优化高校的资源配置、提高教育经费的使用效益，推动财务资源合理配置和优化。

5. 提升透明度和信息公开

数字化的管理与财务系统可以提升高等教育管理的透明度和信息公开程度。通过系统的数据共享和报表生成功能，高校可以及时向内外部人员提供财务信息，提高信息透明度和公开度。这有助于增强高校的社会责任感和公信力,提升外界的信任度和便于合作伙伴选择。

数字化管理与财务系统对高等教育管理和财务创新具有重要的影响。它可提升管理效率和决策科学性,加强财务控制和风险管理,促进财务创新和资源优化,提高透明度和信息公开度。通过应用数字化管理与财务系统,高等教育机构可以实现更加高效、可持续和创新的管理和财务运作。

思考题

1. 在科技驱动下,教育科技如何改变高等教育的教学模式和学习体验?请以在线教育和人工智能在教学中的应用为例进行讨论。

2. 数字化的管理系统和大数据财务系统如何改善高等教育机构的管理效率和决策支持?请以数据驱动的课程设计和财务指标分析为例进行讨论。

3. 科技创新对高等教育的影响和挑战是什么?讨论在科技驱动下,如何平衡教育的人文关怀和技术应用的挑战。

研究方向

1. 研究教育科技领域的创新教学方法和工具,探索如何将在线教育和人工智能等技术应用于教学实践,提高学生的学习效果和参与度。

2. 分析数字化的管理系统和大数据财务系统在高等教育机构中的应用情况,研究如何优化系统设计,提高管理效率和决策准确性,推动教育机构发展和改进。

3. 探讨教育科技的发展趋势和未来方向,包括人工智能、虚拟现实、区块链等新兴技术在教育领域的应用,并提出教育工作者如何积极应对和适应科技发展的建议。

第 14 章 现代农业：科技驱动下的农业现代化与财务管理变革

现代农业已经成为全球经济和社会发展的关键部分，它不仅为人们提供了食物，还为许多其他产业提供了必需的原材料。然而，随着全球人口的不断增长、环境的变化和资源的压力，现代农业面临着许多挑战和压力。

科技进步为现代农业带来了独特的机遇，让我们有可能以更高效、环保和可持续的方式生产食物。农业科技创新，包括精准农业、无人机和卫星遥感技术、农业物联网技术、数据分析和人工智能技术、自动化和机器人技术以及虚拟现实和增强现实技术，都为现代农业发展带来了革命性的变化。

与此同时，现代农业管理和财务管理也正在经历深刻的变革。数字化的农业管理系统和大数据财务系统，已经开始改变农业企业的决策过程和财务管理方式。这些系统通过数据驱动的种植策略和物流管理、智能化的供应链和库存管理以及云计算在农业设备监控与维护中的应用，为农业企业带来了更高的效率和更大的经济效益。

这一章将详细讨论在科技驱动下现代农业和财务管理变革的相关主题，包括现代农业的现状与科技驱动的必要性、农业科技革新与应用、现代农业数字化管理与优化、现代农业的财务大数据分析与决策支持、现代农业的科技创新案例以及现代农业数字化的管理系统与大数据财务系统应用等。希望通过学习这一章，读者可以更深入地理解现代农业的发展趋势和挑战，以及科技如何推动农业现代化和财务管理变革。

14.1 现代农业的现状与科技驱动的必要性

14.1.1 现代农业的定义和重要性

现代农业是指利用先进科技、高效管理和现代化手段进行农业生产的方式，它以提高农产品产量、质量和农业生产效益为目标，注重可持续发展、环境保护和资源利用效率。现代农业采用了先进的农业技术、信息技术、生物技术和工程技术等手段,推动农业现代化。

现代农业的重要性不可忽视。首先,农业是国民经济的基础和重要支柱,对国家的粮食安全和农产品供应起着关键作用。现代农业发展可以提高农产品的产量和质量,增强国家的粮食安全能力。其次,现代农业能够促进农村经济发展和农民收入提高,改善农民生活水平,推动农村社会进步和稳定。另外,现代农业还可以促进农村产业结构升级和加速农业现代化进程,推动农业可持续发展和乡村振兴。

然而,现代农业面临着许多挑战和问题。传统的农业生产方式存在资源浪费、环境污染和劳动强度大的问题。人口增长、城市化进程和气候变化等因素也给农业生产带来了压力。为了应对这些挑战和问题,科技驱动的现代农业显得尤为重要。

科技驱动的现代农业依靠先进的科学技术和创新,包括生物技术、信息技术、工程技术和智能技术等,可以提供高效的农业生产方式、精确的农业管理和科学的决策支持,有效解决农业生产中的问题和挑战。科技驱动的现代农业可以提高农产品的产量和质量,减少资源消耗和环境污染,降低劳动强度,提高农业生产的效益和可持续性。同时,它也可以促进农业产业结构升级和农村经济发展,推动农业现代化和加快乡村振兴的进程。

科技驱动的现代农业在提高农业生产力、保障粮食安全、促进农村发展和推动可持续农业发展方面具有重要的意义。各国政府、农业科研机构和农业生产者应加大科技投入,推动科技创新,加强农业科技应用和推广,以实现现代农业可持续发展和农村经济繁荣。

14.1.2 科技驱动对现代农业的意义和影响

科技驱动在现代农业中具有重要的意义和深远的影响。

1. 提高农产品产量和质量

科技驱动的现代农业利用先进的农业技术和生物技术,可以提高农作物和畜禽的产量和质量。例如,选育抗病虫害、适应性强、高产高效的新品种,利用基因编辑技术改良植物基因,提高抗逆性和产量。同时,科技驱动的现代农业还可以通过精确施肥、水肥一体化管理、智能化灌溉等方式,提高农业生产效率,降低资源浪费。

2. 优化农业生产方式

科技驱动的现代农业可以提供更加可持续和环境友好的农业生产方式。通过使用现代化的农业机械和设备、自动化和智能化的农业生产管理系统,可以减少人工劳动强度,提高生产效率和精确度。同时,科技驱动的现代农业还可以减少化学农药和化肥的使用量,降低对环境的污染,保护生态系统的健康。

3. 改善农民生活和提高农民收入

科技驱动的现代农业不仅可以提高农产品的产量和质量,还可以提高农民的生活水平和经济收入。通过科技培训和技术支持,农民可以学习和掌握先进的农业技术,提高生产效益。同时,科技驱动的现代农业也提供了更多的农业增值服务和农产品加工机会,帮助农民增加附加值,提高收入。

4. 推动农村经济发展和乡村振兴

科技驱动的现代农业可以促进农村经济多元化发展。通过发展农业产业链和农产品加工业,建立农产品流通网络和市场体系,提供农业增值服务,可以吸引更多的资金和人才进入农村经济领域,推动农村经济发展。同时,科技驱动的现代农业还可以改善农村基础设施、提高农村信息化水平,推动乡村振兴战略实施。

科技驱动对现代农业的意义和影响不可忽视。通过科技应用和创新,可以提高农业生产效率、保障粮食安全、促进农村经济发展,实现农业可持续发展和农村繁荣。

14.2 农业科技革新与应用

14.2.1 精准农业与智能化农场的概念及关键技术

精准农业(Precision Agriculture)是一种基于信息技术的现代农业管理模式,通过获取、分析和应用农田内各种农业生产信息,实现对农业生产环境和作物生长状态的精确监测和管理,它将农业生产过程转变为数据驱动的精准决策和操作,以提高农业生产效益和资源利用效率。

智能化农场(Smart Farm)是指运用先进的信息和通信技术,将农业生产过程进行数字化、自动化和智能化管理的农场,它通过集成传感器、无人机、物联网、人工智能等技术,实现对农作物、土壤、气候等各种农业要素的实时监测、数据分析和智能决策,从而提高农业生产的效率、质量和可持续性。

精准农业和智能化农场的关键技术包括以下几个方面。

1. 无人机和卫星遥感技术

通过无人机和卫星获取高分辨率的遥感图像,实时监测农田的植被生长状态、土壤湿度、病虫害情况等,为精准决策提供数据支持。

2. 农业物联网技术

通过传感器、物联网和云计算平台,实现对农田内土壤、气候、水源等环境参数的实时监测和数据传输,为农业生产提供实时的决策依据。

3. 数据分析和人工智能技术

利用大数据分析和机器学习算法,对农业生产数据进行识别、预测和优化,实现精准的农业管理和决策。

4. 自动化和机器人技术

应用自动化和机器人技术,实现农业生产过程自动化操作,包括自动驾驶农机、无人操作系统、智能灌溉等,提高生产效率和降低劳动成本。

5. 虚拟现实和增强现实技术

利用虚拟现实和增强现实技术,为农民和农业技术人员提供沉浸式的培训和操作环境,提高技术水平和工作效率。

应用这些关键技术使得精准农业和智能化农场成为现实,为农业生产提供了更高效、精确和可持续的管理手段,推动农业科技革新和应用。

14.2.2 数字化的农业管理系统应用与优势

数字化的农业管理系统是利用信息技术、物联网和数据分析等手段对农业生产进行全面管理和优化的系统,它将传感器、无人机、云计算、大数据分析和人工智能等技术相结合,实现对农田环境、农作物生长、农业机械等方面的数据采集、分析和应用。

应用有以下几个方面。

• 农田环境监测:数字化的农业管理系统可以通过传感器和无人机等设备对农田的土壤湿度、温度、光照等环境参数进行实时监测,帮助农民了解农田的状态和变化。

• 作物生长监测:通过数字化的农业管理系统,农民可以获取作物生长过程中的关键数据,包括生长速度、叶绿素含量、病虫害发生情况等,以便及时采取措施进行管理。

• 智能灌溉和施肥:数字化的农业管理系统可以根据土壤湿度和作物需求,自动控制灌溉和施肥设备,实现精准的水肥管理,提高资源利用效率。

• 病虫害预警:数字化的农业管理系统可以通过数据分析和预测模型,提前预警病虫害的发生风险,帮助农民采取相应的防控措施,减少病虫害损失。

• 农业机械智能化:数字化的农业管理系统可以实现农业机械自动控制和智能化操作,包括自动驾驶农机、智能植保机器人等,提高作业效率和减少人力成本。

优势有如下几个方面。

• 精确决策:数字化的农业管理系统通过数据分析和预测模型,提供准确的决策支持,帮助农民科学合理地制定农业生产计划和管理策略。

• 资源节约:数字化的农业管理系统可以根据农田环境和作物需求,精确控制水肥投入,减少资源浪费,提高资源利用效率。

• 作业效率提升:数字化的农业管理系统可以实现农业机械智能化操作,减少人力成本和作业时间,提高作业效率。

• 病虫害减少:数字化的农业管理系统的病虫害预警功能可以帮助农民及时采取防控措施,减少病虫害的发生和损失。

• 农产品质量提升:数字化的农业管理系统的精准管理和控制能力,可以提高农产品的品质和安全性,满足市场需求。

数字化的农业管理系统具备精确决策、资源节约、作业效率提升、病虫害减少和农产品质量提升等优势,可推动农业生产向高效、智能和可持续的方向发展。

14.2.3 农业科技创新的案例分析

1. 精准农业技术

精准农业技术利用传感器、卫星导航、地理信息系统等技术手段,实现对农田环境和作物生长情况的精确监测和管理。通过精准施肥、灌溉和病虫害预警等措施,提高农业生产的效益和资源利用效率。例如,中国的农业科技创新公司利用无人机、地面传感器和数据分析技术,为果农提供精准施肥、病虫害监测等服务,有效提高果树产量和质量。

2. 垂直农业技术

垂直农业技术通过在室内种植农作物，利用 LED 灯光、自动化控制和水培等技术手段，实现农作物全年无季节限制的生产。垂直农业技术能够在有限的空间内实现高效的农业生产，并减少对土地和水资源的依赖。例如，日本的垂直农场公司 Mirai 株式会社利用垂直种植系统，生产高品质的蔬菜，提供给当地市场。

3. 农业大数据应用

农业大数据应用利用大数据分析技术，对农田环境、气候条件、作物生长等多个方面的数据进行收集和分析，为农民提供决策支持和精准管理。通过对大数据的分析，可以预测病虫害的发生风险、优化农业生产计划，并提供市场需求的指导。例如，美国的农业科技公司 FarmLogs 通过收集农田的土壤数据、降雨量和温度等信息，为农民提供精确的灌溉和施肥建议。

这些案例表明，农业科技创新在精准农业、垂直农业和农业大数据应用等领域取得了显著成果。这些创新技术能够提高农业生产的效益和可持续性，减少资源浪费和环境污染，为农业提供更多的发展机遇。随着科技的不断进步，农业科技创新将继续推动现代农业发展和转型，概念图如图 14.1 所示。

图 14.1 农业科技创新

14.3 现代农业的数字化管理与优化

14.3.1 数据驱动的种植策略与物流管理

数字化管理在现代农业中起着重要的作用，其中数据驱动的种植策略和物流管理是关键方面。

1. 数据驱动的种植策略

通过采集和分析农田的土壤、气象、水质等数据,结合作物生长模型和专业知识,可以制定精确的种植策略,包括合理施肥、精确浇水、病虫害监测和预防等。数据驱动的种植策略能够提高作物生产效益和质量,减少资源浪费和环境影响。例如,农业物联网技术可以实时监测土壤湿度、养分含量和气象条件,根据数据结果进行精确的施肥和灌溉,优化种植过程。

2. 数据驱动的物流管理

现代农业涉及从农田到市场的物流过程,包括农产品收获、包装、储存、运输等。通过数据驱动的物流管理,可以实现物流过程优化和效率提升。例如,使用物联网和传感器技术对冷链运输进行监测,确保农产品在运输过程中的温度和湿度符合要求,保持产品的新鲜度和品质。同时,通过数据分析,可以优化运输路径、减少物流成本和资源消耗。

数字化管理和优化使得农业生产更加智能化和高效化。通过数据驱动的种植策略和物流管理,可以减少资源浪费、提高农产品质量和安全性,增加农业生产的收益。此外,数字化管理还可以提供决策支持和追溯能力,使农产品溯源更加可靠和透明,满足消费者对食品安全和质量的需求。

数字化管理在现代农业中的应用,特别是数据驱动的种植策略和物流管理,可以提高农业生产的效益和可持续性,为农业发展和食品安全提供有力支持。随着技术的进一步发展,数字化管理将在农业领域发挥更大的作用。

14.3.2　智能化的供应链与库存管理

智能化的供应链和库存管理在现代农业中扮演着重要角色,它可以提高农产品的供应效率和库存管理的精确性,从而优化整个农业供应链的运作。

1. 实时数据采集和分析

通过物联网、传感器等技术,可以实时采集农产品生产、加工、运输等各个环节的数据,包括货物状态、位置、温度、湿度等信息。这些数据可以通过云计算和大数据分析进行处理和分析,帮助农业企业实时监测供应链的运行情况,并做出及时决策。

2. 供应链可视化

通过数据分析和可视化技术,可以将供应链中各个环节的数据以图表、报表等形式展示出来,使管理人员能够清晰了解供应链的状态和运行情况。这有助于发现问题和瓶颈,并及时采取措施进行调整和优化。

3. 自动化和智能化的物流管理

利用自动化设备和智能化系统,可以实现物流过程自动化和优化。例如,使用自动化的仓储设备和智能化的分拣系统,可以提高货物处理速度和准确性。同时,通过智能调度和路径规划,可以优化运输车辆的行驶路线,减少运输成本和时间。

4. 库存管理与预测

通过数据分析和预测模型,可以精确地预测农产品的需求和销售情况,并根据预测结果进行库存管理,有助于避免库存积压和浪费,并保持适当的库存水平以满足市场需求。

智能化的供应链和库存管理能够提高农产品的运输效率、减少库存成本,同时确保农产品的新鲜度和品质。通过实时数据采集和分析,供应链的各个环节可以更加紧密地协同工作,减少信息滞后和误差。此外,智能化的供应链和库存管理还可以提供更好的可追溯性,对农产品的质量和安全进行有效监管。

智能化的供应链和库存管理对现代农业具有重要意义,它可以提高农产品的供应效率和库存管理的精确性,减少资源浪费和损失,从而促进农业供应链可持续发展。随着技术的不断进步和应用的推广,智能化的供应链和库存管理将在现代农业中发挥越来越重要的作用。

14.3.3 云计算在农业设备监控与维护中的应用

云计算在农业设备监控与维护中的应用可以提供高效、便捷、实时的设备管理和维护服务,帮助农民和农业企业更好地管理和保护农业设备,提高农业生产效率和设备的可靠性。

1. 设备监控和远程管理

通过云计算平台,农民和农业企业可以实时监控农业设备的运行状态、工作效率和故障信息。云平台接收设备传感器数据,并进行实时分析和监测,如果设备出现异常或故障,系统可以及时发出警报并提供解决方案。同时,云平台还可以远程控制设备的开关和调节参数,提高设备的智能化程度。

2. 预测性维护

通过云计算和大数据分析,可以基于设备传感器数据和历史故障数据建立预测模型,预测设备的故障风险和维护需求。这样,农民和农业企业可以提前采取维护措施,避免设备故障对农业生产造成的影响。预测性维护还可以降低设备维修成本和停机时间,提高设备的可靠性和使用寿命。

3. 数据共享和协同工作

云计算平台可以将农业设备数据进行集中存储和管理,实现多方数据共享和协同工作。农民、农机合作社、设备制造商等可以通过云平台共享设备数据和运营信息,进行合作决策和优化资源配置,有助于提高农机利用率和作业效率,降低农业生产成本。

4. 统一管理和维护记录

云计算平台可以提供统一的设备管理和维护记录,包括设备信息、维修记录、维护计划等。这使得农民和农业企业能够更好地跟踪设备的使用情况和维护历史,制定科学合理的维护计划,及时处理设备问题,提高设备管理的效率和准确性。

云计算在农业设备监控与维护中可以提供实时监控、预测性维护、数据共享和统一管理等功能,帮助农民和农业企业实现设备智能化管理和优化维护,提高农业生产效率和设备的可靠性。

14.4 现代农业的财务大数据分析与决策支持

14.4.1 现代农业的财务数据采集与整理的数字化工具

现代农业的财务数据采集与整理可以借助数字化工具来实现,以提高数据的准确性、效率和可视化程度。

1. 财务管理软件

使用专业的财务管理软件,如会计软件、财务管理平台等,可以帮助农业生产者和企业方便地记录和整理财务数据。这些软件通常提供方便的数据输入界面、自动生成财务报表和统计图表等功能,帮助农业从业者更好地了解经营状况和财务情况。

2. 移动应用程序

有许多移动应用程序可用于财务数据采集和整理。农民或农业企业可以使用这些应用程序记录销售收入、支出、库存管理、工资支付等财务活动,实时更新财务数据。这些应用程序还可以提供财务分析工具和预算管理功能,帮助农民做出理性的财务决策。

3. 电子支付系统

采用电子支付系统,如电子支付平台、移动支付等,能够方便地记录和追踪农业交易。农民和农业企业可以通过电子支付系统进行收款和付款,自动记录交易信息,并与财务系统进行数据同步。这样可以简化财务数据采集和整理过程,并提高数据的准确性。

4. 物联网技术

利用物联网技术,将传感器和设备与财务系统集成,可以实时监测和记录农业生产中的关键数据。例如,可以使用传感器和智能设备自动检测土壤湿度、气象条件、水位等信息,将这些数据与财务数据关联,分析生产成本、收益等指标,这样可以更准确地评估农业经营的财务状况。

5. 数据分析工具

利用数据分析工具和技术,如数据挖掘、人工智能、机器学习等,对农业财务数据进行深入分析和预测,可以帮助农民和农业企业挖掘财务数据中的潜在价值和趋势,提供决策支持和财务规划建议。

数字化工具可以提高农业财务数据采集和整理的效率和准确性,同时也为农民和农业企业提供更好的财务管理和决策支持,促进现代农业可持续发展。这些工具帮助农业从业者更好地管理财务数据,了解经营状况,制定合理的财务策略,并提供基于数据的决策依据。通过应用数字化工具,农业从业者可以更加精确地采集、整理和分析财务数据,实现财务管理数字化、自动化和智能化,从而提高财务决策的准确性和效率。

其中,精确采集和整理财务数据是农业数字化管理的重要一环。通过使用数字化工具,农业从业者可以方便地记录销售收入、支出、库存变动、工资发放等财务活动,并实时更新数据。这些工具可以自动生成财务报表和统计图表,帮助农业从业者更好地了解和分析经营状况。

此外,数字化工具还提供了财务数据可视化展示和分析功能,使农业从业者能够直观地了解财务状况和趋势。通过数据可视化,农业从业者可以更加清晰地把握财务信息,发现潜在的经营问题和机会,并做出相应的调整和决策。

数字化工具在现代农业的财务数据采集和整理中具有重要的应用和优势。通过数字化管理和分析财务数据,农业从业者能够更好地了解经营状况,制定科学合理的财务策略,提高财务决策的准确性和效率,从而推动农业可持续发展。

14.4.2 现代农业的财务指标分析与财务预测应用

现代农业的财务指标分析与财务预测是为了更好地评估农业经营的财务状况、进行决策和规划而进行的重要工作。

1. 财务指标分析

通过对财务指标的分析,可以评估农业经营的财务状况、盈利能力和偿债能力等。常见的财务指标包括利润率、销售增长率、资产回报率、流动比率、偿债率等。通过比较和分析这些指标,农业从业者可以了解自己的经营状况和相对竞争力,并根据指标的变化制定相应的调整策略。

2. 财务预测

财务预测是基于历史财务数据和行业趋势预估未来财务情况。通过财务预测,农业从业者可以预测未来的销售收入、成本、利润等关键财务指标,并做出相应的决策和规划。财务预测可以帮助农业从业者评估经营的可行性和风险,制定合理的预算和投资计划,并提前做好经营策略调整。

3. 效益分析

通过财务指标分析和财务预测,可以对农业项目或决策的效益进行评估。例如,可以通过计算投资回收期、净现值、内部收益率等指标,来评估农业投资项目的经济效益。效益分析可以帮助农业从业者判断投资的可行性,优化资源配置,提高经济效益。

4. 决策支持

财务指标分析和财务预测为农业从业者提供了决策支持和参考依据。通过对财务数据的分析,农业从业者可以了解经营的强项和薄弱点,发现问题并及时采取措施加以改进。财务预测可以帮助农业从业者预测未来的发展趋势,制定长远的经营计划和策略。

5. 融资和投资决策

财务指标分析和财务预测对于农业融资和投资决策也具有重要作用。通过财务指标评估和预测,农业从业者可以为融资机构提供可靠的财务数据和预测信息,增加融资的成功率。同时,农业从业者也可以根据财务分析结果来决定是否进行投资扩张或资产配置。

财务指标分析和财务预测在现代农业中具有重要的应用。通过对财务数据的分析和预测,农业从业者可以更好地评估经营状况、制定决策和规划,提高经营效益和风险管理能力,推动现代农业可持续发展。

14.4.3 现代农业利用大数据进行成本控制与效益优化

现代农业利用大数据进行成本控制与效益优化是一种趋势和重要的管理方法。通过收集、分析和利用大数据,农业从业者可以实现成本控制和效益优化。

1. 成本分析与控制

大数据可以提供农业生产过程中的各项成本数据,包括种植、养殖、农药与肥料使用、劳动力成本等。利用大数据对这些数据进行分析,农业从业者可以深入了解各个环节的成本构成,发现成本高的环节和问题所在,并采取相应的措施进行成本控制。比如,通过优化农业生产流程、调整农药与肥料的使用量、提高劳动力效率等方式来降低成本,从而提高农业生产的经济效益。

2. 资源优化与节约

大数据可以帮助农业从业者更好地进行资源优化和节约。通过分析农田土壤、气象数据、作物生长状况等信息,可以实现精准施肥、合理灌溉、智能农机操作等措施,以最小的资源投入获取最大的产出。通过科学的资源管理和节约措施,可以降低资源浪费,提高资源利用效率,从而降低生产成本并优化经济效益。

3. 风险管理与决策支持

大数据分析可以提供农业生产中的风险信息,包括气候变化、病虫害风险、市场波动等。利用大数据对这些风险数据的分析,农业从业者可以更好地进行风险管理和决策支持。例如,可以根据气象数据进行精准的灾害预警和农作物保险,减少自然灾害对农业生产的影响;可以根据市场数据进行市场需求预测和产品定价,优化农产品的销售和市场竞争力。

4. 数据驱动的农业服务与农民培训

利用大数据,农业从业者可以提供数据驱动的农业服务,包括农业技术咨询、农业保险、农业供应链管理等。同时,通过大数据分析和应用,可以为农民提供培训和教育,帮助农民掌握现代农业技术和管理方法,提高农民的生产技能和管理水平。

现代农业利用大数据进行成本控制与效益优化具有重要的意义。通过充分利用大数据分析和应用,农业从业者可以实现成本降低、资源优化、风险管理和决策支持,从而提高现代农业的经济效益和可持续发展能力。

14.5 现代农业的科技创新案例

14.5.1 现代农业中的前沿科技与研发趋势

现代农业中的前沿科技和研发趋势不断推动着农业发展和创新。

1. 农业物联网和传感技术

农业物联网和传感技术通过传感器和网络连接农田、设备和作物,实现实时数据采集和监测。这使得农业从业者能够更好地了解农田环境、作物生长状态和设备运行情况,从而实现精准农业管理和智能化农场操作。

2. 人工智能和机器学习

人工智能和机器学习在现代农业中发挥着重要作用。通过分析大量的农业数据,人工智能可以提供精确的决策支持和预测,帮助农业从业者做出更科学和准确的决策,优化农业生产过程。

3. 垂直农业和城市农业

垂直农业和城市农业是一种以垂直空间和城市环境为基础的农业形式,它利用室内垂直层架、LED灯光和水培等技术,在城市中进行农作物种植。这种形式的农业可以最大限度地利用有限的土地资源,减少运输成本,提供新鲜和可持续的农产品供应。

4. 基因编辑和遗传改良

基因编辑和遗传改良技术在农业领域中具有潜力。通过基因编辑技术,可以精确修改植物和动物的基因,使其具备更好的抗病性、适应性和产量。这有助于改善作物品质、减少病虫害对农作物的影响,并提高农产品的产量和品质。

5. 农业大数据和数据分析

农业大数据采集和分析有助于揭示农业生产中的模式和趋势,提供决策支持和预测。通过对大数据的分析,农业从业者可以优化农业生产过程、减少资源浪费、提高效益和可持续性。

6. 精准施肥和水资源管理

精准施肥和水资源管理技术利用传感器和数据分析,根据作物需求和土壤状况,精确控制施肥和灌溉量,实现资源高效利用和减少农业对环境的影响。

7. 农业无人机和机器人技术

无人机和机器人技术在现代农业中发挥重要作用。无人机可以进行农田巡视、植保喷洒和作物监测,提供高分辨率的影像数据。机器人技术可以实现农作物种植、收割和处理自动化,提高农业生产的效率和质量。

这些前沿科技和研发趋势将继续推动现代农业发展,实现农业高效、可持续和智能化。

14.5.2 科技创新对现代农业管理和财务的重要性与引领作用

科技创新在现代农业管理和财务方面发挥着重要作用,并且引领着现代农业发展。

1. 提高农业生产效率

科技创新可以通过精确的农业管理、智能化的农业设备和先进的种植技术,提高农业生产效率。例如,利用传感器、人工智能和机器学习技术,农业从业者可以实时监测和管理农田、作物和设备,精确施肥、灌溉和病虫害防治,从而提高产量、减少资源浪费和降低成本。

2. 优化资源利用和环境保护

科技创新可以帮助农业实现资源高效利用和环境可持续保护。通过精准农业管理、精确的施肥和灌溉,农业可以最大限度地利用水、土地和肥料资源,并减少对环境的负面影响。例如,利用传感器和数据分析技术,农业从业者可以根据作物需求和土壤状况,精确控制水和肥料的使用量,避免过度施用和污染。

3. 提升农产品质量和食品安全

科技创新可以提升农产品的质量和食品安全水平。通过现代农业技术和农产品质量检测技术，农业从业者可以监测和管理农产品生长、贮存、加工和运输过程，确保农产品的品质和安全性。例如，利用追溯系统和大数据分析，可以追踪农产品的生产过程和供应链，及时发现和处理潜在的质量和安全问题。

4. 提升农业管理和决策水平

科技创新为农业管理和决策提供了更多的数据和工具。通过数字化的农业管理系统、农业大数据分析和人工智能技术，农业从业者可以获得准确的农业数据、趋势分析和决策支持。这有助于优化农业生产计划、资源配置和市场营销策略，提升农业管理和决策的水平。

5. 推动农业金融和风险管理创新

科技创新对农业金融和风险管理也具有重要推动作用。通过农业大数据分析、无人机影像和传感器监测等技术，农业金融机构和保险公司可以更准确地评估农场的价值和风险，并提供相应的金融和保险产品。这有助于提高农业的融资和风险管理能力，促进农业可持续发展。

科技创新在现代农业管理和财务方面发挥着重要的作用，引领着现代农业发展。通过科技创新应用，农业可以实现生产效率提升、资源高效利用、环境保护、农产品质量提升、农业管理和决策水平提高以及农业金融和风险管理创新。这些都为现代农业可持续发展和农业经济增长提供了重要支持。

14.5.3　成功的科技创新案例及其对农业现代化的推动作用

1. 中国在精准农业技术方面的成功案例

（1）农业遥感监测

中国利用遥感技术对农田进行监测和评估，实现了精准的土壤质量和植被生长情况监测。通过遥感图像分析，农民可以了解农田的土壤养分状况和作物生长状态，有针对性地施肥和灌溉，提高农田资源的利用效率。

（2）智能化灌溉系统

中国在干旱地区广泛应用智能化的灌溉系统，利用土壤湿度传感器、气象监测设备和自动化的控制系统，实现对农田的精确灌溉。这种系统可以根据土壤湿度和气象条件自动调节灌溉水量和灌溉时间，避免了过度灌溉和水资源浪费。

（3）农业无人机应用

中国在农业领域广泛使用无人机技术，实现对农田的高精度植保和监测。无人机可以搭载高分辨率相机和多光谱传感器，对农田进行影像拍摄和遥感数据采集，提供作物生长状态、病虫害情况等信息。农民可以根据这些数据制定精准的病虫害防治和施肥计划，减少农药和化肥的使用量，提高作物品质和改善农田生态环境。

（4）农业物联网应用

中国在农业物联网方面取得了一系列成果。通过在农田布设传感器网络，监测土壤湿度、温度、光照等参数，与气象数据和农业管理系统进行实时数据交互和分析，实现对农田的精准管理。农民可以通过手机或电脑远程监控和控制农田的灌溉、施肥等操作，提高农业生产的智能化水平。

这些精准农业技术应用在中国的农业生产中发挥了重要作用，提高了农业生产的效益和可持续发展能力，减少了资源浪费和环境污染，促进了农业现代化和农村经济发展。

2．中国在农业大数据分析方面的成功案例

（1）农产品溯源系统

中国建立了农产品溯源系统，通过采集农产品生产、流通和销售环节的数据，实现对农产品的全程追溯。通过大数据分析，可以追踪农产品的生产地、种植过程、施肥药物使用情况等信息，确保农产品的质量和安全。

（2）农业气象大数据分析

中国利用气象监测设备和气象数据，结合大数据分析技术，预测农田的气象条件，提供农业生产的决策支持。通过分析气象数据和作物生长模型，可以预测农田的适宜种植时间、灌溉水量等信息，帮助农民做出科学的决策，提高农业生产效益。

（3）农业保险数据分析

中国的农业保险机构利用大数据分析技术，分析农田的生产数据、灾害风险数据和历史损失数据，进行风险评估和保险费率计算。通过大数据分析，可以更准确地评估农业灾害风险，为农民提供定制化的保险服务，减轻农民的风险压力。

（4）农业市场大数据分析

中国的农业市场监测机构利用大数据分析技术，分析农产品市场的供求情况、价格变动等数据，提供农产品市场预测和监测信息。通过大数据分析，可以帮助农民和农产品经营者了解市场需求和价格趋势，优化农产品的销售策略。

这些农业大数据分析应用在农业生产和农业管理中发挥了重要作用，提高了农业生产的效率和质量，减少了风险和损失，促进了农业现代化和农村经济发展。

3．垂直农场和室内农业的典型案例

（1）上海垂直农场

位于上海的垂直农场采用了先进的垂直耕种技术和智能化的管理系统，通过层层叠加的种植架构，实现了高密度的农作物种植。它利用 LED 光源、环境控制和自动化灌溉系统等技术，提供恒定的生长环境，不受季节和气候限制，实现了高效的农作物生产。

（2）柏林 Infarm

Infarm 是一家位于柏林的室内农业创业企业，利用垂直农场和智能化的农业系统，在城市内种植各种蔬菜和草药。他们将种植设施置于超市和餐馆等城市场所内，实现了从农场到餐桌的本地生产和供应。他们利用传感器和数据分析技术，监测植物的生长情况并自动灌溉和养分供给，实现了高效的农作物生产。

（3）日本富士山室内农业

日本富士山脚下的一家室内农业公司利用垂直农场技术，在工厂内种植蔬菜。他们使用 LED 光源和自动化的灌溉系统，为作物提供适宜的光照和水分，控制温度和湿度，优化作物生长环境。他们的农作物种植在垂直空间内，大大节省了土地使用，同时减少了化学农药和化肥使用。

这些案例展示了垂直农场和室内农业的潜力和优势。通过垂直农场和室内农业技术，可以在城市中进行高效的农作物种植，减少对传统农田的依赖，提供可持续的食品供应。这种农业模式可以解决城市化和土地有限性带来的农业挑战，同时实现农作物高产和优质生产。

4. 农业机器人和自动化技术的典型案例

（1）Blue River Technology（现在是约翰迪尔的一部分）

该公司开发了一种叫作"See & Spray"的农业机器人，它利用计算机视觉和深度学习算法，能够在农田中识别杂草，并针对性地喷洒除草剂，从而减少对农药的使用。这项技术有助于提高作物的生产效率，并降低农药的成本和对环境的影响。

（2）Harvest Automation

该公司开发了一系列用于农业自动化的机器人。其中包括用于搬运和移动植物的机器人，以及用于监测和管理植物生长环境的机器人。这些机器人能够减轻农民的劳动压力，提高生产效率，并提供精确的植物管理和监测。

（3）FarmBot

FarmBot 是一种开源的农业机器人系统，它结合了自动化种植和数据分析技术。FarmBot 能够根据预设的种植计划和参数，在固定的土地上自动完成种植、浇水、施肥和除草等任务。农民可以通过云平台远程监控和控制 FarmBot，同时收集和分析植物生长数据，以优化种植策略。

这些案例展示了农业机器人和自动化技术在现代农业中的应用，概念图如图 14.2 所示。机器人和自动化技术可以提高农业生产的效率、精确度和可持续性，减轻农民的劳动压力，降低生产成本，并提供更好的植物管理和决策支持。农业机器人和自动化技术为农业行业带来了更多的创新和机遇。

图 14.2 农业机器人和自动化技术

14.6 现代农业的数字化的管理系统与大数据财务系统的应用

14.6.1 现代农业数字化的管理系统的概述与实践案例

现代农业数字化的管理系统是指利用信息技术、物联网、大数据等技术手段,实现农业生产、管理和决策数字化、自动化和智能化的管理系统。

1. 农田智能管理系统

通过传感器、物联网技术和云平台,实时监测土壤湿度、温度、光照等参数,并将数据传输到农田智能管理系统中进行分析和决策。农民可以通过手机或电脑远程监测和管理农田的状态,及时调整灌溉、施肥和作物保护措施,提高作物的产量和质量。

2. 养殖场智能化的管理系统

利用视频监控、环境传感器、智能喂食器等设备,实现对养殖场环境、动物健康和饲料供应等方面的实时监测和管理。系统可以自动调节光照、温度、湿度等环境参数,提供精准的喂食和饲养管理,减少人工管理成本,提高养殖效益和动物福利。

3. 农产品追溯系统

通过条码、二维码等标志技术,将农产品种植、生产、加工、运输等环节与相关数据进行关联和记录。消费者可以通过扫描产品标志,了解农产品的生产地、种植方法、生产过程、质量检测等信息,增加产品的透明度和可追溯性。

4. 农业大数据平台

通过收集和整合农业生产、市场和气象等多源数据,建立农业大数据平台,提供数据分析、预测和决策支持服务。农民和农业管理部门可以利用大数据平台,进行种植计划优化、病虫害监测预警、市场需求预测等,提高农业生产的智能化和精细化管理水平。

这些实践案例展示了现代农业数字化的管理系统在农业生产、养殖和决策中的应用。通过数字化的管理系统,农民可以实现精准管理、智能决策,提高农业生产的效率和质量。数字化的管理系统的应用有助于推动农业现代化,促进农业可持续发展,满足人们对安全、高品质农产品的需求。

14.6.2 大数据财务系统在现代农业的应用与效益

大数据财务系统在现代农业中的应用可以帮助农业企业和农户实现更精确的财务管理和决策支持,从而提高效益和农业可持续发展。

1. 数据采集与整理

大数据财务系统可以帮助农业企业和农户快速、准确地采集、整理和记录财务数据,包括销售收入、成本支出、库存管理等。通过自动化的数据采集和整理,减少了繁琐的手工工作,提高了数据的准确性和效率。

2. 财务指标分析

大数据财务系统可以对农业企业和农户的财务数据进行全面分析,包括利润率、资产负债率、偿债能力等财务指标。通过对财务指标的分析,农业经营者可以了解经营状况和财务健康度,及时调整经营策略和决策,提高农业经营的效益。

3. 财务预测与风险管理

大数据财务系统可以利用历史数据和趋势分析,进行财务预测和风险管理。通过对市场走势、成本变动等因素的分析,预测未来的收入和支出情况,帮助农业经营者做出合理的财务决策和规划,降低经营风险。

4. 成本控制与效益优化

大数据财务系统可以帮助农业企业和农户实现成本精确控制和效益优化。通过对不同环节的成本进行分析,包括种植、生产、加工、运输等,找出成本高、效益低的环节,采取相应的措施进行优化和改进,提高农业经营的效益和竞争力。

5. 决策支持与投资评估

大数据财务系统可以提供决策支持和投资评估的功能。通过对不同农业项目的财务数据和指标进行分析,评估项目的盈利能力和回报率,帮助农业经营者做出明智的决策和投资选择。

大数据财务系统在现代农业中的应用可以帮助农业企业和农户实现精确的财务管理和决策支持,优化成本控制和效益,降低风险,提高经营效率和盈利能力。通过应用大数据财务系统,现代农业可以更好地适应市场需求和经营环境的变化,推动农业可持续发展。

14.6.3 数字化的管理与财务系统对农业管理和财务变革的影响

数字化的管理与财务系统在农业管理和财务变革方面发挥着重要的影响。

1. 提高决策效率

数字化的管理与财务系统提供了准确、实时的农业数据和财务信息,帮助农业管理者做出更明智的决策。通过系统化的数据收集、整理和分析,农业管理者可以快速了解经营状况、市场需求、成本结构等关键信息,从而更好地制定农业生产计划、市场营销策略和财务管理决策。

2. 优化资源配置

数字化的管理与财务系统可以帮助农业管理者更有效地管理和配置资源,包括土地、劳动力、资金等。通过系统化的数据分析和决策支持功能,农业管理者可以实现精细化的资源管理,优化资源利用效率,提高农业生产的产出和效益。

3. 强化财务控制

数字化的财务系统提供了全面的财务管理功能,包括财务数据采集、整理、分析和报告等。通过数字化的财务系统,农业管理者可以实时掌握企业的财务状况、资金流动情况、成本结构等重要信息,从而加强财务控制和监管,降低财务风险,确保农业企业的财务稳定和健康发展。

4. 提升农业生产效率

数字化的管理系统可以帮助农业管理者进行精准农业管理，包括精确的种植管理、施肥、灌溉等。通过应用传感器、无人机、遥感等技术，数字化的管理系统可以实现对农田环境、作物生长状况等的实时监测和精确控制，从而提升农业生产效率和农产品的质量。

5. 推动农业金融创新

数字化的财务系统为农业金融创新提供了基础和支持。通过数字化的财务系统，农业管理者可以更好地管理和展示企业的财务信息，提高对外融资的透明度和可信度。同时，数字化的财务系统也为农业金融机构提供了更准确、全面的农业企业信用评估和贷款风险评估依据，推动农业金融服务创新和普惠。

数字化的管理与财务系统对农业管理和财务变革产生了积极的影响，促进了农业现代化、智能化和可持续发展。通过应用数字化的管理与财务系统，农业企业可以提高经营效率、优化资源配置、加强财务控制、提升生产效率，进而推动农业管理和财务变革与创新。

思考题

1. 如何应用财务管理原理和工具来优化现代农业生产的成本效益？
2. 在现代农业中，如何进行有效的财务规划和预算控制，以确保农业企业可持续经营？
3. 现代农业中的风险管理是什么？如何运用金融工具和保险制度来降低农业经营的风险？
4. 如何建立和维护农业企业与金融机构之间的合作关系，以获得资金支持和财务咨询服务？

研究方向

1. 农业供应链管理与优化：研究现代农业供应链的关键问题，如物流和库存管理，寻找提高效率和降低成本的创新解决方案。
2. 农业创新合作与合作伙伴关系：探索农业创新的合作模式，与农业技术提供商、种植者、农产品加工企业等建立合作伙伴关系，推动农业现代化发展。
3. 农业市场营销策略与品牌建设：研究如何运用市场营销原理和数字化营销工具，打造农业产品品牌，提高产品知名度和市场份额。
4. 农业可持续发展策略与实践：探索可持续农业的经营模式和实践案例，研究如何平衡农业发展与环境保护、社会责任和农民福利之间的关系。

第 15 章　建筑与房地产：科技引领下的建筑设计颠覆与财务重塑

在这一章节中，我们将聚焦建筑与房地产行业，探讨科技对该领域带来的颠覆和变革。建筑与房地产是全球最大的资产类别之一，对经济增长和社会稳定具有重要影响。随着科技的发展，建筑设计、施工和管理的方式正在发生深刻的变化。

在这一章中，我们将首先分析建筑与房地产行业的现状和科技引领的必要性，阐述该行业在经济、社会需求、投资价值和城市发展中的重要性以及科技引领对该行业的意义和影响。接下来，我们将探讨科技如何颠覆建筑设计，包括数字化的设计工具与技术的概念和关键应用、科技在建筑过程中的影响和优势以及典型的科技驱动的建筑设计和施工案例。

其次，我们将讨论建筑与房地产的科技驱动管理策略、数据驱动的房地产开发与项目管理、科技在房地产销售与市场营销中的应用以及智能化的设备与设施管理。然后，我们将针对建筑与房地产的财务大数据分析与决策支持进行深入研究，包括财务数据采集与整理的数字化工具、财务指标分析与财务预测应用以及如何利用大数据进行成本控制与效益优化。

最后，我们将展示建筑与房地产的科技创新案例，包括前沿科技与研发趋势、科技创新对管理和财务的重要性与引领作用以及成功的科技创新案例及其对行业的推动作用。我们将探讨建筑与房地产的数字化的管理系统与大数据财务系统应用，详述数字化的管理系统与实践案例、大数据财务系统在建筑与房地产的应用与效益以及数字化的管理与财务系统对建筑与房地产管理和财务重塑的影响。

通过这一章节的学习，读者能对建筑与房地产行业的科技变革有深入的理解和掌握，从而在实践中更好地利用科技来提升效率、创新设计、优化管理，并最终实现可持续发展。

15.1　建筑与房地产行业的现状与科技引领的必要性

15.1.1　建筑与房地产行业的定义和重要性

建筑与房地产行业是指涉及建筑物及其配套设施设计、建造、销售、租赁、管理等一系列活动的产业领域。该行业对经济社会发展起着重要的推动作用。

1. 经济支柱

建筑与房地产行业是国民经济的重要支柱产业之一,对国内生产总值和就业创造具有显著贡献,它涵盖了土地开发、房屋建筑、房地产开发、物业管理等多个环节,为国家经济增长提供了重要的支撑。

2. 社会需求

建筑与房地产行业直接满足人们对住房和商业地产的需求,它不仅提供了居住空间,还承载了商业、办公、教育、医疗、文化等各类社会活动。良好的建筑环境和房地产市场稳定发展对于提升社会和谐稳定性和人民生活质量至关重要。

3. 投资价值

建筑与房地产是一种重要的资产形式,具有较长的投资周期和稳定的资产价值。房地产投资可以为个人和企业提供资本保值增值的机会,也为金融机构提供了重要的贷款和融资对象。

4. 城市发展

建筑与房地产行业对城市发展起到了重要的推动作用,它在城市规划、土地利用、城市景观等方面发挥着重要的作用,对城市的宜居性、可持续性和文化特色的形成具有深远影响。

然而,随着社会经济的快速发展和城市化趋势,建筑与房地产行业面临着诸多挑战和问题,如资源浪费、环境污染、房价过高等。因此,科技引领对于推动建筑与房地产行业发展、提升其效率和可持续性至关重要。

15.1.2 科技引领对建筑与房地产行业的意义和影响

科技引领对建筑与房地产行业具有重要的意义和深远的影响。

1. 提升效率和质量

科技引入和应用可以改善建筑和施工过程,提高工作效率,减少人力资源和物质资源浪费,同时提升建筑质量和安全性。例如,借助信息技术、建筑信息模型(BIM)、无人机、人工智能等技术,可以实现工程设计、施工过程数字化、自动化和智能化,提高项目管理和监控的效率,减少错误和事故发生。

2. 促进可持续发展

科技创新在建筑与房地产行业可持续发展方面发挥着重要作用。通过节能技术、智能化的建筑管理系统、绿色建筑设计等手段,可以减少能源消耗、降低碳排放、提高资源利用效率,促进建筑行业向绿色、低碳方向转型。

3. 改善用户体验

科技引入可以改善用户在建筑与房地产领域的体验。例如,智能家居技术、物联网技术、虚拟现实和增强现实技术等可以提供更便捷、智能、安全的居住环境,提升用户的生活质量和舒适度。

4. 促进创新和变革

科技引领推动建筑与房地产行业创新和变革。新兴技术,如3D打印、模块化建筑、可再生能源等,为行业带来了新的商业模式和发展机遇,推动产业链升级和转型。

5. 提高管理效能

科技应用可以提高建筑与房地产行业的管理效能。例如,基于大数据分析的房地产市场预测和决策支持系统、数字化的财务管理系统等可以提供更精准的市场分析和决策支持,帮助企业优化资源配置、降低风险、提高经营效益。

科技引领对建筑与房地产行业具有广泛的影响和推动作用,能够提高建筑效率、改善建筑质量、提升用户体验,并推动行业向可持续、智能和数字化方向发展。同时,科技快速发展也带来了新的挑战,需要行业各方密切关注技术创新、适应变革,并探索如何充分利用科技来实现更可持续、高效和智能的建筑与房地产发展。

15.2 建筑设计的科技颠覆

15.2.1 数字化设计工具与技术的概念和关键应用

在建筑设计领域,科技应用正在颠覆传统的设计方法和流程,实现数字化转型。

1. 建筑信息模型

BIM 是一种数字化建模工具,它可以创建三维的建筑模型,并包含丰富的建筑信息,如几何数据、材料、构造、设备等。BIM 的关键应用包括设计协同、冲突检测、材料和构造优化、施工计划和预算管理等。通过 BIM,设计团队可以实现协同工作,提高设计效率和准确性。

2. 虚拟现实和增强现实

虚拟现实和增强现实技术为建筑设计师提供了交互式和沉浸式的设计体验。通过虚拟现实技术,设计师可以在虚拟环境中漫游建筑模型,感受空间比例和氛围。增强现实技术可以将虚拟设计元素与真实场景相结合,帮助设计师更好地理解设计意图并进行可视化呈现。

3. 参数化设计

参数化设计是一种基于算法和参数的设计方法,通过在设计软件中设置参数和规则,自动生成设计方案。参数化设计可以提供大量的设计选择,并实现设计优化和快速迭代。设计师可以根据不同的需求和约束条件,调整参数并生成不同的设计方案。

4. 模拟与分析工具

建筑设计中的模拟与分析工具可以帮助设计师评估建筑的性能和可行性。例如,能源模拟工具可以分析建筑的能源利用效率,优化建筑的能源设计和系统选择。结构分析工具可以评估建筑结构的稳定性和强度。这些工具可以提供定量数据和可视化结果,帮助设计师做出决策。

5. 云计算与协同平台

云计算和协同平台提供了在线存储、共享和协作的功能,使设计团队能够实现跨地域和跨团队的协同工作。设计师可以通过云计算平台访问和共享项目文件、进行远程协作,并实时更新设计进展。

这些数字化设计工具和技术正在改变建筑设计的方式，加速设计过程、提高设计质量和效率，并为设计师提供更多创新的可能性，概念图如图 15.1 所示。它们帮助设计师更好地理解和表达设计意图，与客户和利益相关者进行沟通，减少设计错误和改动，并为建筑行业带来更高的效益和可持续发展。

图 15.1　数字化设计工具

15.2.2　科技在建筑过程中的影响和优势

科技在建筑设计和施工过程中具有重要的影响和优势。

1. 增强设计创新

科技应用为建筑设计师提供了更多的创新工具和技术。数字化设计工具、参数化设计和建筑信息模型等技术使得设计师能够更加灵活地探索不同的设计选项和方案。这些工具和技术提供了更直观、高效的设计方法，帮助设计师实现更创新的设计。

2. 改善设计准确性和效率

科技在建筑设计中的应用可以提高设计的准确性和效率。通过 BIM 和三维建模软件，设计师能够创建精确的设计模型，并在模型中进行实时的协同设计和冲突检测。这种数字化的设计过程减少了设计错误和重复工作，提高了设计的准确性和效率。

3. 优化施工过程

科技应用改善了建筑施工的效率和质量。例如，使用建筑信息模型可以帮助施工团队在施工前进行详细的协调和规划，减少设计和施工之间的冲突。虚拟现实技术可以提供可视化的施工模拟和培训，提高施工工人的技能和安全性。

4. 增强施工质量控制

科技在施工过程中的应用提供了更好的质量控制手段。传感器、监测设备和数据分析工具可以帮助监测和评估施工过程中的关键参数，及时发现和解决问题。这种实时的监测和反馈机制提高了施工质量的可控性和一致性。

5. 提升施工安全性

科技应用有助于提升施工的安全性。例如，使用无人机进行巡视和监测可以减少人工进入高风险区域的机会。虚拟现实和增强现实技术可以为施工人员提供培训和模拟环境，降低施工事故的风险。

6. 改善项目管理和协作

科技应用可改善建筑项目的管理和协作效率。项目管理软件、云计算和协同平台使得项目团队能够实时共享和访问项目数据、文档和进展情况。这样的数字化管理和协作机制提高了项目的透明度、沟通效率和决策速度。

科技在建筑设计和施工过程中的应用可带来更多的设计创新、提高的准确性和效率、优化施工过程、增强质量控制、提升施工安全性以及改善项目管理和协作效率。这些优势可促进建筑行业发展和提升建筑项目的质量和效益。

15.2.3　典型的科技驱动的建筑设计和施工案例分析

1. 广州南沙国际会展中心

该项目采用了智能建筑系统和可持续技术，通过智能控制和能源管理，实现了建筑节能和环保，提高了能源利用效率和室内环境质量。

2. 深圳平安金融中心

作为深圳的地标性建筑，该中心应用了智能化技术和建筑自动化系统，实现了对建筑设备和能源的智能控制和管理，提高了建筑的运营效率和用户体验。

3. 成都盐市口国际中心

该项目采用了先进的建筑外墙材料和能源管理系统，通过高效隔热材料和智能节能设备，降低了建筑的能耗，提高了能源利用效率。

4. 北京国家大剧院

作为一座现代化的艺术殿堂，该剧院利用了先进的声学设计和数字化演出技术，提供了优质的音效和视觉体验，为观众带来了卓越的艺术享受。

这些案例展示了中国在建筑设计和施工领域的科技驱动应用，如 BIM 技术、数字化设计工具、智能建筑系统、结构分析和模拟技术、可持续技术等。这些科技应用在设计创新、施工效率、节能环保等方面发挥了重要的作用，推动了中国建筑行业发展。

15.3　建筑与房地产行业的科技驱动管理策略

15.3.1　数据驱动的房地产开发与项目管理

数据驱动的房地产开发与项目管理是指利用大数据和数据分析技术来指导房地产项目规划、开发和管理过程。

1. 市场研究和需求分析

通过收集和分析市场数据，包括人口统计、经济指标、消费者行为等，以了解目标市场的需求和趋势。这些数据可以帮助开发商确定项目定位、产品设计和定价策略。

2．地块选择和评估

通过数据分析和地理信息系统(GIS)技术，开发商可以评估不同地块的潜力和可行性。利用地理数据、土地规划、市场趋势等信息，帮助开发商做出决策，选择最有潜力的地块进行开发。

3．风险评估和预测

利用历史数据和风险模型，开发商可以对房地产项目的风险进行评估和预测，其中，风险包括市场风险、金融风险、法律风险等，可以帮助开发商制定相应的风险管理策略。

4．项目管理和协调

数据驱动的项目管理通过集成项目数据和实时监控系统，提高项目管理的效率和准确性。通过数据分析，开发商可以监测项目进展、资源分配、预算控制等，及时调整和优化项目管理。

5．市场营销和客户关系管理

数据分析可以帮助开发商了解目标客户群体的特点和需求，制定精准的市场营销策略。通过CRM系统和数据驱动的营销工具，开发商可以跟踪客户信息、推动销售过程，并提供个性化的客户服务。

6．运营和资产管理

数据驱动的运营和资产管理利用实时数据和监控系统，提高房地产项目的运营效率和资产价值。通过数据分析，可以进行能耗监测、设备维护、租赁管理等，最大限度地优化运营成本和提升资产价值。

数据驱动的房地产开发与项目管理可以帮助开发商和房地产企业进行更科学的决策和操作，提高项目的成功率和效益，同时也提供更好的用户体验和服务。

15.3.2　科技在房地产销售与市场营销中的应用

科技在房地产销售与市场营销中的应用可以提升效率、改善用户体验并增加销售成果。

1．虚拟现实和增强现实技术

通过VR和AR技术，购房者可以在虚拟环境中进行房屋参观和体验，感受房屋的实际情况和空间布局，从而帮助他们做出决策。这种技术可以提高购房者的参与度和购买决策的准确性。

2．3D可视化和平面规划

利用3D可视化技术，开发商可以将房地产项目以逼真的方式呈现给潜在客户。这些可视化模型可以展示房屋的外观、内部布局和周边环境，帮助购房者更好地理解项目的特点和价值。

3．智能家居和物联网技术

智能家居和物联网技术可以提供更智能化、便捷和舒适的居住体验。通过智能家居设备和应用程序，购房者可以远程控制家居设备、安防系统、温度和照明等，增加房屋的吸引力和附加值。

4. 数据驱动的市场营销

利用数据分析技术，房地产企业可以更准确地了解目标客户的需求和喜好，制定精准的市场营销策略。通过数据分析，可以追踪和分析潜在客户的行为，进行个性化的推广和营销活动。

5. 移动应用程序和在线平台

通过移动应用程序和在线平台，购房者可以随时随地浏览和比较不同的房地产项目，获取实时的房屋信息和价格。这种便捷的方式可以提高购房者的参与度和决策效率。

6. 社交媒体和影响营销

利用社交媒体平台，房地产企业可以与潜在客户建立更紧密的联系，并通过社交分享和影响者营销增加项目的曝光度和口碑。

这些科技应用可以提高房地产销售和市场营销的效果，改善用户体验，扩大市场覆盖和品牌影响力。房地产企业可以根据自身业务需求和目标客户群体选择适合的科技应用，并结合创新的市场营销策略，提升销售成果和竞争力。

15.3.3 智能化的设备与设施管理

智能化的设备与设施管理在房地产行业中发挥着重要作用，可以提高设备运行效率、降低维护成本，并提供更好的用户体验，概念图如图 15.2 所示。

图 15.2 智能化的设备与设施管理技术

1. 智能能源管理系统

通过安装智能传感器和控制系统，房地产企业可以实时监测和管理建筑物的能源消耗。系统可以自动控制照明、空调和其他设备，根据实际需求进行能源调节，以提高能源利用效率和节能效果。

2. 智能安防系统

利用视频监控、智能门禁和入侵检测等技术，房地产企业可以提供更安全的环境给居住者和办公者。这些系统可以实时监测和报警，提供远程访问和管理，提高建筑物的安全性和管理效率。

3. 智能停车管理系统

通过使用车辆识别、车位导航和在线支付等技术，房地产企业可以提供智能化的停车管理服务。这些系统可以帮助用户快速找到空余车位、实现自动付费，并提供实时停车场信息，提升停车体验和管理效率。

4. 智能楼宇管理系统

通过集成建筑物自动化、能源管理和设备监控等功能，智能楼宇管理系统可以实现对建筑物的集中监控和管理。通过一个统一的平台，房地产企业可以远程监控设备状态、进行故障诊断和维护，提高设备的运行效率和延长设备的使用寿命。

5. 数据驱动的设备维护和管理

通过采集和分析设备运行数据，房地产企业可以实施预防性维护，提前发现设备故障和异常情况。这种数据驱动的设备维护和管理方式可以减少突发故障和停机时间，降低维修成本，提高设备的可靠性和可用性。

6. 移动设备和应用程序

房地产企业可以利用移动设备和应用程序，提供便捷的设备维护和管理服务。维修人员可以使用移动设备进行巡检、故障报修和维修记录，提高工作效率和响应速度。

这些智能化的设备与设施管理技术可以帮助房地产企业提升设备的运行效率、降低维护成本，并提供更好的用户体验和服务。通过科技应用，房地产行业可以实现数字化、智能化的设备管理，提高运营效率和竞争力。

15.4 建筑与房地产行业的财务大数据分析和决策支持

15.4.1 建筑与房地产的财务数据采集和整理的数字化工具

1. 预算编制和管理

建筑与房地产项目的预算编制和管理是确保项目资金合理分配和控制成本的关键环节。通过数字化工具，可以实现预算自动化生成、实时跟踪和比较分析，帮助企业控制项目成本、优化资源利用，提高项目的盈利能力。

2. 资金管理和支付

在建筑与房地产行业中，资金管理和支付非常重要。数字化工具可以提供安全、高效的支付方式，如电子支付平台和在线银行业务，简化支付流程，减少现金交易的风险，并提供实时的资金流动情况，帮助企业做出合理的资金管理决策。

3. 成本控制和核算

建筑与房地产项目的成本控制和核算是确保项目盈利的关键环节。通过数字化工具，可以实现成本数据实时采集、核算和分析，帮助企业及时掌握项目成本情况，发现并纠正成本超支或浪费的问题，优化项目盈利。

4. 资产管理和折旧计提

在建筑与房地产行业中，固定资产和房地产资产的管理和折旧计提是重要的财务过程。数字化工具可以帮助企业建立资产管理系统，实现资产准确登记、折旧计提和资产清查，提高资产管理的效率和准确性。

5. 债务管理和融资

在建筑与房地产行业中，债务管理和融资是项目运作和发展的关键。数字化工具可以帮助企业管理债务，实现债务自动化管理、还款计划跟踪和债务风险评估。此外，数字化工具还可以支持企业进行融资活动，如在线融资平台和数字化信贷系统，提供便捷的融资渠道和融资流程。

6. 财务报告和分析

财务报告和分析是建筑与房地产企业管理和决策的重要依据。通过数字化工具，可以实现财务数据自动化采集、报表快速生成和数据分析可视化呈现，这样可以提高报表的准确性和时效性，帮助企业更好地理解财务状况，进行财务决策和规划。

以上六个财务过程的数字化工具和技术可以帮助建筑与房地产企业提高财务管理的效率、准确性和决策能力，促进企业可持续发展和盈利能力提升。

15.4.2 建筑与房地产行业的财务指标分析和财务预测应用

对于建筑与房地产行业来说，财务指标分析和财务预测可以与该行业的特点和需求相结合，提供更具体的应用。

1. 房地产项目评估

通过财务指标分析，可以对房地产项目的投资回报率、现金流量、销售周期等进行评估，帮助企业确定是否值得投资、制定项目策略和决策。

2. 建筑成本控制

通过财务指标分析建筑项目的成本结构和成本效益，帮助企业了解不同成本项的比例、节约空间和成本控制策略，从而提高项目的盈利能力和竞争力。

3. 房地产销售和市场营销预测

通过财务预测，可以预测房地产项目的销售额、市场需求、销售周期等，帮助企业制定合理的销售策略、预测销售收入和市场份额，支持市场营销决策。

4. 房地产资金筹措和资本结构优化

通过财务指标分析，可以评估企业的资本结构和财务风险，帮助企业优化资金筹措方式、降低融资成本、优化资本结构，以支持企业发展和增加利润。

5. 土地资源评估和开发项目决策

通过财务指标分析土地资源的价值、收益和风险，帮助企业评估土地资源的潜力和开发项目的可行性，为土地购买、规划和开发决策提供依据。

6. 建筑物资采购和供应链管理

通过财务指标分析建筑物资的采购成本、库存管理和供应链效率，帮助企业优化采购策略、控制成本、提高供应链效率，以实现经济效益最大化。

财务指标分析和财务预测同建筑与房地产行业的具体需求和特点相结合，可以更好地应用于该行业的经营决策、项目管理和财务规划,实现企业可持续发展和增强企业的竞争优势。

15.4.3 建筑与房地产行业利用大数据进行成本控制和效益优化

在建筑与房地产领域,利用大数据进行成本控制和效益优化可以带来重要的好处。

1. 成本数据分析

通过收集和分析大量的成本数据,可以深入了解不同项目阶段和工作流程的成本结构,识别成本高峰期和潜在的成本风险,从而制定更有效的成本控制策略。

2. 资源管理优化

通过大数据分析,可以实时监控和管理建筑项目所需的各种资源,包括人力资源、材料、设备等,从而优化资源调配和利用效率,减少浪费和降低成本。

3. 风险管理和预警

利用大数据分析,可以识别和预测潜在的风险因素,如项目延误、成本超支、供应链中断等,以及采取相应的风险控制措施,提前做出调整和决策,降低潜在的风险影响。

4. 建筑能源管理

通过大数据监测和分析建筑的能源使用情况,包括电力、水、气等,可以识别能源消耗的模式和趋势,制定合理的节能措施,提高能源利用效率,降低能源成本和环境影响。

5. 市场需求预测

通过大数据分析市场趋势、用户偏好和需求变化,可以预测房地产市场的供需情况,指导项目的定位和开发规模,提高项目的市场竞争力和投资回报率。

6. 用户体验优化

通过大数据分析用户的反馈和行为数据,了解用户的需求和偏好,改进设计和施工过程,提供更符合用户期望的建筑和房地产产品,提升用户体验和满意度。

利用大数据进行成本控制和效益优化可以在建筑与房地产领域提供更准确的数据支持和决策依据,帮助企业降低成本、提高效率、减少风险,并增强竞争力和可持续发展能力。

15.5 建筑与房地产行业的科技创新案例

15.5.1 建筑与房地产中的前沿科技与研发趋势

建筑与房地产行业正处于科技创新的前沿,了解当前和未来的前沿科技与研发趋势非常重要。

1. 智能建筑

智能建筑利用物联网和传感器技术,实现建筑设备和系统自动化及互联,以提高能源效率、舒适性和可持续性。智能建筑可以实现智能照明、自适应温控、智能安全等功能,为用户提供更智能化、便捷化的使用体验。

2. 建筑信息模型

BIM 是一种基于三维模型的协同设计和管理工具,可以集成建筑设计、施工和运营过程中的各种信息。BIM 技术可以提供更准确的设计和施工数据,实现项目协同和优化,提高效率和质量,减少错误和成本。

3. 虚拟现实和增强现实

VR 和 AR 技术在建筑与房地产领域的应用越来越广泛。VR 技术可以创建虚拟建筑模型,使设计师和用户能够在虚拟环境中体验建筑设计。AR 技术可以将虚拟元素叠加到真实环境中,用于展示建筑效果图、室内装修和房地产销售等方面。

4. 可持续建筑和绿色设计

可持续建筑和绿色设计注重资源节约、环境保护和人类健康,包括使用可再生能源、采用节能技术、设计自然通风和采光等措施,以降低建筑能耗和对环境的影响,并提高居住和工作环境的舒适性。

5. 3D 打印建筑

3D 打印技术可以直接将数字设计转化为实体建筑构件,实现快速、精确和可定制化的建筑制造。这种技术可以减少建筑过程中的人工和时间成本,同时提高建筑的设计创新性和施工效率。

6. 区块链技术

区块链技术在建筑与房地产行业中的应用正在逐渐增多。区块链可以提供数据安全、交易透明和合同智能化等功能,用于房地产交易、土地登记、租赁管理等方面,以提高交易的效率和可信度。

7. 智能城市和物联网

建筑与房地产行业是智能城市和物联网发展的重要组成部分。通过将建筑、交通、能源等各种系统进行互联互通,实现城市智能化管理和资源优化利用,推动城市可持续发展和提高居民的生活品质。

以上是建筑与房地产行业中的一些前沿科技和研发趋势,这些技术将推动行业创新和发展,为建筑与房地产提供更高效、可持续和智能化的解决方案,概念图如图 15.3 所示。

图 15.3 建筑与房地产行业中的前沿科技

15.5.2 科技创新对建筑与房地产管理和财务的重要性与引领作用

科技创新对建筑与房地产管理和财务具有重要作用,不仅引领行业发展,还带来了许多益处和机遇。

1. 提高管理效率

科技创新为建筑与房地产管理带来了更高的效率和准确性。通过数字化工具、物联网、大数据分析等技术,可以实现建筑设备和系统远程监控、维护和优化,提高设施管理的效率和可靠性。同时,管理系统数字化也使得数据收集、分析和决策更加便捷和准确,提高了管理决策的科学性和精准度。

2. 优化资源利用

科技创新可以帮助建筑与房地产行业优化资源利用、减少浪费和对环境的影响。通过智能化技术、能源管理系统和可持续设计等手段,可以实现建筑能源节约和效率提升,降低运营成本和环境负荷。同时,科技创新也可以提高土地和空间的利用效率,通过数据分析和智能规划,优化城市规划和土地利用,提高土地的价值和利润。

3. 改善用户体验

科技创新为建筑与房地产行业提供了更好的用户体验。通过智能化系统、虚拟现实技术和数据分析,可以为用户提供个性化的服务和定制化的体验。例如,通过智能家居系统,居民可以远程控制家中的照明、温度和安防设备;通过虚拟现实技术,购房者可以在虚拟环境中体验房屋设计和装修效果。这些科技创新不仅提高了用户的舒适度和便利性,还增强了用户对建筑与房地产产品的满意度和忠诚度。

4. 促进创新和竞争力

科技创新推动了建筑与房地产行业的创新和竞争力提升。新兴技术如建筑信息模型、3D打印、机器学习和人工智能等,为设计、施工和运营提供了全新的解决方案和工具。创新技术不仅提高了产品质量和工程效率,还促进了行业不断进步和发展。同时,科技创新也带来了新的业务模式和商业机会,推动了行业多元化发展和转型升级。

科技创新在建筑与房地产管理和财务方面的重要作用不可忽视,它不仅提高了管理效率和资源利用效率,改善了用户体验,还促进了行业创新与竞争力提升,推动了建筑与房地产行业向智能化、可持续化和高效率发展的方向迈进。

15.5.3 成功的科技创新案例及其对建筑与房地产行业的推动作用

1. 大兴国际机场

大兴国际机场是北京市的一座现代化国际机场,它被视为一个成功的科技创新案例,对建筑与房地产行业产生了重大推动作用。

(1) 先进的智能化技术

大兴国际机场采用了先进的智能化技术,如人工智能、物联网和大数据分析等。这些技术被应用于安全检查、航班管理、设施运营和旅客服务等方面,提高了机场运行的效率和安全性。

(2) 自动化设备和系统

大兴国际机场引入了大量自动化设备和系统,如自助值机、自动行李转运和自动安检等。这些设备和系统提高了旅客处理速度和航班效率,减少了对人力资源的需求,提供了更便捷和高效的旅行体验。

(3) 建筑信息模型技术

大兴国际机场在建设过程中采用了 BIM 技术,通过虚拟模型和数据管理,实现了设计、施工和运营过程协同和优化。BIM 技术提高了工程质量和效率,减少施工成本和时间,为机场可持续发展和运营提供了支持。

(4) 能源管理和环境保护

大兴国际机场注重能源管理和环境保护,在设计和建设过程中考虑了节能减排和可持续发展的要求。通过智能化的能源管理系统和环境监测技术,实现了能源有效利用和环境保护。

大兴国际机场作为一个典型的科技创新案例,对建筑与房地产行业产生了积极的推动作用,它展示了智能化、自动化和可持续化的发展趋势,为行业带来了新的思路和方法。同时,大兴国际机场的成功也激发了其他建筑与房地产项目对科技创新的重视和应用,促进了行业转型与升级。

2. 国家体育场(鸟巢)

国家体育场(鸟巢)是北京市的一座标志性建筑,也是一个成功的科技创新案例,对建筑与房地产行业产生了重要的推动作用,概念图如图 15.4 所示。

图 15.4 鸟巢(概念图)

(1) 结构设计和施工技术

鸟巢采用了创新的结构设计和施工技术,它的外观呈现出像鸟巢一样的独特形状,采用了复杂的钢结构和预应力混凝土技术,确保了建筑的稳定性和安全性。

(2) 建筑信息模型技术

鸟巢设计与施工过程中应用了 BIM 技术,通过虚拟模型和数据管理,实现了设计团队、施工队伍和运营方之间的协同合作和信息共享。这项技术大大提高了工程的效率和质量。

(3) 智能化运营和管理

鸟巢引入了智能化的运营与管理系统,包括安全监控、场馆设备管理、票务系统和智能导览等。这些系统提供了全面的场馆管理和服务,提高了运营效率和用户体验。

(4) 可持续发展和能源管理

鸟巢注重可持续发展和能源管理,在建筑设计和运营过程中采取了一系列节能减排措施。例如,利用天然采光和自然通风以减少能源消耗,采用高效的节能设备和系统,以及建立了完善的能源管理和监控体系。

鸟巢作为一个具有创新和科技含量的建筑项目,不仅成为奥运会的标志性场馆,也为建筑与房地产行业带来了新的发展方向和标杆。它展示了结构设计、BIM 技术、智能化运营和可持续发展等方面的创新应用,对行业的技术进步和转型具有重要的启示和影响。

3. 上海中心大厦

上海中心大厦是上海的一座超高层建筑,也是一个成功的科技创新案例,对建筑与房地产行业产生了重要的推动作用。

(1) 结构设计和建筑技术

上海中心大厦采用了创新的结构设计和建筑技术,包括超高层建筑的抗风设计、混凝土施工技术、玻璃幕墙系统等。这些技术保证了建筑的结构稳定性、安全性和外观效果。

(2) 智能化建筑系统

上海中心大厦应用了先进的智能化的建筑系统,包括智能化的安防系统、智能照明系统、智能楼宇管理系统等。这些系统提供了高效的能源管理、安全监控和舒适的办公环境。

(3) 绿色建筑与节能设计

上海中心大厦注重绿色建筑和节能设计,采用了节能材料、高效的建筑外保温系统、太阳能利用等技术,最大程度地减少能源消耗,降低环境影响。

(4) 建筑信息模型技术

上海中心大厦设计与施工过程中应用了 BIM 技术,通过虚拟模型和数据管理,实现了设计团队、施工队伍和运营方之间的协同合作和信息共享。这项技术提高了工程的效率、质量和准确性。

上海中心大厦作为一座代表性的超高层建筑,不仅在建筑高度和外观设计上具有创新性,还在结构设计、智能化建筑系统和绿色建筑方面展示了先进的技术和应用。它在建筑与房地产行业中树立了榜样,推动了科技创新和可持续发展的方向,为行业带来了新的发展机遇和挑战。

4. 港珠澳跨海大桥

港珠澳跨海大桥是广东省珠海市、香港特别行政区和澳门特别行政区之间的一座跨海大桥,也是一个成功的科技创新案例,对建筑与房地产行业产生了重要的推动作用。

(1) 跨海大桥工程技术

港珠澳跨海大桥采用了一系列创新的工程技术,包括桥梁结构设计、建筑材料应用、施工方法等。大桥主跨长约55公里,是世界上最长的跨海大桥之一,要求对海洋环境、海底地质和风暴潮等因素进行精确的分析和设计。

(2)智能化监测与维护系统

港珠澳跨海大桥建立了先进的智能化的监测与维护系统,通过传感器、监控设备和数据分析技术,实时监测桥梁的结构状态、环境参数和交通流量等。这些系统能够及时发现潜在问题并采取相应措施,保证大桥的安全性和可靠性。

(3)环境友好设计

港珠澳跨海大桥注重环境保护和生态恢复,在桥梁设计和施工过程中采取了一系列措施减少对周边生态环境的影响。例如,采用了环保材料和技术,减少了水下声波对海洋生物的干扰;并对周边的海洋生态进行了保护和修复。

(4)交通智能化与管理

港珠澳跨海大桥实现了跨境交通智能化和高效管理。通过智能交通系统、电子收费系统和信息化管理平台,实现了车辆通行便捷性和交通流量优化。

港珠澳跨海大桥展示了中国在大型跨海桥梁建设方面的科技实力和创新能力,它不仅是一项工程壮丽的建筑成就,还体现了科技与环保有机结合,为建筑与房地产行业树立了科技创新的榜样。大桥成功建设对于推动区域经济发展、促进交流与合作、提升旅游业发展等方面产生了积极的影响。

5. 万科中心绿色建筑

万科中心是一座具有绿色建筑特色的大型综合性建筑群,它是一个成功的科技创新案例,对建筑与房地产行业的推动作用显著。

(1)绿色设计和建筑材料

万科中心在设计和建造过程中采用了一系列绿色设计原则和环保建材。建筑外墙使用了高效节能的隔热材料,减少了能源消耗。此外,采用了可再生能源和节能设备,如太阳能电池板、LED照明等,提高了能源利用效率。

(2)节能和环保

万科中心在建筑运营阶段实施了严格的节能措施。通过智能化的能源管理系统和监测设备,实时监测建筑能源消耗,进行精细化的调控和管理。同时,采用高效的水资源管理系统,包括雨水收集与利用、灌溉系统等,降低了对水资源的需求。

(3)室内环境优化

万科中心注重创造舒适健康的室内环境。通过空气质量监测与调控系统,保证室内空气新鲜和净化。采用无毒环保的室内装饰材料和家具,减少室内有害物质释放。此外,设计了绿色景观和休闲空间,为员工和访客提供舒适愉悦的工作和休闲环境。

(4)可持续发展理念

万科中心积极践行可持续发展理念,通过绿色建筑和环境保护措施,减少对自然资源的消耗和对环境的影响。

万科中心作为一座绿色建筑示范项目,不仅体现了科技创新在建筑与房地产行业的重要作用,还对行业可持续发展和环境保护起到了积极的引领作用,为建筑与房地产行业树立了可持续发展和绿色建筑的榜样,同时也为员工和用户提供了舒适、健康的工作和生活环境。

第 15 章　建筑与房地产：科技引领下的建筑设计颠覆与财务重塑

15.6　建筑与房地产行业的数字化的管理系统和大数据财务系统应用

15.6.1　建筑与房地产数字化的管理系统的概述与实践案例

建筑与房地产数字化的管理系统是利用信息技术和数字化工具来管理和优化建筑与房地产项目的全过程，包括设计、施工、运营和维护等方面。

某大型房地产开发公司的数字化的管理系统案例。

该房地产开发公司通过引入数字化的管理系统，实现了对项目全生命周期的数字化管理和协同工作，提升了项目的效率和质量，降低了成本和风险。

系统功能：

设计与规划：通过引入建筑信息模型技术，实现了三维设计和协作，提高了设计效率和精度。同时，系统还包括了规划和设计工具，帮助优化项目规划和布局。

施工管理：系统中包括了施工进度管理、材料采购、质量控制等功能模块。通过数字化工具，可以实时监测施工进度和质量，提高施工效率和管理水平。

运营与维护：系统集成了设备管理、维护计划、能耗管理等功能模块，帮助实现设备智能化管理和能源节约与管理。同时，系统还包括了对租户和物业管理的数字化支持，提升了运营效率和服务质量。

数据分析与决策支持：系统通过收集和分析各个环节的数据，生成可视化的报表和指标，帮助管理层做出科学决策。此外，系统还支持大数据分析和预测模型应用，提供更准确的决策支持。

效果与优势：

提高效率：数字化的管理系统将各个环节进行整合和协同，提高了项目的整体效率和执行力。通过实时数据共享和协作工具，减少了信息传递的时间和成本。

提升质量：系统中的质量控制和风险管理模块，帮助及早发现和解决问题，提升了项目的质量和可靠性。

降低成本：通过应用数字化工具，降低了项目的管理成本和运营成本。同时，系统中的数据分析和预测模型，帮助优化资源配置和决策，降低了不必要的开支和风险。

改善用户体验：数字化的管理系统支持与客户和用户互动和沟通，提供了更好的用户体验和满意度。

该实践案例展示了建筑与房地产数字化的管理系统在提高效率、质量和用户体验方面的优势。随着科技的不断发展，数字化的管理系统在建筑与房地产行业的应用将会越来越广泛，为行业可持续发展和创新提供支持和推动。

15.6.2　大数据财务系统在建筑与房地产行业的应用与效益

大数据财务系统在建筑与房地产领域的应用紧密结合了建筑和房地产行业的特点和需

求,对于提高财务管理效率、优化决策和实现经济效益具有重要作用。

1. 全面的财务管理

大数据财务系统通过整合和分析海量的财务数据,帮助建筑与房地产企业实现全面的财务管理。系统能够自动收集、整理和处理各项财务数据,包括财务报表、成本数据、收支情况等,从而提供准确的财务信息和数据分析报告。这使得企业能够更好地了解自身的财务状况,把握项目成本和盈利情况,为决策提供有力支持。

2. 全面的财务分析和决策支持

大数据财务系统利用先进的数据分析技术,帮助建筑与房地产企业发现潜在的商机和风险。系统可以对大量的财务数据进行深入挖掘和分析,发现业务模式、市场趋势和客户行为等方面的关联性和趋势,从而为企业提供重要的市场洞察和商业决策依据。同时,系统也能够快速识别和预警潜在的财务风险,帮助企业及时采取措施进行风险管理和控制。

3. 财务预测和风险管理提升决策效果和经济效益

大数据财务系统还可以提升建筑与房地产企业的财务决策能力和效率。系统通过自动化处理和智能化分析,减少了繁琐的手工操作和人工错误,提高了财务数据的准确性和可靠性。同时,系统提供实时的财务指标和报告,使管理者能够随时了解企业的财务状况和绩效情况,快速做出决策。这有助于加强财务规划、优化资源配置和改进运营效率,进而提高企业的经济效益。

大数据财务系统通过整合和分析大量的财务数据,可提升财务管理效率,优化决策和实现经济效益。这对于建筑与房地产企业来说具有重要意义,帮助他们更好地管理财务,提高决策的准确性和效率,实现可持续发展。

15.6.3 数字化管理和财务系统对建筑与房地产管理和财务重塑的影响

数字化管理和财务系统在建筑与房地产领域的应用紧密结合了管理和财务方面的需求,对于提升建筑与房地产企业的管理效率、财务决策和风险控制具有重要作用。

首先,在建筑与房地产管理方面,数字化的管理系统能够实现项目流程自动化和集中管理。通过集成各个环节的管理功能,包括项目管理、合同管理、供应链管理等,系统能够提供全面的项目视图,使管理者能够更好地跟踪和监控项目的进展情况,及时调整资源和解决问题。此外,数字化的管理系统还可以帮助优化资源利用、提高工作效率,从而降低成本、提高生产力。

其次,在财务方面,数字化的财务系统为建筑与房地产企业提供了集中管理、自动化处理和实时可视化的财务数据。通过数字化的方式收集、整理和分析财务数据,企业能够更加准确地了解企业财务状况、经营绩效和盈利能力。数字化的财务系统还提供强大的数据分析功能,能够帮助企业进行财务指标分析、预测和决策支持。此外,系统的实时可视化功能使管理者能够随时查看财务数据,及时做出重要的财务决策。

同时,数字化管理和财务系统对于风险管理和预警机制建立也具有重要意义。通过对财务数据的监控和分析,系统能够及时发现潜在的风险和问题,并提供预警信息,帮助企业及时采取措施进行风险防范和应对。这有助于降低企业面临的风险,并保障企业的财务稳定和可持续发展。

数字化管理与财务系统通过自动化、集中化和实时可视化的方式,提高了企业的管理效率、财务决策能力和风险控制水平,概念图如图15.5所示。这些影响使得建筑与房地产企业能够更好地管理项目和资源,优化财务状况和经营绩效,实现可持续发展。

图 15.5　数字化管理与财务系统

思考题

1. 在科技引领的建筑设计中,如何利用财务管理原理和工具来提高设计项目的经济效益?
2. 在房地产开发中,如何运用财务规划和预算控制手段,确保项目的财务可持续性?
3. 科技驱动下的建筑与房地产行业中存在哪些风险?如何进行风险管理和金融保障,以降低风险并保证投资回报?

研究方向

1. 科技驱动的建筑设计创新:研究建筑设计领域的前沿科技与趋势,如虚拟现实、增强现实、机器学习等,探索创新设计方法和工具的应用。
2. 智能化建筑与可持续发展:探索利用物联网、智能传感器等技术打造智能建筑,研究建筑节能、环境保护和可持续发展的技术和商业模式。
3. 数字化房地产管理与市场营销:研究如何运用大数据、人工智能等技术来优化房地产开发、销售和租赁管理,探索创新的数字化的市场营销策略。
4. 建筑与房地产金融创新:探索金融科技在房地产融资、投资和财务管理方面的创新,研究新型金融工具和业务模式对行业的影响。

第 16 章　公共文化行业：科技驱动下的文化传播革新与财务管理创新

在这一章中，我们将深入探讨公共文化行业，尤其关注科技如何革新文化传播和财务管理。公共文化行业是社会的重要组成部分，其旨在促进文化传播、保存和创新。随着科技的发展，这个行业正在经历前所未有的变化。

我们首先将阐述公共文化行业的现状和科技驱动的必要性。这一部分包括公共文化行业的定义和重要性、行业面临的挑战和机遇以及科技在该领域的重要性。此外，我们还会通过多个案例来深入探讨科技在艺术展览、文化遗产保护和文化创意产业等领域的应用。

其次，我们将研究科技如何革新文化传播，探讨科技对公共文化行业传播方式的影响，如数字媒体兴起、虚拟现实和增强现实技术应用以及社交媒体和在线文化平台建设，同时，深入分析这些技术对内容传播、互动性、个性化传播和市场洞察的影响，并通过一系列成功案例进行说明。

再次，我们将深入探讨公共文化行业的财务管理创新，详述财务管理在公共文化行业中的重要性，介绍科技驱动的财务管理工具和实践以及它们对公共文化行业的影响和成效。我们还将讨论科技如何驱动文化创意产业发展，包括科技如何推动创意创新、内容生产和传播、个性化定制、交互体验和数据驱动决策，并通过多个成功案例进行说明。

最后，我们将深入了解公共文化行业数字化管理和大数据应用以及如何实现财务可持续发展和创新模式，讨论数字化管理系统在公共文化行业中的应用、大数据应用和效益以及它们对公共文化行业的影响和未来发展。此外，我们还将探讨可持续财务管理在公共文化行业中的重要性、公共文化行业的创新财务模式以及它们对公共文化行业的影响和启示。

通过学习这一章，读者能够深入理解公共文化行业如何通过科技革新其文化传播和财务管理，从而更好地面对未来的挑战和机遇。

第16章 公共文化行业：科技驱动下的文化传播革新与财务管理创新

16.1 公共文化行业的现状与科技驱动的必要性

16.1.1 公共文化行业的定义和重要性

公共文化行业是指以满足公众文化需求为宗旨，通过提供文化活动、文化产品和文化服务，推动社会文化发展和人民精神文明建设的行业，它涵盖了文化传播、文化创意、文化产业等多个领域，包括图书出版、影视制作、广播电视、数字媒体、博物馆与展览、艺术表演等。

公共文化行业对社会的重要性不可忽视。首先，公共文化行业是传承和弘扬优秀传统文化的重要渠道。它通过传播文化遗产、艺术表演和文化教育，促进社会文化多样性和价值观传递。其次，公共文化行业是满足公众文化需求的重要途径。人们通过阅读、观影、参观展览等方式获得艺术享受和文化知识，丰富自己的精神生活。此外，公共文化行业还具有促进经济发展和就业增长的作用。文化产业发展可以带动相关产业链蓬勃发展，创造就业机会，促进经济增长。

然而，公共文化行业面临着传统模式难以适应时代发展和市场变化的挑战。随着科技的不断进步和数字化媒体的兴起，传统的文化传播方式和商业模式受到了冲击。因此，科技驱动的创新成为公共文化行业的必要选择。

科技驱动的创新可以带来多方面的益处。首先，它可以改善文化传播的效率和体验。通过数字媒体和互联网技术，人们可以随时随地获取文化内容，实现个性化的文化体验。其次，科技驱动的创新可以扩大文化产业的影响力和受众覆盖面。通过数字化媒体传播，文化产品可以更广泛地传播到全球各地，实现跨越时间和空间的文化交流。此外，科技驱动的创新还可以促进文化产业转型升级和可持续发展，创造新的商业模式和增加收入来源。

公共文化行业在面临科技发展和市场变化的背景下，需要进行科技驱动的创新。这不仅可以提升文化传播的效率和体验，还可以扩大受众覆盖面和促进产业转型升级。科技驱动的创新对于公共文化行业发展和可持续经营具有重要意义。

16.1.2 公共文化行业面临的挑战与机遇

公共文化行业在中国面临着一系列挑战和机遇，其中科技发展起到了重要的推动作用。以下列出一些具体案例，以帮助说明公共文化行业在中国面临的挑战和机遇。

1. 数字化转型和内容创新

随着中国社会的快速发展和数字技术的普及，观众对于文化内容的需求变得更加多样化和个性化。传统的文化机构需要积极应对数字化转型的要求，通过创新方式进行内容创作和传播，以满足观众的需求。

例如，中国国家图书馆通过建立数字资源平台，提供了大量的电子图书、期刊、报纸等数字化文献资源。观众可以通过在线访问和阅读，方便地获取文化知识和信息。

2. 虚拟现实和增强现实技术

虚拟现实和增强现实技术为公共文化行业带来了新的机遇。这些技术可以提供沉浸式的文化体验,让观众身临其境地参与文化活动和艺术表演。

例如,故宫博物院利用虚拟现实技术,为观众提供了虚拟参观的体验。观众可以通过虚拟现实设备,在家中就能够参观故宫博物院的展览和文物,感受到真实的文化氛围。

3. 数字内容的版权保护和盗版问题

随着数字化媒体的普及,公共文化行业面临着数字内容的版权保护和盗版问题。如何保护艺术作品的版权,防止盗版和非法传播,是公共文化行业需要面对的挑战之一。

中国的在线音乐平台如网易云音乐、QQ 音乐等,在与音乐版权持有方合作下,积极推行版权保护措施,确保艺术家和版权持有人能够获得合理的收益,并限制未经授权的音乐传播。

4. 社交媒体和在线互动平台

社交媒体和在线互动平台为公共文化行业带来了与观众互动和参与的机遇。这些平台可以促进文化内容传播与分享,增加观众的参与度和互动性。

例如,许多公共文化机构和艺术团体通过在微信公众号上建立自己的账号,发布文化资讯、展览活动等内容,与观众进行互动交流,实现粉丝积累和社交传播。

中国的公共文化行业面临着数字化转型、内容创新、版权保护和盗版问题等挑战,同时也有虚拟现实、增强现实技术和社交媒体平台等带来的机遇。公共文化行业需要积极应对这些挑战,善于利用科技创新,为观众提供更丰富、多样化的文化体验,推动文化传播发展和创新。

16.1.3 科技驱动对公共文化行业的意义和影响

科技驱动对公共文化行业具有重要的意义和影响,为其带来了创新、普及和提升的机会。

1. 数字艺术展览和体验

科技驱动的数字艺术展览和体验为公共文化行业带来了全新的展示方式和观赏体验。通过利用虚拟现实、增强现实、投影映射等技术,艺术作品可以以数字化的形式展示在观众面前,为观众创造沉浸式、交互性的艺术体验。

例如,中国上海的 YUZ Museum 举办过多个数字艺术展览,如与 Google Arts & Culture 合作的 "Digital Revolution" 展览。该展览运用了虚拟现实、互动装置等科技手段,将数字艺术与观众进行互动,打破了传统艺术展览的界限,为观众带来了全新的观赏体验。

2. 数字文化遗产保护与传承

科技驱动的数字化技术对于保护和传承文化遗产具有重要意义。通过数字化手段,可以对文化遗产进行高精度的扫描、记录和保护,使得文物的信息得以保存,并能够通过互联网和虚拟展览等方式向公众展示。

中国故宫博物院利用数字化技术进行文化遗产保护与传承的工作。该博物院利用 3D 扫描和数字化建模技术,对故宫内的文物进行数字化记录和保存,使得这些文物可以在虚拟平台上得以展示,让更多的观众能够远程欣赏和学习。

3. 文化创意产业数字化发展

科技驱动促进了中国文化创意产业数字化发展,提升了文化产品的创新和市场竞争力。通过运用人工智能、大数据分析等技术,文化创意企业能够更好地了解观众需求、进行精准定位和个性化推荐,推动文化产品多样化和个性化。

以短视频平台抖音为例,它利用大数据分析和智能推荐算法,为用户提供个性化的短视频内容。在这个平台上,许多文化创意内容得以展示和传播,激发了年轻用户对文化的兴趣和参与。

科技驱动对公共文化行业具有重要的意义和影响。通过数字艺术展览和体验、数字化文化遗产保护与传承、文化创意产业数字化发展等,科技创新为公共文化行业带来了新的展示方式、观赏体验,促进了文化遗产保护与传承,推动了文化创意产业创新和发展,为公众提供了更丰富、多样化的文化体验。

16.2 科技在文化传播中的革新

16.2.1 科技对公共文化行业传播方式的影响

科技对公共文化行业的传播方式产生了深远的影响。

1. 数字媒体兴起

科技进步带来了数字媒体兴起,如互联网、社交媒体和移动应用等。这些新兴的传播渠道使得公共文化内容能够以更加便捷和广泛的方式传播。观众可以通过网络和移动设备随时随地访问和分享文化内容,促进了公共文化普及和传播。

2. 虚拟现实与增强现实技术

虚拟现实和增强现实技术为公共文化行业提供了全新的传播方式。通过虚拟现实技术,观众可以沉浸式地体验文化活动和展览,仿佛身临其境。增强现实技术则将虚拟内容与现实场景相结合,为观众创造了交互性的文化体验。

3. 社交媒体的互动性

社交媒体平台兴起使得观众成为内容的创造者和参与者。观众可以通过社交媒体分享自己的文化体验、观点和创作,与其他观众互动交流。这种互动性增强了观众的参与感和提升了观众的参与度,扩大了公共文化的影响范围。

4. 在线文化平台建设

科技发展推动了在线文化平台建设和发展。这些平台汇集了各类公共文化内容,包括文化活动、展览、演出、艺术作品等,为观众提供了方便的访问和浏览渠道。观众可以在在线平台上浏览、搜索和评论文化内容,实现个性化的文化选择和交流。

科技对公共文化行业的传播方式产生了深远的影响,拓宽了观众接触文化的途径,提供了更加便捷、互动和个性化的传播方式。这种影响促进了公共文化普及和观众参与度提高,丰富了观众的文化体验，并为公共文化行业发展带来了新的机遇和挑战。

16.2.2 数字化媒体和社交平台的影响

数字化媒体和社交平台对公共文化行业产生了广泛的影响。

1. 内容传播范围扩大和传播速度加快

数字化媒体和社交平台提供了一个广阔的传播平台，使公共文化内容能够以更加便捷和快速的方式传播。通过社交媒体平台，文化机构和文化从业者可以直接与观众进行互动，发布文化活动、艺术作品等内容，吸引更多的关注和参与。同时，数字化媒体还提供了多样化的内容形式，包括文字、图像、音频和视频等，丰富了观众的文化体验。

2. 互动性增强和参与度提升

数字化媒体和社交平台为观众提供了更多的参与和互动机会。观众可以通过评论、分享、点赞等方式表达对文化内容的看法和喜爱，与其他观众进行交流和互动。这种互动性增强和参与度提升，促使公共文化行业更加关注观众的需求和反馈，打造更具吸引力和参与性的文化内容。

3. 个性化和定制化的传播方式普及

数字化媒体和社交平台允许观众根据自身兴趣和需求选择和定制自己感兴趣的文化内容。观众可以通过个人账号和关注列表，筛选和订阅特定的文化机构或主题，获得符合个人喜好的文化信息和活动推送。这种个性化和定制化的传播方式普及，提高了观众的满意度和参与度，推动公共文化行业向更精细化的方向发展。

4. 数据分析和市场洞察应用增加

数字化媒体和社交平台产生了大量的用户数据，为公共文化行业提供了宝贵的市场洞察和数据分析的机会。文化机构和从业者可以通过分析用户数据，了解观众的兴趣偏好、参与行为等，以此为依据进行文化内容优化和精准定位。数据分析还能够帮助公共文化行业进行精准的营销和推广活动，提高传播效果和观众参与度。

数字化媒体和社交平台对公共文化行业产生了广泛的影响。它们扩大了内容传播的范围和速度，提升了观众的参与度和增强了互动性，推动了个性化和定制化的传播方式普及，同时还为公共文化行业提供了数据分析和市场洞察的机会。这些影响有助于公共文化行业更好地满足观众需求，推动文化传播创新和发展。

16.2.3 科技驱动的文化传播成功案例分析

1. 抖音(TikTok)

作为一款短视频分享平台，抖音通过智能推荐算法和个性化内容推送，成功吸引了大量年轻用户。用户可以通过抖音创作和分享各种形式的短视频内容，包括音乐、舞蹈、搞笑等，从而推动了大众文化传播和共享。

2. 微信公众号

作为中国最大的社交媒体平台之一，微信公众号提供了一个便捷的内容创作和传播平台。通过微信公众号，文化机构、艺术家和作家等可以与观众建立直接联系，分享文化活动、艺术作品和文化知识，实现了文化传播个性化和互动化。

3. 博物馆数字化展览

许多中国博物馆通过数字化技术和虚拟现实等手段，将传统的展览方式进行升级。例如，故宫博物院推出了数字化展览项目，通过VR技术让观众身临其境地参观故宫的珍宝和文化遗产。

4. 文化直播平台

直播平台如斗鱼、虎牙等不仅在游戏领域取得了成功，也逐渐涉足文化领域。许多文化活动、音乐演唱会和戏剧演出通过直播平台进行实时转播，让更多观众可以在线观看和参与。

5. 数字艺术展览

一些艺术机构和艺术家通过数字技术和虚拟现实等手段，创作了独特的数字艺术作品和展览。这些作品可以通过在线平台展示和分享，打破了时间和空间的限制，让更多人能够欣赏和体验艺术。

6. 网络文学

网络文学平台如起点中文网、晋江文学城等通过互联网技术和在线阅读平台，促进了作家和读者之间的交流和互动。网络文学作品通过在线发布和推广，得到了广大读者的关注和支持。

7. 网络音乐平台

音乐平台如网易云音乐、QQ音乐等为用户提供了便捷的音乐获取和分享渠道。用户可以通过这些平台听取和分享喜爱的音乐作品，同时也为音乐人提供了展示和推广的平台。

8. 在线教育平台

在线教育平台如MOOC（大规模开放在线课程）等通过互联网技术和多媒体教学手段，提供了灵活、便捷的学习方式。许多文化机构和专业人士通过在线教育平台分享和传授文化知识，推动了文化教育普及和传播。

这些科技驱动的文化传播成功案例充分展示了科技在公共文化行业中的重要作用，通过数字化工具和平台，促进了文化内容创新、传播和共享，丰富了观众的文化体验，并推动了公共文化行业发展和繁荣。

16.3 公共文化行业的财务管理创新

16.3.1 财务管理在公共文化行业的重要性

公共文化行业包括艺术机构、博物馆、图书馆、剧院、音乐厅等，这些机构和场所需要有效的财务管理来支持其运营和发展。

首先,财务管理对于公共文化机构的资金管理至关重要。这些机构需要合理规划和管理其财务资源,包括预算编制、资金筹集、资金使用和财务监控等。财务管理可以帮助机构确保资金合理分配和有效利用,提高经济效益和资金回报率。

其次,财务管理对于公共文化项目的可行性和可持续性具有重要影响。在公共文化行业,许多项目需要投入大量的资金和资源,如艺术展览、文化节庆、演出活动等。财务管理可以帮助评估项目的财务可行性,包括成本收益分析、风险评估和资金来源规划等,从而确保项目可持续发展和财务健康。

再次,财务管理对于公共文化机构的财务透明度和合规性具有重要作用。公共文化机构通常依赖于政府拨款、赞助和捐赠等,对这些资金的管理和使用需要符合相关的财务规定和法律法规。财务管理可以确保机构的财务记录准确完整、报告透明可信、合规性得到有效维护,从而提高了机构的信誉度和可信度。

最后,财务管理在公共文化行业中对于决策和战略规划的支持至关重要。通过财务数据分析和报告,公共文化机构可以评估项目的经济效益、市场表现和风险状况,为决策者提供重要的决策依据和战略指导。财务管理可以帮助机构制定合理的财务目标和策略,优化资源配置,实现经济效益最大化。

财务管理在公共文化行业中具有重要性,它对于资金管理、项目可行性、财务透明度和合规性以及对决策和战略规划的支持都起着关键作用。公共文化机构应注重建立健全的财务管理体系,以保持良好的财务状况和实现可持续发展。

16.3.2 公共文化行业的科技驱动的财务管理工具与实践

公共文化行业可以借助科技驱动的财务管理工具来提升财务管理效率和质量。这些工具结合公共文化行业的特点和需求,帮助机构实现更好的财务管理实践。

一种常见的科技驱动的财务管理工具是财务管理软件和系统。这些软件和系统可以自动地采集、处理和分析财务数据,提供全面的财务管理功能,如会计核算、成本控制、预算管理、报表生成等。通过财务管理软件和系统,公共文化机构可以实现财务数据实时监控和分析,减少手工操作和人为错误,提高财务数据的准确性和可靠性。

另一个科技驱动的财务管理工具是电子支付和结算系统。公共文化行业涉及票务销售、场馆租赁、艺术品销售等交易活动。电子支付和结算系统可以提供便捷的支付方式和结算渠道,加快资金流转速度,降低支付成本,提升交易效率。同时,这些系统也可以帮助机构实现对资金流动的实时监控和管理,提高财务风险的控制能力。

还有一种科技驱动的财务管理工具是数据分析和预测工具。公共文化行业涉及大量的财务数据,如门票销售数据、参观人数数据、艺术品价值数据等。通过数据分析和预测工具,机构可以对财务数据进行深入的挖掘和分析,发现隐藏的关联性和趋势,提供决策支持和战略规划。这些工具可以帮助机构更好地了解市场需求、优化项目投资、预测财务绩效等。

此外,公共文化行业还可以借助云计算和大数据技术来支持财务管理。云计算可以提供强大的计算和存储能力,帮助机构存储和管理大量的财务数据。大数据技术可以对海量的财务数据进行分析和挖掘,发现潜在的商机和风险。这些技术可以提供高效的数据处理

第16章 公共文化行业:科技驱动下的文化传播革新与财务管理创新

和分析能力,帮助机构更好地进行财务管理和决策。

公共文化行业可以借助科技驱动的财务管理工具来提升财务管理效率和质量。财务管理软件和系统、电子支付和结算系统、数据分析和预测工具以及云计算和大数据技术都可以紧密结合公共文化行业的特点和需求,为机构提供更好的财务管理。这些工具将有效支持公共文化机构的财务决策和管理,促进其可持续发展。

16.3.3 财务管理创新对公共文化行业的影响与成效

财务管理创新对公共文化行业具有重要的影响和成效。

资金管理与筹措优化:财务管理创新可以帮助公共文化机构优化资金管理和筹措过程,提高资金利用效率。通过数字化的财务系统和支付平台,机构可以实现资金流动实时监控和管理,合理规划资金使用和投资,提高资金回收和利用效益。同时,通过财务数据分析和预测,可以优化资金筹措策略,减少资金缺口,提高机构的财务稳定性。

成本控制与效益优化:财务管理创新可以帮助公共文化机构实现成本精确控制和效益优化。通过财务数据分析和管理,机构可以清晰了解各项活动的成本结构和效益情况,识别成本高、效益低的环节,进行有针对性的优化和调整。同时,通过财务管理软件和系统,可以实现成本数据实时记录和分析,帮助机构实施精细化的成本管理和预算控制,提高经济效益。

决策支持与战略规划:财务管理创新可以提供准确、及时和全面的财务信息和数据分析,为公共文化机构的决策制定和战略规划提供有力支持。通过财务数据分析,机构可以了解不同项目和活动的盈利能力和风险状况,为决策者提供科学依据。同时,财务管理创新还可以通过预测和模拟分析,帮助机构制定长期战略规划,优化资源配置,实现可持续发展。

透明度与合规性提升:财务管理创新可以提升公共文化机构的财务透明度和合规性。通过数字化财务系统和报告工具,机构可以实现财务数据全面记录和披露,提高信息透明度,增强利益相关方的信任。同时,财务管理创新也可以帮助机构确保财务操作的合规性,遵守相关法规和规范,减少违规风险,维护机构的声誉和形象。

财务管理创新对公共文化行业具有重要的影响与成效。通过优化资金管理与筹措、成本控制与效益优化、决策支持与战略规划以及透明度与合规性提升,财务管理创新能够提升公共文化机构的财务稳定性、经济效益和可持续发展能力。

16.4 科技驱动的文化创意产业发展

16.4.1 文化创意产业的概念与重要性

文化创意产业是指以文化、艺术、创意和知识为核心内容,通过创意设计、创新生产和创意营销等活动,创造并提供具有独特文化价值和市场竞争力的产品和服务的产业领域,它涵盖了文化艺术、设计、娱乐、传媒、数字内容、手工艺、时尚、文化旅游等多个领域。

文化创意产业具有重要的经济和社会价值。

1. 推动经济增长

文化创意产业作为新兴产业，具有巨大的经济增长潜力。它可以创造就业机会，提高就业率和劳动生产率，促进经济发展和增加税收收入。同时，文化创意产品和服务创新和差异化也可以提高企业的市场竞争力，推动产业结构升级和经济转型。

2. 促进文化传承与创新

文化创意产业能够传承和弘扬传统文化，保护和发展民族文化遗产，推动文化多样性和文化交流。同时，它也鼓励创新和创意表达，促进新思想、新理念和新艺术形式涌现，推动文化创新与文化产业融合。

3. 增强城市形象与吸引力

文化创意产业对于城市的形象建设和旅游吸引力具有重要作用。通过文化创意活动和产品呈现，可以打造独特的城市文化氛围和品牌形象，吸引游客和投资者，促进城市的经济繁荣和社会发展。

4. 推进社会发展与社区融合

文化创意产业在社会发展和社区融合方面发挥积极作用。它可以促进社会创新和社区发展，改善居民生活质量，提升社会凝聚力和社区认同感。同时，文化创意产业也提供了许多社会参与和文化交流的机会，推动社会文化多元化和增强文化包容性。

文化创意产业在经济、社会和文化方面具有重要的意义和影响，对于推动经济增长、文化传承、城市发展和社会进步具有重要推动作用。

16.4.2 科技对文化创意产业的推动作用

科技在文化创意产业中扮演着重要的推动作用。

1. 创意创新

科技为文化创意产业提供了广阔的创意创新空间。数字技术、虚拟现实、增强现实等新兴技术为艺术家和设计师提供了新的表达手段和创作工具。通过科技应用，创作者可以更加自由地表达自己的创意想法，实现更加独特和多样化的创意产出。

2. 内容生产与传播

科技驱动了文化创意产业内容生产和传播方式转变。互联网、社交媒体和数字平台使得文化创意内容可以更快速、更广泛的传播。通过数字化技术和在线平台，创作者可以将自己的作品呈现给更多的观众和用户，实现内容全球化传播和变现。

3. 个性化定制

科技为文化创意产业的产品和服务提供了个性化定制的可能性。通过大数据分析和人工智能等技术，企业可以更好地了解消费者的需求和偏好，实现精准的产品定制和服务提供。这种个性化定制模式可以满足消费者多样化的需求，提高用户体验和满意度。

4. 交互体验

科技应用为文化创意产业提供了更丰富、更互动的用户体验。虚拟现实、增强现实、全息技术等创新技术使得用户可以与文化创意内容进行互动和参与，融入其中，增强沉浸感和参与感。这种交互体验模式不仅提升了用户的参与度和忠诚度,也为文化创意产业带来了更多的商机和市场空间。

5. 数据驱动决策

科技发展为文化创意产业提供了更多的数据驱动决策支持。通过大数据分析和智能算法,企业可以对用户行为、市场趋势和竞争情况进行深入分析,从而进行精细化运营和决策。这种数据驱动的决策模式可以帮助企业更准确地把握市场需求和趋势,提高业务的效率和盈利能力。

科技对文化创意产业具有重要的推动作用,从创意创新、内容生产与传播、个性化定制、交互体验到数据驱动决策,科技应用不断拓展了文化创意产业的发展空间,推动行业创新和变革。

16.4.3 成功的科技驱动文化创意产业案例

1. 数字图书馆:中国国家图书馆的数字化转型和数字图书馆建设

中国国家图书馆是中国最大的图书馆和国家级综合性图书情报中心,承载着国家图书资源收集、保护和传播任务。随着信息技术的快速发展,中国国家图书馆积极进行数字化转型,推动数字图书馆建设,以适应数字时代的信息需求和读者服务。

中国国家图书馆的数字化转型包括多个方面的工作,如数字化馆藏资源建设、数字阅读服务平台建设、数字文献资源开放共享等。

数字化馆藏资源建设:将馆藏的图书、期刊、报纸等纸质文献进行数字化处理,通过数字化技术将其转化为电子文档形式。采用高效的数字扫描设备和图像处理技术,实现大规模文献数字化处理。建立数字化的存储系统和文献检索平台,使用户可以通过网络访问和检索数字化的馆藏资源。

数字阅读服务平台建设:开发和运营数字阅读服务平台,为读者提供在线阅读、下载和分享数字图书、期刊和报纸等资源。提供个性化的阅读推荐功能,根据用户的兴趣和偏好,推荐相关的数字化资源。实现跨平台和多终端访问,使读者可以在电脑、手机、平板等设备上畅享数字阅读体验。

数字文献资源开放共享:通过建立数字化的文献资源共享平台,与其他图书馆、学术机构和出版社合作,共享数字化的文献资源。提供开放获取的数字图书、期刊和学术论文,促进学术交流和科研合作。开展数字文献资源的版权管理和授权服务,确保数字化的资源合法使用和传播。

中国国家图书馆的数字化转型和数字图书馆建设对公众阅读和文化传播产生了积极的影响和意义,提供了更加便捷和广泛的图书馆资源访问方式,满足了读者多样化的阅读需求;促进了图书馆资源数字化保护和保存,确保了文献资源长期可持续性;通过数字化技术,加强了图书馆与读者之间的互动和交流,提高了读者参与度和满意度;推动了数字出版业发展,促进了中国国家图书馆在数字图书馆和数字文献资源方面的国际合作和交流。

中国国家图书馆的数字化转型和数字图书馆建设是中国公共文化行业中典型的科技驱动案例之一。通过数字化处理馆藏资源、建设数字阅读服务平台和推动数字文献资源共享,中国国家图书馆提供了更加便捷和广泛的图书馆资源访问方式,促进了公众阅读和文化传播。这一案例展示了数字技术在文化行业中的应用和推动作用,对其他公共文化机构的数字化转型和发展具有借鉴意义。

2. 数字博物馆:故宫博物院的数字博物馆项目及其数字化展览

故宫博物院是中国最著名的博物馆之一,拥有丰富的文化和历史遗产。为了推动文化遗产数字化传播和提升观众体验,故宫博物院积极建设数字博物馆项目,利用科技手段实现文物数字化展示和互动体验,概念图如图16.1所示。

图 16.1　数字博物馆

故宫博物院的数字博物馆项目主要包括以下内容:

文物数字化展示:利用高精度的数字扫描技术和三维重建技术,将故宫博物院的文物进行数字化处理和重建。建立数字化的文物数据库,包含了大量的数字化的文物图像、视频和文字介绍。通过数字展示设备和平台,使观众可以在虚拟环境中欣赏文物的精美细节,了解文物的历史背景和文化价值。

虚拟参观体验:利用虚拟现实和增强现实技术,为观众提供身临其境的虚拟参观体验。观众可以通过VR头盔或智能手机等设备,进入虚拟故宫的空间,自由探索各个展厅和展品。AR技术还可以在实际场景中叠加虚拟信息,为观众提供更丰富的文物解读和互动体验。

在线展览和教育活动:建立数字博物馆的在线展览平台,为观众提供远程参观和学习的机会。通过网络直播、在线讲座和互动活动,加强观众与博物馆之间的沟通和交流。提供在线教育资源,为学校和教育机构提供数字化的教学内容,推动文化教育普及和创新。

故宫博物院的数字博物馆项目及其数字化展览对公众文化教育和传承产生了积极的影响和意义,提供了更广泛和便捷的文物欣赏和学习方式,打破了时间和空间的限制;通过数字化展示和互动体验,增强了观众的参与感和沉浸式体验;加强了文化遗产保护和传承,促进了文化多元化交流和理解;推动了博物馆数字化转型和创新,引领了公共文化行业科技发展和变革。

故宫博物院的数字博物馆项目是中国公共文化行业中典型的科技驱动案例之一,展示了数字技术在博物馆领域的应用和推动作用。这一案例对其他博物馆和文化机构进行数字化展示和创新提供了借鉴和启示,促进了公共文化行业可持续发展和传承。

3. 在线音乐平台：网易云音乐的在线音乐平台

网易云音乐是中国知名的在线音乐平台，由网易公司开发和运营。自2013年上线以来，它成为中国最受欢迎和使用最广泛的音乐平台之一，为用户提供了丰富的音乐资源和个性化的推荐服务。

网易云音乐的成功得益于以下几个关键因素：

多样化的音乐内容：网易云音乐汇集了丰富的音乐资源，包括国内外各类音乐风格和流派的歌曲，满足了用户对多样化音乐的需求。平台与众多音乐公司和独立音乐人合作，提供了大量原创音乐作品，推动了音乐创作发展和推广。

个性化的推荐服务：网易云音乐通过智能算法和数据分析技术，为用户提供个性化的音乐推荐和定制化的播放列表。根据用户的音乐偏好、历史播放记录和社交互动等信息，精准地推荐符合用户口味的音乐内容，提升了用户体验和参与度。

社交互动与用户参与：平台注重社交功能的打造，用户可以互相关注、评论、分享音乐，并与喜爱的音乐人和其他音乐爱好者进行互动。用户可以创建和参与不同主题的音乐社区，分享音乐心情和观点，加强了用户之间的互动和共同体感。

科技驱动和创新：网易云音乐不断引入新的科技和创新，如人工智能和机器学习等技术，提升音乐推荐和搜索的精准度和效果。平台还通过虚拟现实和增强现实等技术，为用户带来更加沉浸式的音乐体验。

网易云音乐作为中国最受欢迎的在线音乐平台，在公共文化行业和音乐产业方面产生了重要的影响和意义，推动了中国在线音乐产业发展，为音乐人提供了更广泛的展示平台和商业机会；通过个性化的推荐和社交互动功能，加强了音乐爱好者之间的联系和共同体感，推动了音乐文化传播和交流；通过技术创新和数据分析，提升了音乐服务的质量和用户体验，满足了用户对音乐的多样化需求；在国际市场上，网易云音乐的成功也提升了中国音乐文化在全球范围的影响力和认可度。

网易云音乐作为中国最受欢迎的在线音乐平台，通过丰富的音乐内容、个性化的推荐服务、社交互动和科技驱动等方面的创新，对公共文化行业和音乐产业产生了重要影响，推动了音乐文化发展和传播。

4. 文化创意产品：以中国传统文化为主题的福娃系列文化衍生品

福娃系列文化衍生品是一系列以中国传统文化为主题的创意产品，通过将传统文化元素与现代设计相结合，展现了丰富多样的中国文化。这一系列产品以福娃为形象代表，以其可爱的造型和寓意深远的符号，成功赢得了广泛的市场认可和消费者的喜爱。

福娃系列文化衍生品以中国传统文化为核心，将中国的民间传说、神话故事、历史人物等文化元素融入产品设计中。它们的特点包括：

传承传统文化：福娃系列文化衍生品通过独特的造型和细节，展现了中国传统文化的精髓和特色，如中国的十二生肖、民间故事中的神仙、历史人物等。这些产品向人们传达了对传统文化的尊重和珍视，促进了传统文化传承和弘扬。

创意设计与现代表达：福娃系列文化衍生品在传统文化基础上进行了创意设计和现代表达，注重将传统元素与现代审美相结合，使产品更具时尚和吸引力。这些产品以可爱、精致的造型和色彩，吸引了大量消费者特别是年轻一代的喜爱和追捧。

多元化产品形式：福娃系列文化衍生品包括玩偶、饰品、文具、服装等多种形式，丰富了产品选择和应用场景。这些产品不仅适合个人收藏和礼品赠送,还可以作为旅游纪念品、文化礼品等,为人们提供了展示和传播中国传统文化的方式。

福娃系列文化衍生品对公共文化行业和文化创意产业产生了重要影响,弘扬了中国传统文化,提升了人们对传统文化的认知和理解;促进了文化创意产业发展和创新,推动了中国文化产品在国内外市场的推广;增加了公共文化产品的多样性和艺术性,丰富了人们的文化消费体验;增强了国家文化自信和文化软实力提升,为中华文化在国际舞台上的影响力贡献力量。

福娃系列文化衍生品作为以中国传统文化为主题的文化创意产品,通过创意设计和现代表达方式,成功传递了中国传统文化的魅力和价值,对公共文化行业和文化创意产业产生了重要影响。

5. 虚拟现实影院:中国首家虚拟现实影院建设和运营案例

中国首家虚拟现实影院是一种基于虚拟现实技术的全新影视观影体验场所,通过高科技设备,使观众能够身临其境地参与到电影或游戏场景中,为观众提供了前所未有的沉浸式影视体验,带来了全新的观影方式和娱乐体验。

中国首家虚拟现实影院建设和运营案例,涉及以下方面:

建设与设备:虚拟现实影院采用了最先进的虚拟现实技术设备,包括头戴式显示器、体感设备、手柄等,以提供逼真的视觉和身临其境的感受。影院设计与装修考虑到虚拟现实体验的要求,提供了宽敞的空间和舒适的座椅,以确保观众能够自由移动并享受全方位的观影体验。

影片和内容:虚拟现实影院播放丰富多样的虚拟现实影片和游戏内容,包括科幻、冒险、惊悚等不同类型,满足观众的不同需求和兴趣。影院还与游戏开发商、影视制作公司等合作,推出独家定制的虚拟现实内容,增加观众的参与度和独特体验。

运营和体验:影院通过线上预约和购票系统,提供便捷的预订服务,确保观众能够准时体验虚拟现实影片。影院设有专业的工作人员提供指导和帮助,确保观众能够正确佩戴设备、理解使用方法,并获得最佳的观影体验。

中国首家虚拟现实影院建设和运营对公共文化行业和电影产业产生了重要影响,提供了一种全新的影视观影体验,丰富了观众的娱乐选择,推动了电影观影方式创新;拓展了文化娱乐产业的发展空间,激发了虚拟现实技术应用和创新;促进了文化创意产业与科技产业融合,推动了虚拟现实技术在影视领域的发展和应用。

中国首家虚拟现实影院建设和运营为观众带来了全新的沉浸式观影体验,同时也推动了公共文化行业和文化创意产业发展与创新。

6. 科技驱动的舞台剧:上海迪士尼度假区的科技驱动舞台剧《狮子王》

《狮子王》是一部享誉全球的经典舞台剧,而上海迪士尼度假区的科技驱动舞台剧《狮子王》通过创新的舞台技术和特效,将这部经典故事呈现给观众。这一科技驱动的舞台剧展示了在公共文化行业中科技的重要作用和影响。

上海迪士尼度假区的科技驱动舞台剧《狮子王》采用了多种创新科技和特效,以打造一个逼真、动态且令人惊叹的舞台表演。

虚拟现实技术:通过虚拟现实技术,演员们在舞台上穿戴特殊设备,将他们的动作实时转化为虚拟角色的动作,使得观众可以看到动物角色以更真实的方式出现在舞台上。

3D投影技术:利用3D投影技术,舞台上的背景和道具可以呈现出逼真的效果,创造出令人目眩神迷的舞台氛围。

光影交互技术:通过光影交互技术,演员与舞台上的投影进行互动,营造出与观众沉浸式互动的场景,增强观众的参与感。

上海迪士尼度假区的科技驱动舞台剧《狮子王》具有重要影响和意义,提升观众体验,利用科技手段,舞台剧《狮子王》为观众创造了更加逼真、震撼的舞台表演,提升了观众的观赏体验和参与感;推动文化传播,科技驱动的舞台剧吸引了大量观众,将《狮子王》这一经典故事传播到更广泛的群体中,促进了文化传承与推广;创新文化创意产业,上海迪士尼度假区的科技驱动舞台剧《狮子王》融合了科技与艺术,推动了文化创意产业创新发展,为公共文化行业注入新的活力。

上海迪士尼度假区的科技驱动舞台剧《狮子王》通过创新的科技手段和特效,为观众呈现了一场视听盛宴,同时也在公共文化行业中展示了科技在舞台表演中的重要作用和影响。

7. 文化创意旅游:西安大唐不夜城数字化和创意融合旅游项目

首先,依托超级IP,打造新IP。大唐不夜城(见图16.2)通过对传统文化的创新挖掘,培育出独特的行为艺术表演,如"不倒翁小姐姐",并借助网络平台实现裂变传播,形成了新的IP。这样的创新推动了文化创意产业发展,吸引了更多年轻游客关注和参与其中。

其次,打造顶级的体验式旅游。大唐不夜城汇集了创意表演、歌手驻演和网红景点等元素,满足了年轻游客对于体验式旅游的需求。通过与社交媒体结合,吸引了大量年轻人前来拍摄、分享和传播,提升了景区的知名度和吸引力。

再次,发挥个体最大化价值。大唐不夜城注重培养和展示个体表演项目,这些表演更年轻、更具传播性,适应了当下社交媒体时代的趋势。通过抖音等自媒体平台传播,这些表演项目获得了更广泛的认可和关注,进一步提升了景区的吸引力和知名度。

最后,文旅反哺商业。大唐不夜城采用了大盒子综合体商业模式,引入大众化、年轻化和专业化的商业配套,为游客提供了多样化的服务和消费体验。通过吸引顶级流量和提供高品质服务,实现了文旅项目变现,将文化创意与商业结合起来,推动了当地经济发展。

以西安大唐不夜城为例的文化创意旅游项目,通过数字化和创意融合、打造新IP、体验式旅游、个体最大化价值和文旅反哺商业等方面的创新实践,成功推动了文化创意产业发展,提升了旅游体验和经济效益。

图16.2 西安大唐不夜城

16.5 公共文化行业的数字化管理与大数据应用

16.5.1 数字化的管理系统在公共文化行业中的应用

数字化的管理系统在公共文化行业中的应用具有重要意义,可以提升管理效率、优化资源配置和提供更好的服务体验。

首先,数字化的管理系统可以帮助公共文化机构实现管理信息化。通过建立集中的数据库和信息系统,机构可以更方便地管理和查找相关数据,包括展览信息、艺术品档案、参观者数据等。这样可以提高信息的准确性和可靠性,支持机构的决策和运营管理。

其次,数字化的管理系统可以协助公共文化机构进行资源管理和调配。通过系统的数据分析功能,机构可以了解不同资源的利用情况,如展览场地、文物馆藏、人力资源等,从而进行合理的规划和配置。这有助于提高资源的利用率和经济效益,同时也能够更好地满足公众的需求。

再次,数字化的管理系统还可以提升公共文化机构的服务水平。通过系统的预约管理功能,机构可以更加高效地安排参观者的时间和流量,减少排队等待时间,提供更好的参观体验。同时,系统也可以支持在线购票、导览服务、互动展示等功能,增加参观者的参与度和满意度。

最后,数字化的管理系统还可以加强公共文化机构与公众之间的互动与沟通。通过建立电子平台、社交媒体等渠道,机构可以与公众进行在线互动、发布活动信息、收集反馈意见等。这有助于增强机构与公众的关系,提升机构的品牌形象和社会影响力。

数字化的管理系统在公共文化行业中的应用能够提升管理效率、优化资源配置和提供更好的服务体验。通过数字化管理,公共文化机构可以更好地管理和运营,满足公众的需求,促进文化产业发展。

16.5.2 大数据在公共文化行业的应用与效益

大数据在公共文化行业具有广泛的应用前景,可以为机构提供深入的数据分析和洞察,以实现更有效的运营和管理,并提供更优质的文化服务。

首先,大数据在公共文化行业的应用可以帮助机构了解用户需求和行为。通过收集和分析大规模的用户数据,包括参观者数量、参观时间、参观路线、兴趣偏好等,机构可以深入了解用户的需求和行为模式。这可以帮助机构准确把握用户需求,优化展览策划和文化活动安排,提供更符合用户期待的服务。

其次,大数据可以为文化行业提供市场洞察和趋势分析。通过对大数据进行挖掘和分析,机构可以获取更全面的市场信息,包括用户画像、市场规模、竞争情况等。这有助于机构制定更具针对性的市场营销策略,发现潜在的市场机会,预测市场趋势,并及时调整运营策略,提高文化项目的成功率和市场竞争力。

再次,大数据在公共文化行业中的应用还可以支持决策制定和资源配置。通过对大数据进行分析和模拟,机构可以进行精准的资源规划和预测,包括展览场地利用、文物馆藏保管与展示、人力资源配置等。这可以帮助机构合理分配资源,提高资源利用效率,降低成本,实现经济效益最大化。

最后,大数据应用还可以改进文化服务体验。通过对大数据的分析,机构可以实现个性化的推荐服务,根据用户的兴趣和偏好,提供个性化的参观路线、讲解服务、文化产品推荐等,提高用户的满意度和参与度。同时,大数据应用还可以帮助机构提供更智能化的服务,如自助导览、虚拟展览等,为用户带来更多元化和富有互动性的体验。

大数据在公共文化行业的应用具有重要意义,可以帮助机构了解用户需求和行为、提供市场洞察和趋势分析、支持决策制定和资源配置,并改进文化服务体验。通过充分发挥大数据的优势,公共文化机构可以更好地满足公众需求,提升文化服务质量,推动文化产业发展。

16.5.3　数字化管理与大数据对公共文化行业的影响与未来发展

数字化管理和大数据对公共文化行业的影响和未来发展是不可忽视的,它们为公共文化机构提供了更高效、智能和创新的运营和管理手段,推动了行业发展和变革。

首先,数字化管理和大数据使得公共文化机构能够更好地管理和利用自身的资源。通过数字化的管理系统,机构可以实现对文物、展览、活动等资源的全面管理和调度。同时,大数据分析和挖掘可以帮助机构深入了解资源的价值和潜力,优化资源利用和配置,提升资源的价值和效益。

其次,数字化管理和大数据提供了更全面和精准的用户数据及市场洞察。机构可以通过数字化的平台收集用户的行为数据和反馈意见,了解用户的需求和偏好。同时,大数据分析可以揭示用户群体的特征和行为模式,为机构制定精准的市场推广和服务策略提供支持。这有助于提高用户满意度,增加参观和使用频次,并吸引更多的观众和用户参与文化活动。

再次,数字化管理和大数据还推动了公共文化行业创新和内容生产。数字化的工具和平台使得文化机构可以更便捷地开展创意和内容制作及发布。机构可以通过数字媒体和社交平台推广文化活动和展览,与观众和用户进行互动。同时,大数据的分析和预测能力可以帮助机构把握文化市场的趋势和用户的需求,提供更多样化、个性化的文化产品和体验。

最后,在未来发展方面,数字化管理和大数据在公共文化行业中将发挥更重要的作用。随着技术的不断进步和数据资源的不断积累,机构将能够更加深入地理解用户和市场,提供更优质的文化服务。同时,数字化技术应用也将推动公共文化行业与其他行业融合和创新,如数字艺术、虚拟现实等领域,将为观众和用户带来更丰富多样的文化体验。

数字化管理和大数据对公共文化行业产生了深远的影响,提升了机构的管理效率和服务质量,推动了文化创新和内容生产。随着科技的不断发展,数字化管理和大数据在公共文化行业中的应用将更加广泛和深入,为行业未来发展带来更多机遇和挑战。

16.6 公共文化行业的财务可持续发展与创新模式

16.6.1 可持续财务管理在公共文化行业中的重要性

可持续财务管理在公共文化行业中具有重要性，它对于机构长期发展、资源合理利用和财务稳定都起着关键作用。

首先，可持续财务管理有助于机构实现财务稳定和可持续发展。公共文化机构通常依赖于政府拨款、票务收入和赞助等而获取运营所需资金。通过建立健全的财务管理体系，机构能够合理规划和管理财务资源，确保资金有效使用和收支平衡。同时，通过制定长远的财务目标和策略，机构能够稳定财务状况，降低财务风险，为长期发展打下坚实基础。

其次，可持续财务管理有助于优化资源配置和提升效益。公共文化机构拥有众多的文物、展览、演出等资源，通过合理的财务管理，机构可以对资源进行全面的评估和分析，优化资源配置和利用效率。同时，通过财务数据分析和监控，机构能够及时发现和解决资源浪费和效益低下的问题，提高资源利用效益，实现更好的经济效益和社会效益。

最后，可持续财务管理有助于机构实现社会责任和可持续发展目标。公共文化机构在提供文化服务的同时，也承担着保护文化遗产、促进文化多样性和可持续发展的责任。通过可持续财务管理，机构能够更好地追踪和评估自身的社会和环境影响，制定相应的可持续发展策略，并将其纳入财务规划和决策中。这有助于机构在财务管理的同时，推动实现社会责任和可持续发展目标。

可持续财务管理在公共文化行业中具有重要性，它能够帮助机构实现财务稳定和可持续发展，优化资源配置和提升效益，同时推动社会责任和可持续发展目标实现。通过建立健全的财务管理体系和制定长远的财务策略，公共文化机构能够更好地履行自身的使命，为社会提供丰富多样的文化服务。

16.6.2 公共文化行业的创新财务模式探索与实践

为了适应行业发展和社会需求的变化，公共文化行业需要探索新的财务模式以实现财务可持续性和创新发展。

一种创新的财务模式是多元化的资金筹措方式。传统的公共文化机构主要依靠政府拨款和票务收入，但这些资金来源可能受限，难以满足机构的需求。因此，机构可以积极探索多元化的资金筹措方式，如与企业合作开展赞助及合作项目、发行文化衍生品、开展文化旅游等，以拓宽财务来源，增加收入。

另一种创新的财务模式是社会资本参与和社区支持。公共文化机构可以积极吸引社会资本参与,例如与民间企业合作进行文化项目开发、吸引社会投资和捐赠、建立文化基金会等。同时,机构还可以与社区进行紧密合作,发掘社区资源,获得社区支持,共同筹集资金和参与文化项目推进,实现共赢发展。

此外,数字化和互联网技术应用也为公共文化行业创新财务模式提供了新的可能性。通过建立数字平台和在线渠道,机构可以开展线上文化产品和服务销售、提供会员制度和订阅模式,拓展收入来源。同时,数字化还可以帮助机构实现财务数据的精确分析和预测,提升财务管理效率和决策能力。

除了以上的创新财务模式,公共文化行业还可以积极探索其他适应行业发展和社会需求的财务模式,如文化投资基金、文化产业园区等。这些创新财务模式探索和实践将为公共文化行业带来新的机遇和发展空间,促进行业创新发展和可持续经营。

公共文化行业的创新财务模式探索与实践是为了适应行业发展和社会需求的变化,通过多元化的资金筹措方式、社会资本参与和社区支持、数字化和互联网技术应用等,实现财务可持续性和创新发展。这将为公共文化机构带来更多的发展机遇,推动行业创新和进步。

16.6.3 财务可持续发展对公共文化行业的影响与启示

1. 维持稳定的财务状况

财务可持续发展要求公共文化机构保持稳定的财务状况,避免财务危机和资金链断裂对文化项目的影响。通过合理的财务规划和管理,机构可以确保收入与支出平衡,保持财务稳定,为文化项目的顺利运营提供保障。

2. 多元化的收入来源

财务可持续发展鼓励公共文化机构探索多元化的收入来源,减少对单一资金来源的依赖。机构可以通过积极开展商业合作、发展文化衍生品、开展文化旅游等方式,拓宽收入渠道,提高财务的稳定性和可持续性。

3. 高效的财务管理和资源配置

财务可持续发展要求公共文化机构进行高效的财务管理,合理配置资源和资金,提高资源利用效率和财务回报率。机构可以借助数字化技术和财务管理系统,实现财务数据准确分析和预测,优化资源配置,提升运营效率。

4. 长期规划和投资

财务可持续发展鼓励公共文化机构进行长期规划和投资,注重长远发展和价值创造。机构可以制定长期的财务目标和计划,进行合理的投资和资金配置,促进文化项目创新和持续发展。

5. 透明度和责任

财务可持续发展要求公共文化机构保持透明和承担责任,建立健全的财务管理制度和监督机制,确保财务决策的合规性和透明性。机构应主动向公众和利益相关者公开财务信息,增加信任度和社会认可度。

财务可持续发展对公共文化行业的影响提醒机构重视财务管理和创新,建立健全的财务体系,探索多元化的收入来源,高效运用财务资源,注重长期规划和投资,并加强透明度和责任感。这将有助于实现公共文化机构可持续发展,推动文化事业繁荣和实现社会价值。

思考题

1. 在科技驱动的公共文化行业中,如何通过财务管理手段优化资源配置,提高文化传播活动的效益和影响力?

2. 公共文化机构如何运用财务规划和预算控制来保障文化项目可持续发展,实现公共利益最大化?

3. 在科技引领的文化传播行业中,如何利用财务数据分析和预测,为文化机构决策提供有效支持和指导?

4. 如何运用财务管理原理和工具,促进文化传播产业链协同发展,推动整个行业可持续发展?

研究方向

1. 科技驱动的文化传播创新:研究新兴技术对文化传播的影响,如社交媒体、数字平台、虚拟现实等,探索创新的文化传播方式和工具应用。

2. 公共文化政策与管理:研究公共文化机构的组织管理、政策制定与执行,关注文化政策对社会、教育和经济发展的影响。

3. 文化价值评估与效益分析:研究文化传播活动的价值评估方法和指标体系,探索文化传播对社会和个体的影响及其经济效益分析。

4. 文化产业创新与创业:研究文化创意产业的发展趋势和商业模式创新,探索文化产业创业者的创新策略和经营模式。

第三篇
科技转型与企业
管理和财务管理
的未来前景

第三篇将关注科技转型对企业管理和财务管理的影响以及未来的前景。这一篇章涵盖第 17 章至第 19 章。

第 17 章详细探讨了中国企业面临的科技转型压力和机遇。该章介绍了中国企业科技转型的主要方式与路径,并分析了当前的科技转型现状和未来趋势。此外,该章还讨论了科技转型对企业管理和财务管理的影响,包括数据驱动决策、灵活的组织结构、创新和创业精神以及客户体验和个性化服务等方面。

第 18 章聚焦人工智能和大数据与机器学习对企业管理和财务管理的影响。该章介绍了人工智能技术的发展趋势,并探讨了人工智能在企业管理和财务管理中的应用和效果评估。此外,该章还探讨了大数据与机器学习技术及其发展趋势,并分析了它们在企业管理和财务管理中的应用案例和效果评估。

第 19 章对全书的内容进行总结,并展望了在科技驱动下企业管理和财务管理的未来。该章讨论了科技如何塑造企业的未来形态,推动企业创新与转型以及影响企业的竞争力与长期发展。此外,该章提供了为科技驱动的企业未来做准备的建议,并探讨了科技创新与企业文化融合。最后,该章总结了科技对企业的影响与启示,并呼吁每个人为走向科技驱动的未来贡献力量。

第三篇全面探讨了科技转型下企业管理和财务管理的未来前景。通过对科技转型的深入分析和案例研究,读者可以了解科技转型对企业的重要性和影响,并获得为未来做好准备的实用建议。这一篇将为企业管理者、研究人员和创业者提供有价值的见解和指导,帮助他们把握科技驱动的未来趋势,实现企业持续成功和发展。

第 17 章　科技转型对现代中国企业的意义

本章旨在探讨科技转型对中国企业的重要性和影响。在当今全球竞争激烈的商业环境中,中国企业面临着不断变化的市场需求、技术竞争压力以及产业升级的迫切需求。因此,科技转型成为中国企业实现可持续发展和保持竞争优势的关键。

这一章将首先介绍中国企业面临的科技转型压力与机遇。我们将探讨技术竞争压力、市场需求变化、产业升级需求、人才需求与技能缺口等因素对企业的影响。同时,我们也将着眼于科技转型带来的创新发展和新兴市场拓展的机遇,以及提升效率和降低成本、跨界合作与创新等方面的机遇。

其次,我们将深入探讨中国企业科技转型的主要方式与路径。通过技术引进与合作、自主研发与创新、数字化转型、跨界融合与创新、人才培养与引进、国际合作与开放创新等途径,中国企业可以实现科技转型并提升自身竞争力。

再次,在对中国企业科技转型的现状与未来趋势进行分析后,本章将进一步探讨科技转型对企业管理和财务的影响。我们将讨论科技转型如何改变企业的管理方式,包括数据驱动决策、灵活的组织结构、创新和创业精神、客户体验和个性化服务以及效率和生产力提升。同时,我们也将探讨科技转型如何改变财务管理,包括自动化与数字化、数据驱动决策、实时监控和风险管理、创新的财务工具和服务以及跨部门合作与信息共享等方面的影响。

最后,我们将通过分析中国企业科技转型的成功案例,如智能制造、科技转型、电子商务、人工智能、绿色能源、物联网等领域的企业,以及人才培养和数字博物馆等方面的案例,来深入了解科技转型过程中的挑战与应对策略。这些案例将为读者提供宝贵的启示,帮助他们在实施科技转型时更加成功。

通过阅读本章,读者将了解科技转型对现代中国企业的重要意义,并获得在科技驱动的商业环境中保持竞争优势的关键策略和实践方法。无论是企业管理者、决策者还是对科技转型感兴趣的读者,都将从本章中获得有价值的见解和指导。

17.1 中国企业的科技转型趋势

17.1.1 中国企业面临的科技转型压力与机遇

中国企业在科技转型中面临着压力。

（1）技术竞争压力

随着全球科技竞争的加剧，中国企业面临来自国内外竞争对手的技术挑战。如果不能及时进行科技转型，企业可能会失去市场份额和竞争优势。

（2）市场需求变化

随着消费者需求和市场环境的不断变化，传统业务模式和产品可能无法满足新的市场需求。科技转型能够帮助企业拓展新的业务领域，满足市场需求。

（3）产业升级需求

中国政府鼓励产业升级和创新发展，推动企业向高端制造、智能制造、绿色可持续发展等领域转型。企业需要面对升级转型的压力，以适应政策和市场变化。

（4）人才需求与技能缺口

科技转型需要具备相关技术和创新能力的人才，但中国企业在某些领域可能存在人才短缺和技能缺口。企业需要加强人才引进和培养，提升科技创新能力。

与压力相对应的是科技转型带来的机遇。

（1）创新发展

科技转型为企业提供了创新发展的机遇。通过引入新技术、改进产品和服务，企业能够满足不断变化的市场需求，提升竞争力和盈利能力。

（2）新兴市场拓展

科技转型使得企业可以进军新兴市场。随着科技进步和数字化浪潮的发展，新兴市场如人工智能、物联网、区块链等领域涌现出新的商机，企业通过科技转型能够抓住这些机会。

（3）提升效率和降低成本

科技转型能够提升企业的生产效率、管理效率和资源利用效率，降低生产成本和运营成本，提高企业的竞争力和盈利能力。

（4）跨界合作与创新

科技转型促进了不同行业之间的合作与创新。通过跨界合作，企业可以共享资源、共同创新，实现优势互补，提升创新能力和市场竞争力。

中国企业在面临科技转型的压力的同时，也面临着许多机遇。通过加快科技转型，企业能够提升竞争力，抓住市场机遇，实现可持续发展。

17.1.2 中国企业科技转型的主要方式与路径

中国企业科技转型的方式和路径可以多样化。

1. 技术引进与合作

通过引进国外先进技术或与国内外科技公司进行合作,获取技术和创新能力。这可以通过技术许可、技术转让、合资合作等形式进行。企业可以通过与技术领先企业合作,快速获取关键技术和市场经验,加快科技转型的进程。

2. 自主研发与创新

通过自主研发和创新,提升企业的核心竞争力。这需要企业加大研发投入,培养技术人才,建立创新体系和研发平台,加强与高校、研究机构合作,推动科技创新。同时,政府也应提供了一系列的支持政策和资金,鼓励企业进行自主创新。

3. 数字化转型

将传统业务和流程进行数字化改造,运用云计算、大数据、人工智能等技术,提升业务效率和创新能力。企业可以通过建设数字化平台、推行智能制造、实施数据分析和预测等方式,实现生产流程优化和创新。

4. 跨界融合与创新

通过与其他行业的企业合作,进行跨界融合和创新,实现优势互补和共同创新。例如,制造业与互联网、物联网相结合,农业与科技相结合,金融与科技相结合等,通过跨界合作,推动科技转型和创新发展。

5. 人才培养与引进

加强人才培养与引进,提升企业的科技创新能力。企业可以通过与高校、研究机构合作,开展科研项目,培养科技人才。同时,企业还可以通过引进高层次人才和技术专家,提升企业的创新能力和科技水平。

6. 国际合作与开放创新

积极参与国际科技合作与开放创新,与国际上的科技创新中心和创新企业进行合作,加强技术交流和合作研发。这有助于借鉴国际先进经验,加快科技转型的进程,拓展国际市场。

中国企业科技转型的方式和路径需要根据企业自身的情况和行业特点进行选择和实施。这需要企业具备战略眼光、创新意识和科技创新能力,同时也需要政府的支持和引导,提供有利于科技转型的政策和环境。通过科技转型,中国企业能够提升竞争力,实现可持续发展。

17.1.3 中国企业科技转型的现状与未来趋势

中国企业科技转型正处于积极推进的阶段,取得了一定的成果。

(1) 科技创新能力提升

中国企业在科技研发和创新方面取得了显著进展,越来越多的企业加大了研发投入,培养了一批高素质的科技人才,并取得了一些重要的科技成果。

(2) 数字化转型加速

随着信息技术的发展,越来越多的中国企业开始进行数字化转型,推动传统产业向数字化、智能化方向转变。企业运用大数据、云计算、人工智能等技术,优化业务流程,提升效率和创新能力。

(3) 跨界合作与创新增多

中国企业开始与其他行业的企业进行跨界合作,实现优势互补,促进创新发展。特别是在互联网、人工智能、新能源等领域,企业间的跨界合作不断增多,加速了科技转型的进程。

腾讯科技转型:腾讯作为中国最大的互联网公司之一,积极进行科技转型,从传统的即时通信和网络游戏公司发展成为拥有多元化业务的科技巨头。腾讯在人工智能、云计算、大数据等领域投入了大量资源,推动数字化转型和创新发展。

阿里巴巴数字经济转型:阿里巴巴集团是中国最大的电子商务和互联网公司,通过推动数字经济转型,成为全球领先的数字经济平台。阿里巴巴在电商、支付、云计算、物流等领域推动创新,为企业和消费者提供全面的数字化服务。

华为技术转型:作为全球领先的通信设备制造商,华为积极进行技术转型,从传统的通信设备制造商发展成为以 5G、云计算、人工智能为核心的科技公司。华为在研发和创新方面投入巨额资金,推动技术创新和产业转型。

小米的智能生态系统建设:小米作为中国领先的智能手机和消费电子公司,致力于构建智能生态系统。小米通过与众多合作伙伴合作,建立了覆盖智能家居、智能穿戴设备、智能电视等多个领域的生态系统,推动智能化产品及服务创新和普及。

中国企业在科技转型方面应关注未来趋势。

(1) 加强核心技术自主创新

中国企业需继续加大对核心技术的研发和创新投入,提升自主创新能力。特别是在人工智能、高端装备制造、新能源等领域,加强自主研发,掌握关键技术及其应用。

(2) 推动数字化与智能化发展

数字化转型将成为中国企业的重要发展方向,更多企业需借助信息技术实现业务流程数字化和智能化,提高生产效率、优化供应链管理,并推动新产品、新业态出现。

(3) 加强国际科技创新合作

中国企业需进一步加强与国际科技创新中心和企业合作,借鉴和吸收国际先进技术和管理经验,促进科技创新和转型升级。

(4) 重视人才培养和引进

中国企业需加大对科技人才的培养和引进力度,提高人才的专业水平和创新能力。同时,通过与高校、研究机构合作,加强人才培养和科研项目合作,推动跨领域人才培养。

(5) 加强知识产权保护

中国企业需加强知识产权保护意识,提高自主创新的产权保护水平,保护科技成果的知识产权,为企业的科技转型提供良好的创新环境。

17.2 科技转型对企业管理和财务的影响

17.2.1 科技转型如何改变企业管理

科技转型对企业管理产生了深远的影响，改变了传统的管理方式和运营模式，为企业带来了更高效、灵活和创新的管理方式。

1. 数据驱动决策

科技转型使企业能够收集、存储和分析大量的数据，从而基于数据进行决策。通过数据分析和预测模型，企业可以更准确地评估市场趋势、客户需求和业务绩效。数据驱动决策帮助企业减少主观性和风险，并更快地做出战略性决策，从而增强企业竞争力。

2. 灵活的组织结构

科技转型使企业能够建立更灵活和敏捷的组织结构。传统的刚性层级结构正在被替代为扁平化和去中心化的组织形式。数字化工具和协作平台使得员工可以远程协作和共享信息，促进了跨部门和跨地域的团队合作。这种灵活的组织结构能够更好地适应市场变化和快速决策的需求。

3. 创新和创业精神

科技转型激发了企业的创新和创业精神。新兴的科技领域和数字化工具为企业提供了更多的创新机会和实验平台。企业鼓励员工提出新的想法和解决方案，并提供资源和支持来推动创新。此外，企业也与初创企业和科技公司进行合作，共同探索新技术和业务模式，以保持竞争优势。

4. 客户体验和个性化服务

科技转型使企业能够更好地了解客户需求，并提供个性化的产品和服务。通过数据分析和人工智能技术，企业可以了解客户的偏好和行为，从而为客户提供定制化的产品和个性化的服务。这种个性化的服务能够提升客户体验和忠诚度，增加客户满意度和业务增长。

5. 效率和生产力提升

科技转型带来了自动化和数字化工具，提高了企业的效率和生产力。自动化流程和机器人技术可以替代繁重的人工劳动，减少错误和成本，提高工作效率。数字化工具和协作平台使得任务和信息共享更加便捷，加快了工作流程和决策速度。此外，企业还可以利用云计算和大数据分析等技术来优化资源利用和运营效率，降低企业成本。

科技转型对企业管理产生了广泛的影响，它改变了传统的管理方式，推动了数据驱动决策、灵活的组织结构、创新和创业精神、个性化服务和提升效率等方面的提高和创新。企业需要积极拥抱科技转型，利用新技术和工具来提升管理能力和竞争力，以适应不断变化的市场和竞争环境。

17.2.2 科技转型如何改变财务管理

1. 自动化与数字化

科技转型改变了财务管理的核心流程,如会计、报告、预算和财务分析等。自动化和数字化工具取代了繁琐的手工操作,提高了财务数据的准确性和可靠性。例如,财务软件和系统可以自动处理和整合财务数据,减少错误和时间成本。数字化的报表和仪表板提供实时的财务指标和数据分析,使管理者能够及时了解企业的财务状况和绩效表现。

2. 数据驱动决策

科技转型使财务管理更加依赖数据驱动,基于数据的决策成为常态。通过大数据分析和预测模型,财务部门可以更准确地评估风险和机会,优化资源配置和资金管理。数据分析也可以帮助发现潜在的成本节约和效益优化机会,提高企业的盈利能力。数据驱动的财务决策使企业能够更加科学和客观地进行战略规划和资源分配。

3. 实时监控和风险管理

科技转型使财务管理能够实时监控企业的财务状况和风险情况。数字化的系统和工具可以提供即时的财务数据和报告,帮助管理者迅速发现和解决潜在的财务问题。例如,财务风险管理软件可以识别和预警潜在的风险因素,帮助企业及时采取措施进行风险控制。实时监控和风险管理提高了财务决策的准确性和响应速度,保证了企业的财务健康和利益。

4. 创新的财务工具和服务

科技转型为财务管理带来了创新的工具和服务。例如,区块链技术可以改善财务数据的安全性和透明度,提供可追溯的交易记录。人工智能和机器学习技术可以用于财务流程自动化和预测模型优化。云计算和大数据分析可以提供强大的数据存储和分析能力,支持复杂的财务分析和决策。这些创新的财务工具和服务使企业能够更高效地管理财务活动,并提供更精确的财务预测和规划。

5. 跨部门合作与信息共享

科技转型促进了企业内部部门之间的合作与信息共享,包括财务部门与其他部门之间的合作。通过数字化的系统和共享平台,不同部门可以更方便地共享财务数据和信息,实现更高效的决策和协同工作。这种跨部门合作与信息共享增强了企业的整体管理效能和绩效。

科技转型对财务管理产生了深刻的影响,它推动了财务管理自动化、数字化和数据驱动,提高了决策的准确性和效率,加强了实时监控和风险管理,提供了创新的财务工具和服务,促进了跨部门合作与信息共享。企业需要积极拥抱科技转型,利用新技术和工具提升财务管理能力,适应不断变化的商业环境,实现财务可持续发展。

17.2.3 科技转型如何影响企业的竞争力与长期发展

科技转型对企业的竞争力和长期发展产生了深远的影响。

1. 创新能力提升

科技转型为企业带来了创新的机遇。通过采用先进的科技工具和技术,企业可以开发新产品、提供新服务，满足不断变化的市场需求。科技转型还可以促进企业内部的创新文化发展和创新流程优化，激发员工的创造力和创新能力。这使得企业能够持续推出具有竞争优势的创新解决方案，增强其在市场中的竞争力。

2．效率和生产力提升

科技转型可以改善企业的运营效率和生产力水平。通过自动化和数字化的工具和系统，企业可以实现业务流程优化和自动化，减少人力资源和时间成本。科技转型还可以提供实时数据和分析能力，帮助企业更好地管理资源、优化生产过程和提高工作效率。这使得企业能够更快速、更高效地响应市场需求，提供优质的产品和服务。

3．客户体验提升

科技转型可以改善企业与客户之间的互动和体验。通过应用先进的科技工具和技术，企业可以提供个性化、定制化的产品和服务，满足客户的个性化需求。科技转型还可以通过数字化的渠道和平台，实现与客户实时互动和沟通，提供更便捷、高效的客户服务。这增强了企业与客户之间的互动和忠诚度，提高了客户满意度和品牌价值。

4．数据驱动的决策

科技转型使企业能够更好地利用数据进行决策。通过数据分析和预测模型，企业可以更准确地评估市场趋势、客户需求和竞争情况，为决策提供科学依据。科技转型还可以帮助企业实时监测和评估业务绩效，发现潜在的问题和机会，及时采取措施进行调整和优化。这使得企业能够更敏捷地应对市场变化，做出准确的战略决策，保持竞争优势。

5．灵活性和适应性提升

科技转型使企业能够更好地适应变化的商业环境。通过数字化和自动化的工具和系统，企业能够快速调整和适应市场需求的变化，灵活应对新的挑战和机遇。科技转型还可以帮助企业拓展新的市场和业务领域，扩大市场份额和增加收入来源。这使得企业能够保持长期的竞争优势和持续的发展。

科技转型对企业的竞争力和长期发展具有重要影响，它提升了企业的创新能力、效率和生产力水平，改善了客户体验，促进了数据驱动的决策，增强了企业的灵活性和适应性。企业需要积极拥抱科技转型，不断探索和应用新的科技工具和技术，以保持竞争力，并实现长期的可持续发展。

17.3 中国企业科技转型的案例分析

17.3.1 科技转型成功的中国企业案例

1．智能制造：华为技术有限公司的智能制造转型与全球竞争力

华为技术有限公司是中国领先的全球信息和通信技术解决方案提供商。在面对全球竞争激烈的信息和通信技术市场中，华为积极进行科技转型，以实现智能制造的目标并提升全球竞争力，概念图如图 17.1 所示。

图 17.1 科技企业的智能制造转型

案例要点如下。

制造智能化:华为利用先进的信息和通信技术,将其应用于制造业,实现了向智能制造转型。通过引入物联网、大数据分析、人工智能等技术,实现了生产线自动化、数据实时监测和分析,提高了生产效率和质量控制。

资源整合与优化:华为通过整合供应链、优化生产流程和资源配置,实现了生产过程的高效率和灵活性。利用物联网技术实现设备互联互通,实现了生产数据实时采集和分析,从而优化了生产调度和资源利用。

数字化管理与智能决策:华为通过数字化的管理系统,实现了对生产过程的全面监控和管理。通过数据分析和智能决策支持系统,提供了准确的生产数据和预测模型,帮助管理层做出科学决策,提高了生产效率和资源利用效率。

全球竞争力提升:华为的智能制造转型使其在全球市场上具备了更高的竞争力。通过提高生产效率和质量控制,降低生产成本,华为能够以更具竞争力的产品和解决方案进入全球市场,并提供更好的客户体验和满足客户需求。

案例启示如下。

积极推动科技转型:企业应主动把握科技发展趋势,积极推动科技转型,以提高生产效率、降低成本和提升竞争力。

整合资源和优化流程:通过整合供应链、优化生产流程和资源配置,实现生产过程的高效率和灵活性。

数字化管理和智能决策:引入数字化管理系统和智能决策支持系统,实现对生产过程的全面监控和管理,提高决策的科学性和准确性。

加强全球竞争力:通过提高生产效率、质量控制和客户体验,增强企业在全球市场上的竞争力。

华为技术有限公司的智能制造转型案例充分展示了科技转型对企业发展的重要性,为其他企业提供了有益的借鉴和启示。

2. 科技转型:腾讯科技的从即时通讯到全方位科技巨头的转型之路

腾讯科技是中国最知名和成功的科技公司之一。腾讯最初以即时通信软件 QQ 而闻名,在面对快速变化的科技市场和用户需求的挑战下,腾讯成功实现了从即时通信到全方位科技巨头的转型。

案例要点如下。

初始阶段:腾讯最初以即时通信软件 QQ 起家,通过提供方便的社交和通信工具迅速获得了用户的广泛认可和使用。随着移动互联网的发展和科技行业的竞争加剧,腾讯面临着用户需求的变化和新兴科技趋势的冲击。

科技转型:腾讯积极抓住科技转型的机遇,通过不断创新和扩大业务范围,从即时通信向多元化科技领域拓展。腾讯成功推出了一系列创新产品和服务,包括在线游戏、社交媒体、移动支付、云计算、人工智能等,形成了全方位的科技生态系统。

技术创新:腾讯在科技转型过程中注重技术创新,积极投资研发和人才培养,不断推出具有竞争力的新技术和产品。腾讯不仅在即时通讯和社交领域保持领先地位,还积极探索人工智能、大数据分析、物联网等前沿科技,并将其应用于各个业务领域。

跨界合作:腾讯积极与其他行业进行跨界合作,推动产业协同创新。通过与传统行业合作,腾讯将科技与金融、零售、医疗、教育等领域相结合,为用户提供全新的服务和体验。

用户导向:腾讯一直以用户体验为导向,致力于为用户提供更加便捷、丰富和个性化的科技产品和服务。通过不断满足用户需求和提升用户体验,腾讯赢得了广大用户的忠诚和支持。

案例启示如下。

这个案例表明了科技转型在企业发展中的重要性。腾讯科技通过积极的科技转型,从即时通信公司发展成为全方位的科技巨头,不断创新和拓展业务,提升竞争力和用户满意度。其他企业可以借鉴腾讯的经验,加强技术创新、跨界合作,以用户需求为导向,实现科技转型,促进企业长期发展和可持续竞争力。

3. 电子商务:阿里巴巴集团的电商创新与全球扩张

阿里巴巴集团是中国最大的电子商务公司之一。阿里巴巴通过创新的电商模式和全球化战略,迅速崛起并成为全球领先的电子商务巨头。

案例要点如下。

创新电商模式:阿里巴巴创新了电商模式,提出了以 B2B(企业对企业)、B2C(企业对消费者)和 C2C(消费者对消费者)为基础的综合电商平台。阿里巴巴通过阿里巴巴国际站、淘宝网、天猫等平台,打造了一个多层次、多样化的电商生态系统。

科技驱动的创新:阿里巴巴以科技驱动创新为核心,积极探索人工智能、大数据分析、云计算等前沿技术,并将其应用于电商业务中。阿里巴巴利用大数据分析和智能推荐算法,提供个性化的购物体验和精准的营销策略,提高用户满意度和销售效果。

全球扩张:阿里巴巴积极推进全球化战略,通过收购和投资,进军全球市场。阿里巴巴先后在亚洲、欧洲、美洲等地设立分支机构和合作伙伴,打造了全球性的电商网络,拓展了海外市场,并与国际品牌和零售商合作,推动跨境贸易和全球供应链发展。

服务小微企业:阿里巴巴致力于服务小微企业,通过阿里巴巴国际站和淘宝网等平台,为中小企业提供在线交易、营销和物流配送等一揽子解决方案。阿里巴巴通过打造数字化的基础设施和开放的商业生态系统,帮助小微企业降低成本、拓展市场,促进了中国中小企业的发展。

案例启示如下。

阿里巴巴集团的成功经验表明,科技转型在电子商务领域具有重要意义。通过创新电商模式、科技驱动的创新和全球扩张,阿里巴巴实现了快速发展和全球领先地位。其他企业可以借鉴阿里巴巴的经验,加强科技创新、积极拓展海外市场、服务中小企业,实现科技转型,提升竞争力并实现长期发展。

4. 人工智能:百度公司的人工智能技术应用与创新

百度是中国领先的互联网技术公司之一。通过不断的技术创新和应用探索,百度在人工智能领域取得了突出的成就,对于中国的科技转型和创新起到了重要的推动作用。

案例要点如下。

智能搜索与语音识别:百度通过深度学习和自然语言处理技术,打造了智能搜索引擎和语音识别系统。百度的搜索引擎利用人工智能算法,能够根据用户的搜索意图提供更精准和个性化的搜索结果。同时,百度的语音识别系统具备较高的准确性和实时性,实现了语音交互便捷化和智能化。

人工智能应用平台:百度建立了人工智能开放平台,提供了各种人工智能技术和工具的开发接口和资源,以促进人工智能技术广泛应用和创新。开发者可以借助百度的人工智能平台,快速开发和部署各种智能应用,如人脸识别、图像处理、自然语言处理等,推动了人工智能技术普及和商业化。

自动驾驶技术:百度在自动驾驶领域取得了重要突破,开发了自动驾驶汽车和相关技术。百度利用深度学习和感知算法,实现了车辆自主导航和智能驾驶功能,为未来智能交通和出行提供了重要的解决方案。

智能家居和物联网:百度通过人工智能技术,推出了智能家居和物联网解决方案。百度的智能家居产品能够实现家庭设备互联和智能化控制,提升了家居生活的便捷性和舒适度。同时,百度的物联网平台连接了各种智能设备和传感器,实现了设备之间的数据交互和智能化管理。

案例启示如下。

百度在人工智能领域的成功经验对于中国的科技转型和创新具有重要的意义。通过技术创新和应用探索,百度在人工智能领域取得了显著的成就,为中国企业和科技行业树立了榜样。其成功的案例表明,人工智能技术具有巨大的潜力和应用前景,可以在各个领域带来革命性的改变和创新。百度的经验证明了技术创新、开放平台和合作生态的重要性,以及持续投入研发和人才培养的必要性。

该案例对于其他企业的启示在于,要注重技术创新和应用结合,深入理解行业需求和用户需求,并不断探索和应用新的技术和解决方案。同时,建立开放平台,与合作伙伴共享技术和资源,加强产学研合作,形成良好的生态系统,推动人工智能技术快速发展和商业化。此外,加大人才培养和引进,培养具备人工智能技术和创新能力的专业人才,推动人工智能技术在企业中广泛应用和创新。

百度公司在人工智能领域的成功案例,展示了科技转型的重要性和潜力。通过不断创新和应用人工智能技术,百度取得了在全球竞争中的优势地位,为中国企业和科技行业发展做出了重要贡献。

5. 绿色能源:国家电网科技驱动的绿色能源革新

国家电网是中国最大的电力公司之一。通过应用先进的技术和创新的解决方案,国家电网积极推进清洁能源开发和利用,加速能源结构转型,实现了绿色能源规模化应用和高效供应。

案例要点如下。

智能电网建设:国家电网利用物联网、云计算、大数据等技术,推进智能电网建设。通过智能化的电力系统监控和调度,国家电网能够实时监测和管理电力供应和需求,实现电网高效运行和优化调度。智能电网建设为绿色能源接入和管理提供了技术支持和保障。

新能源开发与利用:国家电网积极开发和利用新能源资源,包括风能、太阳能、水能等。通过建设大规模的风电和光伏电站,并优化电力输送和储存技术,国家电网实现了新能源规模化接入和高效利用。这有助于减少对传统化石能源的依赖,推动能源结构转型和减少碳排放。

储能技术应用:国家电网积极推进储能技术在电力系统中的应用。通过储能技术,国家电网能够解决可再生能源波动性和间断性的问题,实现电力平衡供应。储能技术应用不仅提高了能源的利用效率,还增强了电网的稳定性和可靠性,推动绿色能源可持续发展。

智慧能源管理:国家电网通过智慧能源管理系统,实现能源智能化管理和优化。通过大数据分析和人工智能技术,国家电网能够预测和优化能源需求,制定科学的供应计划和调度策略。智慧能源管理提高了能源的利用效率和经济性,减少能源浪费和环境污染。

案例意义如下。

国家电网的绿色能源转型案例展示了科技转型在能源行业的重要作用。通过应用先进的技术和创新的解决方案,国家电网实现了清洁能源规模化应用和高效供应,推动了能源结构转型和可持续发展。这个案例对其他能源公司和行业有着积极的借鉴意义,鼓励他们加强科技创新和技术应用,推动绿色能源发展,实现能源可持续利用,促进生态环境改善。

6. 物联网:顺丰速运科技创新与应用

顺丰速运是中国最大的综合物流服务提供商之一。通过物联网技术应用,顺丰速运实现了货物跟踪、物流管理、配送服务等方面的智能化和高效化,提升了物流运输的效率和客户体验,概念图如图17.2所示。

案例要点如下。

物流追踪与监控:顺丰速运利用物联网技术,将传感器和智能设备应用于货物包装和运输过程中。通过这些设备,顺丰速运能够实时监测货物的位置、温度、湿度等关键信息,确保货物安全和准时配送。同时,顺丰速运的客户也可以通过手机或电脑端的应用程序实时追踪货物的运输状态,提升了物流透明度和客户满意度。

路由优化与配送效率提升:物联网技术帮助顺丰速运实现了智能路由规划和实时配送管理。通过分析大数据和实时交通情况,顺丰速运能够优化路线选择,减少运输时间和成本。同时,配送人员也配备了智能设备,能够实时接收订单信息和最优配送路线,提高了配送效率和准确性。

仓储管理与库存控制:物联网技术在顺丰速运的仓储管理中发挥了重要作用。通过物联网设备应用,顺丰速运可以实时监测和管理仓库的库存情况,实现库存可视化,提高准确

图 17.2　物联网速运科技创新

性。同时,顺丰速运利用物联网设备和大数据分析技术,预测和优化库存需求,避免库存过剩或不足,提高了库存管理的效率和成本控制。

客户体验和服务创新:顺丰速运通过物联网技术实现了客户体验创新和服务个性化定制。顺丰速运的智能物流箱和智能柜等设备,使客户能够自助寄存、自助取件,提高了寄递的便利性和灵活性。此外,顺丰速运还通过物联网技术和大数据分析技术,为客户提供个性化的物流解决方案和优惠服务,提升了客户的满意度和忠诚度。

案例影响如下。

顺丰速运的科技创新和物联网应用在物流行业具有重要的影响和启示。其成功经验表明,物联网技术可以提升物流的效率、可靠性和安全性,推动物流行业向智能化和高效化转型。其他物流企业可以借鉴顺丰速运的案例,加强科技创新和技术应用,提升自身在物联网领域的竞争力和服务质量。同时,物联网技术应用也促进了物流行业向数字化转型和创新发展,为行业提供了更多的商机和发展空间。

7. 金融创新:中国银行科技应用推动金融发展

中国银行是中国领先的商业银行之一,战略目标是到 2035 年实现从世界一流大行向世界一流强行跨越,全面建成新时代全球一流银行。到 2050 年将中国银行打造成为社会主义现代化强国的"金融重器",打造成为全球金融业的一面旗帜。通过引入先进的科技手段,中国银行实现了金融服务智能化、便捷化和个性化,提升了金融产品和服务的质量和效率。

案例要点如下。

移动支付和电子银行:中国银行积极推进移动支付和电子银行服务,为客户提供了更加便捷的金融服务体验。通过手机应用和互联网平台,客户可以随时随地进行资金管理、转账、支付等操作,实现了线上金融服务全面覆盖。同时,中国银行还引入了移动支付技术,支持客户使用手机进行无接触支付,提升了支付的安全性和便利性。

大数据分析和风险管理:中国银行充分利用大数据分析技术,对客户数据和金融市场进行深入分析,以帮助识别风险和优化决策。通过对大量数据的挖掘和分析,中国银行能够准确评估客户的信用风险、市场风险和业务风险,制定相应的风险管理策略和措施。这有助于提高银行的资产质量和风险控制能力,保障金融体系稳定运行。

区块链技术和智能合约：中国银行积极探索区块链技术应用，以提升金融交易的效率、安全性和可信度。通过区块链技术，中国银行能够实现跨境支付、供应链金融和数字资产交易等领域创新和优化。同时，智能合约应用也使得金融交易自动化和可编程化，减少了中间环节和交易成本，提高了交易的透明度和效率。

人工智能和智能客服：中国银行利用人工智能技术开发智能客服系统，提供全天候的在线客户服务。通过自然语言处理和机器学习算法，智能客服能够理解客户的问题并提供准确的答案和建议。这大大提高了客户服务的效率和满意度，降低了人工成本和等待时间。

案例影响如下。

中国银行的科技应用在金融行业具有重要的影响和启示。其成功经验表明，科技转型对于金融机构来说是提升服务质量、拓展业务边界的关键。其他金融机构可以借鉴中国银行的案例，加强科技创新和技术应用，推动金融行业向数字化、智能化方向发展。同时，科技转型也促进了金融行业创新和发展，为金融机构提供了更多的发展机会和竞争优势。

8. 协作创造：港珠澳跨海大桥科技驱动创新集合

港珠澳跨海大桥是连接中国香港、珠海和澳门的一座世界级桥梁工程，概念图如图17.3所示。该案例展示了港珠澳跨海大桥在科技驱动方面的创新集合，包括工程设计、建设和运营管理等多个方面。通过引入先进的科技手段，港珠澳跨海大桥实现了卓越的工程成果和运营效率，成为一项标志性的科技转型成功案例。

图 17.3　跨海大桥

案例要点如下。

三维建模和虚拟现实技术：港珠澳跨海大桥在设计阶段采用了先进的三维建模和虚拟现实技术。通过建立精确的数字模型，工程师们能够全面了解桥梁的结构、材料和施工流程，从而在设计中优化方案，提高工程的可行性和效率。虚拟现实技术还使得设计团队能够以更直观的方式演示和验证设计方案，提前发现潜在问题并进行调整，从而减少了施工风险和成本。

智能监控与运维管理：港珠澳跨海大桥采用了先进的智能监控系统和运维管理技术。通过布设传感器和监测设备，实时监测桥梁的结构、温度、振动等各项参数，及时发现异常情况并采取相应措施。此外，利用大数据分析和人工智能技术，对桥梁的运行数据进行实时分析和预测,帮助优化运维计划和减少故障风险。这样的智能监控和运维管理系统使得港珠澳跨海大桥能够高效安全地运行,提供稳定可靠的交通服务。

绿色环保和可持续发展:港珠澳跨海大桥注重绿色环保和可持续发展。在建设过程中,采用了先进的环保措施,包括噪声和水质控制、废弃物处理等,最大程度减少对环境的影响。此外,桥梁设计中也考虑了节能和资源有效利用,优化了桥梁的结构和材料,降低了能耗和碳排放。港珠澳跨海大桥的科技驱动创新集合在实现卓越工程成果的同时,也展示了对环境保护和可持续发展的承诺。

案例影响如下。

港珠澳跨海大桥的科技驱动创新集合在科技转型方面具有重要的影响和启示。首先,它展示了在大型工程项目中,引入先进科技手段的重要性和价值,可以提高工程设计、建设和运营的效率和质量。其次,港珠澳跨海大桥案例鼓励其他工程项目在科技转型方面进行类似的探索和创新,从而推动整个工程行业发展。最后,港珠澳跨海大桥在绿色环保和可持续发展方面的实践,为其他大型基础设施项目提供了借鉴和启示,促进了工程建设行业朝着更环保和可持续的方向发展。

9. 现代农业:杨凌农业高新技术示范区科技创新引领现代农业发展

杨凌农业高新技术产业示范区位于陕西省杨凌示范区,是中国现代农业的典型代表之一。该示范区以农业科技创新为驱动,推动着现代农业发展和转型。通过构建科教资源集聚、科技创新平台和科技服务体系,杨凌农业示范区实现了农业科技创新引领和示范成功推广。

案例要点如下。

科教资源集聚:杨凌农业示范区聚集了杨凌农业大学等科教资源,包括国家重点实验室、工程中心和观测台站等。此外,还聚集了来自高等院校和研发机构的科技创新平台。这些科教资源集聚为农业科技创新提供了坚实的基础。

科技创新平台:杨凌农业示范区建设了省部级以上的科技创新平台,如陕西省共性技术研发平台和省工程技术研究中心等。这些平台依托企业和研发机构,通过科技创新和技术研发,推动现代农业发展和转型。同时,杨凌农业示范区还与企业合作,建立了"四主体一联合"等科技平台,促进了农业科技与产业融合。

示范推广与效益:杨凌农业示范区通过制定《杨凌示范区面向旱区农业科技示范推广发展规划》,探索形成了六种推广模式,包括大学试验站、产业链、农科培训、科技特派员、农业展会和媒体等。通过示范推广,农业科技的应用面积逐年增加,示范推广效益不断提升。其中,2020年,示范推广面积达到1亿亩,较1997年增长了311.5倍;示范推广效益达到231亿元,较1997年增长了237倍。

技术转移与合作:杨凌农业示范区建立了国家级技术转移示范机构,并进行了技术转移探索。通过技术转移,示范区促进了科技成果转化和应用,推动了农业技术推广和普及。

案例影响如下。

杨凌农业高新技术产业示范区的科技创新成功案例对中国现代农业发展具有重要的影响和启示。它表明,科技创新和推广在现代农业转型中起着关键作用。通过科教资源集聚、科技创新平台建设和示范推广,农业科技的应用范围得以扩大,农业效益得以提升。这一案例对其他农业示范区和农业科技创新机构提供了有益的借鉴,推动了中国现代农业发展,为保障国家粮食安全做出了重要贡献。

10. 医药健康：中国医药集团有限公司的产业整合引领

中国医药集团有限公司是中国规模最大、产业链最全、综合实力最强的医药健康产业集团。该集团以预防治疗、诊断护理等健康相关产品分销、零售、研发和生产为主业。通过构建五大平台，即现代物流分销一体化运营平台、产学研一体化科技创新平台、全国医药零售连锁网络、全国麻醉药品配送网络以及全国生物制品营销及冷链配送网络，中国医药集团全面发展了医药健康产业，成为一个以医药健康产业为核心竞争力的创新型企业。

案例要点如下。

产业整合与创新：中国医药集团通过整合医药贸、科、工三方面的资源，实现了产业链全面布局和协同发展。集团拥有覆盖全国的医药流通配送网络和配送中心，以及生物制药、麻醉精神药品、抗感染药、抗肿瘤药、心脑血管用药、呼吸系统用药等多个生产基地和药材基地。同时，集团建立了应用型医药研究机构和工程设计院，推动医药科技创新和工程设计发展。

全国医药零售连锁网络：中国医药集团在全国范围内建立了医药零售连锁网络，通过全国各地的零售门店提供医药产品和服务。这一网络促进了医药产品分销和流通，满足了人们对健康产品的需求。

生物医药研发和生产：中国医药集团是国内最大的生物医药研发和生产企业之一，承担了80%以上的国家免疫规划用疫苗的生产任务。集团建立了生物制药、麻醉精神药品、抗感染药、抗肿瘤药、心脑血管用药、呼吸系统用药等生产基地，为人们提供高质量的医药产品。

创新荣誉和认可：中国医药集团被评为国家创新型企业，这证明了其在医药健康领域的科技创新和产业整合引领地位。

案例影响如下。

中国医药集团的科技转型成功案例在医药健康领域具有重要的影响和启示。它展示了通过整合产业链、推动科技创新和建立零售网络的方式，实现医药健康产业全面发展。该案例对其他医药企业提供了有益的借鉴，促进了中国医药健康产业创新和长期发展，为人们提供了更好的健康服务和产品。

11. 人才培养：华中科技大学的成功教育教学科技创新案例

华中科技大学是中国知名的高等学府之一。通过运用科技手段和创新教学模式，华中科技大学提升了教学质量和学生培养水平，对高等教育转型起到了积极的推动作用。

案例要点如下。

科技创新教育：华中科技大学积极运用科技手段改善教学质量和学生学习体验。学校建立了在线教学平台、虚拟实验室和远程教育系统等，为学生提供了多样化的教学资源和学习环境。学生可以通过在线平台参与课程学习、交流讨论和实践项目，提高学习效果和参与度。

创新教学模式：华中科技大学积极探索创新的教学模式，例如倒置课堂、项目驱动学习和跨学科教学等。倒置课堂模式将传统的课堂讲授转移到课后自主学习，课堂时间用于讨论和实践，提高学生的参与度和理解力。项目驱动学习模式通过实际项目解决问题，培养学生的团队合作和实践能力。跨学科教学模式鼓励不同学科之间的交叉学习和合作，培养学生的综合素养和创新思维。

实践教育与产学研结合:华中科技大学注重实践教育和产学研结合,与企业合作开展实践项目和科研合作。学生参与实践项目和实习,接触真实的工作环境和问题,提升就业竞争力。同时,学校与企业合作开展科研项目,将科研成果应用于实际产业中,促进科研与产业深度融合。

个性化教育与学生发展:华中科技大学注重个性化教育和学生发展。学校建立了个性化的学习管理系统,根据学生的兴趣、能力和学习进度,提供个性化的学习计划和辅导服务。学生通过个性化的学习管理系统获得学习指导和进行自主学习,培养自主学习和创新能力。

案例意义如下。

华中科技大学的成功教育教学科技创新案例对高等教育转型和发展具有重要的启示作用。它通过科技创新和创新教学模式应用,提高了教学质量和学生培养水平,促进了学生全面发展和创新能力培养。同时,该案例也强调了个性化的教育服务和产学研结合的重要性,为其他高等教育机构提供了借鉴和参考。

12. 数字博物馆:故宫博物院的科技应用与创新

故宫博物院是中国最著名的文化遗产和博物馆之一,也是世界上最大的古代建筑群之一。通过引入先进的科技手段,故宫博物院实现了数字博物馆建设与运营,提供了全新的参观体验和文化传播方式。

案例要点如下。

虚拟现实和增强现实技术:故宫博物院利用虚拟现实和增强现实技术,为游客提供身临其境的参观体验。通过虚拟现实眼镜或手机应用程序,游客可以在数字世界中漫游故宫,欣赏古代建筑、艺术品和文物的全景展示,感受历史的沉浸式体验。增强现实技术使游客能够通过手机或平板电脑,在实际场景中查看虚拟展品、获取文物背后的故事和信息,增强了游览的互动性和教育性。

数字化文物保护与展示:故宫博物院利用数字技术对文物进行数字化保护和展示。通过高分辨率的影像技术、三维扫描和建模等手段,对珍贵文物进行数字化记录和保存,保护了文物的原貌和细节,同时也为文物的研究和学术交流提供了便利。数字化的文物还可以通过网络和移动应用等平台进行展示,使更多的人能够远程欣赏和了解故宫的珍宝。

科技导览和互动展览:故宫博物院引入科技导览和互动展览方式,提升了游客的参观体验。通过提供导览设备或手机应用程序,游客可以根据自己的兴趣选择参观线路、获取详细的文物解说和历史背景信息。此外,互动展览还提供了多种互动方式,如触摸屏展示、互动游戏和体感技术等,使游客能够更深入地了解文物背后的故事和文化内涵。

数据分析和智能化管理:故宫博物院利用大数据分析和智能管理技术,实现了对参观者行为和需求的分析和预测。通过收集游客的数据,如参观时间、参观路线、关注的展品等,故宫博物院可以更好地了解游客的需求和偏好,优化展览安排和资源配置,提供更个性化的参观体验。

案例影响如下。

故宫博物院的科技应用与创新在数字博物馆领域具有重要的影响和启示。首先,它展示了利用先进的科技手段,可以拓展文化遗产的传播方式,提升参观体验的互动性和教育性。其次,故宫博物院的案例鼓励其他博物馆和文化机构在科技转型方面进行类似的探索和创新,从而推动整个文化行业向数字化转型。最后,故宫博物院的数字化转型还为文化遗产保护和研究提供了新的途径和工具,促进了文化遗产保护和传承。

17.3.2 科技转型过程中的挑战与应对策略

技术变革的速度:科技快速发展意味着企业需要不断跟进新技术和趋势。挑战在于掌握和应用新技术,以满足市场需求。应对策略包括持续的技术研发和创新、建立紧密的合作关系和合作伙伴网络,以获取最新的科技成果和知识。

资金投入和资源需求:科技转型需要大量的资金投入和资源支持。企业需要面对资金压力和资源的有限性。应对策略包括寻求投资和融资渠道、与相关机构建立合作关系、共享资源以及优化资源配置的策略。

人才培养和技能转型:科技转型需要具备相关技术和知识的人才。企业需要培养和吸引高素质的人才,提供培训和发展机会,以满足科技转型的需求。应对策略包括建立人才培养计划、招聘具有科技背景和专业知识的人才、与高校和研究机构合作共同培养和发展人才。

组织文化和变革管理:科技转型涉及组织文化改变和变革管理。企业需要推动文化转变,培养创新意识和团队合作精神,以适应科技转型的需求。应对策略包括设立明确的转型目标和愿景、制定变革计划和策略、建立开放和创新的工作环境以及培养领导力和变革管理能力。

安全与隐私保护:科技转型涉及数据收集、存储和处理,对安全和隐私提出了挑战。企业需要采取安全措施和隐私保护措施,确保数据的安全性和合规性。应对策略包括加强信息安全管理、采用加密技术和安全认证机制、制定隐私保护政策和措施以及加强员工的安全意识和培训。

市场竞争和战略调整:科技转型可能涉及市场竞争的变化和战略调整的需求。企业需要密切关注市场动态,进行战略调整和业务转型,以保持竞争优势。应对策略包括进行市场调研和竞争分析、制定灵活的战略计划、不断优化产品和服务,以满足市场需求。

科技转型过程中面临多种挑战,通过合适的应对策略,企业可以克服这些挑战并实现成功转型。关键在于持续的创新和学习、建立合作伙伴关系、培养人才、推动变革管理、确保安全和合规以及灵活调整战略。

17.3.3 案例分析的启示:如何实施成功的科技转型

经过第17.3.1节的案例分析,我们可以得出以下启示,帮助企业实施成功的科技转型:

1. 深入了解市场需求和趋势

通过华为技术、阿里巴巴集团、顺丰速运和中国医药集团的案例,我们可以看到企业应深入了解市场需求和趋势,了解消费者的需求变化、技术创新趋势以及行业发展方向,有针对性地推出创新的产品和服务,以满足市场需求。

2. 明确战略目标并与科技转型紧密结合

以腾讯科技、国家电网、杨凌农业和中国银行的案例为例,企业应明确战略目标,并将其与科技转型紧密结合。科技转型应该与企业的战略目标紧密对接,科技创新应成为实现战略目标的重要驱动力。

3. 投资人才培养与技能提升

通过华中科技大学、中国银行和国家电网的案例，我们可以看到企业重视人才培养和技能提升的重要性。企业应投资于员工培训和发展，提高员工的科技创新能力和适应变化的能力，以应对科技转型带来的挑战。

4. 推动开放创新和跨界合作

通过百度公司、港珠澳跨海大桥和顺丰速运的案例，企业应积极推动开放创新和跨界合作。与其他行业和领域的企业进行合作创新，共享资源和知识，实现资源优化配置和创新能力提升。跨界合作可以带来新的创新思维和技术应用，加速科技转型的进程。

5. 建立创新文化和机制

通过华为技术、故宫博物院和中国医药集团的案例，企业应建立创新文化和机制。鼓励员工提出创新思路和想法，营造积极创新的氛围。同时，建立有效的创新机制，包括科技研发投入、知识共享、激励机制等，促进科技转型顺利进行。

这些启示为企业在进行科技转型过程中提供了重要的参考和指导。通过深入了解市场需求、明确战略目标、投资人才培养、推动开放创新和建立创新文化和机制，企业可以实现成功的科技转型，提升竞争力并迎接未来的挑战。

思考题

1. 在中国企业的科技转型过程中，如何充分发挥管理创新的作用，提高组织效能和运营效率？

2. 科技转型对企业财务管理的影响是什么？如何通过财务策略和管理手段支持科技转型的资金需求和投资决策？

3. 在科技转型中，如何平衡技术投入和财务回报，确保科技创新可持续性和提高企业盈利能力？

4. 中国企业在科技转型过程中面临哪些挑战？如何通过科技创新和财务管理策略应对这些挑战？

研究方向

1. 科技转型策略与实施：研究科技转型的策略选择和实施方法，探索企业在科技转型中的成功经验和最佳实践。

2. 创新型企业家精神与科技创新：研究创新型企业家的心理特征、行为和思维方式，以及他们在科技创新中的作用和影响。

3. 科技转型与企业竞争力：研究科技转型对企业竞争力的影响，如何通过科技创新和管理创新提高企业在市场中的竞争地位。

4. 融资与投资策略：研究企业在科技转型过程中的融资和投资策略，包括寻找投资机会、风险管理和财务规划等方面的问题。

第 18 章　企业管理与财务管理的未来趋势与创新

这一章旨在探讨科技发展对企业管理和财务管理的未来走向以及创新趋势。随着人工智能、大数据和机器学习等技术的迅猛发展,企业管理和财务管理正面临着前所未有的变革与挑战。

本章首先聚焦人工智能在企业管理与财务管理中的应用。我们将介绍人工智能技术及其发展趋势,包括智能决策支持、自动化流程优化、智能风险管理、智能客户服务以及数据驱动决策等方面的应用。通过案例分析和效果评估,读者将了解人工智能在企业管理和财务管理中的实际应用和效果。

其次,我们将探讨大数据与机器学习对企业管理与财务管理的影响。我们将介绍大数据与机器学习技术的发展趋势,并通过案例分析和效果评估,展示大数据与机器学习在企业管理和财务管理中的应用和效果。

再次,在讨论技术发展趋势时,我们将关注近期和未来的技术发展趋势,并探讨这些趋势对企业管理与财务管理的影响。此外,我们将提供应对技术发展趋势的策略建议,帮助企业应对变化并保持竞争优势。通过全球视野下的企业科技革新案例研究,我们将比较分析国内外企业的科技革新实践,探讨创新思维和文化、技术研发能力、技术应用和商业化能力等方面的作用。通过从这些案例中汲取启示和借鉴,读者将获得关于创新文化、跨界合作与开放创新、用户导向的创新、长远投资和战略规划以及管理层的领导和支持等方面的宝贵经验。

最后,本章将探讨未来企业管理与财务管理面临的挑战以及对策。我们将分析面临的主要挑战的成因,并提供应对挑战的战略思考与实施方案。通过建立长远规划、构建敏捷化的管理体系、加强创新和科技驱动、关注人才培养和发展、建立良好的合作伙伴关系以及建立危机管理和风险防控机制等,企业能够做好长远规划与应变准备,应对未来的挑战。

阅读本章,读者对未来企业管理与财务管理的发展趋势将有更清晰的认识,并获得实用的战略建议,以适应快速变化的科技环境,推动企业实现可持续发展。无论是企业高管、管理者还是对未来科技趋势感兴趣的读者,都能从本章中获得有价值的见解和启示。

18.1 人工智能在企业管理与财务管理的应用

18.1.1 人工智能技术概述与发展趋势

人工智能是一种模拟人类智能的技术,它通过模拟人类的感知、理解、推理、学习和决策等智能过程,来实现各种任务和功能。在企业管理与财务管理领域,人工智能技术正逐渐得到广泛应用,并呈现出新的发展趋势。

1. 智能决策支持

人工智能可以通过分析和处理大量的数据,帮助企业管理者做出更准确、更智能的决策。通过机器学习、数据挖掘和模型预测等技术,人工智能可以识别和分析市场趋势、消费者行为、财务数据等关键信息,为管理者提供决策支持和预测分析。

2. 流程自动化和优化

人工智能可以自动地执行繁琐的流程和任务,提高工作效率和准确性。例如,在财务管理中,人工智能可以自动地进行财务数据收集、整理和报告,减少人工操作的错误和时间成本,实现财务流程优化和自动化。

3. 智能风险管理

人工智能可以通过分析大量的数据和模式识别技术,快速识别和预警潜在的风险,并提供相应的风险管理策略和措施。在企业管理和财务管理中,人工智能可以帮助管理者识别和管理财务风险、市场风险和供应链风险等,提高企业的风险控制能力。

4. 智能客户服务

人工智能可以应用于客户服务领域,通过自然语言处理和机器学习等技术,实现智能化的客户服务和沟通。在财务管理中,人工智能可以通过智能客服系统和虚拟助手,为客户提供个性化的财务咨询和服务,提升客户满意度和忠诚度。

5. 数据驱动决策

人工智能可以利用大数据分析和机器学习算法,从海量的数据中发现关联性和趋势,为企业管理者提供数据驱动的决策支持。通过深度学习和模型训练,人工智能可以对复杂的数据进行智能分析和预测,帮助企业做出更明智的决策。

人工智能技术在企业管理与财务管理中的应用前景广阔。随着技术的不断进步和应用场景的不断拓展,人工智能将为企业带来更高效的管理和更精准的财务决策,推动企业管理与财务管理创新与发展。

18.1.2 人工智能在企业管理中的应用与效果评估

1. 智能客服和机器人助手

许多企业采用人工智能技术来实现智能客服和机器人助手,用于提供快速、准确的客户支持。通过自然语言处理和机器学习算法,这些系统可以理解客户的问题并提供相应的解答或解决方案。这样可以提高客户满意度,节省人力成本,并为企业建立良好的客户关系。

2. 数据分析和预测

人工智能技术可以应用于企业的数据分析和预测工作。通过机器学习算法和大数据处理技术,企业可以从海量数据中挖掘出有价值的信息,并利用这些信息进行业务决策和战略规划。例如,通过分析销售数据和市场趋势,企业可以预测产品需求和市场需求的变化,并相应地调整生产和销售策略。

3. 流程自动化和优化

人工智能技术可以帮助企业实现流程自动化和优化。通过自动化技术,企业可以将繁琐、重复的任务交给机器人或自动化系统来完成,提高工作效率和准确性。例如,企业可以使用机器学习算法来自动处理和分类大量的文档和数据,减少人工处理的时间和错误率。

4. 风险管理和预警

人工智能技术可以应用于企业的风险管理和预警工作。通过分析大量的数据和模式识别技术,人工智能系统可以及时发现和预警潜在的风险,并提供相应的风险管理策略和措施。这有助于企业降低风险和损失,并保持业务的稳定和可持续发展。

5. 智能决策支持

人工智能技术可以提供智能决策支持,帮助企业管理者做出更准确、更智能的决策。通过数据分析和模型预测,人工智能系统可以为管理者提供决策所需的关键信息和指导意见。这有助于企业提高决策的准确性和效率,推动业务发展和创新。

人工智能在企业管理中的应用可以提升客户服务、优化业务流程、改善风险管理、提供智能决策支持等,从而为企业带来更高效的管理效果和更好的业绩表现。然而,应用人工智能也面临着数据隐私和安全性、算法可解释性、人机协作等挑战,需要企业进行全面的评估和风险管理。

18.1.3　人工智能在财务管理中的应用与效果评估

1. 自动化会计和财务处理

人工智能技术可以应用于会计和财务处理自动化。通过自然语言处理和机器学习算法,人工智能系统可以自动识别、提取和整理财务数据,减少人工处理的时间和错误率。这可以提高财务处理的效率和准确性,并降低人力成本。

2. 预测和预警系统

人工智能技术可以用于财务预测和风险预警。通过分析历史财务数据和市场趋势,人工智能系统可以预测企业的财务状况、市场需求和竞争态势,并提供相应的预警和决策支持。这有助于企业及时调整财务策略、优化资源配置,以应对市场变化和风险挑战。

3. 智能投资和资产管理

人工智能技术可以应用于投资和资产管理领域。通过机器学习和数据分析,人工智能系统可以辅助投资决策,识别潜在的投资机会和风险,并优化投资组合。同时,人工智能系统还可以监测和分析资产的价值变动和市场趋势,帮助企业实现资产价值和回报最大化。

4. 欺诈检测和风险管理

人工智能技术可以应用于财务欺诈检测和风险管理。通过分析大量的财务数据和模式识别技术,人工智能系统可以及时发现和预警潜在的欺诈行为和风险因素。这有助于企业保护财务安全和资产价值,降低欺诈和风险对企业的影响。

5. 数据分析和决策支持

人工智能技术可以提供高效的数据分析和决策支持。通过大数据处理和机器学习算法,人工智能系统可以帮助企业管理者从海量的财务数据中提取有价值的信息,并为决策提供科学的依据和指导。这有助于企业做出更准确、更智能的财务决策,推动企业发展和竞争力提升。

人工智能在财务管理中的应用可以实现财务处理自动化、财务预测和风险管理的准确性、投资和资产管理智能化、欺诈检测和风险管理的及时性以及数据分析和决策支持的高效率。企业可以通过评估和验证这些应用的效果,选择适合自身的人工智能解决方案,并进行相应的技术和管理调整,以实现财务管理创新和提升。

18.2 大数据与机器学习的影响

18.2.1 大数据与机器学习技术概述与发展趋势

1. 大数据技术及机器学习技术概述

大数据是指以海量、高速、多样化的数据为基础,通过适当的处理和分析,提取有价值的信息和知识。大数据技术涉及数据收集、存储、处理、分析和可视化等方面,涵盖了数据管理、数据挖掘、数据仓库、云计算等技术和方法。

机器学习是一种人工智能的分支,通过让计算机系统从数据中学习和改进,而不需要明确的编程指令。机器学习技术可以通过建立模型和算法,对大数据进行自动化的分析和预测,从而发现数据中的模式、趋势和规律。

2. 大数据与机器学习技术在企业管理与财务管理中的发展趋势

数据规模和速度增长:随着互联网和物联网的发展,企业面临着越来越庞大和快速增长的数据量。大数据技术将能够应对这种规模和速度的数据增长,提供高效的数据处理和分析能力。

数据质量和一体化:企业管理与财务管理需要准确和一致的数据,而不同部门和系统之间的数据可能存在差异和冲突。大数据技术将致力于提高数据的质量和一体化,通过数据清洗、整合和标准化等方法,使数据更加可靠和可用。

高级分析和预测能力提升:机器学习技术将进一步提升对大数据的分析和预测能力。通过建立复杂的模型和算法,机器学习可以从大数据中挖掘更深层次的信息和洞察,为企业管理者提供更准确的决策支持。

自动化和智能化发展:大数据与机器学习技术将推动企业管理与财务管理自动化和智

能化。通过自动化的数据处理和分析,以及智能化的决策支持,企业可以实现效率提升和创新突破。

数据安全和隐私保护的挑战:随着大数据的应用扩大,数据安全和隐私保护将面临更大的挑战。企业需要加强数据的安全管理和合规性,确保大数据与机器学习技术应用不会带来潜在的风险和问题。

大数据与机器学习技术在企业管理与财务管理中具有广阔的应用前景。随着技术的不断发展和创新,这些技术将为企业带来更多的机遇和挑战,助力其实现更高效、智能和创新的管理与决策。

18.2.2 大数据与机器学习在企业管理中的应用案例与效果评估

1. 大数据与机器学习在企业管理中的应用

客户关系管理:企业可以利用大数据和机器学习技术对客户数据进行分析,从而了解客户的需求、偏好和行为模式。通过建立客户画像和个性化推荐系统,企业可以提供更加精准和定制化的产品和服务,增强客户满意度和忠诚度。

营销和广告优化:通过大数据和机器学习技术,企业可以分析市场趋势、竞争对手和消费者行为,从而优化营销和广告策略。通过个性化的推荐和精准的定位,企业可以提高营销效果,提升品牌知名度和销售额。

生产和供应链优化:大数据和机器学习技术可以帮助企业分析生产过程和供应链数据,发现潜在的效率提升和成本降低的机会。通过预测需求、优化库存管理和预防性维护等措施,企业可以提高生产效率和供应链的灵活性。

人力资源管理:企业可以利用大数据和机器学习技术对人力资源数据进行分析,包括员工绩效、培训需求、离职率等。通过预测员工流失风险、优化招聘和培训策略,企业可以提高人力资源管理的效率和质量,增强员工满意度和员工留存率。

2. 指标评估大数据与机器学习在企业管理中的应用效果

收入增长:企业可以评估通过个性化的推荐和精准营销策略实现的销售额增长情况。

成本降低:通过生产和供应链优化措施实现的成本降低情况可以作为评估指标。

客户满意度:企业可以通过客户调查和反馈来评估个性化产品和服务的满意度。

员工满意度和留存率:企业可以评估通过人力资源管理优化措施实现的员工满意度和员工留存率的改善情况。

决策准确性:通过大数据和机器学习技术提供的决策支持,企业可以评估决策的准确性和效果。

这些指标评估可以帮助企业了解大数据与机器学习在企业管理中的实际效果,并进一步优化和改进应用策略。

18.2.3 大数据与机器学习在财务管理中的应用案例与效果评估

1. 大数据与机器学习在财务管理中的应用

风险管理:大数据和机器学习技术可以帮助企业分析大量的财务和市场数据,识别潜在的风险和异常情况。例如,通过对历史交易数据和市场趋势的分析,机器学习模型可以预测金融市场的波动性,并帮助企业制定相应的风险管理策略。

财务预测和规划:大数据和机器学习技术可以分析历史财务数据和市场趋势,提供准确的财务预测和规划。企业可以利用机器学习模型预测销售额、成本、利润等关键财务指标,并基于这些预测进行决策和资源配置。

欺诈检测:通过大数据和机器学习技术,企业可以识别潜在的欺诈行为,例如虚假交易、财务报表篡改等。机器学习模型可以分析大量的交易和财务数据,发现异常模式和风险信号,帮助企业提高欺诈检测的准确性和效率。

成本管理和效率优化:大数据和机器学习技术可以帮助企业分析成本结构和资源利用情况,识别潜在的成本节约和效率优化机会。通过机器学习模型对采购、生产和供应链数据的分析,企业可以优化成本管理和资源配置,提高财务效率。

2. 指标评估大数据与机器学习在财务管理中的应用效果

财务准确性:评估通过财务预测和规划模型实现的财务预测准确性和报告准确性。

欺诈检测率:评估通过欺诈检测模型实现的欺诈行为的检测率和准确性。

成本节约:评估通过成本管理和效率优化措施实现的成本节约情况。

决策效果:评估通过大数据和机器学习技术提供的决策支持实现的决策效果和业绩改善情况。

这些指标评估可以帮助企业了解大数据与机器学习在财务管理中的实际效果,并进一步优化和改进应用策略。

18.3 企业管理与财务管理的技术发展趋势

18.3.1 近期的技术发展趋势及其对企业管理与财务管理的影响

近期的技术发展趋势对企业管理与财务管理产生了重大影响。

云计算:云计算技术快速发展使得企业能够更加灵活地存储、处理和共享数据。云计算提供了强大的计算和存储能力,使得企业可以实时访问和分析大量的数据,从而支持更准确的财务决策和管理。

物联网:物联网技术普及和应用使得企业可以连接和监控各种设备和传感器,实现实时数据采集和分析。在企业管理方面，物联网技术可以提供更精确的设备状态监测和运维管理，提高生产效率和资源利用率。在财务管理方面，物联网技术可以提供更准确的库存管理和供应链数据，帮助企业降低成本和提高效益。

人工智能：人工智能技术迅速发展在企业管理和财务管理中起到了重要作用。AI 技术可以帮助企业自动执行任务，提高工作效率和精确度。在财务管理方面，AI 技术可以进行财务数据自动分类和分析，帮助企业进行准确的财务报告和预测。

数据分析和大数据：数据分析和大数据技术使得企业能够从大量的数据中提取有价值的信息和洞察。通过数据分析和大数据技术，企业可以更好地了解市场趋势、客户行为和竞争对手动态，从而指导企业管理和财务决策。

自动化与机器学习：自动化技术和机器学习的应用不断扩大，使得企业能够实现更高效的业务流程和决策支持。自动化可以减少人工干预，提高工作效率和准确度。机器学习可以帮助企业从大量的数据中学习和优化模型，提供更精确的预测和决策支持。

这些技术发展趋势对企业管理与财务管理带来了许多机遇和挑战。企业需要跟进技术发展，将其应用于实际业务中，提高管理效率和决策准确性，概念图如图 18.1 所示。同时，企业也需要注意数据隐私和安全等问题，确保技术应用的可持续性和合规性。

图 18.1　技术发展对企业管理和财务管理的影响

18.3.2　可预见的未来技术发展趋势及其可能的影响

智能化和自动化：未来技术的发展将进一步推动企业管理和财务管理智能化和自动化。机器学习、自然语言处理和自动化流程等技术将使得企业能够更高效地处理大量的数据和任务，从而提高管理效率和财务决策的准确性。

数据驱动决策：随着数据分析和大数据技术的进一步发展，企业将更加依赖数据来进行决策。数据驱动的决策将成为管理和财务管理的重要指导原则，通过深入的数据分析和预测，企业能够更准确地把握市场趋势、优化资源配置和制定战略计划。

跨平台和互联互通：未来的技术发展将加强企业管理与财务管理的跨平台和互联互通

能力。云计算、移动技术和物联网等技术将使得企业能够更灵活地管理和访问数据,无论是在办公室、移动设备还是在云端,都能够实现实时的数据共享和协作。

客户体验个性化和定制化:随着技术的进步,企业将能够更好地满足客户的个性化需求。通过人工智能和数据分析技术,企业可以更准确地了解客户需求,提供定制化的产品和服务,从而提升客户体验和满意度。

风险管理和安全性:随着技术的发展,企业管理与财务管理也面临着新的风险和挑战。随着数据的增长和互联网的普及,数据安全和隐私保护成了重要问题。企业需要加强风险管理和安全性措施,保护企业和客户的数据安全。

可预见的未来技术发展趋势为企业管理与财务管理提供了许多机遇和挑战。企业需要不断关注技术发展,积极采纳新技术,将其应用于实际业务中,以提升管理效率、优化财务决策,并与时俱进,实现持续的创新和发展。同时,企业也需要关注风险管理和安全性问题,确保技术应用是可持续和可靠的。

18.3.3 应对技术发展趋势的策略建议

持续学习和关注技术发展:企业管理和财务管理团队需要保持持续学习的态度,紧跟技术发展的脚步。通过参加培训、研讨会和行业会议等活动,了解最新的技术趋势和应用案例,并与专业人士进行交流和合作。

推动数字化转型:数字化转型是应对技术发展的关键。企业应积极采用先进的数字技术和工具,将业务流程和财务管理系统数字化,提高工作效率和数据可靠性。同时,通过数据分析和智能化的决策支持系统,实现更准确的财务预测和决策。

建立创新文化和机制:鼓励员工提出创新想法,并为他们提供创新实践的机会和支持。建立创新孵化中心或实验室,与科研机构和创新企业合作,共同开展创新项目和试验,探索新的商业模式和技术应用。

加强合作与伙伴关系:面对快速变化的技术环境,企业应积极与科技公司、研发机构和创新企业建立合作伙伴关系。通过合作,共享资源和知识,加速技术创新和应用,提高企业的竞争力。

重视数据安全与隐私保护:随着技术的发展,数据安全和隐私保护成了重要问题。企业应制定健全的数据安全策略和措施,加强数据管理和网络安全防护。同时,合规性和遵守法律法规也是保护企业和客户利益的重要环节。

关注人才培养与组织变革:技术发展对企业管理和财务管理人才提出了新的要求。企业应注重人才培养和引进,培养具备科技驱动和创新能力的管理人才和财务专业人才。同时,组织结构和流程也需要相应调整,适应科技发展的需求。

应对技术发展趋势的策略建议是持续学习和关注技术发展、推动数字化转型、建立创新文化和机制、加强合作与伙伴关系、重视数据安全与隐私保护以及关注人才培养与组织变革。通过这些策略,企业能够更好地应对技术发展的挑战,实现持续的创新和发展。

18.4 全球视野下的企业科技革新研究

18.4.1 国内外企业科技革新对比分析

对比国内外企业科技革新可以从多个角度进行分析。

1. 创新思维和文化

比较国内外企业在科技革新方面的思维方式和文化氛围。国外企业普遍注重创新、鼓励员工提出新思路和尝试新技术,而国内企业在创新方面可能更注重执行和效率。通过对比,可以借鉴国外企业在创新思维和文化上的做法,激发国内企业的创新活力。

2. 技术研发能力

比较国内外企业在技术研发能力方面的差异。国外企业通常具有先进的研发设施和技术团队,拥有更多的专利和科研成果。国内企业可以通过与国外企业合作或引进国外先进技术,提升自身的技术研发能力。

3. 技术应用和商业化能力

比较国内外企业在将科技创新应用到商业实践中的能力。国外企业常常具有较强的市场洞察力和商业化能力,能够将科技创新转化为商业成功。国内企业可以学习国外企业在市场营销、品牌建设等方面的经验,提升自身的商业化能力。

通过对比分析国内外企业的科技革新,可以发现不同地区和企业之间的优势和劣势,从中汲取经验教训,找到适合自身发展的科技创新路径,并加强国际交流与合作,实现共同发展。

18.4.2 全球视野下的企业科技革新趋势

数字化转型:企业正在积极采用数字技术来改变其运营方式和业务模式。这包括使用大数据、云计算、人工智能、物联网等技术来优化生产流程、提高效率、改进客户体验和创造新的商业机会。

人工智能和机器学习:人工智能和机器学习技术发展正在为企业带来巨大的变革。通过智能化的算法和系统,企业可以从海量数据中提取洞察和模式、预测市场趋势、优化决策,并实现自动化和智能化的运营和服务。

物联网和智能设备:物联网技术将各种设备和传感器连接起来,实现数据实时采集和交互。企业可以利用物联网和智能设备来监测和管理生产过程、优化供应链、提供智能化的产品和服务以及实现智能城市和智能家居等领域的创新。

区块链技术:区块链作为一种分布式的、不可篡改的技术,正在各个行业引发革命性的变革。企业可以利用区块链技术实现供应链的透明化和可追溯性、改进跨境支付和结算、提供更安全的数据存储和交换、去中心化的金融和合约执行等应用。

绿色可持续发展:在全球范围内对环境保护和可持续发展的关注不断增加,企业也在加大对绿色技术和可持续解决方案的研发和应用。这包括可再生能源、节能减排技术、循环经济和环境监测等领域的创新,以实现经济增长和环境保护的双重目标。

全球视野下的企业科技革新趋势涵盖了数字化转型、人工智能和机器学习、物联网和智能设备、区块链技术以及绿色可持续发展等方面。企业需要密切关注这些趋势,并积极应用和创新相应的技术,以保持竞争优势并抓住未来的机遇。

18.4.3 从全球案例中学习的启示与借鉴

1. 创新文化的重要性

许多全球企业成功的科技革新案例都表明,创新文化是推动科技发展和转型的关键因素。这些企业注重鼓励员工提出新想法、试验新技术,并为他们提供创新的环境和支持。企业应建立鼓励创新的文化氛围,并提供相应的资源和支持,以激发员工的创造力和创新能力。

2. 跨界合作与开放创新

许多成功的科技革新案例都是通过与其他企业、学术机构和创新生态系统合作实现的。企业应积极寻求跨界合作的机会,与其他组织共享资源、知识和技术,促进开放创新。这种合作能够加速科技创新的进程,打破传统行业界限,创造新的商业模式和机会。

3. 用户导向的创新

成功的科技革新案例往往紧密关注用户需求,并通过技术创新提供更好的用户体验和解决方案。企业应注重用户洞察和反馈,将用户需求置于创新的核心,并通过科技转型提供个性化、便捷和高质量的产品和服务。

4. 长期投资和战略规划

许多企业成功的科技转型案例都需要长期投资和战略规划。科技发展是一个长期的过程,需要企业具备长远的眼光和承担风险的能力。企业应制定清晰的科技战略,并将科技投资纳入长期规划中,以确保科技转型持续和成功。

5. 管理层的领导和支持

科技革新需要企业管理层的积极领导和支持。领导层应积极推动科技转型的战略和目标,并提供资源和支持,确保科技转型顺利进行。管理层还应深入了解新技术和趋势,以指导企业在科技创新方面的决策和投资。

从全球案例中学习的启示包括注重创新文化、跨界合作和开放创新、用户导向的创新、长期投资和战略规划以及管理层的领导和支持。企业可以从这些案例中汲取经验和教训,借鉴成功的做法,并将其应用于自身的科技转型和创新实践中。

18.5 企业管理与财务管理未来的挑战与对策

18.5.1 面临的主要挑战及其成因分析

1. 企业管理与财务管理将面临的主要挑战

技术快速发展:随着科技的不断进步和创新,企业管理和财务管理将面临技术快速发展所带来的挑战。新兴技术如人工智能、大数据分析、区块链等将改变企业管理和财务管理的方式，企业需要及时了解和应用这些技术，以保持竞争优势。

市场变化和不确定性：全球经济环境的变化和市场竞争的不确定性将对企业管理和财务管理带来挑战。企业需要具备敏捷性和灵活性，能够快速应对市场变化，并制定适应性强的战略和计划。

数据安全与隐私保护：随着数据的日益重要和广泛应用，企业管理和财务管理面临着数据安全和隐私保护的挑战。企业需要加强数据安全措施，保护客户和企业的敏感信息，同时遵守相关法规和法律。

人才需求和培养：企业管理和财务管理未来需要具备新的技能和知识，因此对人才的需求将发生变化。企业需要重视人才招聘和培养，注重培养创新思维、技术驱动和跨功能团队合作的人才。

2. 企业可以采取的对策

持续学习和创新：企业管理和财务管理人员需要不断学习和更新知识，保持对新技术和市场趋势的敏感度，以便及时应用和创新。

强化数据管理和安全控制：企业需要建立健全的数据管理系统，加强数据安全和隐私保护措施，确保数据的安全性和合规性。

建立灵活的组织结构和流程：企业应建立灵活的组织结构和流程，以适应市场快速变化和需求变动，提高决策和执行的效率。

人才引进和培养：企业应注重吸引和留住具有创新能力和适应能力的人才，通过培训和发展计划提升员工的技能和能力。

加强合作与合作伙伴关系：面对复杂的挑战，企业可以通过加强与其他企业和合作伙伴合作，共享资源和知识，共同应对挑战。

企业管理与财务管理未来将面临诸多挑战，但通过持续学习创新、强化数据安全、建立灵活的组织结构、注重人才引进与培养以及加强合作与合作伙伴关系等对策，企业可以更好地应对这些挑战并取得成功。

18.5.2 应对挑战的战略思考与实施方案

应对企业管理与财务管理未来的挑战需要进行战略思考并制定相应的实施方案。

1. 技术快速发展

战略思考：建立技术创新文化，将科技发展纳入企业战略规划，并与业务需求紧密结合。

实施方案：成立专门的技术研发团队，定期关注和评估新兴技术的应用潜力，积极投资和合作推进相关技术研发和应用。

2. 市场变化和不确定性

战略思考：建立敏捷化的管理体系，提高决策的灵活性和快速响应能力。

实施方案：加强市场研究和预测能力，持续监测市场变化和趋势，及时调整战略和业务模式，确保企业能够适应不断变化的市场环境。

3. 数据安全与隐私保护

战略思考：将数据安全和隐私保护纳入企业的核心价值观和管理制度，建立全员参与的安全意识和文化。

实施方案：加强数据安全技术和控制措施，例如采用加密技术、建立访问控制机制、进行定期的安全漏洞扫描和风险评估，确保数据的机密性和完整性。

4. 人才需求和培养

战略思考：制定人才战略，包括招聘、培训、激励和留住人才的综合方案，注重跨领域的人才培养。

实施方案：与高等教育机构和研究机构合作，开展产学研结合的人才培养项目，提供培训和职业发展机会，建立绩效激励机制，为人才提供广阔的发展空间。

5. 加强合作与合作伙伴关系

战略思考：建立开放式创新的理念，与合作伙伴共享资源、技术和市场渠道，实现互利共赢。

实施方案：积极寻找合作伙伴，包括科研机构、技术公司、行业协会等，建立长期稳定的合作关系，共同开展研发合作、市场拓展和资源共享，提高企业的创新能力和竞争力。

以上是一些应对未来企业管理与财务管理挑战的战略思考和实施方案，企业可以根据自身情况进行调整和优化，以适应不断变化的商业环境并保持竞争优势，概念图如图18.2所示。

图 18.2　战略思考

18.5.3　对企业的建议：如何做好长远规划与应变准备

针对企业在面对未来挑战时的长远规划和应变准备，以下是一些建议：

1. 深入了解行业趋势和市场变化

定期进行行业研究和市场调研，了解新兴技术、新兴市场和消费者需求的变化趋势。关注竞争对手的动态，学习和借鉴他们的成功经验，以及他们面临的挑战和应对策略。

2. 制定长远的战略规划

基于对行业和市场的深入分析，制定明确的长远战略目标和发展方向。定期评估和调整战略规划,确保与市场变化和企业内部情况保持一致。

3. 建立敏捷化的管理体系

推行敏捷管理方法,加强团队的协作能力和灵活性,快速响应市场变化和需求。建立有效的决策机制和流程,确保决策的准确性和迅速执行。

4. 加强创新和科技驱动

投资研发和创新,鼓励员工提出新的想法和解决方案。寻找与科研机构和创新企业合作机会,共同开展科技研发项目和创新实验。

5. 关注人才培养和发展

建立完善的人才培养机制,包括内部培训、外部学习和跨领域交流等方式,提升员工的综合能力和适应能力。注重人才激励和留住,提供具有竞争力的薪酬福利和晋升机会,激发员工的创新活力和团队合作精神。

6. 建立良好的合作伙伴关系

寻找合适的合作伙伴,共同开展项目合作、市场拓展和资源共享,实现互利共赢。建立稳定的合作伙伴关系,建立长期战略合作伙伴网络,共同应对行业挑战和市场竞争。

7. 建立危机管理和风险防控机制

针对不同的风险和挑战,制定相应的应急预案和风险管理策略。建立健全的内部控制体系,确保企业运营的稳定性和合规性。

8. 加强企业文化建设和员工关系管理

建立积极向上的企业文化,提升员工的归属感和凝聚力。加强员工关系管理,建立良好的沟通渠道和反馈机制,关注员工的需求和关切。

以上建议旨在帮助企业进行长远规划和做好应变准备,以应对未来的挑战和变化。企业应根据自身情况和行业特点进行调整和优化,确保能够灵活应对市场的变化,保持竞争优势和可持续发展。

思考题

1. 人工智能和大数据对企业管理和财务管理的未来发展具有什么样的影响?列举具体的应用案例并评估其效果。

2. 技术发展的趋势对企业管理和财务管理的挑战是什么?如何应对这些挑战并保持竞争优势?

3. 通过分析国内外企业科技革新案例,从中汲取经验和教训,探讨未来企业管理和财务管理的创新路径和策略。

4. 在未来的企业管理和财务管理中,面临的主要挑战是什么?为应对这些挑战,大学生应如何准备自己并提供解决方案?

研究方向

1. 人工智能在企业管理和财务管理中的应用:研究如何将人工智能技术应用于企业管理和财务管理中,提高工作效率和决策质量。

2. 技术发展趋势对企业管理和财务管理的影响:研究技术发展趋势对企业管理和财务管理的挑战和机遇,为企业提供未来发展的战略指导。

3. 创新型财务管理模式与实践:研究创新型财务管理模式和实践案例,如数字化财务、数据驱动的财务决策等,促进企业财务管理变革和创新。

4. 全球视野下的企业科技革新案例研究:研究国内外企业在科技革新方面的成功案例,总结经验教训,为企业提供全球视野下的科技创新战略建议。

第 19 章 结束语：走向科技驱动的未来

第 19 章是本书最后一章，总结了全书的内容，并展望了科技驱动下企业管理和财务管理的未来发展。本章深入探讨了科技对企业未来的影响，以及为迎接科技驱动的未来做好准备的关键要素。

首先，我们将讨论科技如何塑造企业的未来形态，并探索科技如何推动企业创新与转型。我们将强调科技在提升企业竞争力和实现长期发展方面的重要作用。

其次，本章将提供为科技驱动的企业未来做准备的实用建议。这包括建立科技驱动的战略规划与执行体系、培养科技驱动的领导力与组织能力以及投资科技驱动的硬件设施与人才培养等方面的重要策略。

再次，我们将展望科技驱动下的企业管理和财务管理革新的未来。本章将提供行业科技驱动的管理与财务管理革新的可能路径，并呼吁企业做好全方位的准备以迎接这一变革。我们还将探讨如何在行业科技驱动的未来中获得持续成功。进一步，本章将探讨科技创新与企业文化融合。我们将讨论科技创新对企业文化的影响，并探索企业文化如何促进科技创新。

最后，我们将总结全书的内容，回顾科技对企业的影响与启示，并展望企业如何走向科技驱动的未来。

本章的内容不仅对企业管理者和决策者具有指导意义，也适用于研究管理和财务领域的学者和从事创业的企业家。通过罗列思考题和前沿研究方向，本章还为大学生和研究人员提供了探索科技驱动未来的思考方向。

在这个科技迅速发展的时代，我们每个人都有责任并需付出行动，以真正能走向科技驱动的未来。本章将呼吁每个人认识到自身的责任，积极参与到科技创新与发展中。

通过本章的阅读，读者将对科技驱动的未来有更清晰的认识，并获得关于如何在科技潮流中取得成功的启示。在这个充满机遇和挑战的新时代，让我们共同走向科技驱动的未来，为企业繁荣和社会发展做出贡献。

19.1 科技对企业未来的影响

19.1.1 科技如何塑造企业的未来形态

科技在塑造企业的未来形态方面起着至关重要的作用。

数字化转型：科技发展推动了企业向数字化转型。通过采用先进的信息技术和数字工具，企业能够将传统的业务流程、服务和产品转变为数字化的形式。数字化转型使企业能够更高效地处理和管理数据，实现数据驱动的决策和运营，提升企业的创新能力和竞争力。

自动化和智能化：随着人工智能、机器人技术和自动化系统的发展，企业能够实现生产和运营自动化和智能化。自动化生产线和机器人可以提高生产效率、降低成本，并确保产品质量的一致性。智能化系统和算法可以自动分析数据、优化决策和预测趋势，使企业更加灵活和具有竞争优势。

数据驱动的决策：科技进步使企业能够收集和分析大量的数据，从而支持更明智的决策制定。通过数据分析和业务智能工具，企业能够深入了解市场趋势、客户需求和业务绩效，以更准确地预测和满足市场需求，制定战略计划和增强决策的可靠性。

云计算和移动技术：云计算和移动技术发展使企业能够实现更加灵活和高效的工作方式。云计算提供了弹性和可扩展的计算和存储资源，使企业能够轻松地扩展业务、实现远程协作和提供基于云的服务。移动技术使员工能够随时随地访问企业系统和数据，实现移动办公和快速响应客户需求。

创新和协作平台：科技进步推动了创新和协作平台发展，促进了企业内部和外部的合作与创新。通过在线协作工具、社交媒体和创新平台，企业能够实现全球范围的合作和知识共享，从而激发创新和加速产品开发。

科技在塑造企业的未来形态方面扮演着关键的角色。企业需要密切关注科技的发展趋势，并积极采用和应用新技术，以适应不断变化的商业环境，并保持竞争优势。通过数字化转型、自动化和智能化、数据驱动的决策、云计算和移动技术以及创新和协作平台，企业能够实现更高效、灵活和创新的运营模式，并为未来的发展做好准备。

19.1.2 科技如何推动企业创新与转型

科技在推动企业创新与转型方面起着重要的作用。

技术创新：科技不断进步为企业提供了新的技术工具和解决方案，促进了产品、服务和业务模式创新。企业可以利用先进的技术，如人工智能、大数据分析、物联网和区块链等，来开发新产品、改进现有产品、提供个性化的服务、优化业务流程，实现更高效的生产和运营。

数据驱动的创新：科技发展使企业能够收集、分析和利用大量的数据。通过深入了解和分析数据，企业可以发现新的市场机会、洞察客户需求、预测趋势和优化决策。数据驱动的创新能够帮助企业更好地了解市场和客户,提供个性化的产品和服务,并快速响应市场变化。

效率和生产力提升:科技应用可以大大提高企业的效率和生产力。自动化和智能化技术引入可以减少人工操作,提高生产线的效率和品质。数字化工具和协作平台可以促进团队间的沟通和协作,提高工作效率。同时,科技应用还可以优化供应链管理、物流和库存管理等关键业务流程,实现资源最优配置和成本降低。

战略转型与创新生态系统:在科技的推动下,企业不仅仅要应用单一的技术,更要进行全面的战略转型和构建创新生态系统。企业可以通过与创新企业、初创企业和合作伙伴合作,构建开放创新平台,共享资源和知识,实现更广泛的创新。此外,企业还可以通过战略合作、收购和投资等方式,获取外部的创新技术和人才,推动企业转型和创新。

科技对于推动企业创新与转型具有重要作用,概念图如图 19.1 所示。企业应密切关注科技的发展趋势,并主动采纳适合自身的创新技术和解决方案,不断提升自身的竞争力和创新能力,实现可持续发展。

图 19.1 科技推动企业创新与转型

19.1.3 科技如何影响企业的竞争力与长期发展

科技对企业的竞争力和长期发展产生了深远的影响。

创新能力提升:科技应用能够帮助企业提升创新能力,开发新产品、服务和业务模式,满足不断变化的市场需求。通过引入新技术、数据分析和数字化工具,企业可以快速响应市场变化,提供个性化的解决方案,增强与竞争对手的差异化竞争优势。

效率和生产力提高:科技应用可以大幅提高企业的效率和生产力,从而降低成本、提高质量和加快交付速度。自动化、机器人技术和数字化工具引入可以减少人工操作、优化生产流程和提高生产效率。同时,科技还能优化供应链管理、物流和库存管理,实现资源最优配置和成本降低。

数据驱动决策:科技发展使企业能够收集、分析和利用大量的数据。通过深入了解和分析数据,企业可以做出更准确、基于数据的决策,预测趋势和洞察市场需求。数据驱动决策能够帮助企业更好地理解市场和客户，优化产品和服务，提高市场竞争力。

客户体验改善：科技应用可以改善客户体验，提供更便捷、个性化和定制化的产品和服务。例如，通过移动应用程序、在线平台和社交媒体应用，企业可以与客户实现更紧密的互动和沟通，了解客户需求并及时响应。同时，科技应用还可以提供智能化的客户服务和支持，提升客户满意度和忠诚度。

跨界合作与创新生态系统：在科技的推动下，企业不再局限于自身的产业边界，而是积极寻求跨界合作和构建创新生态系统。通过与其他企业、初创企业和合作伙伴合作，共享资源和知识，企业能够获取外部的创新技术和人才，推动企业创新和发展。构建开放创新平台，建立合作伙伴关系，可以实现资源整合、互利共赢，提升企业的竞争力和创新能力。

科技对企业的竞争力和长期发展具有重要的影响。企业应积极采纳适合自身的科技创新和解决方案，不断提升创新能力、效率和客户体验，构建合作伙伴关系，保持可持续的竞争优势和实现长期发展。

19.2　为科技驱动的企业未来做准备

19.2.1　建立科技驱动的战略规划与执行体系

建立科技驱动的战略规划与执行体系是企业实现科技创新和转型的关键，涉及一些关键步骤。

明确战略目标：企业应明确科技驱动的战略目标，与企业整体战略相一致。这需要全面了解企业的市场环境、竞争对手和行业趋势，确定科技创新对企业发展的关键作用，并明确未来的发展方向。

建立科技创新团队：企业需要组建专业的科技创新团队，由具有相关技术专长和创新能力的人员组成。这个团队负责技术研发、创新项目管理和执行，并与业务部门密切合作，将科技创新与业务需求相结合。

持续投资研发与创新：企业需要投资研发和创新活动，包括技术研究、新产品开发和新技术应用。这需要制定明确的研发预算和计划，并与科技创新团队合作，确保投资有效使用和技术成果落地。

开放创新合作：企业可以通过与外部的科技机构、高校、初创企业和行业合作伙伴建立合作关系，共享资源和知识，推动科技创新和转化。开放创新合作可以加速技术引入和应用，拓展创新的边界，提高创新的效率和成果。

优化组织架构和流程：企业需要优化组织架构和流程，以适应科技驱动的创新和转型。这包括建立灵活的组织结构，促进信息和知识流动，培养创新文化和团队合作精神。同时，还需要制定适应科技创新的流程和规范，确保创新项目有效管理和推进。

监测和评估：企业应建立科技创新项目监测和评估机制，以确保项目顺利推进和达到预期效果。监测和评估可以帮助企业及时发现问题和调整方向，提高科技创新的成功率和效益。

建立科技驱动的战略规划与执行体系需要企业高层的领导和决策支持,并与整个组织紧密配合。同时,企业还需要不断关注科技的发展趋势和创新模式,灵活调整战略规划和执行策略,以适应快速变化的市场环境和科技进步的挑战。

19.2.2 培养科技驱动的领导力与组织能力

要培养科技驱动的领导力和组织能力,企业可以采取以下措施:

培养科技意识和数字思维:领导层和管理人员需要具备对科技的敏感性和洞察力,了解新兴技术的应用和潜力,并能够将其与业务战略相结合。培养数字思维能力,善于运用数据分析和科技工具进行决策和创新。

建立开放创新文化:打破传统的组织层级和沟通障碍,鼓励员工提出新思路和创新想法。营造积极的学习氛围,鼓励知识分享和团队合作,促进内部创新和跨部门协作。

培养跨领域的团队合作:组建跨学科和跨职能的团队,吸纳不同领域的人才,促进不同专业背景的成员交流和合作。这样的团队能够从不同角度思考问题,提供多元化的解决方案,推动创新和科技驱动的发展。

建立科技创新的激励机制:设立激励制度,奖励对科技创新和转型有突出贡献的员工和团队。这包括提供专业培训和发展机会,设立科技创新奖项,建立专利和知识产权激励机制等,激发员工的创新潜能和积极性。

寻求外部合作与合作伙伴:与科技创新机构、高校和初创企业建立合作关系,共享资源和知识。通过合作伙伴的支持和协作,扩大创新网络和技术影响力,加快科技驱动的转型和发展。

持续学习和追求技术更新:领导层和管理人员需要不断学习和更新科技知识,关注行业趋势和最新技术动态。参加行业会议、培训课程和专业论坛,了解最新的科技发展态势,将其运用到企业管理和财务实践中。

通过以上措施,企业可以培养具有科技驱动的领导力和组织能力,推动企业实现科技创新和转型,保持竞争优势和持续发展。

19.2.3 投资科技驱动的硬件设施与人才培养

要在企业中投资科技驱动的硬件设施和人才培养,可以采取以下策略:

硬件设施投资:企业可以投资先进的科技设备和基础设施,例如高性能计算机、云计算平台、物联网设备、大数据存储和处理系统等。这些设施可以支持企业进行科技创新和提高数据分析能力,为业务决策提供强有力的支持。

人才培养和招聘:企业需要投资科技人才培养和招聘,以确保具备科技驱动所需的专业知识和技能。可以与高校、科研机构和行业专家建立合作关系,开展科技培训项目,吸引和留住高水平的科技人才。

创新实验室和研发中心：建立创新实验室和研发中心，提供创新和实验环境，促进科技驱动的研发活动。这些实验室可以用于新技术研究和验证，培养创新意识和团队合作精神。

跨部门合作和知识共享：鼓励不同部门之间的合作和知识共享，促进跨功能团队形成。通过跨部门合作，可以更好地整合和应用不同领域的专业知识和技能，推动科技驱动的创新和转型。

外部合作与开放创新：积极寻求与外部合作伙伴合作，共享资源和知识。与科研机构、初创企业、行业协会等建立合作关系，共同开展科技创新项目，加速技术应用和推广。

通过投资科技驱动的硬件设施和人才培养，企业可以建立起具备创新能力和科技竞争力的科技团队，推动企业的科技创新和转型发展。这将为企业带来更多的机遇和竞争优势，适应快速变化的市场环境，并实现持续的业务增长和长期发展。

19.3 迎接科技驱动下的企业管理和财务管理革新的未来

19.3.1 前瞻：行业科技驱动的管理与财务管理革新的可能路径

行业科技驱动的管理与财务管理革新的可能路径可以包括以下方面：

数据驱动决策：利用大数据和先进的数据分析技术，实现数据驱动的决策过程。通过收集、整理和分析海量的数据，可以更准确地了解市场趋势、客户需求和业务运营情况，从而做出更明智的决策和战略规划。

自动化与智能化：借助人工智能、机器学习和自动化技术，实现企业管理和财务管理过程自动化和智能化。例如，采用智能财务系统可以实现财务报表自动生成和分析，自动处理账务和核算等工作，提高工作效率和准确性。

数字化转型：将企业的管理和财务过程数字化，实现信息实时共享和流动。通过建立数字化的平台和系统，可以实现部门间协同工作、业务流程优化和高效的信息传递，提高企业管理的灵活性和反应速度。

创新的财务模式：探索新的财务模式和工具，以适应科技驱动的行业变革。例如，引入区块链技术来改进财务交易和结算的安全性和效率，发展基于智能合约的融资和资金管理模式等。

跨界合作与生态圈建设：积极寻求跨界合作和建立行业生态圈，共同推动科技驱动的管理和财务创新。与科技公司、金融机构、创新企业等建立合作伙伴关系，共同研发新的管理和财务解决方案，共享资源和知识。

风险管理与适应能力：面对科技驱动的行业变革，加强风险管理和提升企业的适应能力。及时识别和评估科技变革带来的风险和挑战,制定相应的风险应对策略,加强组织的敏捷性和创新能力。

通过以上路径,行业科技驱动的管理和财务管理可以实现创新和转型,提高企业的竞争力和长期发展。同时,这也需要企业领导层积极推动和投入,以及全员参与和持续的学习与发展。

19.3.2 准备:为迎接革新做好全方位准备

为迎接管理与财务管理革新,企业可以采取以下全方位准备措施:

确定战略目标:明确企业的长期战略目标,将科技驱动的管理与财务管理作为战略重点,并与企业整体战略相互融合。制定清晰的目标和指标,为革新提供明确的方向。

人才培养与招聘:培养和吸引具备科技驱动的管理和财务管理能力的人才。加强内部培训,提升员工的科技应用能力和创新思维。同时,积极招聘具有相关专业知识和技能的人才,以确保企业具备应对科技驱动革新的人才储备。

技术基础设施建设:投资建设先进的信息技术基础设施,包括云计算平台、数据中心、网络和软件系统等,确保企业具备支持科技驱动的管理和财务管理所需的技术和工具。

数据管理与分析能力建设:建立完善的数据管理体系,包括数据收集、存储、清洗和分析等环节。投资建设数据分析工具和平台,以实现对大数据的高效利用和深入分析,为决策提供可靠的数据支持。

制定革新计划:制定详细的革新计划和时间表,明确各项革新任务和责任。确保计划得到执行,并进行有效的监控和评估,及时调整和优化革新策略。

推动创新文化:建立积极的创新文化和氛围,鼓励员工提出新的想法和解决方案。设立创新奖励制度,激励员工参与和贡献创新活动。

寻求合作伙伴:与科技公司、行业组织和研究机构等建立合作伙伴关系,共同推动管理与财务管理的革新和转型。分享资源、经验和技术,加强合作,实现互利共赢。

持续学习与发展:建立学习型组织,鼓励员工进行持续学习和发展。关注最新的科技趋势和管理理念,通过培训、研讨会和参与行业活动等方式不断更新知识和技能。

通过全方位的准备工作,企业可以更好地迎接管理与财务管理革新,提升自身的竞争力和适应能力,实现可持续发展。准备工作需要领导层积极推动和参与,以及全员共同努力和配合。

19.3.3 持续发展:在行业科技驱动的未来中如何获得持续成功

要在行业科技驱动的未来中获得持续成功,企业可以采取以下策略:

创新文化:建立积极的创新文化,鼓励员工提出新的想法和解决方案。培养创新意识和创新能力,不断推动技术和业务创新。

持续学习与发展:建立学习型组织,鼓励员工进行持续学习和发展。关注最新的科技趋势和行业发展,不断更新知识和技能,保持竞争优势。

投资研发与技术升级:持续投资研发,推动技术不断升级和创新。关注行业的前沿技术和趋势,积极探索新的科技应用和解决方案。

合作与开放创新:与合作伙伴、研究机构和行业组织等建立紧密的合作关系。共享资源、经验和技术,进行开放创新,推动行业发展和进步。

数据驱动决策:注重数据的收集和分析,将数据驱动的决策融入企业管理和决策过程。通过数据分析,及时获取市场信息和客户需求,做出准确的决策。

敏捷适应变化:行业科技发展迅速,企业需要具备敏捷的适应能力。及时调整战略和业务模式,灵活应对市场变化和竞争挑战。

客户导向与体验优化:将客户需求置于首位,不断提升产品和服务的质量和体验。通过科技创新,提供个性化、定制化的解决方案,满足客户不断变化的需求。

人才引进与培养:吸引和培养具有科技驱动能力的人才,打造高效团队。注重人才培训和发展,激发员工的潜力和创造力。

通过持续发展的策略,企业可以不断适应行业科技驱动的变化,保持竞争优势,并在未来中获得持续成功。

19.4 科技创新与企业文化融合

19.4.1 科技创新对企业文化的影响

科技创新对企业文化有着深远的影响,它可以塑造和改变企业的文化氛围、价值观和行为方式。

创新导向:科技创新强调不断探索和尝试新的想法和方法,鼓励员工提出创新的建议和解决方案。这种创新导向的文化激励员工在工作中寻求改进和突破,鼓励他们勇于冒险和接受失败。

协作与共享:科技创新常常需要团队协作和知识共享。因此,科技创新可以促进企业文化中的协作精神和团队合作,鼓励员工之间的合作与交流,促进跨部门和跨职能合作。

学习与持续发展:科技创新是不断进步和学习的过程。科技创新的文化鼓励员工持续学习和发展,不断更新知识和技能,以适应快速变化的科技环境。

敏捷与适应性:科技创新需要企业具备敏捷的适应能力,以迅速应对市场变化和技术进步。这种敏捷性和适应性的文化能够帮助企业在竞争激烈的市场中保持竞争优势。

奖励与认可:科技创新的文化通常会奖励和认可员工的创新成果和贡献。这种奖励和认可的文化激励员工在科技创新中发挥更大的创造力和激情。

客户导向:科技创新应该以满足客户需求为导向,因此科技创新的文化通常会强调客户导向和客户体验。企业文化中的客户导向意味着将客户需求放在首位,关注客户的反馈和体验,并通过科技创新提供更好的产品和服务。

持续改进:科技创新文化鼓励持续改进和精益求精。企业不断追求技术和业务改进,致力于提供更高质量的产品和服务。

科技创新对企业文化的影响是一个相互作用的过程,企业文化也会影响和塑造科技创新的方向和方式。因此，企业应该积极塑造和引导科技创新的文化，以支持企业长期发展和提高竞争力。

19.4.2 企业文化如何促进科技创新

企业文化可以在多个方面促进科技创新发展，涉及一些关键因素。

鼓励创新思维：企业文化应该鼓励员工提出新的想法和创新性解决方案。企业可以建立一个开放的环境，鼓励员工思考和质疑现有做法，激发创新思维。

支持实验和风险承担：科技创新常常伴随着试错和风险。企业文化应该支持员工进行实验和尝试新的想法，同时接受失败和吸取教训的心态。这种文化鼓励员工在创新过程中接受风险，并为他们提供支持和学习的机会。

培养跨功能合作：科技创新往往需要不同部门和团队之间的合作和协同。企业文化应该鼓励跨功能团队合作，打破部门之间的壁垒，促进知识共享和协同工作，以促进创新发展。

提供资源和支持：企业文化应该提供必要的资源和支持，以支持科技创新开展。这包括提供专业知识、技术设备、研发资金等必要的资源，同时提供培训和发展机会，以帮助员工提升技能和知识。

奖励和认可创新成果：企业文化应该设立奖励机制，以鼓励和认可创新成果。这可以是物质奖励，如奖金或股权；也可以是非物质奖励，如公开表彰和荣誉。通过奖励和认可，企业文化可以激励员工在科技创新中付出更多努力。

倡导学习与持续改进：科技创新是一个不断学习和持续改进的过程。企业文化应该倡导学习理念，鼓励员工不断更新知识和技能，推动持续改进和创新。

通过建立积极促进科技创新的企业文化，企业可以营造一个有利于创新的环境，激发员工的创造力和潜力，推动科技创新发展，并为企业的长期竞争力提供持续的动力。

19.4.3 构建支持科技创新的企业文化：策略与实践

构建支持科技创新的企业文化需要一系列策略和实践措施。

领导者积极参与：企业领导层应该积极参与和支持科技创新，并成为榜样。他们应该展示对科技创新的重视，鼓励员工提出新的想法，并为创新提供资源和支持。

建立开放的沟通渠道：为了促进科技创新，企业应该建立开放的沟通渠道，鼓励员工分享和交流创新思想。这可以包括定期的团队会议、创新工作坊、在线平台等，以促进信息共享和合作。

培养创新文化：企业应该培养一种鼓励创新的文化，包括容忍失败、鼓励尝试和接受变革的心态。员工应该被鼓励思考问题，挑战现状，并提出新的解决方案。

提供资源和支持：为了支持科技创新，企业应该提供必要的资源和支持，包括资金、设备、专业知识等。这可以包括设立专门的创新基金、提供研发设施和实验室，以及提供培训和发展机会。

建立激励机制：为了激励员工参与科技创新，企业可以建立奖励机制，包括奖金、股权、晋升机会等。这些激励措施可以鼓励员工投入更多时间和精力，推动科技创新发展。

鼓励合作与跨功能团队：科技创新常常需要跨越不同部门和团队的合作。企业应该鼓励员工进行合作,并设立跨功能团队,以推动创新的跨界合作和知识共享。

学习与持续改进:企业应该倡导学习文化,鼓励员工不断更新知识和技能,并持续改进创新过程。这可以包括培训计划、知识分享会、学习资源等,以支持员工学习和发展。

通过策略和实践结合,企业可以构建一种支持科技创新的企业文化,激发员工的创新潜力,推动科技创新发展,并提高企业的竞争力和长期发展能力。

19.5 总结:走向科技驱动的未来

19.5.1 回顾:科技对企业的影响与启示

科技对企业的影响是深远而广泛的,并提供了许多重要的启示。

创新是关键:科技快速发展为企业提供了创新的机会。那些能够积极应对科技变革、不断寻求创新的企业更有可能在竞争激烈的市场中取得成功。因此,企业需要将创新置于核心位置,鼓励员工提出新的想法和解决方案。

技术驱动业务转型:科技对企业的影响不仅仅是提供新的工具和解决方案,还可以推动企业进行业务转型。企业应该密切关注科技趋势,积极采用新技术,并将其应用于业务流程和模型中,以提高效率、创造新的价值和拓展市场。

数据驱动决策:科技发展带来了大数据时代,企业可以利用大数据和先进的分析工具来获取有价值的洞察,从而做出更明智的决策。企业应该注重数据收集、分析和应用,将数据驱动的决策纳入日常运营中。

提高客户体验:科技为企业提供了改善客户体验的机会。通过应用先进的技术,企业可以提供更加个性化、便捷和高质量的产品和服务,满足客户不断变化的需求,并建立良好的客户关系。

加强安全与隐私保护:科技广泛应用也带来了安全和隐私方面的挑战。企业需要重视数据安全和隐私保护,并采取适当的措施保护客户和企业的敏感信息,以维护良好的声誉和信任。

强调人才发展:科技发展对企业的人才需求提出了新的要求。企业需要培养具备科技专长和创新思维的人才,同时重视持续学习和发展,以适应科技变革带来的挑战和机遇。

与合作伙伴共创价值:科技发展促进了企业间的合作和伙伴关系。企业应该积极与科技创新领域的合作伙伴合作,共同探索新的机会和解决方案,实现共同的价值创造。

科技对企业的影响是全面而深远的。企业应积极应对科技变革,将创新置于核心位置,以不断提升竞争力和适应市场需求。同时,企业也需要关注数据驱动决策、客户体验、安全与隐私保护、人才发展和合作伙伴关系等方面,以确保取得持续的成功和发展。

19.5.2 前瞻:企业如何走向科技驱动的未来

要将企业引领走向科技驱动的未来,以下是一些前瞻性的建议:

深入了解新兴科技趋势:积极关注和研究新兴科技趋势,如人工智能、大数据、物联网、区块链等。了解这些科技的潜力和应用场景,并考虑如何将其应用于企业的业务模式和流程中。

建立创新文化:创建一种鼓励创新和实验的文化,鼓励员工提出新的想法和解决方案。培养敏锐的观察力和前瞻性思维,以及积极适应变化的能力。

投资科技研发和人才培养:加大对科技研发的投入,并吸引和培养具有科技专长的人才。建立与高等院校、研究机构和科技创新企业的合作关系,共同推动科技驱动的创新。

整合数据和分析能力:加强数据收集、存储和分析能力,构建强大的数据基础设施和分析团队。通过数据驱动的决策和洞察,提高业务运营的效率和准确性。

建立合作伙伴关系:与科技领域的合作伙伴建立战略性合作关系,共同探索创新解决方案和市场机会。通过合作,加快创新速度,降低研发成本,并实现共同的价值创造。

促进数字化转型:将企业各个层面的业务流程和运营模式数字化,实现信息流程化和智能化。通过数字化转型,提高业务的敏捷性、效率和客户体验。

关注可持续发展:将科技驱动与可持续发展目标结合起来,积极应对环境和社会挑战。通过科技创新,实现资源高效利用、环境保护和社会责任,为企业长期发展创造更大的价值。

企业要走向科技驱动的未来,需要积极关注新兴科技趋势,建立创新文化,加大对科技研发和人才培养的投入,整合数据和分析能力,建立合作伙伴关系,促进数字化转型,并关注可持续发展,概念图如图19.2所示。通过这些举措,企业可以更好地应对科技变革,实现创新和持续发展的目标。

图 19.2　企业走向科技驱动的未来

19.5.3　呼吁:我们每个人的责任与行动

持续学习和更新知识:随着科技的不断发展,我们需要不断学习和更新自己的知识和技能,以适应变化和创新的需求。通过参加培训、研讨会和在线学习,保持对科技的了解和理解。

培养创新思维和实践:积极培养创新思维,勇于尝试新想法和解决方案。鼓励身边的人提出创新建议,并积极支持和参与创新项目和实践活动。

提升科技素养和数字能力:加强自身的科技素养,熟悉并善于使用各类科技工具和应用。提升数字能力,包括数据分析、信息安全和数字化协作等,以更好地应对科技驱动的工作和生活。

参与社会创新和科技项目:积极参与社会创新和科技项目,为解决社会问题和推动科技发展贡献自己的力量。可以参与志愿者组织、创业孵化器、科技社群等,与他人合作创造有意义的解决方案。

关注科技伦理和社会责任:在科技发展中,注重科技伦理和社会责任的问题。推动科技合理、安全和可持续发展,确保科技应用符合伦理和法律规范,并关注科技发展对社会的影响。

建立合作网络和知识共享:与他人建立合作网络,共享知识和经验。通过与他人合作,可以互相学习和促进创新,共同应对科技驱动的未来挑战。

每个人的责任和行动都是推动科技驱动走向未来的重要力量。通过不断学习和创新,提升自身的科技素养和能力,并积极参与社会创新和科技项目,我们可以共同建设一个充满创新和机遇的未来。

思考题

1. 科技如何改变企业管理决策过程?举例说明科技在决策制定、执行和监控中的应用,并分析其优势和挑战。

2. 大数据如何影响企业财务管理?探讨大数据在财务决策、风险管理和预测分析等方面的应用,并评估其对企业财务管理的影响。

3. 人工智能在供应链管理中的应用如何改变企业的运作效率和客户满意度?讨论人工智能在物流优化、库存管理和供应链协调等方面的应用,并分析其对企业的影响。

4. 如何构建数字化的企业文化?探讨数字化时代企业文化的特点和重要性,并提出有效的策略和方法来促进数字化文化在企业中的落地和推广。

5. 科技驱动下的员工培训与发展策略如何变革?讨论科技对员工培训的影响,探索新的培训方法和工具,以适应科技驱动的企业发展需求。

6. 创新投资与财务管理之间的关系如何?分析创新投资对企业财务状况和长期价值的影响,探讨如何在财务管理中有效支持创新活动。

7. 科技驱动下的风险管理策略如何变革?探讨科技在风险识别、评估和应对策略中的应用,评估其对企业风险管理的影响。

8. 如何利用科技创新提升企业的品牌价值和市场竞争力?讨论科技创新对企业品牌建设和市场营销的重要性,提出创新市场策略的建议。

9. 科技驱动的企业如何实现可持续发展?探讨科技创新与企业可持续发展之间的关系,提出在科技驱动的背景下实现经济、社会和环境可持续性的方法。

10. 如何应对科技发展带来的伦理和社会责任挑战?讨论科技发展对社会和伦理问题的影响,探讨企业在科技驱动下应如何履行社会责任并解决伦理问题。

前沿研究方向

1. 数据驱动的决策分析：研究如何利用大数据和高级分析技术来支持管理决策，包括数据挖掘、机器学习和人工智能等方面的应用。

2. 财务科技创新：研究新兴技术对财务管理的影响，如区块链、加密货币、智能合约等，探索其在财务交易、资金管理和风险控制中的应用。

3. 可持续金融与环境责任：研究可持续金融的发展趋势，包括绿色金融、社会责任投资和环境风险管理等，探索如何在财务决策中考虑环境和社会因素。

4. 创新融资模式与企业融资战略：研究新兴的融资模式，如风险投资、众筹、区块链融资等，探索如何优化企业的融资结构和策略。

5. 组织行为与人力资源管理：研究组织行为和人力资源管理的新理论和实践，如员工参与、领导力发展、多元化和包容性等方面的研究。

6. 创新管理与创业生态系统：研究创新管理和创业生态系统构建，包括创新文化、创新团队和创新战略等方面的研究。

7. 管理会计与绩效管理：研究管理会计和绩效管理的新方法和工具，如活动基础成本管理、绩效评估和目标管理等方面的研究。

8. 风险管理与金融稳定：研究风险管理在金融机构和企业中的应用，包括市场风险、信用风险和操作风险等方面的研究。

9. 制度设计与公司治理：研究公司治理机制设计和改革，包括董事会治理、股权激励和企业社会责任等方面的研究。

10. 跨国企业管理与国际业务：研究跨国企业的管理策略和国际业务发展，包括跨文化管理、国际营销和全球供应链等方面的研究。

企业家关注的研究方向

1. 企业数字化转型策略：探索如何在数字化时代推动企业全面转型，并提出有效的战略和方法。

2. 创新创业生态系统构建：研究如何搭建创新创业生态系统，促进创新和创业活动蓬勃发展。

3. 新兴技术与商业模式创新：研究新兴技术对商业模式的影响，探索创新商业模式构建和应用。

4. 跨界合作与创新：探讨跨界合作在创新中的作用，研究如何构建有效的合作网络来推动创新。

5. 可持续发展与企业竞争力：研究可持续发展对企业竞争力的影响，探索如何在可持续发展的基础上实现企业的长期竞争优势。

6. 企业家精神与领导力发展：研究企业家精神对领导力发展的影响，探索如何培养和发展创业型领导力。

7. 新兴市场与全球化战略：探讨在新兴市场中制定有效的全球化战略，促进企业在全球范围内增长和发展。

8. 社会创业与社会创新：研究社会创业对社会问题的解决和社会变革的推动，探索社会创业的实践和影响。

9. 战略创新与企业竞争优势：探讨战略创新对企业竞争优势的重要性，研究如何在竞争激烈的市场环境中实现战略创新。

10. 技术创新与知识管理：研究如何通过有效的知识管理实现技术创新，并将其转化为企业的核心竞争力。